PMP 考试 32 小时通关

主　编　薛大龙

副主编　姜美荣

中国水利水电出版社
www.waterpub.com.cn

·北京·

内 容 提 要

PMP 考试是美国 PMI 组织的一个全球范围内通行的项目经理资格考试，通过该考试，可获得项目经理聘任资格。

与其他的 PMP 教材相比，本书在保证知识的系统性与完整性的基础上，在趣味性、易学性、学习有效性等方面进行了大幅度的改进和提高。全书在全面分析知识点的基础之上，对整个学习架构进行了科学重构，可以极大地提高学习效率。本书还配备全真模拟试题（包括分章节练习题、全套真题解析），一站式解决同学们的学习及练习问题。

本书可作为考生备考 PMP 项目管理工程师的学习教材，也可供各类培训班使用。考生可通过学习本书，掌握 PMP 考试的重点，熟悉试题形式及解答问题的方法和技巧等，进而顺利通过考试。

图书在版编目（ＣＩＰ）数据

PMP考试32小时通关 / 薛大龙主编. -- 北京 : 中国水利水电出版社, 2019.7（2021.8重印）
 ISBN 978-7-5170-7800-5

Ⅰ. ①P… Ⅱ. ①薛… Ⅲ. ①项目管理－资格考试－自学参考资料 Ⅳ. ①F224.5

中国版本图书馆CIP数据核字(2019)第134690号

责任编辑：周春元　　加工编辑：王开云　　封面设计：李　佳

书　　名	PMP 考试 32 小时通关 PMP KAOSHI 32 XIAOSHI TONGGUAN
作　　者	主　编　薛大龙 副主编　姜美荣
出版发行	中国水利水电出版社 （北京市海淀区玉渊潭南路 1 号 D 座　100038） 网址：www.waterpub.com.cn E-mail：mchannel@263.net（万水） 　　　　sales@waterpub.com.cn 电话：（010）68367658（营销中心）、82562819（万水）
经　　售	全国各地新华书店和相关出版物销售网点
排　　版	北京万水电子信息有限公司
印　　刷	三河市鑫金马印装有限公司
规　　格	184mm×240mm　16 开本　22.25 印张　517 千字
版　　次	2019 年 7 月第 1 版　2021 年 8 月第 2 次印刷
印　　数	3001—5000 册
定　　价	68.00 元

凡购买我社图书，如有缺页、倒页、脱页的，本社营销中心负责调换

版权所有·侵权必究

推荐序 1

项目管理大师哈罗德科·兹纳博士曾经这样描述项目管理：计划、进度和控制的系统方法（A Systems Approach to Planning, Scheduling and Controlling）。可见，项目管理是一种系统的方法论，是成功做事的方法，具有很强的通用性，适应于几乎所有行业。现代项目管理理论被认为是 21 世纪初发展最成熟、应用最广泛的理论，并逐步发展成一个集理念、方法、技术、工具为一体的管理理论。

褪去证书本身的浮华，大家对管理知识和项目管理的认识越来越趋于理性。作为一个"舶来品"，PMP 已经在中国风靡多年，企业对 PMP 认证的认同度也大大增强。项目管理不仅仅是企业的一项资质认证，更是内化于企业全过程的一个业务流程，成为当前经济环境下企业赖以生存的必要保障，这从行业领军企业中有越来越多的企业愿意投入巨资到项目管理相关的企业内训中去便可见一斑。

近年来，PMP 认证作为一个通用的国际专业认证，其所面对的行业领域、职能部门、认证对象，都有了很大的横向扩展和纵向深入。

很多外企和国家重大工程项目招标中，PMP 证书作为专业项目经理的身份证，是对于核心团队任职资格的明确要求。如今，这项要求几乎已经扩展到所有行业——从最初的工程项目，至现在的软件、制造、咨询、银行、政府机关等。

传统项目管理侧重于企业的部分职能部门，比如市场端、销售端。现代项目管理发展到企业的所有职能领域，横穿企业的市场、销售、采购、仓储、生产、设计、研发、人力、财务、运维等全部业务领域，事关企业的所有业务都开始从项目管理的视角注重质量、效率、成本、交付。

项目管理的受众也从传统的项目经理发展为学生、研发人员、服务人员、运维人员以及高层管理者。尤其是企业的"一把手"，目前大家的共识是：一个不懂项目管理的"一把手"来做管理是不可想象的。

目前，国内很多工科和管理学院也将项目管理作为必修课程纳入本科和研究生教学中来，产生了很多切合中国实际的研究成果，间接推动了我国项目管理学科的发展。

微观来讲，事事皆项目，每件事都要有项目管理思维，项目管理已经从 B 端延伸到 C 端。我们的身边，小到穿衣打扮，大到职业规划、人生规划，都是一个个"项目"，都离不开对这些"项目"的管理。

现代管理学之父彼得·德鲁克认为：管理首先要管理好管理的主体。作为个人来说，自己就是管理的主体，所以一个优秀的项目经理首先要做好的是自我管理。比如，管理好自己的目标、时间、压力、知识、婚姻、工作等大大小小的项目，从这个意义上来说，项目管理的学习本身，也是一个自我管理、自我提升的重要途径。

现代社会生活和工作的节奏明显加速，如何高效学习避免陷入低质量的漩涡中，需要在学习方法和工具上做好取舍。项目管理是一个系统的方法论，PMP 考试具有一定的系统性，考试侧重于对被考察人员系统思维的考察。鉴于我国考试人员的特点、角色多、工作忙、压力大，如何找到一个系统的学习方法，使 PMP 的学习更加注重效率、质量、成本？薛大龙博士本着这一思想，完成了本书的编写，目的是希望各位读者能系统、科学、高效地达成"通过 PMP 认证考试"这个项目目标。同时，本书也是一本理想的参考书，适合大家在工作中参阅查找。

本书将《项目管理知识体系指南（PMBOK®指南）》（以下简称为《PMBOK 指南》）的内容按照时间纬度展开为 32 小时，通过思维导图、学习贴士、白话解读、精选习题训练等多种形式有机串联，每部分内容都注重系统、精简、重点、高效，全书系统科学、重点突出、深入浅出、图文俱佳，使读者能够在短期内看清相关知识的全部面目，倾注了作者不少的心力。

管理不仅在于知，更在于行。除了要系统学习书本上的知识外，还需要结合自己的实践来思考和验证项目管理的相关方法论，通过具体工作实践将书本上的知识内化于心、转化为实际行动。

薛大龙博士是国内项目管理领域的顶级专家，长期专注于符合中国实际的项目管理理论、方法、工具、技术等相关工作，取得了非常好的成绩。希望本书像他以往的丛书一样，真正为需要的朋友提供生活上得力的助手、工作上趁手的工具和伙伴、事业上成功顺遂的法宝。

北京施达优技术有限公司副总经理、北京市评标专家库专家

兰帅辉

推荐序 2

项目管理专业人员资格认证（Project Management Professional，PMP），是由美国项目管理协会（PMI）自 1984 年发起的，一种严格的、以考试为依据的专家资质认证项目，其目的是给项目管理人员提供统一的行业标准。国内自 1999 年开始推行 PMP 认证，由 PMI 授权国家外国专家局培训中心负责在国内进行 PMP 认证的报名和考试组织。

项目管理只是一种手段、一种工具，要想掌握这个工具，首先要懂管理，然后才能真正掌握项目管理。如果你参与过很多项目，就会发现：你总是在周而复始地面对同样一些问题，项目管理究竟是什么，起什么作用，为什么要项目管理，项目管理的基础是什么，项目管理的目的是什么，这一系列的问题，人们并没有想太多。

当前，国内企业经常面临的问题是项目管理中一些常见的问题经过多年的实战积累，虽然已经有了通用的解决方案，但缺乏规范、缺乏标准形成不了体系，随着承担的项目规模越来越大，项目复杂程度越来越高，项目失败的概率也随之增长。成体系、成标准的项目管理工作日益受到企业的重视，因此，PMP 项目管理认证也越来越受到企业的青睐，而通过 PMP 的学习考试则是将这些智慧结晶付诸实践的"入场券"。

PMP 项目管理认证考试是一个系统性知识的学习和积累过程，广大项目管理者由于平常工作比较忙，没有多少时间用于学习理论知识，也无暇去总结自己的实践经验，亟须得到一本既能全面反映考试大纲内容，又比较精简的备考书籍，从中找到解答试题的捷径。

本书对 PMP 历年试题进行了深入地研究和分析，特别强调对考点的分类，将重点知识进行了归纳整理，以帮助广大考生用最短的时间，顺利、高效地通过 PMP 认证考试。

本书编写组成员均为 PMP 考试培训第一线的辅导教师，本书凝结了专家们的精力和心血。古人云："温故而知新"，对考生来说，阅读本书就是一个"温故"的过程，必定会从中获取到新知识，此书值得大家拥有。

国务院发展研究中心　高级工程师
王倩

推荐序 3

在项目管理的发展历史长河中，我国早在商朝时期就设立了管理工奴的"工官"，儒家经典之一的《周礼》中记载着项目管理有关的官职。在第二次世界大战时，项目管理被很多国家应用于武器研发项目中，研制原子弹的曼哈顿计划是其典型应用之一。20世纪80年代开始各种类型的项目不断增加，项目管理得到政府和企业单位的重视，投入了大量资源研究并在项目中加以应用，进入90年代，随着高科技的快速发展和项目复杂化、市场竞争大等因素，项目管理得到了快速发展和普及。

我国的项目管理应用与发达国家相比还有一定的差距，随着改革开放深入发展，数万甚至数亿资金的项目屡见不鲜，项目数量及管理上的复杂程度日益提高，特别是加入WTO后，经济全球化，很多项目的管理需与国际接轨，需要有大量熟知规范的项目管理方法及模式的项目管理人员来满足我国改革和发展的需要。

PMP是项目管理专业人士资格认证，由美国项目管理协会（PMI）发起，严格评估项目管理人员知识技能。PMP认证不受行业限制，在IT、建筑、制药、制造业、电信、金融、通信等领域，该证书都受到广泛的高度认可。在实际工作中，行业内有很多公司在聘用员工时对PMP证书持有者优先录用，并鼓励员工积极参加PMP的考试和认证。很多知名企业都聘用具有项目经理资质的项目经理，联合国工业发展组织、世界银行等国际组织或机构的项目，也关注规范的项目管理实施。据统计，应用PMP项目管理，能够缩短项目时间的10%～30%，降低成本8%以上，持PMP证书的项目管理人员可提高项目效益和工作效率，提高对市场和客户的响应速度和客户满意度，也为企业赢得更大的竞争力提供了最大的保障。

通过PMP认证的过程可以帮助PMP认证者将所掌握的经验与项目管理知识相结合。获取PMP证书，不仅可以提升项目经理的项目管理水平，还是项目管理专业人员的身份象征。我国自1999年开始推行PMP，由国际监考机构普尔文监考及组织考试。通过认证后将获得由PMI颁发的PMP证书。

近年来，由于PMP的实用性和普及性，越来越多的人通过或准备通过PMP认证。日常生活中，在公交车上、地铁上都会看到很多从业人员学习有关PMP考试知识或交流心得体会。另外，PMP考试更加倾向案例情景题，不仅是理论知识的考核，更注重实战应用，难度日益增加。

本书作者是已结识多年的薛大龙博士，享誉项目管理业内多年。已出版多本项目管理书籍，曾多次受邀给中共中央党校、农业部、大型国企、上市公司授课，在PMP考试培训方面具有多年的经验。薛博士为了让从业人员更快地掌握PMP知识点及提高通过率，将多年总结的PMP经验进行系统的梳理、总结，汇集于此书中，犹如宝剑赠英雄。以其多年的研究与辅导经验，用诙谐的方式陈述相关知识内容,使该书严谨又不失幽默,让读者能学得深、学得久、学得会。

本书的内容从《PMBOK 指南》出发,知识点覆盖全面。此外,还设定导读小贴士帮助读者及时了解学习该章节的重要内容;通过考点分析帮助读者梳理考点,强化重点内容,达到事半功倍的效果;练习题使读者在最短的时间内回顾、消化所学知识点。简而言之,这样的一本书,值得推荐给读者们,相信对参加 PMP 考试或对项目管理感兴趣的读者,将会从本书中受益。在这里,也期望薛博士产出更多的创新成果,为培养我国的项目管理专业人才贡献一份力量。

中国电信集团系统集成有限责任公司专家
张国营

目 录

推荐序 1
推荐序 2
推荐序 3

第 1 小时　厚积薄发——论 PMP 考试 32 小时
　　　　　通关 ·· 1
　1.0　【章节考点分析】 ······························ 1
　1.1　根深叶茂——PMBOK 综合知识 ······ 2
　1.2　举足轻重——项目 ···························· 4
　1.3　集思广益——项目管理 ···················· 7

第 2 小时　坐拥百城——论 PMP 项目管理体系 · 11
　2.0　【章节考点分析】 ···························· 11
　2.1　逐层增大——项目、项目集、项目组合
　　　　管理及组织级项目管理 ···················· 12
　2.2　相辅相成——项目管理、运营管理与
　　　　组织战略之间的关系 ······················ 13
　2.3　日进斗金——商业价值 ···················· 15
　2.4　一马当先——项目经理的角色及项目
　　　　管理办公室的作用 ·························· 16
　2.5　一脉相承——项目管理知识体系的构成 ··· 17

第 3 小时　PMP 项目管理基础练习题 ········· 19
　练习题 ··· 19

第 4 小时　驴象之争——论组织的形式及影响 · 25
　4.0　【章节考点分析】 ···························· 25
　4.1　大相径庭——项目管理的组织形式
　　　　及影响 ·· 26
　4.2　异曲同工——通用的组织结构 ········ 28
　4.3　五日京兆——项目及产品的生命周期 ··· 34

第 5 小时　组织影响练习题 ························ 35
　练习题 ··· 35

第 6 小时　比赛赛程——项目管理过程组及
　　　　　职业道德 ·· 38
　6.0　【章节考点分析】 ···························· 38
　6.1　篮球宝贝——论项目管理过程间的
　　　　关联与作用 ···································· 40
　6.2　分赛程——论项目管理过程组 ········ 42
　　6.2.1　检录——启动过程组 ················ 42
　　6.2.2　赛程——规划过程组 ················ 43
　　6.2.3　比赛——执行过程组 ················ 43
　　6.2.4　边裁——监控过程组 ················ 45
　　6.2.5　闭幕式——收尾过程组 ············ 47
　6.3　金牌榜——项目绩效信息、数据和
　　　　报告 ·· 48
　6.4　友谊第一——PMP 道德与专业
　　　　行为规范 ·· 49

第 7 小时　项目管理过程组及职业道德
　　　　　练习题 ·· 53
　练习题 ··· 53

第 8 小时　统而言之——项目管理过程的输入、
　　　　　输出、技术与工具 ························ 58
　8.0　【章节考点分析】 ···························· 58
　8.1　项目管理过程的输入 ······················ 59
　8.2　工程交工——输出 ·························· 61
　8.3　工程施工技术和机具——全部过程的
　　　　工具与技术 ···································· 62

第 9 小时　项目管理过程的输入、输出和技术
　　　　　工具汇总练习题 ···························· 65
　练习题 ··· 65

第 10 小时　秦始皇统一六国——论项目
　　　　　整合管理 ·················· 68
　10.0　【章节考点分析】 ················ 68
　10.1　统一六国——项目整合管理的概念
　　　　及概述 ······················· 69
　10.2　朕准了——项目章程 ············· 71
　10.3　谋定而后动——制定项目管理计划 ··· 75
　10.4　依计而行——指导与管理项目工作 ··· 78
　10.5　知识就是力量——管理项目知识 ···· 80
　10.6　枢密院——监控项目工作 ·········· 81
　10.7　大禹治水——实施整体变更控制 ···· 83
　10.8　卫青定边——结束项目或阶段 ······ 85
第 11 小时　项目整合管理练习题 ·········· 87
　练习题 ······························ 87
第 12 小时　越俎代庖——论项目的范围管理 ··· 92
　12.0　【章节考点分析】 ················ 92
　12.1　画地为牢——范围管理的概念 ······ 94
　12.2　占山为王——范围管理的实现过程 ··· 96
　12.3　未雨绸缪——规划范围管理 ········ 97
　12.4　民意调查——收集需求 ············ 98
　12.5　画圈圈——定义范围 ············· 101
　12.6　分而治之——创建 WBS ·········· 103
　12.7　千推万敲——确认范围 ··········· 104
　12.8　里推外挡——控制范围 ··········· 105
第 13 小时　项目的范围管理练习题 ······· 108
　练习题 ····························· 108
第 14 小时　龟兔赛跑——项目的进度管理 ··· 114
　14.0　【章节考点分析】 ··············· 114
　14.1　雄鸡报晓——项目进度管理的概念 ·· 116
　14.2　胡子工程——项目进度管理的
　　　　实现过程 ···················· 117
　14.3　丝丝入扣——规划进度管理 ······· 117
　14.4　纲举目张——定义活动 ··········· 119
　14.5　有条不紊——排列活动顺序 ······· 120
　14.6　掐指一算——估算活动持续时间 ··· 122

14.7　谋定而后动——制定进度计划 ····· 126
14.8　只争朝夕——进度控制 ··········· 129
第 15 小时　项目的进度管理练习题 ······· 133
　练习题 ····························· 133
第 16 小时　点石成金——项目成本管理 ···· 140
　16.0　【章节考点分析】 ··············· 140
　16.1　开源节流——项目成本管理的概念 ·· 142
　16.2　量体裁衣——规划成本管理 ······· 143
　16.3　待价而沽——估算成本 ··········· 145
　16.4　漫天要价——制定预算 ··········· 146
　16.5　就地还钱——成本控制 ··········· 149
　16.6　妙不可言——挣值在成本管理中的
　　　　应用 ·························· 150
第 17 小时　成本管理练习题 ············· 153
　练习题 ····························· 153
第 18 小时　基业长青——项目的质量管理 ··· 158
　18.0　【章节考点分析】 ··············· 158
　18.1　零缺陷——项目质量管理的概念 ··· 159
　18.2　精益求精——规划质量管理 ······· 160
　18.3　宽严相济——管理质量 ··········· 163
　18.4　吹毛求疵——质量控制 ··········· 166
第 19 小时　项目质量管理练习题 ········· 169
　练习题 ····························· 169
第 20 小时　四方辐辏——项目资源管理 ···· 174
　20.0　【章节考点分析】 ··············· 174
　20.1　好脑瓜儿与烂笔头——项目资源管理
　　　　的概念 ······················ 176
　20.2　谋划部署——项目资源管理的
　　　　实现过程 ···················· 176
　20.3　无规矩不成方圆——规划资源管理 ·· 177
　20.4　料事如神——估算活动资源 ······· 178
　20.5　西天取经——获取资源 ··········· 179
　20.6　齐心协力——建设团队 ··········· 181
　20.7　调兵遣将——管理团队 ··········· 183
　20.8　朝督暮责——资源控制 ··········· 185

第 21 小时　项目资源管理练习题 ·············· 187
　　练习题 ··························· 187
第 22 小时　鸡同鸭讲——论项目的沟通管理 · 192
　　22.0　【章节考点分析】················ 192
　　22.1　引经据典——项目沟通管理的概念 ··· 194
　　22.2　措置有方——规划沟通管理 ········ 197
　　22.3　左右逢源——管理沟通 ··········· 201
　　22.4　十目所视——监督沟通 ··········· 202
第 23 小时　项目沟通管理练习题 ············ 204
　　练习题 ··························· 204
第 24 小时　深渊薄冰——项目风险管理 ······ 209
　　24.0　【章节考点分析】················ 209
　　24.1　海不扬波——项目风险管理的概念 ··· 211
　　24.2　防患于未然——规划风险管理 ······ 213
　　24.3　盲人瞎马——识别风险 ··········· 216
　　24.4　抽丝剥茧——风险分析 ··········· 217
　　　　24.4.1　定性风险分析 ··············· 217
　　　　24.4.2　定量风险分析 ··············· 219
　　　　24.4.3　定量风险分析与定性风险分析
　　　　　　　的对比 ················· 221
　　24.5　魔高一尺，道高一丈——风险应对 ··· 222
　　　　24.5.1　规划风险应对 ··············· 222
　　　　24.5.2　实施风险应对 ··············· 225
　　24.6　即穷验问——控制风险 ··········· 226

第 25 小时　项目风险管理练习题 ············ 228
　　练习题 ··························· 228
第 26 小时　招标投标——项目采购管理 ······ 234
　　26.0　【章节考点分析】················ 234
　　26.1　项目采购管理的概念·············· 235
　　26.2　规划采购管理··················· 236
　　26.3　血拼——实施采购················ 241
　　26.4　控制采购······················ 244
　　26.5　合同收尾与行政收尾的比较········· 246
第 27 小时　项目采购管理练习题 ············ 248
　　练习题 ··························· 248
第 28 小时　全民皆兵——项目相关方管理 ···· 254
　　28.0　【章节考点分析】················ 254
　　28.1　项目相关方管理的概念············ 256
　　28.2　识别相关方····················· 256
　　28.3　规划相关方参与················· 259
　　28.4　管理相关方参与················· 261
　　28.5　监督相关方参与················· 262
　　28.6　项目主要相关方介绍·············· 263
第 29 小时　项目的相关方管理练习题 ········ 268
　　练习题 ··························· 268
第 30～32 小时　模拟试题及答案解析 ········ 272
　　模拟试题 ························· 272
　　模拟试题答案及解析················· 331

第 1 小时
厚积薄发——论 PMP 考试 32 小时通关

1.0 【章节考点分析】

第 1 小时主要学习《PMBOK 指南》的介绍、目的、作用。项目定义及其特征，项目管理的定义及其特征等。

<u>本章知识点涉及的题型多数为对 PMBOK 概念的理解。</u>本章节内容偏重于概念知识，根据以往 PMP 考试的出题规律，概念知识所考查的知识点多数都会参照教材，扩展的内容较少。<u>本小时的架构如图 1-1 所示。</u>

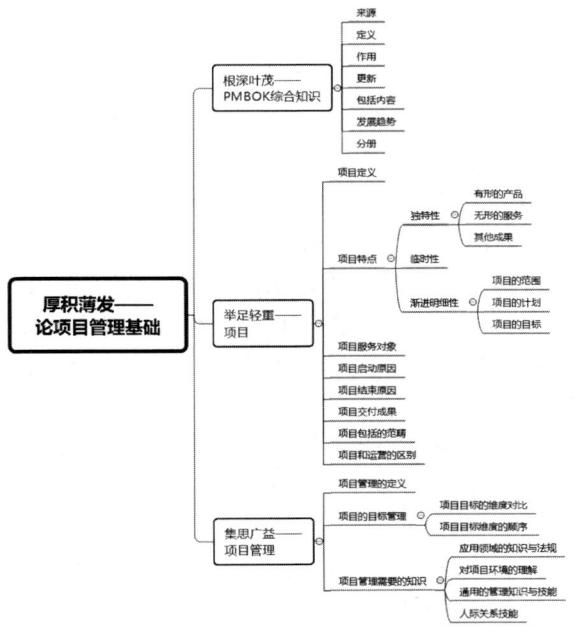

图 1-1 PMBOK、项目和项目管理架构图

 【导读小贴士】

厚积薄发，形容只有准备充分才能办好事情。项目管理也是一样，我们必须要把基础打好。在本小时内，会涉及 PMBOK、项目和项目管理，其中的概念多，范围广，不好理解，但真正理解后，题目又非常简单。我们将用通俗易懂的语言和简单现实的举例，对概念和理念进行讲述，对教材进行归纳、补充。本章的重要意义在于：它是原理和基石，掌握了它，你不但可以解答本节的考试题，还对后续章节的学习有很大的帮助。

1.1 根深叶茂——PMBOK 综合知识

根深叶茂，形容根扎得深，叶子就茂盛。比喻基础牢固，就会兴旺发展。项目管理也是一样，同学们必须把 PMBOK 的综合知识学好，打好基础。

【基础知识点】

PMBOK 的基本概念介绍如下。

（1）PMBOK 的含义：项目管理协会（Project Management Institute，PMI）是一个美国国家标准局（ANSI）认可的标准开发机构，PMI 制定并发布了项目管理标准，此标准已经成为项目管理方面事实上的国际标准。由于这些标准涉及一系列的相关的领域知识，为了便于学习，PMI 把这些知识与标准合并在一起，形成了大家所熟悉的《项目管理知识体系指南》一书，或简称为《PMBOK 指南》。

（2）PMBOK（Project Management Body of Knowledge）的释义，即项目管理知识体系。是项目管理领域（职业和学科）全部知识的总和。

（3）PMBOK 的作用：它是开展项目管理应遵循的基本标准。

（4）PMBOK 的更新：从 1996 年出版以来，PMI 严格按照 ISO 的更新要求，每四年更新一次，每一次更新会都增加一些能引领项目管理实战发展的新知识。最新版是 2017 年出版的 PMBOK 第六版，这六个版本的演变，能够较好地代表项目管理最近 20 年的发展。从这六个版本来看，《PMBOK 指南》的结构逐渐完善、内容逐渐丰富、对知识的阐述条理逐渐清晰、举例逐渐贴近实际。

具体每次改版更新的知识点如图 1-2 所示。

（5）PMBOK 的内容：是项目管理领域（职业和学科）全部知识的总和，具有极大的包容性，包括的范围已经非常广。具体内容如图 1-3 所示。

（6）PMBOK 的发展趋势：基于项目管理知识体系的发展，项目管理作为一个职业和学科，仍在不断地更新与改进。每四年更新一次的新版本会将过去四年中积累下来的新知识、新内容、新思想补充进来，将经过验证的冗余的、过时的、错误的内容，从书中删除或更正。

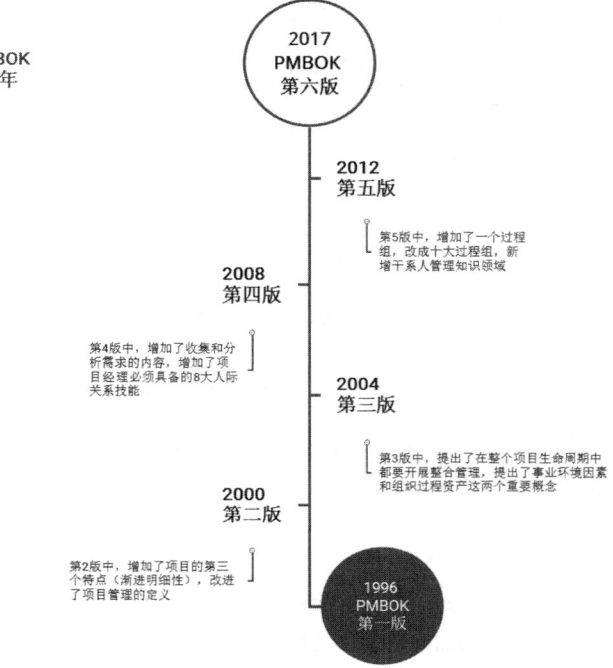

图 1-2　PMBOK 的 20 年发展历程

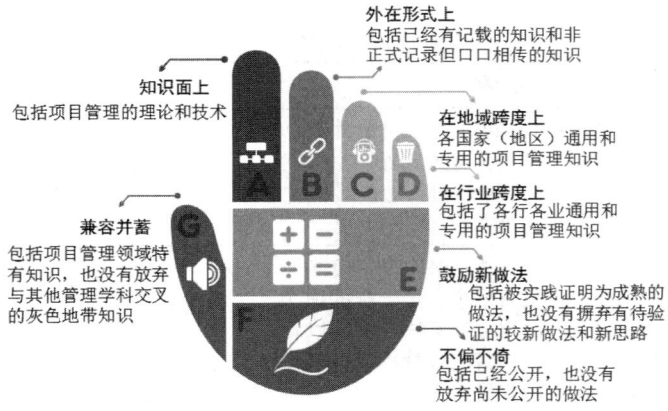

图 1-3　PMBOK 的内容

（7）PMBOK 分册：要把《PMBOK 指南》应用到具体项目中，不是一件容易的事情，需要熟练掌握该项目所在应用领域的独特知识。有些应用领域已经在《PMBOK 指南》的基础上，形成了各自的应用（扩展）指南，如《项目管理知识体系指南（PMBOK®指南）建筑工程分册》《项目管理知识体系指南（PMBOK®指南）（第 5 版）软件分册》。

(8)有一些内容没有被 PMBOK 收录,见表 1-1。

表 1-1　PMBOK 没有收录的内容

没收录的类型	不收录的原因
一般的、不是特别用于项目管理的知识	人们通常很容易从其他书籍中获得这些一般知识
只适用于某类特定项目(如某行业、地区、国家)的项目管理知识	这些知识应该由各具体应用领域的指南(标准)去收录
尚不成熟的项目管理做法	项目管理工作者对这些做法的应用及其效果尚存较大的意见或分歧

1.2　举足轻重——项目

举足轻重是指处于重要地位,一举一动都足以影响全局的人或事。本章中,具有举足轻重地位的是项目。所以,我们要清楚项目、了解项目、喜欢项目。

【基础知识点】

1. 项目的定义

(1)项目是为创造独特的产品、服务或成果而进行的临时性工作。

(2)项目举例:建设一座跨海大桥;建设一条汽车或者发电机生产线;开展一次咨询服务;拆分一个公司;一个地区的地质勘探;等等。

2. 项目的三特性

项目的三特性见表 1-2。

表 1-2　项目的三特性

项目特性	特性解释	特性后果
临时性	是指项目有明确的开始时间和明确的结束时间,即项目不会无限期地延续下去。所谓的临时性与项目的工期长短没有关系,可能很长,也可能很短	项目必须有明确的结束时间
独特性	也可叫"一次性",只做一次的事肯定是独特的,世界上也没有两个完全一样的项目。只要是项目,一定会在某些方面与以前的项目有所区别。项目的独特性会导致许多风险,也从某种程度上提升了项目工作的挑战性和项目产品的竞争力	有形的产品; 无形的服务能力; 其他成果
渐进明细性	渐进明细,也叫逐渐细化,意味着在连续积累中分步骤开发,以便逐步明确项目的细节特征	项目的范围:一开始只有粗略的范围说明书,然后细化出工作分解结构和工作分解结构词典; 项目的计划:一开始只有控制性的计划,然后逐渐明细,得到具体的实施计划; 项目的目标:一开始只有方向性的大目标,然后逐渐细化出具体、可测量、可实现的小目标

3. 项目的服务对象

项目为组织的经营需要与战略目标服务。

4. 项目的启动

项目启动原因如图 1-4 所示。

图 1-4 项目启动原因

5. 项目结束

项目可以因多种原因而结束，具体如图 1-5 所示。

图 1-5 项目结束的原因

6. 项目交付成果

（1）有形的成果。包括最终形态的产品，如跨海大桥、商贸大楼；也包括供其他工作使用的中间形态的产品，如道路建设中的埋地管路（如供暖管路、供气管路、通信光纤、排污管等）。

（2）无形的服务。如咨询企业的新服务职能，航空公司的新线路，律师事务所的新方向。

（3）其他成果。如研究性项目所研发出来的新技术、艾滋病防治项目所形成的成果（公众预防意识提高、预防知识增加等）。

7. 项目的范畴

一直以来，人们对哪些工作是项目或应该当项目来做有许多共识。广义地说，我们可以定义任何一个需要在特定时间内解决的问题为项目。项目的范畴纵横错杂无处不在。例如，大到国家政府变更组织机构、各部委出台新政策，小到安排一次旅行，这些都是项目。一项工作是不是被认定为项目，一般不取决于该工作本身，而取决于做该工作的人。

8. 项目与运营的区别和联系

项目与运营的区别和联系见表1-3。

表1-3 项目与运营的区别和联系

	视角	项目	运营
	概念	项目是为创建某个独特产品、服务或成果而临时进行的一次性努力或工作	运营是根据现有的程序,在标准化的生产线上进行的；或者根据既定的服务标准，按规定好的服务流程进行
不同点	独特性	项目是要创造独特的成果，追求独特性	运营是要生产出同样的成果，追求相似性
	临时性	项目是临时的，做项目就是要实现其目标，并结束项目；项目在达到其特定目标时就宣告结束	而做运营却是为了持续经营下去。而运营则会在达成阶段目标之后采用新目标，并不断地用新目标取代旧目标，把工作继续下去。运营不会因目标的实现而结束
	渐进明细性	项目产品的生产过程是逐渐细化的，项目产品的生产过程充满风险	运营是在标准化的生产线上或根据标准化的服务流程开展的。运营的生产或服务过程基本没有风险
	相对性	运营往往可以划分成许多项目。例如，对于一个设计公司，其运营可以分解为单个的设计项目，旅行社的运营可以分解每个线路项目。这就是**运营工作项目化管理**	运营是建立在项目所开发出的生产线或服务能力的基础上的。然后，在运营过程中，当需要开展一些在正常的、重复性工作的范围内无法有效进行的活动时，又需要做项目，如生产线改造或服务能力升级等
相同点	执行	都由人来做	
	限制	都受制于资源（包括人力和物资）	
	服务	互相支持、互相协调，共同为组织的经营和战略目标服务	
	过程	都要被规划、执行与监控	

续表

<table>
<tr><th colspan="2">视角</th><th>项目</th><th>运营</th></tr>
<tr><td rowspan="4">交叉点</td><td rowspan="4">项目与运营会在产品生命周期的不同时间点交叉并在交叉点互相转化</td><td>在新产品开发、产品升级或提高产量时</td><td></td></tr>
<tr><td colspan="2">在产品生命周期结束阶段</td></tr>
<tr><td colspan="2">在每个收尾阶段</td></tr>
<tr><td colspan="2">在改进运营或产品开发流程时</td></tr>
</table>

1.3 集思广益——项目管理

集思广益原指集中大家的意见和智慧,可以收到更大更好的效果。在做项目管理的时候,也应该如此。

【基础知识点】

1. 项目管理的定义及效果

(1) 项目管理就是运用**知识、技能、工具与技术**从事项目活动,从而达到项目的要求,并通过合理运用与整合项目所需的**项目管理过程**,来实现项目的目标。组织的目的就是通过项目管理高效开展并完成项目。

(2) 项目管理的效果见表1-4。

表1-4 项目管理的效果

有效的项目管理	无效或不善的项目管理
达成业务目标	超过时限
满足相关方的期望	成本超支
提高可预测性	质量低劣
提高成功的概率	返工
在适当的时间交付正确的产品	项目范围扩大失控
解决问题和争议	组织声誉受损
及时应对风险	相关方不满意
优化组织资源的使用	正在实施的项目无法达成目标
识别、挽救或终止失败项目	
管理制约因素(例如范围、质量、进度、成本、资源)	
平衡制约因素对项目的影响(例如范围扩大可能会增加成本或延误进度)	
以更好的方式管理变更	

2. 项目管理的目标

（1）项目管理目标的维度对比。

早期的三维：在项目管理的早期，项目管理的目标是传统"铁三角"，即项目的**时间、成本和质量**。项目管理的这三个目标，既互相矛盾，又互相关联。

时间、成本和质量，都是完成项目的限定条件。

质量也是项目结果的衡量指标之一，时间和成本均能对质量产生影响，但根据项目的要求不同，对质量的影响程度也会有所不同。

成本是支持项目完成并达到预期结果的资源总称，成本有时表现在时间上，我们称其为**时间成本**；有时表现在质量上，我们称其为**质量成本**。

总体来看，质量位于顶点，时间和成本分列两基，现代市场竞争中，两基的界限逐渐模糊，时常会出现相互弥补，互为支撑的关系。最初的时候，人们常以图1-6来表示项目管理目标三个维度间的关系。

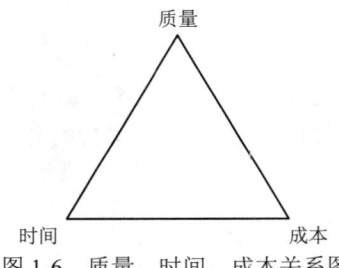

图1-6　质量、时间、成本关系图

中期的四维：随着项目管理知识的发展，人们逐步意识到项目范围的重要性，从而逐步把**项目范围**列为项目管理的目标，并成为描述项目目标的必不可少的第四个维度。这四个维度互相支持、互相影响、互相制约，不可或缺。如果从做事的"效率"和"效果"这两个方面来衡量项目的成功度，那么时间和成本是体现项目的**效率**的；而质量和范围则保证项目产品能够发挥既定的功能，体现项目**效果**。

我们往往比较注重做事的"效果"而忽略"效率"。像"我不看过程，我只看结果"，还有就是唐僧取经的故事，没有时间限制，取回来就好，都是重视效果忽视效率的典型思维。而项目的效率，即时间与成本，也是项目的重要目标，有些项目若是超时完成，就可能失去意义，比如奥运场馆的建设项目，如果超过奥运的举办时间，该项目就失去了意义。

中期的项目管理目标，由早期的三角形变成了图1-7所示的形式。

近期的多维：为了项目成功，项目经理必须把**风险管理**纳入项目管理的全过程。风险无处不在，它在项目的进行中，包围着整个项目。

把中期的四维制约适当扩展，即可得到多重制约，包括**范围、时间、成本、质量、风险**五个方面。它表明了项目管理就是要在充分考虑相关方风险的前提下，在规定的范围、时间、成本和质量之下完成项目，以便满足组织对项目的利益追求和商业目的。

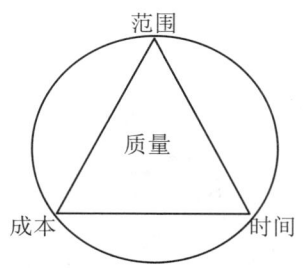

图 1-7 质量、时间、成本范围关系图

此时，项目管理的目标演变成了图 1-8 所示的形式。

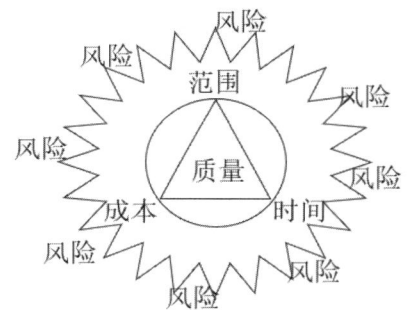

图 1-8 质量、时间、成本、范围、风险关系图

（2）项目管理目标各维度的顺序。项目的范围、时间、成本和质量紧密相连，相互之间有一定的制约和冲突。一个方面的变化会引起至少一个其他方面的变化，一个方面的优化可能只有以另一个方面的损失为代价。比如，质量的提高很可能会引起时间的加长和成本提高。再比如范围的变化，会引起时间和成本的变化。时间的变化，会引起质量或成本的升降。

对于项目管理的各个维度，哪个更重要呢？一般说来，各维度之间没有确定的优先顺序。如果项目产品是为某个外在事件（如奥运会开幕）服务的，并且这个外在事件的开始时间无法更改，那么往往时间是最重要的；而如果项目产品是为某个专门降低成本项目服务的，那么成本就成为人们关注的焦点；以此类推，质量也会成为人们的关注点。

也就是说，对于不同的项目，各维度的优先顺序虽不确定，但针对具体的项目，各维度的优先顺序也确实存在。在具体项目上，其优先顺序通常是由**客户或者管理层**来决定。项目经理需要在项目规划和执行过程中贯彻客户或者管理层所决定的这种优先顺序。不同的相关方对于维度的优先级可能有不同的看法，这增加了项目管理的难度。

3. 项目管理需要具备的知识

有效的项目管理，要求项目管理组至少能理解和使用以下五个领域的知识：<u>**项目管理知识体系**</u>；应用领域的知识、标准和规定；项目环境知识；通用的管理知识和技能；软技能或人际关系技能（图 1-9）。

图 1-9　有效的项目管理所需的知识

第2小时 坐拥百城——论 PMP 项目管理体系

2.0 【章节考点分析】

第 2 小时,我们主要来学习项目管理体系。其中包括**项目管理、项目集管理和项目组合管理间的关系,项目管理、运营管理与组织战略之间的关系,商业价值,项目经理的角色及项目办公室的作用,项目管理知识体系的构成**等内容。

本章节内容偏重于概念知识,根据以往 PMP 考试的出题规律,概念知识所考查的知识点多数会参照教材,扩展内容较少。<u>本小时的架构如图 2-1 所示。</u>

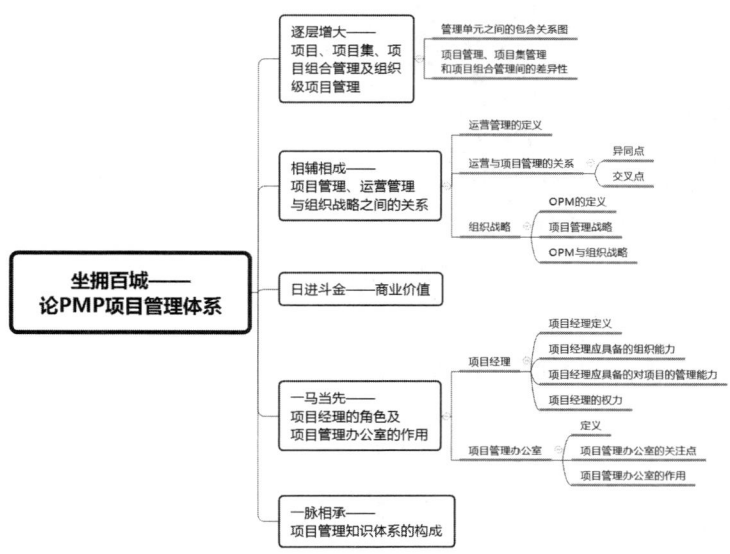

图 2-1 PMP 项目管理体系架构图

【导读小贴士】

坐拥百城原指有一万卷书，胜似拥有 100 座城池。在项目管理中，拥有了项目管理体系的知识，胜过一万卷书。和上一章 PMP 基础综合类知识一样，本章所讲述的项目管理基础知识也是在 PMP 考试中出现概率较高，且考的范围广杂不深。项目管理思想是一条重要的考试主线，掌握了项目管理的思想，就等于抓住了考试的脉络，所以本章一定要认真学习。

2.1 逐层增大——项目、项目集、项目组合管理及组织级项目管理

【基础知识点】

1. 项目管理各单元之间的关系

项目、项目集、项目组合管理及组织级项目管理所包括的范围是逐渐增大的，图 2-1 明确地表达了它们之间的包含关系。

图 2-2 项目管理各单元之间的包含关系图

2. 项目管理各单元之间的差异性和相似性

项目、项目集、项目组合管理及组织级项目管理的异同如图 2-3 所示。

确定组织战略之后，就需要确定应该通过哪些项目、项目集和其他相关工作，来按期实现组织战略。这些项目、项目集和工作合在一起，就是项目组合。项目组合中的某些项目可能存在密切的内在联系，这些相互联系的项目合在一起，就是项目集。从组织战略、项目组合、项目集到项目，构成了从高到低的概念层次结构。

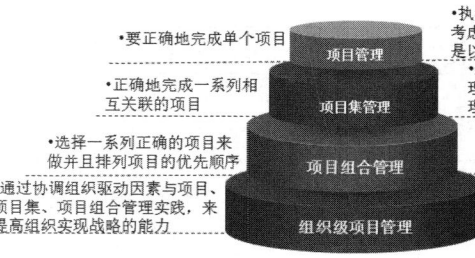

图 2-3 项目管理、项目集管理、项目组合管理和组织级项目管理对比图

2.2 相辅相成——项目管理、运营管理与组织战略之间的关系

相辅相成，原指两件事物互相补充，互相配合，缺一不可。在项目管理中，项目管理、运营管理与组织战略之间的关系也是如此。

【基础知识点】

1. 运营管理

运营管理关注产品的持续生产和（或）服务的持续运作。它使用最合理的资源满足客户的要求。它将着重点放在管理那些把输入（如材料、零件、能源和人力）转变为输出[如产品、商品和（或）服务]的过程，来保证业务运作的持续和高效。

2. 项目管理与运营管理的关系

（1）项目管理与运营管理的异同见表 2-1 所示。

表 2-1 项目管理与运营管理的异同

	异同	项目管理	运营管理
不同点	管理的对象	项目管理的对象是一次性、独特性的项目，管理的是与项目相关的评估、决策、实施和控制过程	运营管理的对象是企业生产和运营的决策、实施和控制
	管理的方法	针对性的方法和技术	更多的是部门协调、指挥命令等针对日常运行的管理方法和工具
	管理的周期	项目的生命周期	运营管理的周期相对长远
	工作性质	独特，创新	常规，重复
	工作环境	开放，风险	封闭，确定
	管理组织	临时，变化	稳定，持久
	目的	实现目标，结束项目	维持经营
	负责人	项目经理	职能经理
	实施组织	项目组，临时性组织	部门，稳定性组织

续表

异同		项目管理	运营管理
不同点	时限性	一次性,不可试	持续不断
	特性	独特性,风险与不确定性	重复性,应验与确定性
	管理追求	效果导向,客户满意	效率导向
相同点	实施主体	由人完成	
	资源约束	受资源约束	
	主要活动	计划、执行、控制	

（2）项目管理与运营管理的交叉点。持续运营不属于项目的范畴,但是它们之间存在交叉。在每个交叉点,可交付成果、知识及资源在项目与运营之间转移,以完成交接。在这一过程中,将转移项目资源或知识到运营中,或转移运营资源到项目中。项目和运营交叉的阶段如图2-4所示。

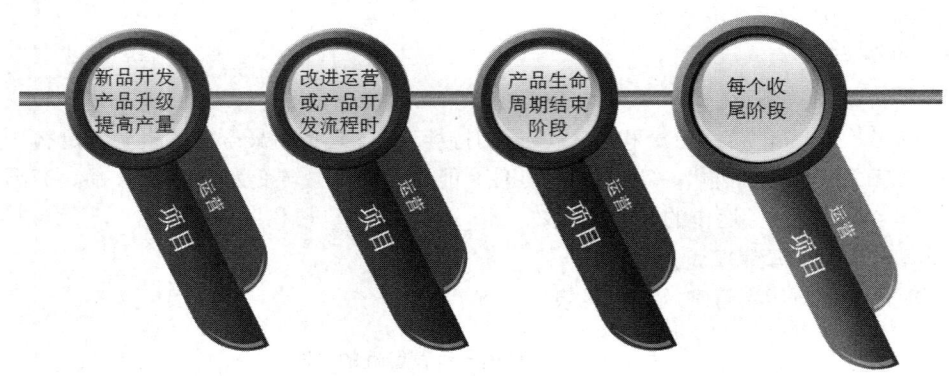

图2-4　项目和运营的交叉阶段图

3. 组织级项目管理

组织级项目管理（Organizational Project Management，OPM）指从企业管理的角度及实现企业运营价值最大化的目标出发,考虑如何筹建企业级的项目管理体系,以实现企业资源优化整合,提高项目成功率,并在项目立项和执行过程中及时把握市场和客户需求的变化,从而帮助公司快速调整经营目标和经营策略,最终实现企业的战略目标。组织级项目管理是企业的核心竞争力。

对于项目级的管理,其成功和效果主要取决于项目经理和项目组,但这并不是项目成功的所有要素。项目作为项目组合或项目集的组成部分,是实现组织战略和组织目标的一种手段。在项目的管控过程中,项目级管理是不能够解决所有问题的,这就对管理提出了更高的要求,进而有了项目集管理和项目组合管理。

项目组合、项目集和项目均需服从组织的战略目标,并以不同的方式作用于战略目标的实现。为了使项目符合组织的战略目标,通过对项目组合、项目集和项目进行更高层次、更系统化的管理,从而形成组织级项目管理。

OPM 的目的是确保组织开展正确的项目并合理地分配关键资源。OPM 有助于确保组织的各个层级都了解组织的战略规划、支持规划、举措、目标以及可交付成果。图 2-5 展示了战略管理、项目管理和运营管理之间的相互作用关系。

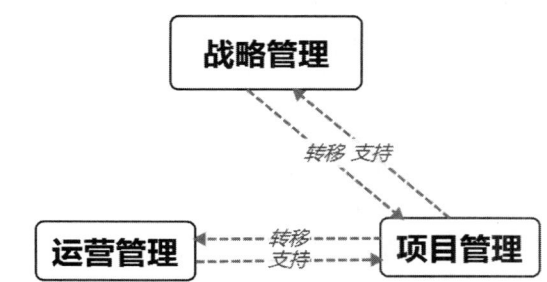

图 2-5　战略管理、项目管理和运营管理相互作用关系图

2.3　日进斗金——商业价值

日进斗金，通俗的意思就是一天能收进一斗黄金。项目管理，是有商业价值的，这也是它的根本目的。

【基础知识点】

组织的目的在于创造、维持和提升自身的商业价值（Business Value）。商业价值的发展和维持与项目和运营的关系如图 2-6 所示。

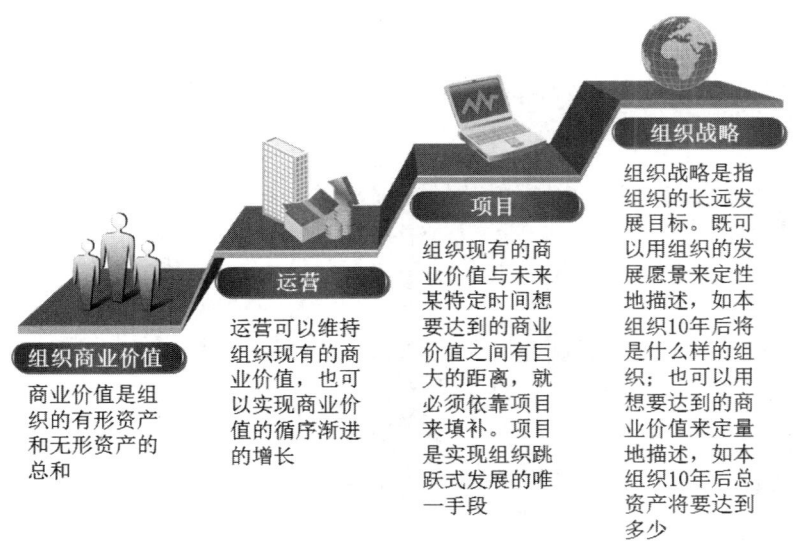

图 2-6　商业价值的发展和维持与项目和运营的关系图

2.4 一马当先——项目经理的角色及项目管理办公室的作用

一马当先,作战时策马冲锋在前,形容领先或带头。在项目管理中,项目经理(Project Manager)是项目的领头人,他带领项目团队,将项目做成功。

【基础知识点】

1. 项目经理

(1)从职业角度,项目经理是为了全面提高项目管理水平而设立的一个重要的管理岗位,它是项目经理责任制的核心,也是项目的质量、范围、进度、成本管理责任体系的核心。项目经理主要负责处理所有的事务性工作,是为项目的策划、执行和成功负总责的人。项目经理是项目团队的领导者,项目经理首要的职责是在预算范围内按时、优质地领导项目小组完成全部项目工作内容,并使客户满意。

(2)项目经理应具备的软能力:**号召力、影响力、沟通力、应变力**。

(3)项目经理应具备的管理能力:计划、组织、目标定位、整体意识和授权能力。

(4)项目经理的权力:**生产指挥权、人事权、财权、技术决策权和设备、物资、材料的采购与控制权**。

2. 项目管理办公室

(1)项目管理办公室(Project Management Office,PMO)是可以有效提高组织管理成熟度的核心部门,它负责在组织内部将项目的实施、过程、运作形式化和标准化,当组织内各机构间为了推动项目前进而产生各种资源冲突时,负责协调与整合。

(2)PMO关注于与上级组织或客户的整体业务目标有联系的项目或子项目之间的协调、计划、优先级编排、执行等事宜。

(3)项目管理办公室的作用如图2-7所示。

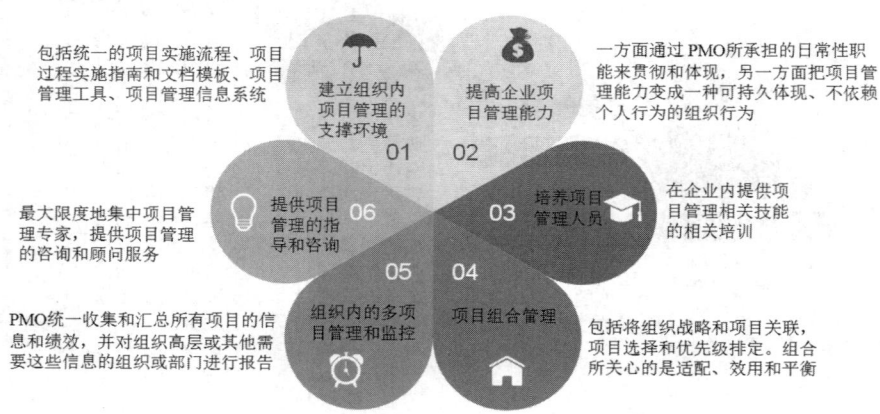

图2-7 项目管理办公室的作用

2.5 一脉相承——项目管理知识体系的构成

一脉相承，意思是从同一血统、派别世代相承流传下来。项目管理知识体系，也是以 PMBOK 为核心，海纳百川。

【基础知识点】

（1）有效的管理要求项目管理组至少需具备和使用以下五个领域的知识：<u>项目管理知识体系；应用领域的知识、标准和规定；项目环境知识；通用的管理知识和技能；软技能或人际关系技能</u>（图 2-8）。

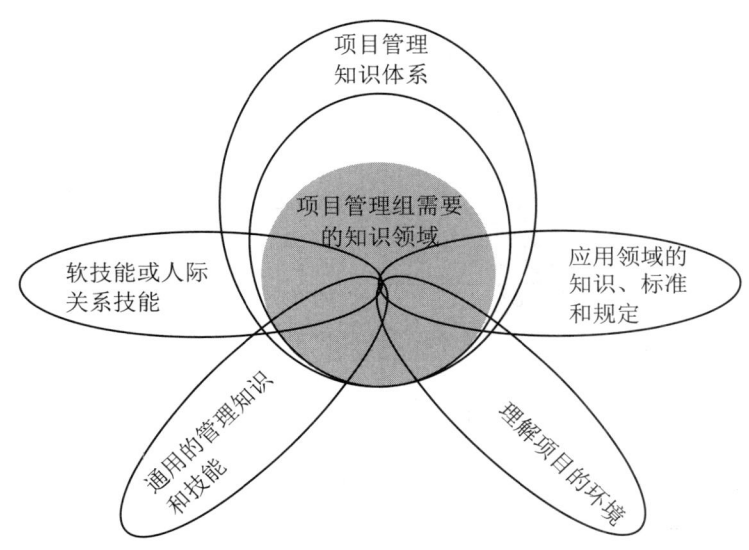

图 2-8　项目管理组需要的知识领域

（2）国际标准化组织（ISO）是这样区分标准和规则的：<u>标准</u>是"一致同意建立并由公认的机构批准的文件，该文件为活动和结果提供了通用的和可重复使用的规则、指南或特征"；<u>规则是政府强制的要求</u>；标准和规则之间有很大的一块灰色区；标准通常以描述一项为多数人选用的最佳方案的准则形式开始，然后随着其得到广泛的采用，变成了实际的规则；可以在不同的组织层次上规定要强制遵守，例如由政府机构、执行组织的管理层、项目管理团队建立的特定政策和规程。

（3）项目管理团队应该在项目的社会、政治和自然环境背景下来考虑该项目。

（4）国际项目管理协会（International Project Management Association，IPMA）创建于 1965 年，非营利性专业性国际学术组织。最初成员多为欧洲国家，现已扩展到世界各大洲。

（5）国际项目管理资质标准（IPMA Competence Baseline，ICB）是 IPMA 建立的知识体系。划分为 28 个核心要素和 14 个附加要素，见表 2-2。

表 2-2　ICB 的知识与经验

核心要素（28 个）	项目和项目管理	项目管理的实施
	按项目进行管理	系统方法与综合
	项目背景	项目阶段与生命期
	项目开发与评估	项目目标与策略
	项目成功与失败的标准	项目启动
	项目收尾	项目结构
	范围与内容	时间进度
	资源	项目费用与融资
	技术状态与变化	项目风险
	效果度量	项目控制
	信息、文档与报告	项目组织
	团队工作	领导
	沟通	冲突与危机
	采购与合同	项目质量管理
附加要素（14 个）	项目信息管理	标准和规则
	问题解决	谈判、会议
	长期组织	业务流程
	人力资源开发	组织的学习
	变化管理	行销、产品管理
	系统管理	安全、健康与环境
	法律方面	财务与会计

（6）国际项目管理专业资质认证（International Project Management Professional，IPMP）是 IPMA 在全球推行的四级项目管理专业资质认证体系的总称。

（7）依据国际项目管理专业资质标准，针对项目管理人员专业水平的不同将项目管理专业人员资质认证划分为四个等级，即 A 级、B 级、C 级、D 级，每个等级均有不同级别的证书。

（8）项目管理知识体系是早在 20 世纪 70 年代末提出的。

（9）《PMBOK 指南》每四年更新一次，2017 年第六版。分为 10 个知识领域：即<u>范围管理、时间管理、成本管理、质量管理、人力资源管理、沟通管理、干系人管理、采购管理、风险管理和整合管理</u>。

（10）目前，PMP 认证只有一个级别，对参加 PMP 认证学员资格的要求与 IPMA 的 C 级相当。证书有效期为三年。

（11）PMP 考试试题 200 道，全部为选择题，因为其中有 25 道题是不计分的，而我们不知道自己做的题哪些是不计分的，所以，保险起见，要求做对 131 道题为合格。实际上，是做对计分题 106 道即为合格。

第3小时
PMP 项目管理基础练习题

【导读小贴士】

第1、2小时主要学习了项目管理、项目集管理与项目组合管理间的关系,项目管理、运营管理与组织战略之间的关系,商业价值,项目经理的角色及项目办公室的作用,项目管理知识体系等内容,这些都是偏重于概念性的知识。对于这部分知识,根据以往PMP考试的出题规律,其考点多数都是参照教材,扩展内容少,考试范围虽广杂不深。但总体上是以项目管理的思想作为考试的主线。下面我们通过一些试题,来切实体验一下考试出题的脉络与特点,同时也可以更好地对前面所学的知识进行理解与巩固。

练习题

1. 对于一个指定的项目,谁负责决定将《项目管理体系指南》中的哪些内容应用到本项目中?( )
   A. 项目经理   B. 项目管理团队   C. PMO   D. 实施组织高层

答案:B

2. 以下都是项目的特征,除了:
   A. 受制于有限的资源   B. 需要计划、执行和控制
   C. 创造独特的产品或服务   D. 重复、持续的努力

答案:D

3．以下关于项目特征的说法都正确，除了（　　）。
　　A．项目的临时性，表示项目的机遇和市场机会短暂
　　B．重复部件的存在也适用项目独特性的特征
　　C．临时性一般不适用于项目所产生的产品、服务或成果
　　D．渐进明细的结果常常会导致范围渐变
答案：D

4．粗略估算（ROM）的范围是（　　）。
　　A．－75%～115%　　B．－50%～100%　　C．－25%～50%　　D．以上都不是
答案：B

5．运营管理和项目管理的本质区别是（　　）。
　　A．执行团队　　　　　　　　　　　　B．受制于有限的资源
　　C．规划、执行和控制过程　　　　　　D．管理的目标
答案：D

6．负责实现项目目标的个人是（　　）。
　　A．项目经理　　　B．CEO　　　C．PMO　　　D．项目发起人
答案：A

7．有关标准和规章制度的说法都正确，除了（　　）。
　　A．标准的例子包括电脑磁盘的尺寸和液压流体的热稳定性
　　B．规章制度是在经常和反复的使用中构成了规则，并由公认机构批准的文件
　　C．标准常常在不同的组织层次被要求强制遵守
　　D．规章制度是政府机构施加的要求
答案：B

8．下列有关项目环境的分类都正确，除了（　　）。
　　A．文化与社会环境　　　　　　　　　B．国际与政治环境
　　C．自然环境　　　　　　　　　　　　D．组织内的人际关系环境
答案：D

9．以下都是处理人际关系的技能，除了（　　）。
　　A．对组织施加影响　　　　　　　　　B．领导和激励
　　C．人事管理、补偿和福利　　　　　　D．谈判与冲突管理
答案：C

10．出色的项目经理是优秀的管理者和领导者。领导涉及以下所有各项，除了（　　）。
　　A．为利害关系者创造利益　　　　　　B．动员人员、统一意志
　　C．激励与鼓舞　　　　　　　　　　　D．确定方向
答案：A

11．以下关于项目层次的说法都正确，除了（　　）。

A．项目集（Program）既包括相互联系的项目，又涉及一系列重复或循环执行的任务

B．项目集管理（Program Management）是为了实现计划的战略目标与利益，而对一组项目进行的统一协调管理

C．项目组合管理（Portfolio Management）的目的是通过慎重选择项目或计划，并及时剔除不满足综合行动目标的项目，从而使综合行动的价值最大

D．承担组织项目组合管理责任的是 PMO

答案：D

12．以下都是项目管理办公室（PMO）的职责，除了（ ）。

A．协调所有项目共同使用的资源

B．监控其管理项目的进度和预算

C．识别与提出项目管理方法是最好的做法和标准

D．管理具体的项目工作

答案：D

13．以下关于项目经理与项目管理办公室之间区别的说法都正确，除了（ ）。

A．项目经理控制分配给项目的资源，以便最好地实现项目目标；而 PMO 则在所有的项目中以最优的方式使用共用的组织资源

B．项目经理报告项目绩效和项目的具体信息，而 PMO 提供统一的报告

C．项目经理与 PMO 追求的目标不同，因此在与组织战略保持一致方面的要求也不同

D．项目经理负责在项目的制约范围内提交具体的项目成果，而 PMO 是一种包括诸如全组织视野等在内的具体强制性要求的组织结构

答案：C

14．以下关于项目阶段的说法都正确，除了（ ）。

A．项目阶段是项目生命周期的一部分

B．项目阶段的划分是以可交付成果为标志

C．必须对前一阶段的可交付成果验收之后，才能进入下一个阶段

D．为了有效地控制，每一个阶段都要正式启动

答案：C

15．在项目周期的（ ）阶段结束时，通常做出"继续、不继续"的决定。

A．项目制定 B．可行性 C．设计与分析 D．规划与设计

答案：B

16．在以下哪一个阶段，项目的风险最大？（ ）

A．概念阶段 B．设计阶段 C．执行阶段 D．收尾阶段

答案：A

17．在以下哪一个阶段，项目风险的影响最大？（ ）

A．概念阶段 B．设计阶段 C．执行阶段 D．收尾阶段

答案：C

18. 项目发起人对项目范围、质量、时间和成本具有最大的影响力是在（　　）。
    A．概念阶段　　　B．开发阶段　　　C．执行阶段　　　D．结束阶段
答案：A

19. 以下都是项目启动的原因，除了（　　）。
    A．问题　　　　　B．机会　　　　　C．经营要求　　　D．资源可用
答案：D

20. 项目生命周期和产品生命周期的区别是（　　）。
    A．两者的含义几乎是一致的
    B．产品生命周期被视为项目生命周期的一部分
    C．项目生命周期被视为产品生命周期的一部分
    D．两者没有任何关系
答案：C

21. 为了确保项目成功，以下都是项目经理对待干系人的正确策略，除了（　　）。
    A．识别谁是项目的干系人　　　　　B．确定项目干系人的需求
    C．定期向干系人汇报项目信息　　　D．尽可能降低干系人对项目的影响
答案：D

22. 以下关于客户的说法中，正确的是（　　）。
    A．客户是接受项目成果的个人或组织
    B．客户是接受项目成果，并能从项目成果中获益的个人或组织
    C．客户不是项目成果的接受者
    D．客户是项目成果的接受者，但不会从项目成果中获益
答案：A

23. 提出不寻常或风险较高方案的项目团队，在一个进取心较强或具有开拓精神的组织中比较容易获得赞许，而在一个强调稳定的传统组织中很难得到认可。这体现了以下何种因素对项目的影响？（　　）
    A．组织制度　　　B．组织文化　　　C．组织结构　　　D．组织管理系统
答案：B

24. 以下关于组织结构影响的说法都正确，除了（　　）。
    A．权利冲突是矩阵型组织最大的问题
    B．在与职能型组织相类似的复合型组织中，可以建立专门的项目团队不按标准和正规的请示报告系统来开展工作
    C．项目中共用的兼职人员向项目经理而不是向项目管理办公室汇报
    D．项目型组织最大的问题是归属感缺乏
答案：C

25．一个新项目经理刚刚被分配到一个正在进行的项目中，这个项目落后于进度计划两周。根据最初的时间估算，你的团队成员将要被职能经理派到另一个项目上去。项目经理所在的组织是什么类型的组织？（　　）

　　A．项目型组织　　　B．紧密矩阵组织　　　C．平衡矩阵组织　　D．职能型组织

答案：D

26．在矩阵环境中管理项目的时候，项目经理可利用以下所有激励工具，除了（　　）。

　　A．提拨的机会　　　B．获奖的机会　　　C．薪酬控制　　　D．富于挑战的工作

答案：A

27．矩阵型组织中有以下优势，除了（　　）。

　　A．项目经理便于管理　　　　　　　B．成员专业技能发展

　　C．资源有效利用　　　　　　　　　D．双重汇报关系

答案：D

28．复杂的项目特别是那些跨多部门的项目可以通过哪种方法有效管理？（　　）

　　A．多重项目经理人　　　　　　　　B．职能组织结构

　　C．强矩阵组织结构　　　　　　　　D．强有力的传统经理人

答案：C

29．假如你是项目经理，负责的项目是为财务部门开发软件工具。一旦项目完成，维护项目产品（　　）。

　　A．不是项目生命周期的一部分

　　B．应当包含在项目生命周期内，因为维护产品需要的资源与生产产品需要的资源一样

　　C．如果管理层认为应当包括在项目生命周期内，则可能是项目的一部分

　　D．是另一个新的项目

答案：A

30．项目干系人管理系指对沟通进行管理，以满足干系人的需求，并和干系人一起解决问题，一般由（　　）负责项目干系人管理。

　　A．项目管理团队　　　　　　　　　B．项目经理

　　C．项目团队　　　　　　　　　　　D．项目经理、项目发起人以及项目管理团队

答案：B

31．以下都是矩阵型组织项目经理的职责，除了（　　）。

　　A．资源规划　　　　　　　　　　　B．管理成本和预算

　　C．评估项目团队绩效　　　　　　　D．完成活动定义

答案：C

32．以下都是项目组织结构的影响因素，除了（　　）。

　　A．环境压力　　　B．进度限制　　　C．战略选择　　　D．技术因素

答案：B

33. 你是公司十位全职项目经理中的一位。你们共享两位行政人员。一年中有 30～40 个项目，大概有 30%的组织成员参与项目，但项目成员并不向你汇报工作（尽管你是项目经理）。你们公司的组织结构很有可能是（ ）。
    A．项目型　　　　B．平衡矩阵型　　　C．强矩阵型　　　D．弱矩阵型
    答案：D

34. 项目经理的权力取决于（ ）。
    A．职能经理的支持　　　　　　　　　B．高层经理的支持
    C．项目经理的影响力和领导力　　　　D．组织结构
    答案：D

35. 你是一个矩阵型组织的项目经理。所有的团队成员既向你汇报工作也向他们的职能经理汇报工作。管理这种错综复杂的关系是一个很大的挑战，其应当是（ ）的责任。
    A．项目经理　　　　　　　　　　　　B．职能经理
    C．项目经理和职能经理　　　　　　　D．项目群经理
    答案：A

36. 你们公司正在建造一个水坝。项目在合同约束下开展，要求你为任何由于项目而离开的成员做出补偿。这种限制属于（ ）。
    A．社会的　　　　B．法律的　　　　C．环境的　　　　D．人性的
    答案：B

37. 以下关于标准和规章制度的说法都正确，除了（ ）。
    A．标准是由共识确立或公认机构批准的文件
    B．规章制度是强制的，而标准不是强制性的
    C．标准经过广泛使用有可能成为规章制度
    D．标准和规章制度对项目的影响是已知的
    答案：D

第4小时 驴象之争——论组织的形式及影响

4.0 【章节考点分析】

第 4 小时主要学习组织对项目管理的影响、组织的各种形式及其优缺点、项目及产品生命周期等内容。

本小时的内容偏重于概念知识,根据以往 PMP 考试的出题规律,概念知识考查知识点多数参照教材,扩展内容较少。本小时的架构如图 4-1 所示。

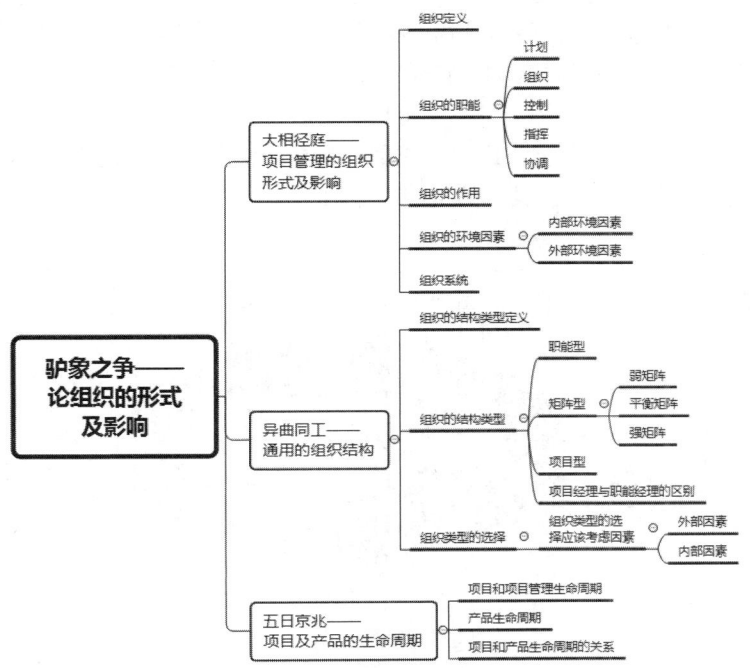

图 4-1 组织形式及影响架构图

【导读小贴士】

驴象之争，一般用于形容执政势力与在野势力的斗争。在项目管理中，也有类似的现象，那就是项目经理和职能经理的权限之争，它就像跷跷板一样此消彼长。为了做好项目，怎样在它们之间取得平衡？如果你是一位项目经理，你应该怎样组织你的团队？你需要了解项目管理的组织型式有哪几种，你所在的公司的大环境，你的团队适合选用哪种组织结构形式，还要清楚项目和项目管理以及产品生命周期的划分，这样才能更好地开展工作，带领你的团队把项目干好。这一章讲的就是这些内容。

4.1 大相径庭——项目管理的组织形式及影响

大相径庭，比喻相差很大，差别很远。项目管理的各种形式之间，粗略一看差不多，但实际上各自之间是有很大的差别的。

【基础知识点】

1. 项目管理组织

项目管理组织是指为了完成某个特定的项目任务而由不同部门、不同专业的人员所组成的一个特别工作组织，它不受既有的职能组织结构的束缚，但也不能代替各种职能组织的职能活动。根据项目的特点，项目管理组织的机构可以很简单、很小，也可以很复杂、很庞大。

2. 组织的职能

一般来说，组织需要具备**计划、组织、控制、指挥和协调**职能。这几种职能互相协调，共同高效完成项目，达成组织的目标。具体的组织职能如图 4-2 所示。

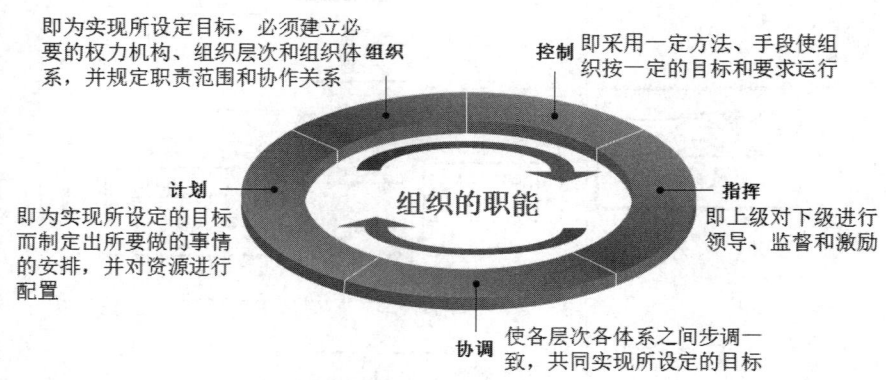

图 4-2　组织的职能

3. 组织的作用

组织非常重要,在项目管理中是一个焦点。一个项目经理建立了理想有效的组织系统,他的项目管理就成功了一半。组织的基本作用如图4-3所示。

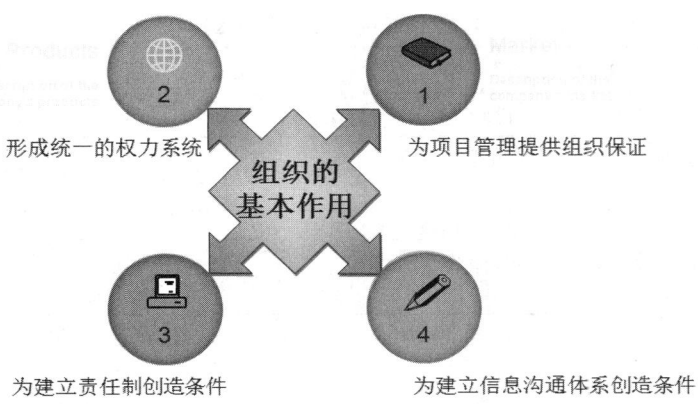

图4-3　组织的基本作用

(1) 为项目管理提供组织保证。项目经理在启动项目管理之前,首先要做好组织准备,建立一个能完成项目管理任务、使项目经理指挥灵便、运转自如、效率高的项目组织机构——项目经理部,其目的就是为项目管理提供组织保证。一个完善、高效、灵活的项目管理组织,可以有效地保证项目管理目标的实现。

(2) 形成统一的权力系统,集中统一指挥。权力由法定和拥戴产生。"法定"来自于授权,"拥戴"来自于个人魅力。组织机构的建立首先是以法定的形式产生权力。权力是工作的需要,是管理地位形成的前提,是组织活动的反映。没有组织机构,便没有权力,也没有权力的运用,那么项目经理就没有权力,组织和项目就难以运行。建立组织目的在很大程度上是要授权,以便使用权力实现项目管理目标。组织要尽量做到合理分层,层次多,权力分散;层次少,权力集中。所以要在项目开始前,确定组织的结构和项目经理,把项目管理组织的权力阐述明白并固定下来。

(3) 为建立责任制创造条件。项目组织的每个成员都必须承担一定的责任,不负责任的组织成员和没有责任心的组织成员是组织的大忌,责任制解决了项目组织中的核心问题。一个项目组织能否有效地运转,关键在于是否有健全的岗位责任制。

(4) 为建立信息沟通体系创造条件。信息沟通是组织权力逐层传达成功的重要因素。下级(下层)以报告的形式或其他形式向上级(上层)传递信息,同级不同部门之间为了相互协调而横向传递信息。没有建立组织结构时,也有信息传达,但它是无序的、杂乱的、没有系统的。只有建立了组织结构,这种信息沟通体系才能形成。

4. 组织的环境因素

任何组织都是在一定的环境下存在和发展的,组织与其所处的环境是相互作用的,组织依靠环境来获得资源以及某些必要的机会,环境给予组织活动某些限制而且决定是否接受组织的产出。组织环境所包含的主要要素有：人力、物质、资金、气候、市场、文化、政府政策和法律。

环境因素从类型上来说是多种多样的。我们必须认真考虑这些因素，并合理地分析和利用这些因素，才能有效地开展项目。组织的内外部环境因素见表 4-1。

表 4-1　组织的内外部环境因素

内部环境因素（管理的具体工作环境）	外部环境因素（管理的外部环境）
基础设施、设备（具有的具体设备、设施）	法律、法规（与项目相关的法律法规）
设施的位置、地理分布（工厂位置、虚拟团队、共享系统和云计算）	国家标准、地方标准、行业标准
组织的制度、文化和结构（组织的工艺操作规程和工作流程、规章制度、考核奖励制度以及健全的组织结构）	政治环境和社会文化（政治氛围、行为规范、道德和观念）
员工技能和能力（包括现有人力资源的专业知识、技能、能力和特定知识）	货币和财务政策（货币汇率、利率、通货膨胀率、关税）
软件和资源（包括各种可用的软件、系统、人力和物力资源）	特定外部环境因素（供应商、顾客、竞争者、政府和社会团体）
员工	竞争对手和合作商

5. 组织系统

组织系统指组织起一个项目整个的管理系统，集成了任务管理、项目管理、团队管理以及工作日志管理等功能，作为一个适用于各领域项目管理、团队协作与即时沟通的组织系统，可以为协调和管理数以百计的项目和团队成员，具有成熟、可靠和友好特性。

4.2　异曲同工——通用的组织结构

异曲同工，原指不同的行为导致的相同或相近的效果。在项目管理中，虽然不同地区和不同行业的组织结构在形式上各不相同，但也有一些放之四海而皆准的组织框架。

【基础知识点】

1. 组织结构的定义

组织结构（Organizational Structure）是指对于工作任务如何进行分工、分组和协调合作。是表明组织各部分排列顺序、空间位置、聚散状态、联系方式以及各要素之间相互关系的一种模式，是整个管理系统的"框架"。

2. 组织结构的类型

组织结构（形式）是 PMP 考试的重点之一。《PMBOK 指南》中讨论了三类五种组织结构，分别是：职能型组织、弱矩阵型组织、平衡矩阵型组织、强矩阵型组织和项目型组织。在每种类型的组织结构中，项目经理的地位和权力都有所不同。它们的适用情景如图 4-4 所示。

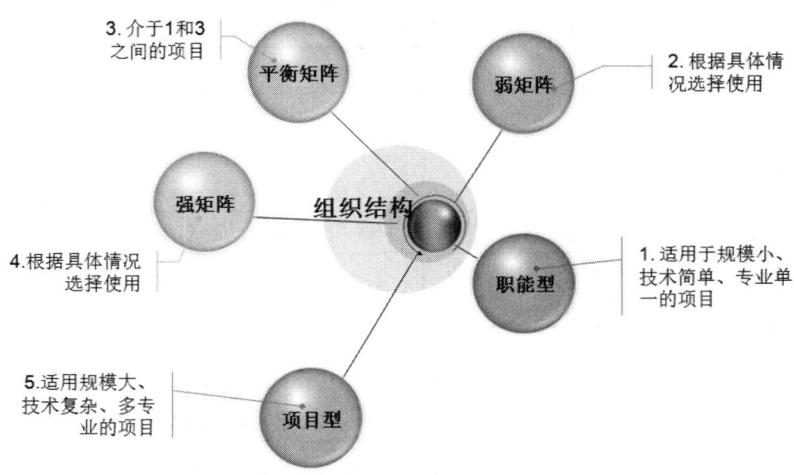

图 4-4 组织的主要结构类型及其适用情景

矩阵型组织因使用广泛，特点显著，优点较多，颇受命题者关注，**在历年的 PMP 考试中矩阵型组织都是一个重点考点**，请学员关注。

（1）**职能型组织结构**。起源于 20 世纪初法约尔在一个煤矿公司担任总经理时所建立的组织结构形式，故又称"**法约尔模型**"。它是按职能来组织部门的分工，即从企业高层到基层，均把承担相同职能的管理业务及其人员组合在一起，设置相应的管理部门和管理职务。因为主要通过上级对下级的直线管理来完成工作任务，职能型组织**也叫直线型组织**。该组织结构多用于军队和高校，其结构如图 4-5 所示。

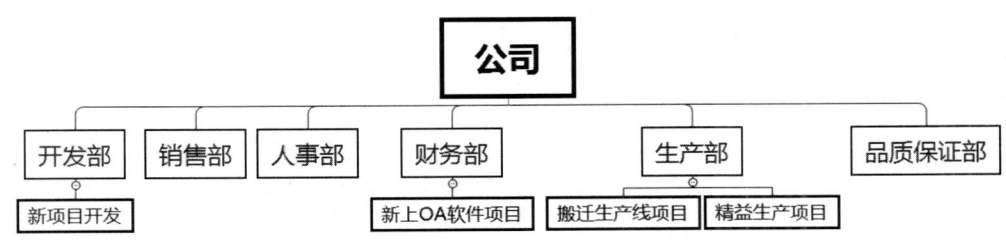

图 4-5 职能型组织结构示意图

职能型组织结构的优缺点见表 4-2。

如果把较复杂、跨专业的项目放到职能型组织中来做，传递链会很长，效率很低，效果也不会好。这是因为一个职能部门完成相应部分的工作以后，需要把工作成果传递给分管它的上级领导，再由该上级领导把项目传到下一个职能部门，并依次往下传，传递链过长，效率无法提高。

（2）**项目型组织结构形式**。整个组织都根据项目划分为不同的项目部，项目部成员各自具有所有职能，项目经理对项目有完全的管理与控制权力，项目成员直接且只需向项目经理报告，项目成员全职为项目工作，项目结束，项目部解散。项目型的组织结构如图 4-6 所示。

表 4-2 职能型组织结构的优缺点

优点	缺点
同一职能部门内的沟通、协调、决策比较容易	职能工作容易优先于项目工作
项目成员兼顾职能工作和项目工作	没有全职的项目经理,项目经理没有权力,无法建立项目管理职业路径
同专业者在一起,有利于专业技术的提高	不利于跨部门、跨专业的沟通与合作
职能部门为员工提供职业发展平台,员工的职业路径清楚	各职能部门无法整合

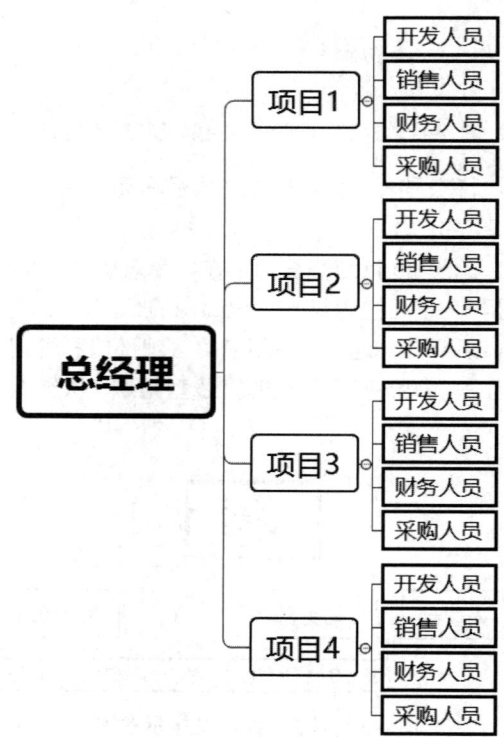

图 4-6 项目型组织结构示意图

在实际工作中,没有彻底完全的项目式管理,因为任何组织结构都或多或少地需要职能部门(如后勤、行政)的支持。但是,从单个项目的角度来说,单个项目可以采取项目式的组织,即一个自成体系的、拥有所需全部人员的项目部,它在项目实施过程中基本不需要任何其他部门的支持和帮助,就能顺利的完成项目。项目型组织的优缺点见表 4-3。

表 4-3 项目型组织的优缺点

优点	缺点
项目经理拥有管理项目的全权	成员与外界同行交流的机会少，影响其专业技术发展
项目组织的结构简单、边界明确、权责清晰	因为不能共享资源，项目部业务不忙时，浪费资源
成员全职工作，对项目忠诚度高，沟通及决策速度较快，效率高	项目结束后，成员无"家"可归，导致项目收尾阶段成员不安心项目工作
利于在组织中建立项目管理职业发展路径	职能部门不参与项目，易对项目无动于衷甚至反感
每个成员始终都了解团队的工作并为之负责	因无法共享资源，导致项目之间重复配置资源（如人员和设备等）

（3）**矩阵型组织结构**。为了同时利用职能型组织和项目型组织的优点，并尽量避免它们的缺点，人们采取了这两个结构形式的结合体——矩阵型组织结构。其主要特点是：①资源共享：即许多项目团队成员是从职能部门借来的（可能只是在项目上兼职）；②两个领导：即项目团队成员需要同时接受项目经理和职能经理的领导，所以，在矩阵型组织中的项目经理并没有完全管理项目的权利。

矩阵型组织又可分成三种：**弱矩阵**（偏向于职能型组织）、**平衡矩阵**与**强矩阵**（偏向于项目型组织）。在弱矩阵中，权力的跷跷板偏向职能经理，项目经理的地位低于职能经理，项目团队中不到三分之一的员工全职为项目工作。在平衡矩阵中，权力的跷跷板是平衡的，权力由职能经理和项目经理基本平均分享，两者的地位基本平等，项目团队中约一半的成员全职为项目工作。在强矩阵中，权力的跷跷板偏向了项目经理，权力主要在项目经理手中，项目经理的地位高于职能经理，项目团队中大多数的成员全职为项目工作。矩阵型组织如图 4-7 所示。

总经理				
	人事部经理	财务部经理	销售部经理	采购部经理
项目A陈经理	人事职员	财务职员	销售员	采购员
项目B李经理	人事职员	财务职员	销售员	采购员
项目C刘经理	人事职员	财务职员	销售员	采购员
项目D张经理	人事职员	财务职员	销售员	采购员

图 4-7 矩阵型组织

矩阵型组织结构考试知识点：由于评定弱矩阵、平衡矩阵和强矩阵之间没有明确的界限和泾渭分明的区别，不适宜用来做客观性的考试区分评判，所以考试中出现的关于矩阵型组织细分的题目一般仅**限于项目经理与职能经理之间的权力划分和组织结构对项目的影响**，见表 4-4。

表 4-4 组织结构对项目的影响

组织结构类型	项目特征					
	工作组安排	项目经理权力	项目经理的角色	资源可用性	项目预算管理人	项目管理人员
系统型或简单型	灵活；人员并肩工作	极少或无	兼职；工作角色（如协调员）指定与否不限	极少或无	负责人或操作员	极少或无
职能（集中式）	正在进行的工作（例如，设计、制造）	极少或无	兼职；工作角色（如协调员）指定与否不限	极少或无	职能经理	兼职
多部门（职能可复制，各部门几乎不会集中）	其中之产品；生产过程；项目组合；项目集；地理区域；客户类型	极少或无	兼职；工作角色（如协调员）指定与否不限	极少或无	职能经理	兼职
强矩阵	按工作职能，项目经理作为一个职能	中到高	全职指定工作角色	中到高	项目经理	全职
弱矩阵	工作职能	低	兼职；作为另一项工作的组成部分，并非指定工作角色，如协调员	低	职能经理	兼职
平衡矩阵	工作职能	低到中	兼职；作为一种技能的嵌入职能，不可以是指定工作角色（如协调员）	低到中	混合	兼职
项目型	项目	高到几乎全部	全职指定工作角色	高到几乎全部	项目经理	全职
虚拟型	网络结构，带有与他人联系的节点	低到中	全职或兼职	低到中	混合	可为全职或兼职
混合型	其他类型的混合	混合	混合	混合	混合	混合
PMO*	其他类型的混合	高到几乎全部	全职指定工作角色	高到几乎全部	项目经理	全职

*PMO 是指项目组合、项目集或者项目管理办公室或组织。

（4）**项目经理和职能经理的区别与联系**，见表 4-5。

3. 组织结构类型的选择

在确定组织结构时，每个组织都需要考虑与项目相关的各方面的因素。根据每个因素的重要性和特点进行综合分析，综合考虑各因素及其价值和相对重要性，根据这些基础的信息，得出应该选用的组织结构类型。不存在一种适用于任何特定组织的通用组织类型。因为要考虑各种可变因素，所以特定组织的最终结构是独特的。人们在选择组织结构时，需考虑的因素见表 4-6。

表 4-5　项目经理与职能经理的区别与联系

	项目经理	职能经理
区别	项目经理是在项目章程中任命的、领导项目团队、为项目执行组织实现项目目标的个人。项目执行组织会针对每一个项目专门任命项目经理。项目执行组织是其员工直接参与项目工作的组织，一个项目可能有不止一个执行组织。对于本执行组织的项目经理来说，其他执行组织的项目经理则是自己的项目团队的成员	职能经理是组织中领导某一职能业务领域的个人，带领职能部门员工按组织规章制度开展相关业务工作。广义的职能经理也包括运营经理或直线经理，狭义的职能经理则不包括运营经理或直线经理。运营经理是负责直接用于销售的产品或服务的生产的经理，通常也称为直线经理。狭义的职能经理仅指人力资源部门经理、财务部门经理、行政办公室经理等，其直线下属和其他部门的员工都会向其报告
	项目经理是专门针对某个项目而设立的临时性岗位，会随着项目的结束而自动卸任	职能经理是专门针对某个业务领域而设立的永久性岗位，会随相应业务的持续开展而延续。某位职能经理的卸任，需要用正式的组织文件来宣布
	项目经理通常应该在更大程度上是一个通才，而不是某一个技术领域的专才	职能经理通常应该是所在业务领域的技术专家，例如财务部经理应该是财务专家
	项目经理可能要使用借来的且只是在项目上兼职工作的人员来开展工作	职能经理的员工通常都是其直接的且永久的下属
	项目经理经常必须在缺乏正式权力的情况下领导项目团队完成任务。他必须面对没有足够的正式权力也要完成项目任务的巨大挑战	职能经理则不会面对正式权力不足的挑战
共性	（1）都是组织所必需的重要角色。 （2）都是团队的领导者	
联系	（1）职能经理及其员工是项目的重要干系人。项目经理必须与职能经理有效合作。 （2）职能经理通常要给项目经理提供专业技术和专业人才的支持。 （3）项目经理要把项目最终的可交付成果交给职能经理去使用。 （4）在矩阵式组织中，项目经理决定项目该做什么、为什么要做、什么时候做以及用多大代价做，而职能经理针对其所辖的业务领域来决定相关的技术工作要怎么做以及由谁去做。职能部门相当于专业技术和人才的储备库，项目则相当于需使用人才储备的用人单位	

表 4-6　影响组织结构选择的因素

外部因素	内部因素
国际通行的项目管理方法与惯例	公司的组织管理模式与制度
国家经济管理环境和与项目相关的管理制度	公司的项目管理方式
项目的经济合同关系与形式	公司内领导层及各部门之间的运作方式
项目管理的范围，项目的种类、规模、性质和影响力	公司内对项目运作的理念与企业文化
每个成员始终都了解团队的工作并为之负责	职责分配、权力分配
项目与外界的关联特性	实施效率
客户的特殊要求	成本因素

4.3 五日京兆——项目及产品的生命周期

五日京兆,原指任职时间短或者即将去职;在项目管理中,所有项目和产品也都有其生命周期。

【基础知识点】

1. 项目和项目管理生命周期

(1)项目生命周期:基于项目的技术工作来划分项目的阶段,但与项目管理生命周期有相同的起始点。

(2)项目管理生命周期:基于项目的管理工作,旨在描述项目的每个阶段需要完成什么管理任务。一般用 **5 大管理过程组(启动过程组,规划过程组,执行过程组,监控过程组,收尾过程组)**来描述。

2. 产品生命周期

(1)概念:产品生命周期是指从项目开始到项目结束再到项目产品运行生命终止(退出市场)的全过程。

(2)产品生命周期划分:产品生命周期包括一系列产品阶段,产品研发、产品导入、产品上升、产品成熟、产品衰退、产品退出等。

3. 项目和产品生命周期的关系

我们用表 4-7 来描述项目、项目管理和产品的生命周期之间的关系。

表 4-7 产品与项目生命周期

比较项		项目生命周期	产品生命周期
定义		项目生命周期是一个项目从概念到完成所经过的所有阶段。所有项目都可分成若干阶段,且所有项目无论大小,都有一个类似的生命周期结构	信息系统生命周期是指信息系统在使用过程中随着其生存环境的变化,信息系统的生命周期可分为立项、开发、运维和消亡四个阶段
解释		其最简单的形式主要由四个主要阶段构成:概念阶段、开发或定义阶段、执行(实施或开发)阶段和结束(试运行或结束)阶段。阶段数量取决于项目复杂程度和所处行业,每个阶段还可再分解成更小的阶段	信息系统生命周期由系统分析、系统设计、系统实施以及系统管理和维护四个时期组成,每一个时期又进一步划分成若干个阶段
举例		某信息系统项目,它的项目生命周期包括了识别需求,提出解决方案,执行项目,结束项目	某信息系统项目 OA 的典型的产品生命周期分为四个阶段,即投入期、成长期、饱和期和衰退期
区别	1	项目有特定的目标	既包括了项目开始前的预研,评估和可行性研究
	2	一般产品制造出来通过验收则项目生命周期就算完成	包括了项目完成后产品的维护和废弃
共同点		产品生命周期关注的是整个产品从规划到制造,再到最终维护和消亡的整个过程。一个产品往往会由多个项目来实现,也可能分多个迭代周期来实现	
联系		产品生命周期比项目生命周期更长,项目生命周期属于产品生命周期一部分	

第5小时 组织影响练习题

【导读小贴士】

如果你是一位项目经理,你已经初步明白该如何选择你的项目组织结构、管理你的项目周期了,但这些都是理论。下面通过做题,将理论与实际联系起来。

练习题

1. 管理层告诉项目经理外包一部分项目给一个公司,该公司与管理层合作过很多次。在这种情况下,项目经理最应该关心的是( )。
   A. 确保该公司有资格完成该项目　　B. 满足管理层的时间预期
   C. 外包工作的成本　　　　　　　　D. 合同条款

答案:A

2. 下列哪一种图适合用来说明需要完成的工作与团队资源之间的关系?( )
   A. 资源直方图
   B. 组织图
   C. 控制图
   D. RACI 图(responsible 谁负责,accountable 谁批准,consulted 咨询谁,informed 通知谁)

答案：D

3．在为一个价值 1500 万美元的项目招标过程中，采购经理发现了两个潜在的公司符合标书的工作，A 公司费用较高，但比 B 公司拥有更多的专业知识。然而，B 公司符合项目预算，但 A 公司不符合。采购经理正处于下列哪一个过程？（　　）

　　A．召开投标人会议　　　　　　　　B．规划采购管理
　　C．实施采购　　　　　　　　　　　D．管理采购

答案：C

4．一家跨国公司希望扩张组织。其扩张计划的一部分中，包括了在选定的地理位置建立一系列分支机构。项目发起人已经草拟了项目章程，现在正在寻求项目经理的帮助，最终确定项目章程的内容。以下是当前版本项目章程的摘录。

　　总体目的：扩大公司在成长市场的影响力；向私人客户提供更多的本地接入服务。

　　目标：建立多个分支机构；增加私人客户的数量；提供一系列服务。

　　高层次风险：对当地条件和法规的认识有限；快速发展的不稳定市场；大量竞争对手都在关注相同的机会。

为了提高验收成功的机会，应该怎样来进一步完善项目章程呢？（　　）

　　A．明确该项目的目的，以更好地明确总体目标
　　B．制定一套完善的风险应对策略
　　C．改进目标，明确每个人的措施和方法
　　D．撇开宪章，而是转换到项目管理计划上

答案：A

5．在弱矩阵型和强矩阵型组织结构中，可能引发冲突的基本条件是（　　）。

　　A．沟通障碍　　B．利益冲突　　C．缺乏共识　　D．权限不明确

答案：D

6．项目要求为关键路径上的多个任务制定资源。整个项目工期内资源是充足的，但是在某个特定月份资源不充足。项目经理应使用哪种技术在风险最低的情况下延迟非关键任务？（　　）

　　A．资源平衡　　　　　　　　　　　B．赶工
　　C．制定受资源制约的进度表　　　　D．快速跟进

答案：A

7．某公司建立了一个项目管理办公室，用于协调和管理其众多项目。公司的 PMO 提出了一个具体的项目组织建议，并作为标准在全公司实施。该组织结构的特点是设置了享有中高级权利（包括控制项目预算）的全职项目经理和全职管理人员。PMO 提出了何种组织结构？（　　）

　　A．强矩阵型　　B．弱矩阵型　　C．项目型　　D．职能型

答案：A

8．委员会将要从提交上来的一份清单中选择项目，应该使用下列哪一项选择标准？（　　）

　　A．战略一致性需求，成本效率和可行性

B．根据首席执行官的决定排列项目的优先顺序

C．启动具有最佳文件计划的项目

D．解决主要相关方的需求

答案：A

9．项目经理接管一个执行阶段的项目，在对项目进度进行初步审查期间，项目经理注意到与特定关键路径活动有关的信息不完整，有些活动还存在风险。项目经理如何才能确定每项活动的责任？（　　）

  A．工作分解结构　　B．责任分配矩阵　　C．组织分解结构　　D．风险登记册

答案：B

10．一家公司的组织形式是每个职能经理负责各自的项目部分。在这种类型的组织中，项目经理的典型角色是什么？（　　）

  A．协调员和联络员　　　　　　　B．分包商

  C．主管　　　　　　　　　　　　D．项目组合经理

答案：A

第6小时
比赛赛程——项目管理过程组及职业道德

6.0 【章节考点分析】

针对不同的具体情况,很多人对于项目管理过程组的理解、观念与看法会有不同。本小时内,我们站在 PMP 考试的角度,对这一部分知识进行理解和知识点串联。在学习《PMBOK 指南》和准备 PMP 考试的过程中,我们特别需要注意中式思维与西式思维的差别。现在,我将带领大家从五大动态过程组去理解单个项目管理的过程,同时也带领大家以西方人的角度理解 PMP 的职业道德。本章内容偏重于概念知识,根据以往 PMP 考试的出题规律而言,概念知识所考查的知识点多数参照教材,扩展内容较少。本小时的架构如图 6-1 所示。

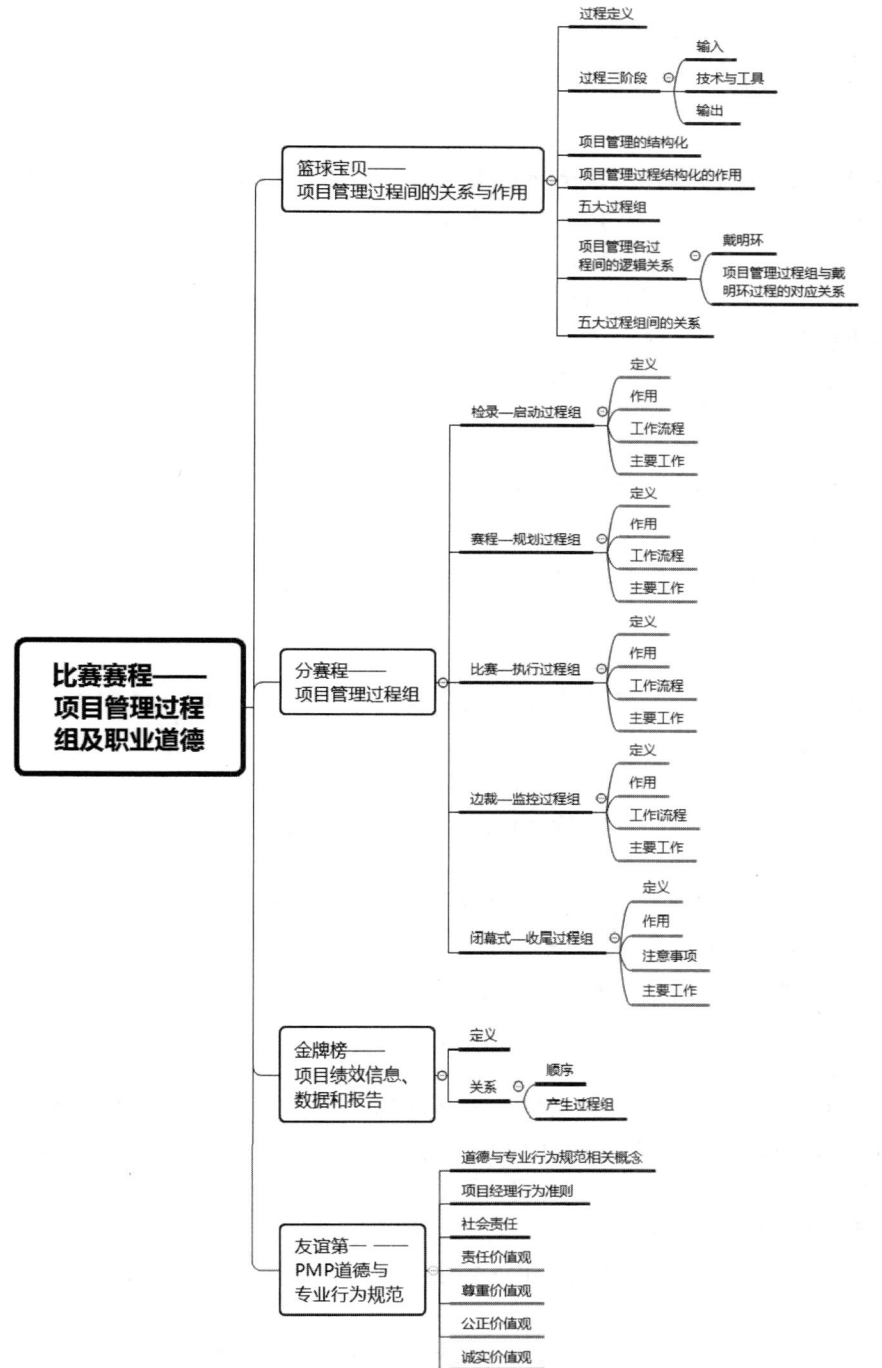

图 6-1 项目管理过程组及职业道德架构图

【导读小贴士】

对于比赛，会有比赛过程管理和比赛规则，在 PMP 项目管理中，也有项目管理过程及相关规定，本小时中，我们主要学习 PMBOK 对于项目管理过程的定义、划分、关联及其作用。

PMP 考试中涉及项目管理过程的分值不低，而这一部分的内容却不太容易理解，其相关的定义、划分、关联及作用，都需要联系实际，并反复认真思考才可以弄明白，所以需要一些耐心与坚持。本部分内容是后续各章节的基础，是整个项目管理过程的原理和基石，掌握了它，你不但可以通晓涉及这部分的考点，还对后续章节的学习有很大的帮助。

6.1 篮球宝贝——论项目管理过程间的关联与作用

【基础知识点】

大家知道，在篮球比赛的间歇，经常会有篮球宝贝的表演，这些活动贯穿于比赛过程，那我们如何看待项目管理的各过程组及其联系呢？

1. 项目管理过程的定义

项目管理过程是指在完成预定目标的、一系列相互关联的行动与活动的集合，以便运用一系列管理工具与技术把特定的输入转化成特定的输出。

2. 项目管理过程的三个阶段

《PMBOK 指南》把普遍的项目管理过程定义为**输入、管理技术与工具、输出**这三个阶段。

（1）输入：将项目管理过程进行的依据定义为输入。

（2）处理：项目管理过程进行中需要做的工作，也就是利用什么样的管理技术和工具进行了怎样的处理，将项目管理过程向前推进。

（3）输出：根据输入，利用管理工具与技术对项目进行了实施和管理，所做出来的结果，定义为输出。

3. 项目管理过程结构化

把做事的程序、内容和目标规定得很具体、很明确，以保证结果的可控性和可重复性，把本来比较模糊的、非结构化的、不便于言传的项目管理，转变成比较清晰的、结构化的、便于言传的项目管理方法。

4. 项目管理过程结构化的作用

它把非结构化的项目管理，变成了相对结构化的项目管理。

5. 五大过程组

《PMBOK 指南》把总共 49 个项目管理过程归纳为五大过程组（Project Management Process Groups），即启动、规划、执行、监控和收尾。每个过程组均需开展多个而不只是一个过程。

6. 戴明环

即"计划—实施—检查—行动"循环,简称 PDCA 循环(Plan,Do,Check,Action),由美国质量管理大师威廉爱德华兹·戴明(William Edwards Deming)改进之后而广为流传。戴明环的作用如图 6-2 所示。

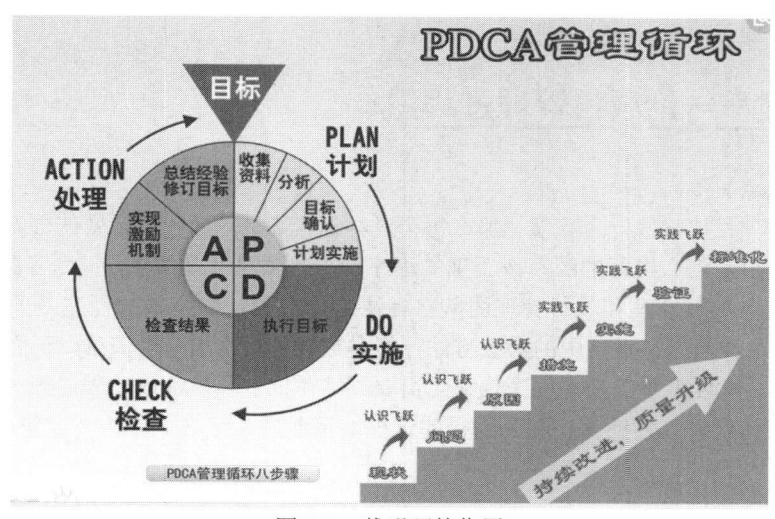

图 6-2　戴明环的作用

7. 项目管理过程组与戴明环过程的对应关系

项目管理中的"规划过程组"相当于戴明环中的"计划","执行过程组"相当于戴明环中的"实施","监控过程组"相当于戴明环中的"检查"与"行动"。由于项目有明确开始与结束时间,所以项目管理过程组是两头开口的循环,比戴明环多了一个头和一个尾,即启动过程组与收尾过程组。

8. 五大过程组间的关系

在《PMBOK 指南》中,项目管理各过程组常以相互独立、界限分明、首尾相连的形式出现,如图 6-3 所示。

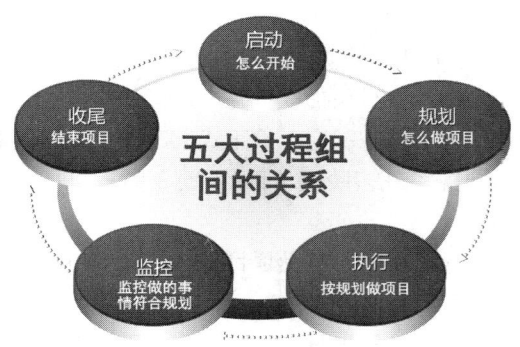

图 6-3　五大过程组间的关系

但在实际的工作中，项目管理各过程之间的关系远比这个复杂得多，各过程之间会以你想象不到的方式和方法相互重叠、相互作用、相互影响，甚至形成循环关系。它们之间存在一定程度的交叉和循环关系。这种交叉和循环关系难以说明，难以表达，但确实存在。所以，我们就不能以简单的线性思维去看待、理解。同样，对于项目管理过程的输入与输出之间的关联，我们也不能用简单的线性思维去理解。

6.2 分赛程——论项目管理过程组

【基础知识点】

如果把一个项目比喻成一个比赛，那么每个过程组，就是里面各项比赛的分赛程。那么项目管理过程的各过程组是怎么进行的呢？按正确的程序做事是项目管理的重点。尽管在具体项目上，具体的做事程序是由项目经理和项目管理团队自行决定，但是一些基本的程序是项目管理业界独有的，需要遵守。这类问题在考试中的考核方法一般是这样的：给出一个情景，要你选择下一步该做什么。所以，项目管理工作的基本程序是考生需要弄清楚的。项目管理过程的五大过程组之间，是互相联系、互相迭代、互为补充、互为因果的过程，下面就其定义、作用、工作流程进行解析。

6.2.1 检录——启动过程组

在运动会上，启动一个赛事，需要开始检录，那么启动一个项目需要做什么呢？

（1）启动过程组定义：假如要启动一个项目，那么，首先需要获得授权；需要依据项目发起人提供的项目工作说明书以及说明项目可行性的商业论证文件；如果项目是由两个或两个以上的组织联合发起的，那么还需要各方所签的合作协议作为启动项目的依据；如果是为外部组织做项目，那么只有在与外部组织签订合同之后，才能正式启动项目。所以，启动过程组，顾名思义，就是**启动一个项目时所要进行的一组项目管理过程。**

（2）启动过程组的作用：作用是设定项目目标，让项目团队按目标做事情。启动过程组的工作成果（输出）<u>是项目章程、干系人登记册和干系人管理策略</u>。之所以把干系人登记册和干系人管理策略列为启动过程组的输出，是为了强调尽早进行干系人管理工作。启动过程组的输出，是以后各过程组的活动依据和指南，也可以是后续各活动组的输入。

（3）启动过程组流程：启动过程组包括以下两个过程。

1）制定项目章程。制定项目章程是制定一份正式批准项目或阶段的文件，并记录能反映干系人的需要和期望的初步要求的过程。在多阶段项目中，这一过程可用来确认或优化在以前的制定项目章程过程中所做的相关决策。

2）识别干系人。识别干系人是识别所有受项目影响的人或组织，并记录其利益、参与情况和影响项目成功的过程。

（4）启动过程组的主要工作：确定项目大目标，识别项目干系人，项目大需求分析，项目产品初步设计，选择项目，分析项目所处环境（事业环境因素），收集组织过程资产（包括历史资料），确定主要可交付成果，识别主要制约因素和假设条件，识别主要资源需求，确定项目经理权责，聘任项目经理，发布项目章程，发布干系人登记册和初步的干系人管理策略。

6.2.2 赛程——规划过程组

对于一个赛事，需要策划比赛的组织方式和赛程安排，一个项目，也需要一系列的规划工作，这一系列规划的组合，就是规划过程组，下面我们来看看规划过程组的定义、作用及工作流程。

（1）规划过程组定义：确定与细化目标，并为达成项目目标及项目所涵盖的范围，而规划必要的行动。项目正式启动之后，就要根据项目章程、干系人登记册、干系人管理策略、与相关组织（客户）的合作协议以及客户对项目的具体要求，来编制项目管理计划和各种项目文件（其中也包括针对外包部分的自制或外购决策、供方选择标准和采购文件）。项目规划过程组的工作成果就是项目管理计划和各种项目文件。

（2）规划过程组的作用：作用是**制定工作路线，让项目团队"有法可依"**；规划过程组会对启动过程组起反作用。在规划过程中，会发现前期启动过程组的不足和欠缺，根据规划过程得到的采购文件，重新开展启动过程组的"识别干系人"过程，把与采购工作相关的干系人添加到"干系人登记册"和"干系人管理策略"中，这是规划过程组的"承前"作用。规划过程组做为后续过程组的前置过程，对后续的过程组有指导作用，这是规划过程组的"启后"作用。总之，它处于启动过程组和后续的各过程组之间，具有承前启后的作用，对启动过程组有纠正和反作用，对于后续过程组有指导作用，同时也会受到后续过程组的反作用。

（3）规划过程组的流程如图 6-4 所示。

（4）规划过程组的主要工作：组建项目管理团队，编制范围说明书，编制工作分解结构（WBS），编制 WBS 词典，编制进度网络图，识别资源需求，估算工期，编制进度计划，进行成本估算，编制成本预算，确定项目质量标准，编制人力资源计划，明确沟通需求，编制沟通计划，进行风险识别、分析并制定风险应对计划，根据风险规划的结果来调整已有的初步项目计划，确定采购需要，编制采购计划，形成综合的项目管理计划和项目文件并提交批准，召开启动大会开工会（Kick off Meeting）。

6.2.3 比赛——执行过程组

在运动会上，最振奋人心的过程就是比赛了，对于一个项目来说，执行过程组就相当于"比赛"。下面我们来看看，执行过程组的定义、作用、工作流程。

（1）执行过程组定义：用于完成项目管理计划中所确定的工作以实现项目目标的一组过程。执行过程组，顾名思义，就是按照前期规划过程组定义好的要求，一项项地来实施，以达到项目目标。具体工作就是在项目管理计划和项目文件编制完成并获得批准后，就要按这些计划和文件来执行项目工作（也包括实施采购，即向卖方发出采购文件，获取卖方建议书，选择卖方和授予合同），取得既定的可交付成果。一边执行，一边要把工作绩效数据收集起来。也就是按要求干活，干活的同时做好记录，留下数据。

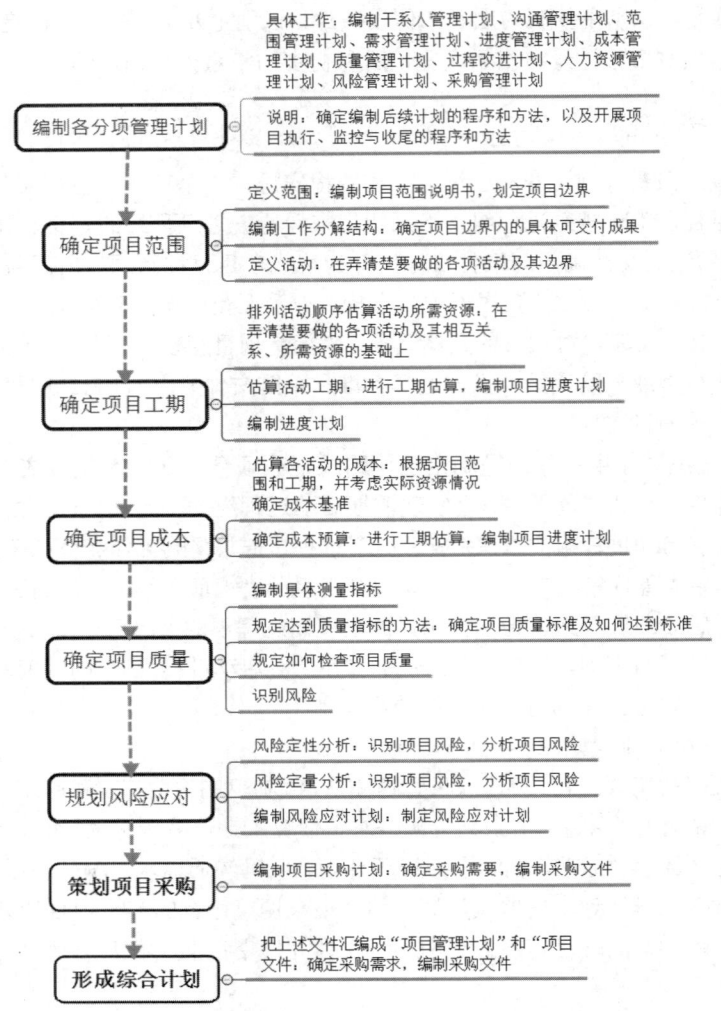

图 6-4 规划过程组的流程图

在执行过程中,可能发现需要变更的事项,提出变更请求。在执行过程中,项目干系人会影响项目的执行,也就是会提出种种规划外的要求和变更,所以启动过程中得到的干系人登记册和干系人管理策略,也是执行过程的重要依据。需要依据干系人登记册和管理策略与真实的干系人打交道。

所以,项目执行过程组的工作成果就是**选定卖方、采购合同授予、可交付成果、工作绩效数据,以及变更请求**。

(2)执行过程组的作用:作用是"照章办事",让项目团队"依法行事"。执行过程组会对规划过程组产生反作用。在执行过程中,随着项目团队的组建和采购合同的授予,还会得到关于团队成员与外部合同人员何时在项目上工作的"资源日历"。由于资源实际可用的时间与原先估计的可用时间可能有差别,所以往往需要根据该资源日历调整已经形成的项目文件甚至项目管理计划。所以,**资源日历**是规划过程组的依据之一。

(3)执行过程组的流程如图 6-5 所示。

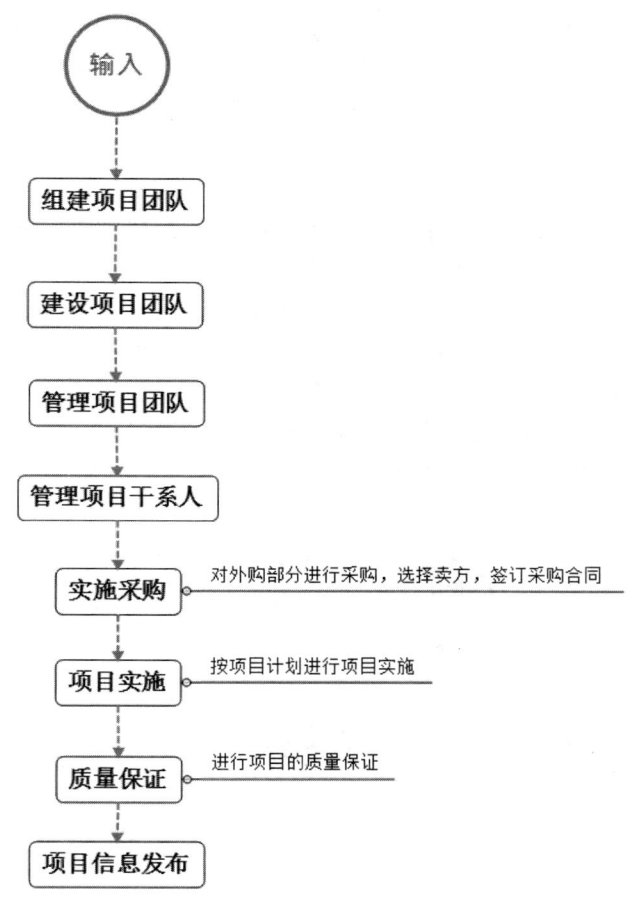

图 6-5 项目执行过程组流程图

(4)执行过程组的主要工作:组建执行项目团队,进行项目团队建设,管理项目团队,管理项目干系人,使用工作授权系统,执行项目计划,实施质量保证,收集和发布项目信息,提出变更请求,完成工作包和可交付成果。

6.2.4 边裁——监控过程组

进行一场赛事,可以通过边裁来保证比赛的公平公正及顺利进行。对于一个项目来说,监控过程组就相当于比赛中的边裁。下面我们来看看监控过程组的定义、作用及工作流程。

（1）定义：在项目执行的过程中，用于跟踪、审查和调整项目进展与绩效，识别必要的计划变更并启动相应变更的一组过程。监控过程组就是在启动过程组和规划过程组的系列要求及文件的基础上，对照检查项目团队是否按要求做事、做的事是不是达到预期目的、做事过程中有哪些变更以及对完成的事情做一个绩效记录和评估；在监控过程中，还要对照项目管理计划和项目文件的要求，对可交付成果进行验收，从而得到"验收的可交付成果"。对于外包工作，在监控合同执行过程中，会得到"采购文档"（买卖双方的往来函件）。

（2）监控过程组作用：测量项目绩效，让项目团队"违章必纠"，并且尽量做到"防患于未然"，在这里，是纠不是究，因为项目管理中，重视过程中纠正；由于执行过程中，未必能全部按规划执行，所以，未按规划执行的不符合项，就会对执行过程组产生反作用。在监控过程中得到的质量控制测量结果、绩效报告和批准的变更请求，又作为项目执行过程的依据。项目截至目前的绩效情况，对以后的执行工作该如何开展有重要的参考价值。批准的变更请求（纠正措施、预防措施、缺陷补救措施）需要交给执行过程组执行。而如果在监控中发现有不符合规划的行为是因为规划本身的问题，那么监控过程组也会对规划过程组产生反作用。监控过程组可能导致项目文件更新，但是遗漏了可能导致的项目管理计划更新。实际上，如果监控过程组批准了会导致项目管理计划修改的变更请求，就需要返回到规划过程组更新项目管理计划。

（3）监控过程组的流程如图 6-6 所示。

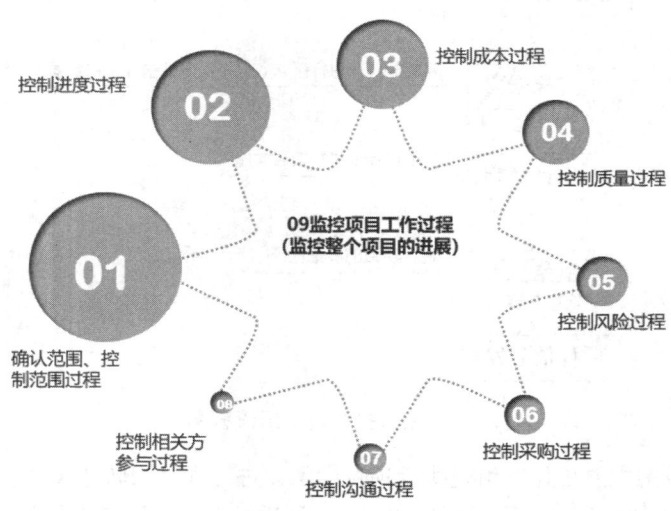

图 6-6　项目监控过程组流程图

虽然上述监控工作是相对独立的，但相互之间又有许多联系，为了确保每个变更都从总体上有利于项目的成功完成，必须通过"实施整体变更控制过程"加以协调管理。

（4）监控过程组的主要工作：测量项目实施情况，报告项目绩效，范围控制，质量控制，进度控制，成本控制，风险监控，综合变更控制，范围确认，提出与审批变更请求（包括计划修改、纠正措施、预防措施和缺陷补救措施建议），保证项目实施符合计划要求。

6.2.5 闭幕式——收尾过程组

一场赛事的结束，都会有一个颁奖和闭幕式，这是对一场比赛的证明，也是标志着整场赛事的结束。那么，对于一个项目来说，与其对应的就是收尾过程组。下面我们来看看收尾过程组的定义、作用及工作流程。

（1）收尾过程组定义：为正式结束项目或项目阶段而实施的一组过程。收尾过程组需要依据项目管理计划、验收的可交付成果和采购文档，进行项目收尾工作，并把最终的产品、服务或成果移交给客户。

（2）收尾过程组的作用：了结项目（或阶段）的"未尽事宜"，让一切圆满。开展每个过程组都需要依据事业环境因素和组织过程资产，每个过程组完成后都应该对组织过程资产的更新有所贡献。收尾过程中的验收，则是项目客户与发起人对项目的形式上的验收，主要是完成一个既定的程序。也是整个项目的正式结束，需要将该移交的移交，对工作有个评判，并解散项目团队。

（3）收尾过程组注意事项。如果项目是通过合同来做的，对每个合同都要进行合同收尾，即开展"结束采购"过程。

项目的产品范围或技术工作全部完成了，并不代表项目结束。项目必须经过正式的收尾过程，才可以正式结束。特别强调，要开展行政收尾，总结经验教训，更新组织过程资产。组织过程资产的更新尤其重要，这是每一个项目得到的知识，如果不更新，将付诸东流，以后类似项目将无以借鉴。

收尾工作不仅仅针对整个项目，也要在每个阶段结束时进行。

（4）收尾过程组的主要工作：制定详细的收尾程序，采购审计，合同收尾，财务结算与决算，编制和发布最终项目绩效报告，行政收尾，更新项目记录，整理项目档案，验收和移交项目产品，组织过程资产更新（总结经验教训），释放资源和解散团队，如图6-7所示。

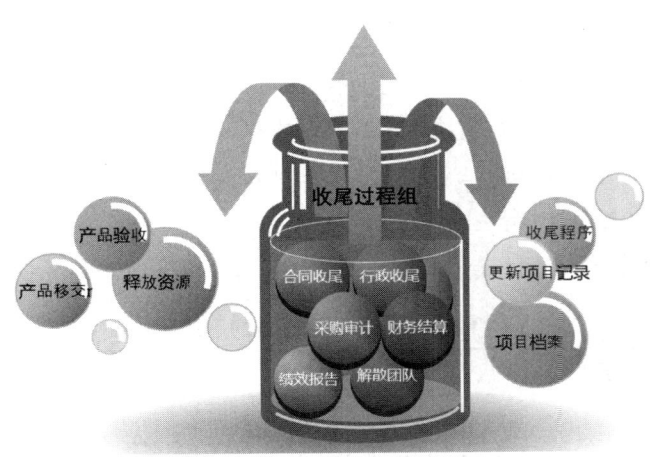

图6-7 收尾过程组的主要工作

6.3 金牌榜——项目绩效信息、数据和报告

【基础知识点】

运动会进行中，随时会有一个成绩的记录，最终还会生成一个金牌榜，这都是该运动会的成绩记录。对于一个项目来说，也需要记录其过程中的绩效数据、绩效信息，并生成相应的绩效报告，下面我们来看看其定义、作用、工作流程。

1. 绩效信息、数据和报告的定义

（1）工作绩效数据（Work Performance Data）是在项目执行过程中一边执行一边收集起来的、未经任何加工整理的原始资料，它真实、完整地记录了工作的执行情况，类似于每个比赛项目的单项成绩，比如，我们记录张三跑了 11 秒，至于排名，还不曾整理出来，这就类似于绩效数据。它是管理项目工作过程的输出，是项目监控时用来与计划要求进行比较的实际数据。

（2）工作绩效信息（Work Performance Information）是对工作绩效数据与项目管理计划、项目文档或其他项目变量进行比较后得出的指标性信息。它是各局部监控过程的输出，并成为更高层次的或整个项目层面上的监控的依据。工作绩效信息包括项目范围、进度、成本和质量等方面的实际与计划之间的偏差，以及基于这些偏差作出的对未来情况的预测。

（3）工作绩效报告（Work Performance Reports）则是对工作绩效信息进行进一步加工、整理、汇编而得到的、关于项目绩效的专题或综合报告。类似于最终的金牌榜。它是监控项目工作过程的输出，要发送给主要项目干系人，以便他们据此做出相关决定，采取相关行动。

2. 绩效信息、数据和报告的关系

绩效信息、数据和报告的关系如图 6-8 所示。

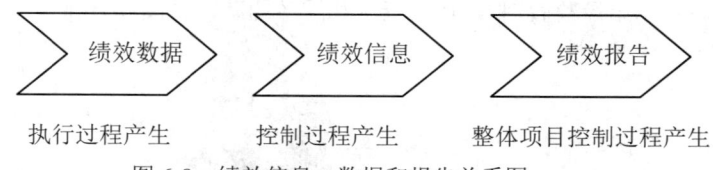

图 6-8 绩效信息、数据和报告关系图

（1）绩效数据、信息和报告的先后顺序：先有绩效数据，经过整理的绩效数据形成绩效信息，再整理升华的绩效信息为绩效报告。

（2）绩效信息、数据和报告的区别及联系见表 6-1。

表 6-1 绩效信息、数据和报告的区别及联系

	绩效数据	绩效信息	绩效报告
产生过程组	指导与管理项目工作过程	确认范围、控制范围、控制进度、控制成本、控制质量、控制沟通、控制风险、控制采购、控制干系人参与过程	监控项目工作过程

续表

	绩效数据	绩效信息	绩效报告
产生时间	随时	间隔一定时间，经常	间隔较长时间，定期
用途	记录项目执行情况	反映项目执行与计划之间的偏差，以便决定是否需要变更	整个项目层面的，更深入或更综合的执行与计划的比较，以便决定是否需要变更或采取其他行动
使用者	项目团队	项目团队	项目团队、高管、客户及其他主要干系人

6.4 友谊第一——PMP 道德与专业行为规范

【基础知识点】

运动会进行中，对于运动员的道德风尚，也是有要求的，如我们常说的"友谊第一，比赛第二"。与此类似，对于一个项目来说，对应的就是对于项目经理的道德与专业行为规范要求，下面我们来讲述这方面的相关知识。

1. 道德与专业行为规范相关概念

（1）PMI 发布了《道德与专业行为规范》，它为项目经理提出了一个明确的要求，即我们在执业过程中，不能违背诚实正直的本真，要坚持正义，这跟中国社会口的人情有区别，请考生注意。关于职业道德与职业责任的题目数量不多，但是建议考生也要看一遍，在学习中体会和总结，争取在这一部分不失分。

（2）全球项目管理业界定义的最重要的价值观是：**责任、尊重、公正和诚实**。

（3）西方对职业道德的理解：西方国家对职业道德比较看重。在中国，因为道德的问题被炒鱿鱼，对于再就业也许不会产生较大的影响，但在西方，如果因道德原因被企业辞退，是会影响就业的，会被作为污点记入就业档案。在西方人的眼里，技能是可以培养的，而德行却是先天的。聘请一个项目经理，最好德才兼备。退而求其次的是有德无才，我慢慢培养。而对于品德有问题的人，是不会聘用的。

（4）职业道德对于项目管理从业者的影响：除了掌握必要的项目管理知识和技能以外，还必须具备项目管理职业所要求的职业道德，履行相应的职业责任。PMI 非常重视这一点。PMI 为此专门发布了《PMI 道德与专业行为准则》（*PMI Code of Ethics and Professional Conduct*），并把职业道德和职业责任的内容作为 PMP 考试的内容之一。

（5）职业道德：是关于项目管理从业者应该做什么、不应该做什么的一系列准则。

（6）与其他各种职业一样，项目管理职业也需要自身的约束和管理。西方发达国家的各种职业都非常强调自己的职业伦理道德，如果从业者违反了伦理道德，他将很难在行业立足。所以，项目经理要自我约束，知道哪些可为哪些不可为，有责任心，诚实守信，尊重客户和供应商。

2. 项目经理行为准则

项目经理需要遵守的行为准则如图 6-9 所示。

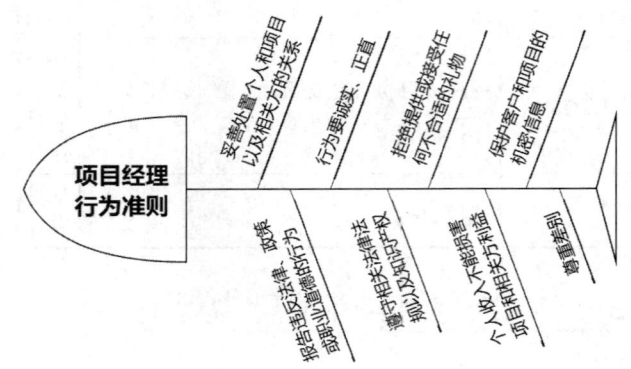

图 6-9　项目经理行为准则

3. 项目经理的职业责任

项目经理的职业责任如图 6-10 所示。

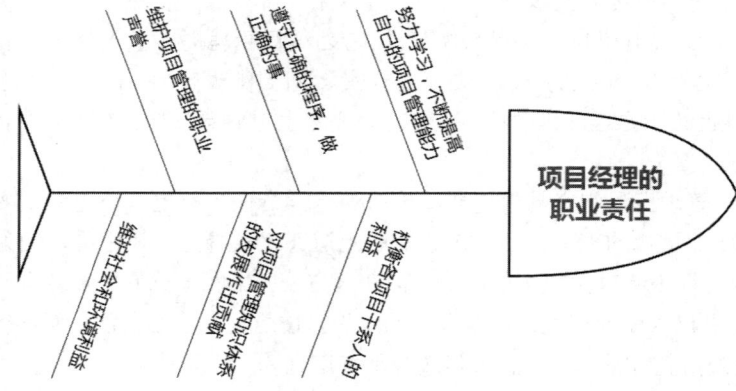

图 6-10　项目经理的职业责任

4. 项目经理的责任价值观

项目经理要有一定的责任价值观，图 6-11 所示为基本的责任价值观。

5. 项目经理的尊重价值观

项目经理应该具有尊重价值观，在图 6-12 中，核心是尊重价值观，第一层次的 4 项，为强制性标准，外围的 4 项是在强制标准的基础上的衍生项。

6. 项目经理的公正价值观

公正是指我们有义务客观而无偏见地做出决策和行动。我们的行为必须远离利益冲突、偏见和偏好。这在任何一个国度，都是人们期望达到的。项目经理的公正价值观的组成如图 6-13 所示。

比赛赛程——项目管理过程组及职业道德　第 6 小时

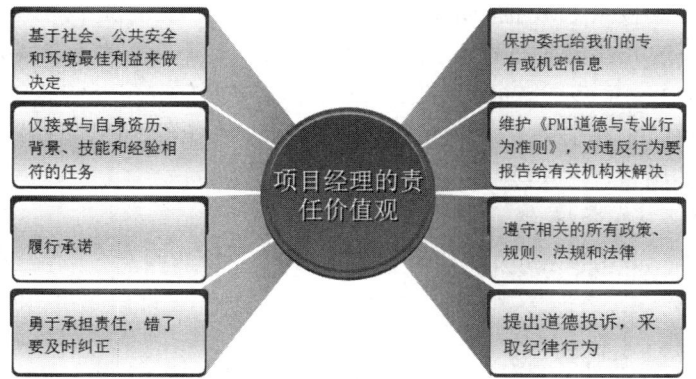

图 6-11　项目经理的责任价值观

图 6-12　项目经理的尊重价值观

图 6-13　项目经理的公正价值观

项目管理工作者要按照 PMI 的要求，杜绝裙带关系，不因为有关系而授予，也不会因为非亲戚关系而不授予；不因为有亲属关系而奖励、加薪和升职，也不会因为无亲戚关系而排斥、为难和虐待；不因为有亲属亲系而多透露招投标信息，也不因为非亲属关系少公布相关信息；有厉害关系的干系人，在决策时要主动避嫌，以免做出不合适的决策；在工作中不存在偏见，不因人种、年龄、肤色、残疾、性别和国籍产生歧视。

7. 项目经理的诚实价值观

诚实是指我们有义务了解真相，并且在沟通和行为中以诚实的方式行事。诚实的期望性标准包括图 6-14 所示的内容。

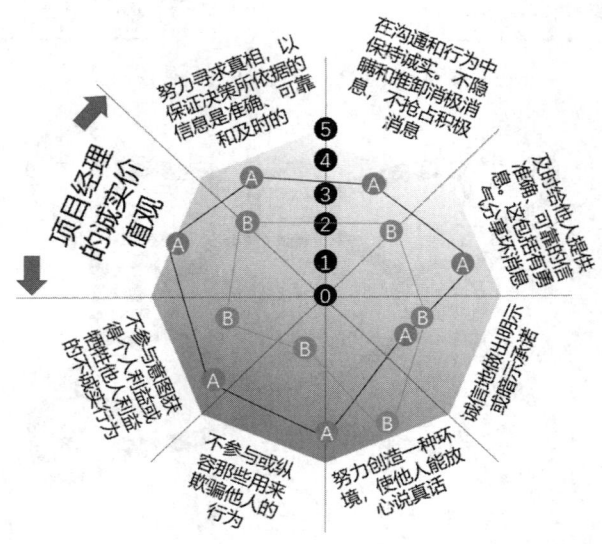

图 6-14　项目经理的诚实价值观

第 7 小时
项目管理过程组及职业道德练习题

【导读小贴士】

第 6 小时我们已经学习了 PMBOK 项目管理过程组的定义、划分、关联及其作用。对于过程组的理解不同,则观念与看法也不同,我们站在 PMP 考试的角度,对这一部分内容进行了概念的梳理和知识点串联。学习《PMBOK 指南》和准备 PMP 考试,特别需要注意中式思维与西式思维的差别以及资源管理过程中用到的管理工具、管理技术以及资源管理的关键点。让我们在练习中体会项目管理过程组的美妙作用吧。

练习题

1. 在项目管理过程中,为了监控已经发现和尚未被发现的工作失误或不合格产品的数量,你应该(   )。
   A. 设计一项实验进行检测   B. 使用一个检核表进行比较
   C. 进行趋势分析   D. 进行审计

答案:C

2. 你的项目管理团队刚刚为项目完成了工作分解结构(Work Breakdown Structure,WBS),下一步要做的是(   )。
   A. 计算活动历时估算   B. 产生进度基准
   C. 决定是否需要额外的项目成员   D. 创建范围说明书

答案：C

3. 下列哪个活动最可能发生在启动过程组？（　　）
   A．创建详细的项目成果描述　　　B．获得与公司文化和组织接近的项目
   C．识别问题的根本原因　　　　　D．确保所有项目管理过程被完成
   答案：B

4. 为提高 PMI 的权威性，应当遵守（　　）。
   A．PMI 道德规范　　　　　　　　B．PMI 成员道德规范
   C．PMP 道德规范　　　　　　　　D．PMBOK 规定的道德规范
   答案：A

5. 遵守职业道德规范的目的在于（　　）。
   A．提高 PMI 的声望
   B．推荐、宣传 PMI 的道德规范
   C．帮助个体成为更好的项目管理从业人员
   D．显示与众不同
   答案：C

6. 你发现项目组一位成员一直在使用 PMP 的称号，但事实上他并不是 PMP。此时你应当向 PMI 的哪一个机构报告这件事情？（　　）
   A．CEO　　　B．法律顾问　　　C．道德监督委员会　D．董事会
   答案：C

7. 以下人员中，（　　）应当遵守 PMI 职业道德行为准则？
   A．申请参加 PMP 和 CAPM 考试以及 PMP 和 CAPM 拥有者
   B．PMI 活动的志愿者
   C．PMI 会员
   D．以上都是
   答案：D

8. 以下（　　）不是 PMI 职业道德行为准则的价值观。
   A．责任　　　B．尊重　　　C．互惠　　　D．诚实
   答案：C

9. 假如你是一家著名高校的硕士研究生，有 5 年计算机软件开发经验。作为项目经理的你目前正在准备一个项目的投标文件。该项目对你们公司而言很重要，但其要求项目经理必须是硕士以上学历、6 年及以上计算机软件开发经验。你们公司能够满足该项目的其他所有要求，只要你把自己的工作经验改为 6 年，你们就很有可能拿下那个项目。副总明确希望你能够灵活处理此事，拿下合同。此时，你应当（　　）。
   A．坚持把实际情况告诉客户，通过公司其他方面的优势拿下合同
   B．把工作经验改为 6 年，先拿下项目再说

C．把工作经验改为6年，因为你们公司有实力承接改项目，工作经验没关系

D．告诉副总 PMP 应当遵守 PMI 职业道德规范，他这样要求你是不对的

答案：A

10．作为一个被认可的 PMP 项目经理，以下各项（　　）不在负责范围内。

A．保密你掌握的敏感信息

B．管理项目中的冲突

C．保证团队成员诚实

D．制止提供和接受不合适的付款、礼物和其他形式的沟通方式

答案：C

11．作为项目经理，在项目执行前期承诺给客户增加合同之外的一项小工作；但随着项目的进展，你发现项目进度已经滞后，很难调配资源来完成这项小工作，此时你（　　）。

A．不执行该项工作，因为其不在合同范围内

B．不执行该项工作，因为项目进度已经滞后

C．执行该项工作，因为你曾经承诺过

D．执行该项工作，因为小工作花费不了太多时间

答案：C

12．在新公司，你发现该公司的财务报告不符合 GAAP 会计标准，因此该报告并不精确。在这种情况下，你首先会（　　）。

A．报告政府该公司财务报告不精确

B．告诉财务经理你认为他们不符合会计标准的原因

C．因为你刚到该公司，你可以假定他们采取的会计标准不同，因此什么也不做

D．向你以前公司的财务经理咨询以获得专家对新公司会计标准的看法

答案：B

13．你曾在一家专业生产半导体产品的公司中担任项目经理，而如今你为原来公司的竞争对手工作，（　　）。

A．你不可以用原来公司获得的知识来提升现在公司的产品

B．你可以用原来公司获得的知识来提升现在公司的产品

C．在做任何有可能对原来的公司产生负面影响的事情时，都需要获得原公司的同意

D．你不可以做会对原公司的产品带来竞争或破坏的事情

答案：C

14．你意识到你的项目团队中有一位成员可能会得到晋升，并且晋升之后他将离开项目，这对项目有十分重大的影响。在这种情况下，你应该（　　）。

A．给予该成员一个极坏的评价，把其晋升时间推迟到项目结束之后

B．告诉该成员其晋升的可能性，并让其把工作转交给其他人

C．在该成员得到晋升和调离通知后要求其提供过渡计划

D．雇佣一个可以替代该成员的其他人

答案：C

15．你已经安排在两天后与潜在卖方召开一个承包人会议以商谈采购事宜。但今天管理层通知说项目被取消的可能性很大，此时你应该（   ）。

A．取消会议

B．继续会议但通知潜在卖方项目可能会被取消

C．按计划召开会议

D．等待两天以确定项目是否会被取消

答案：A

16．谈判时应当遵守（   ）。

A．诚信善意原则　　B．目标导向原则　　C．利益导向原则　　D．尊重互利原则

答案：A

17．你在负责一个工程项目的招标工作，是评标委员会中的一员。你得知你弟弟也将参与该项目的投标，此时你应当（   ）。

A．什么也不说，按照招标程序工作就可以了

B．什么也不说，你相信自己会秉公处理

C．告诉团队其他成员，然后退出评标委员会

D．告诉团队其他成员，但仍然参加评标过程

答案：C

18．你是一个为期5年的工程项目的项目经理。你团队中的一位成员工作绩效不理想，你找他谈了很多次，也为他制定了专门的培训计划，但他的绩效一直得不到改善。现在你不得不在元旦之前辞退他，此时你（   ）。

A．委托项目副经理通知他

B．等到元旦放假的时候再通知他

C．亲自通知他，并告诉他被辞退的原因

D．在放假期间，通过电话通知他

答案：C

19．一位担任项目经理的同事请您帮助管理某个项目。您发现，由于这位同事的技能低于项目要求，因此项目没有得到充分的管理。您应当（   ）。

A．在不告知顾客的情况下帮助管理项目

B．帮助管理该项目经理缺乏技能的项目领域

C．阐明事情完全由该项目经理负责

D．建议该项目经理与其顶头上司讨论问题

答案：D

20．你在国外做项目。当地有送礼的习俗，但你的国家规定只能接受价值$100以下的礼品。

在项目竣工会上,当地的市长送给你一份价值$500的礼品,你因国内有规定为由拒绝接受该礼品。但当地市长称如果你不接受,就表示对他不尊重;此时你应当( )。

  A．拒绝,因为不符合你所在国家的规定   B．向高层汇报,商量此事
  C．接受,因为符合当地的风俗礼品   D．退回,只接受价值低于$100的
 答案:D

21．项目赞助人要求项目班子立即送交向某个经销商购买通信线材的订单。这些线材的成本超出预算,并且网络设计需求并不支持该采购。项目经理应( )。

  A．按请求批准订单
  B．修改订单,说明较廉价的线材被认为适合网络设计要求的规定
  C．拒绝项目赞助人的请求
  D．拒绝批准订单,直到能够对网络设计和预算进行审查
 答案:D

22．为了增强领导能力,项目经理应首先( )。

  A．增加技术知识   B．评估个人优缺点
  C．按照对项目的贡献大小给组员排名   D．参加一次与项目管理有关的培训课程
 答案:B

23．当项目经理发现一位组员无法确定如何履行其有关项目的职责时,项目经理应首先( )。

  A．听取部门经理的意见   B．对该组员进行指导
  C．从其他组员那里获得反馈   D．为该组员重新分配更适合的任务
 答案:B

第 8 小时
统而言之——项目管理过程的输入、输出、技术与工具

8.0 【章节考点分析】

第 8 小时主要学习项目管理过程的输入、输出、技术及工具的使用，PMP 考试中会有不少题目与输入、输出、技术及工具有关。考生不仅需要理解所有输入输出和工具技术，而且需要记忆，但机械性记忆会非常困难。本章就 PMBOK 明确和隐含的所有输入、输出、技术、工具进行整理归纳，形成知识框架，总结出规律，并以图表的形式给出，以提高考生学习效率！

本部分的内容概念和理解并重，根据以往 PMP 考试的出题规律，需要重点记，认真研读。<u>本小时的知识架构如图 8-1 所示。</u>

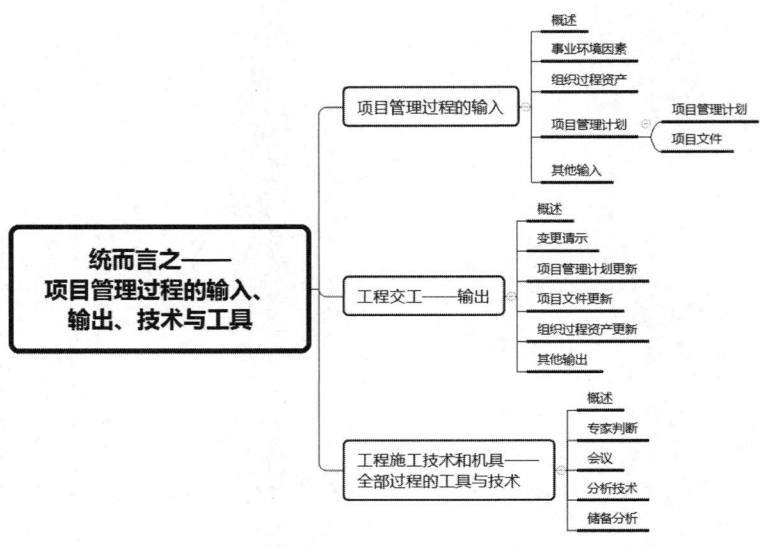

图 8-1 架构图

【导读小贴士】

任何一个工程，在结束的时候，都会有一个总结报告，它会包含资金、人力、物力等的投资，也会有完工后的结果和开工到完工之间所做的工作及使用的工具。而我们做项目，不仅要关注整体的输入输出和工具，更要关注项目进行中每一个小过程，它的输入输出和工具。本小时内容从整体的角度，来看待这繁杂的输入、输出以及技术工具，形成框架，方便理解性记忆。让我们愉快地开启项目过程的输入、输出和技术、工具的学习吧。

8.1 项目管理过程的输入

让我们想象，在一个工程的实施之前，要有若干的投入，比如施工机具、人力、资金，以及各种标准、合同、文件，这些都可以看作是工程的输入。那么对于项目管理的各个阶段，也同样会涉及各种的输入。

【基础知识点】

（1）概述：在《PMBOK 指南》列出了 72 种输入输出，其中有 64 种输入、66 种输出。64 种输入中只有 6 种输入是纯粹来自项目外部的，它们是**事业环境因素、组织过程资产、项目工作说明书、商业论证、商业协议、卖方建议书**。其他全部输入都是项目内部产生的，即由某个项目管理过程的输出产生，并用于后续的相关过程的输入。

（2）事业环境因素（EEFs）：是指项目团队不能控制的，将对项目产生影响、限制或指令作用的各种条件。这些条件可能来自于组织的内部和（或）外部。事业环境因素是很多项目管理过程尤其是大多数规划过程的输入。实际工作中，几乎每项工作和每个过程都在不同程度上受事业环境因素的影响。

《PMBOK 指南》中总共 27 个过程使用"事业环境因素"这个输入，这些过程如图 8-2 所示。

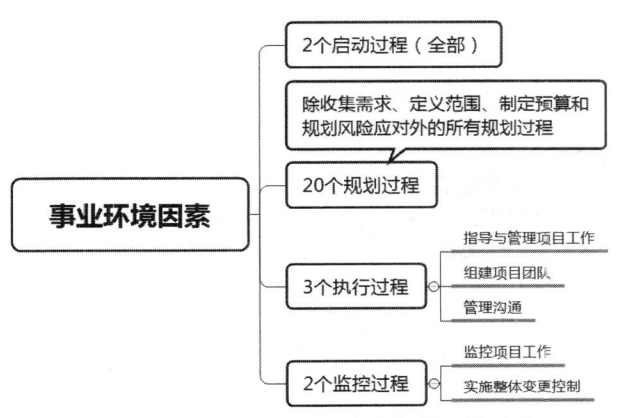

图 8-2 使用事业环境因素作为输入的过程

（3）组织过程资产：实际工作中，几乎每项工作和每个项目管理过程都在不同程度上需要利用组织过程资产，并不断对其进行更新。组织所持有并使用的计划、过程、政策、程序和知识库，会对具体项目的管理产生影响。

在整个项目生命周期中，基本上都要用到组织过程资产。在全部49个过程中，有40个过程列出了"组织过程资产"这个输入，40个太多了，我们不容易记住，所以，我们只要记住不使用"组织过程资产"的9个过程即可。

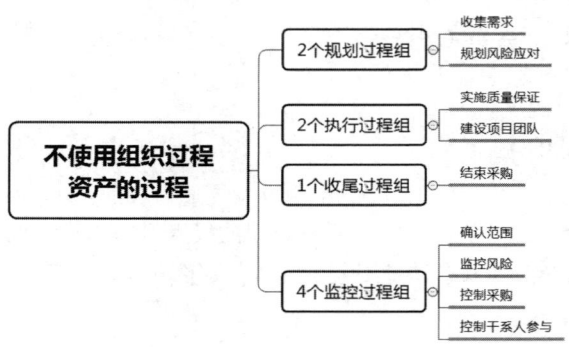

图 8-3　不使用组织过程资产的过程

（4）由输出转化而来的输入：《PMBOK 指南》中，关于各管理过程的文件类输出可以分成两类，一类是与项目管理计划相关的，一类是与项目文件相关的（各种各样的项目文件），这些文件类输出有的成为最终的成果，有的成为后续过程的输入。

共有24个过程使用"项目管理计划"作为输入，这些过程如图8-4所示。

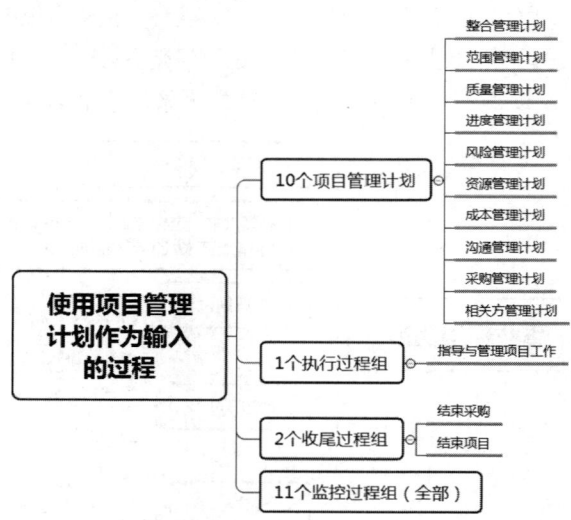

图 8-4　使用项目管理计划作为输入的过程

8.2 工程交工——输出

一个工程的完工，项目组会将验收合格并全部完成的工程向客户移交，也会将工程文件向相关部门移交。那么在我们的项目管理过程结束时，也同样会有输出。

【基础知识点】

（1）《PMBOK 指南》列出了 66 个输出。只有 4 个输出是项目的最终成果，即<u>结束的采购</u>，<u>最终产品、服务或成果移交</u>，<u>事业环境因素更新</u>，<u>组织过程资产更新</u>。其他全部输出都被后续过程作为输入使用。

（2）变更请求：总共 18 个过程会提出变更请求，如图 8-5 所示。

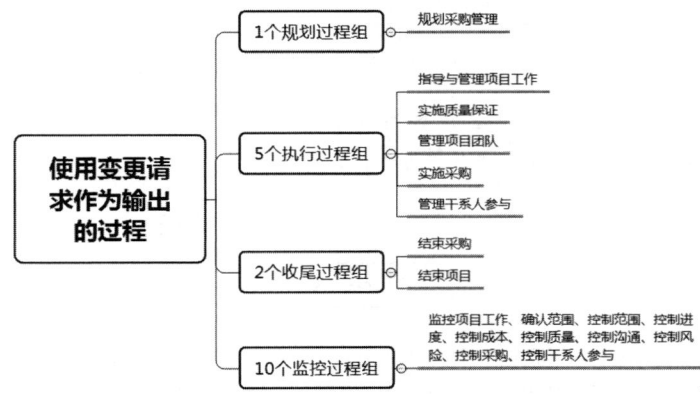

图 8-5　使用变更请求作为输出的过程

（3）项目管理计划更新：总共 19 个过程会输出项目管理计划更新，如图 8-6 所示。

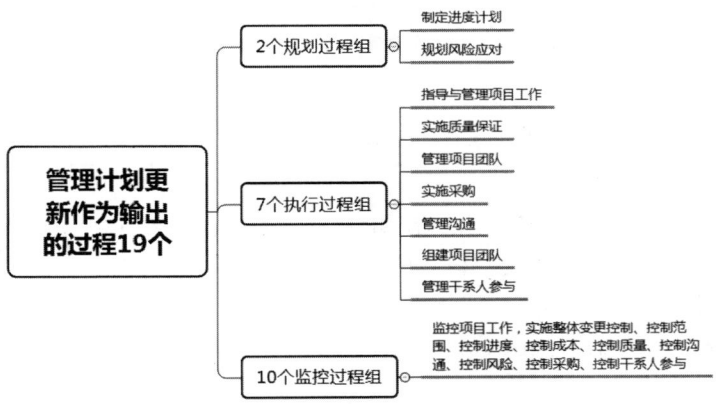

图 8-6　使用管理计划更新作为输出的过程

（4）项目文件更新：32 个过程会导致项目文件更新，全部的启动过程及收尾过程都不会导致项目文件更新，如图 8-7 所示。

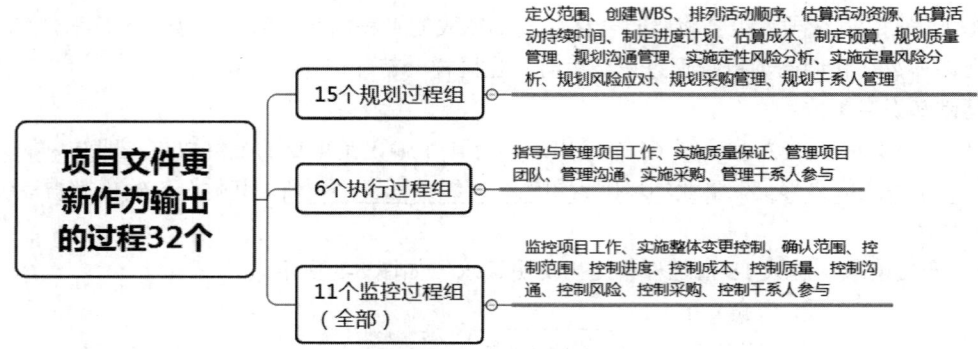

图 8-7　使用项目文件更新作为输出的过程

（5）组织过程资产更新：启动过程组和规划过程组的过程不会导致组织过程资产更新，14 个过程会导致组织过程资产更新，如图 8-8 所示。

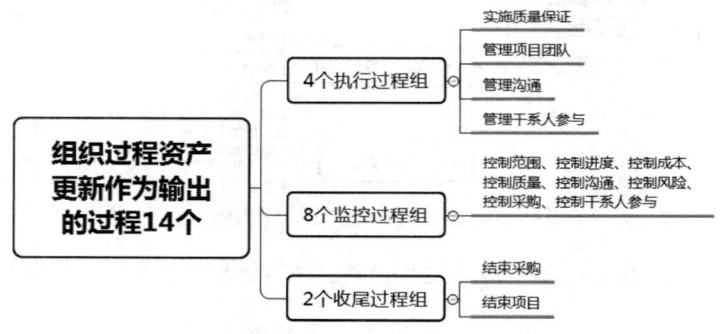

图 8-8　以组织过程资产更新作为输出的过程

8.3　工程施工技术和机具——全部过程的工具与技术

一个工程的实施，会用到若干的技术，比如围堰、降水等，也会用到各种施工工具。那么在我们的项目管理过程中，也同样会用到各种工具与技术。

【基础知识点】

（1）《PMBOK 指南》总共列出了 119 个工具与技术，用于 49 个项目管理过程。其中有些工具与技术是 2 个或 2 个以上过程共用的。

（2）专家判断。使用专家判断作为技术与工具的过程如图 8-9 所示。

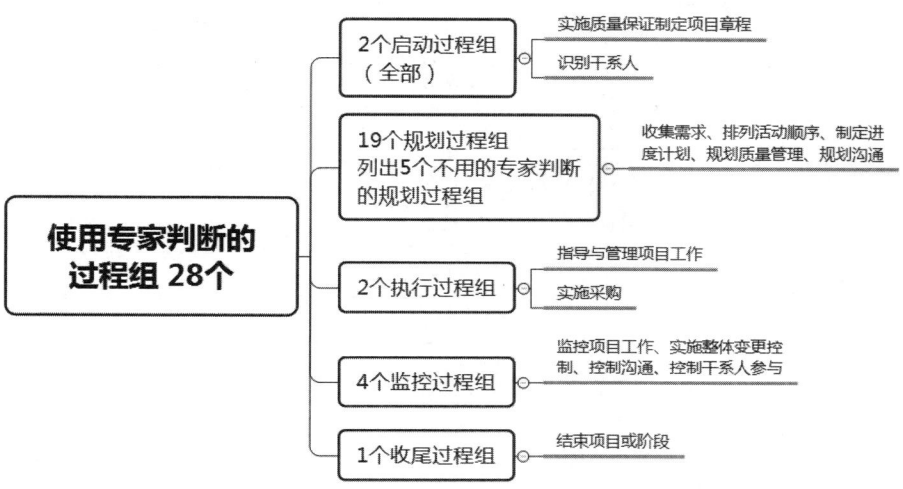

图 8-9 使用专家判断作为技术与工具的过程

（3）会议。会议是经常使用的工具。使用"会议"的 17 个过程分布如图 8-10 所示。

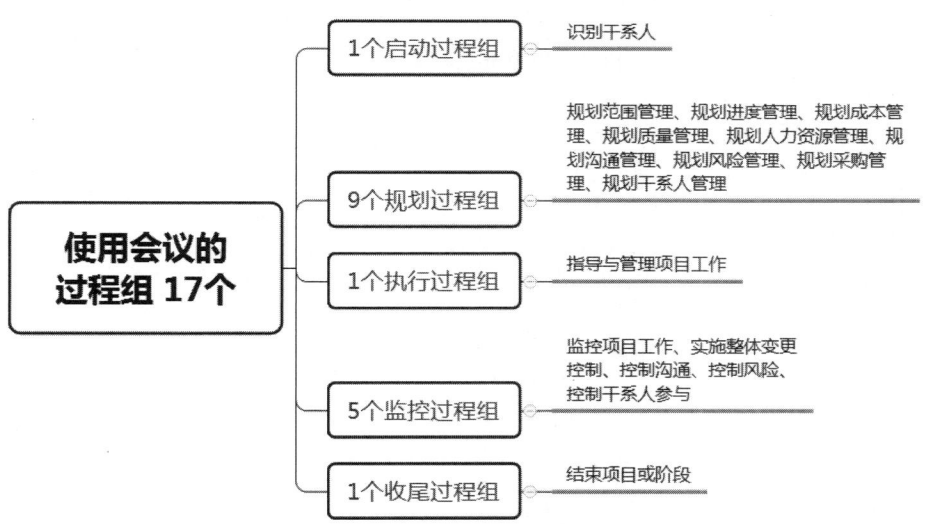

图 8-10 使用会议作为技术与工具的过程

（4）分析技术。分析技术是各种具体的分析技术（如故障树分析、根本原因分析）的总称。有 7 个过程使用分析技术，如图 8-11 所示。

（5）储备分析。储备分析是用来计算预留时间和资金的，以便应对风险。使用"储备分析"的 5 个过程的分布如图 8-12 所示。

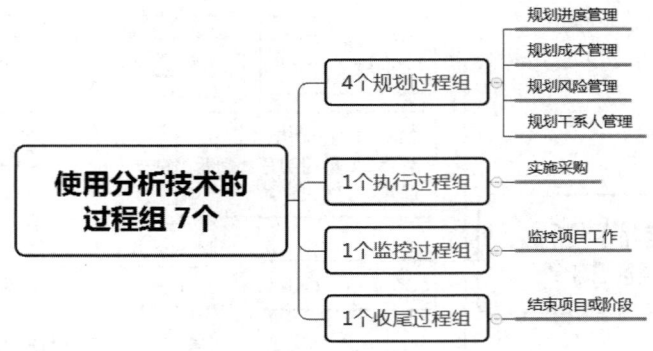

图 8-11 使用分析技术的过程

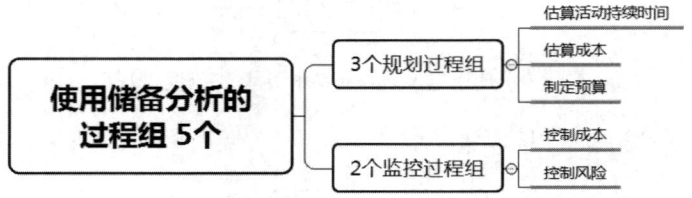

图 8-12 使用储备分析技术工具的过程

第 9 小时

项目管理过程的输入、输出和技术工具汇总练习题

【导读小贴士】

第 8 小时主要学习了项目过程的输入、输出和技术工具的使用,PMP 考试中,与输入输出、技术工具有关的题目分值占比不小。对这部分内容仅仅粗浅理解是不够的,我们还需要通过题目来深入理解和记忆这一部分内容。

练习题

1. 在执行阶段,市场部通知项目发起人,中心小组提供了该产品的混合审查,该产品还需要进行细微变更,项目发起人指示项目经理直接进行变更,因为该变更不会改变范围或预算。项目经理接下来应该(   )。

　　A. 记录要求的变更　　　　　　　　B. 为执行变更分配职责
　　C. 与受影响方沟通该变更　　　　　D. 召集团队来评估变更的影响

答案:D

2. 一个正在实施的外包系统项目正在经历延期。采取的纠正措施,即执行关键路径分析和按照进度计划进行赶工被证明无效。结果,进度计划延期(特别是测试活动)继续存在。项目经理应该(   )。

　　A. 增加更多资源,并列执行任务,并允许加班,以便进一步按照进度计划赶工
　　B. 执行储备分析,确定延期的成本影响

C．分析导致延期的任务，找到根本原因，并执行纠正措施

D．要求采购团队评审供应商合同协议

答案：D

3．在认识到对项目预算会产生负面影响的风险发生之后，项目经理需要确定剩余的预算应急储备是否足够。项目经理应该采用下列哪一项工具或技术？（　　）

    A．储备分析　　　B．偏差和趋势分析　　C．应急分析　　D．SWOT 分析

答案：A

4．一个全球项目有多个未定义条件。若要理解未定义条件的影响并规划如何减轻其影响，项目经理应使用（　　）。

    A．假设情景分析　B．敏感性分析　　C．预期价值分析　D．决策分析

答案：A

5．由于组织结构的变化，相关方 A 承担了新的责任，并已经从指导管理委员会辞职。相关方 B（相关方 A 的替代者）提出了与项目商业利益有关的问题，项目经理首先应该怎么做？

    A．在问题登记册中记录该问题，并更新项目利益

    B．更新项目管理计划

    C．与相关方会面，包括项目发起人

    D．更新相关方登记册，并参考相关方管理策略

答案：D

6．在一个系统执行项目中，在项目结束前两周发现一个系统功能脱离范围，已经过变更流程批准。项目经理接下来应该怎么做？（　　）

    A．按需求说明更新管理计划

    B．评估变更，并与客户讨论对项目成本的影响

    C．拒绝变更，因为项目接近完工，影响将很大

    D．与项目相关方一起讨论变更的影响

答案：A

7．项目经理被任命到一个处于执行阶段的项目。项目经理识别到几个新的风险，为了规避这些风险，项目经理应该怎么做？（　　）

    A．更新风险登记册和制定风险应对计划

    B．审查风险管理计划

    C．与所有团队成员分享更新的风险登记册

    D．审查项目管理计划

答案：A

8．在制定全球性的项目资源管理计划之前，应更新哪一项工具来确保计划的准确性？（　　）

    A．组织机构图与职位描述　　　　　B．人际交往与责任分配矩阵

    C．团队建设活动与虚拟团队储备　　D．集中办公与预分派矩阵

答案：A

9．一个公司总部搬迁的项目正在计划阶段，项目成员正在为采用敏捷项目管理还是传统项目管理的方式进行项目而争论。哪项文件应该在项目章程确定前创建？（　　）

　　A．沟通管理计划　　B．项目管理计划　　C．工作分解结构　　D．项目工作说明书

答案：D

10．在定义范围之前，项目经理必须具有下列哪一份文件？（　　）

　　A．需求管理计划　　B．项目章程　　C．项目范围计划　　D．项目风险计划

答案：B

11．一个项目已经启动，项目经理正在制定质量管理计划。质量管理计划与下列哪一项有关？（　　）

　　A．描述在项目中是如何执行质量控制的　　B．包含质量核对表
　　C．确定定性和定量参数　　D．包含帕累托图

答案：A

12．针对设计经理提出的某个问题的解决方案，项目经理必须收集分析信息。以下哪一项能防止任何人对结果产生不适当的影响？（　　）

　　A．德尔菲技术　　B．名义组技术　　C．价值工程　　D．虚拟团队

答案：A

13．项目团队成员识别项目质量需求，并记录项目应该如何遵守这些需求。他们应该使用哪一项工具或技术？（　　）

　　A．流程图，控制图和因果图　　B．流程图，成本效益分析和趋势图
　　C．流程图，成本效益分析和思维导图　　D．流程图，控制图和散点图

答案：C

14．产品开发需要外包一部分内容，项目经理制作了一份文件，将会向供应商提供足够的细节来确定他们是否能够提供所需的外包工作。项目经理制作的是下列哪一部分文件？（　　）

　　A．范围说明书　　B．信息邀请书　　C．产品规格书　　D．工作说明书

答案：D

15．一名新的团队成员加入了项目，由于新团队成员之前在公司没有任何经验，项目经理建议项目成员审阅公司以往项目的项目文件。这是利用下列哪一项的实例？（　　）

　　A．基础实施　　B．项目管理信息系统
　　C．组织过程资产　　D．事业环境因素

答案：C

第10小时
秦始皇统一六国——论项目整合管理

10.0 【章节考点分析】

第 10 小时主要讲项目整合管理，其定义是：为识别、定义、组合、统一与协调项目管理过程组的各过程及项目管理活动，而进行的各种过程和活动，并对所有活动和资源进行整合。

本部分的内容，概念和分析并重，根据以往 PMP 考试的出题规律，对于概念知识点的考查和情景题目的占比差不多，需要理论联系实际，认真研读。本小时的架构如图 10-1 所示。

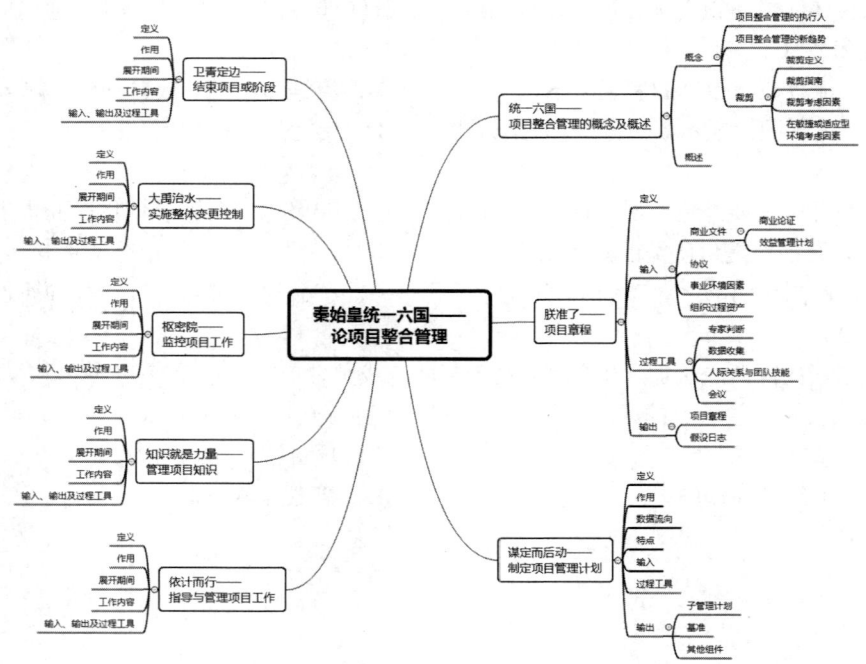

图 10-1 架构图

秦始皇统一六国——论项目整合管理　　第 10 小时

【导读小贴士】

如果你是一个项目经理，会如何实现项目各要素之间的相互协调并在相互矛盾、相互竞争的目标中寻找最佳平衡？怎样避免项目的结合部位出现问题？如何实现顺畅联接并能更好地开展工作？这一章就带你学习这些内容。

10.1　统一六国——项目整合管理的概念及概述

秦始皇统一六国之前，各国有各国的想法，各国有各国的事情，各国有各国的政策。统一之后，六国变成一国，肯定不能再各行其事。这就需要在国家的管理上进行各种整合。类似地，一个项目的管理，是由各种管理过程所组成，肯定需要从项目整体的高度，对各种过程进行整合的管理。

【基础知识点】

1. 概念

项目整合管理包括对隶属于项目管理过程组的各种过程和项目管理活动，进行识别、定义、组合、统一和协调的各个过程。在项目管理中，整合管理兼具统一、合并、沟通和建立联系的性质，这些行动应该贯穿项目始终。

（1）项目整合管理执行人是项目经理。这个角色不能被授权和转移，对整个项目承担最终责任。

（2）项目整合管理的新趋势，如见 10-1。

表 10-1　项目整合管理的新趋势

应用	含义
使用自动化工具	通过 PMIS 等软件和分析工具，实现效益和目标
使用可视化管理工具	团队能直观看到计划，以监督关键进程，提高识别和解决问题的能力
项目知识管理	累积知识，传递给受众，防止知识流失
增加项目经理职责	要求参与启动和结束项目，以实现与其他职能部门更好地合作和沟通
混合型方法	把经过实践检验的新做法不断融入项目管理方法之中

（3）项目整合管理的裁剪。每个项目都是独特的，所以项目经理经常需要对项目整合管理过程进行裁剪，裁剪是调整组织的标准过程的过程。图 10-2 给出的是项目整合管理过程的裁剪指南。裁剪需要考虑的主要因素，如图 10-3 所示。

在敏捷或适应型环境中，我们应该考虑的因素如下：

1）在迭代和敏捷环境中，团队成员自行决定计划及其组件的整合方式。

2）在适应型环境中，把对具体产品的规划和交付授权给团队来控制。

图 10-2　项目整合管理过程的裁剪指南

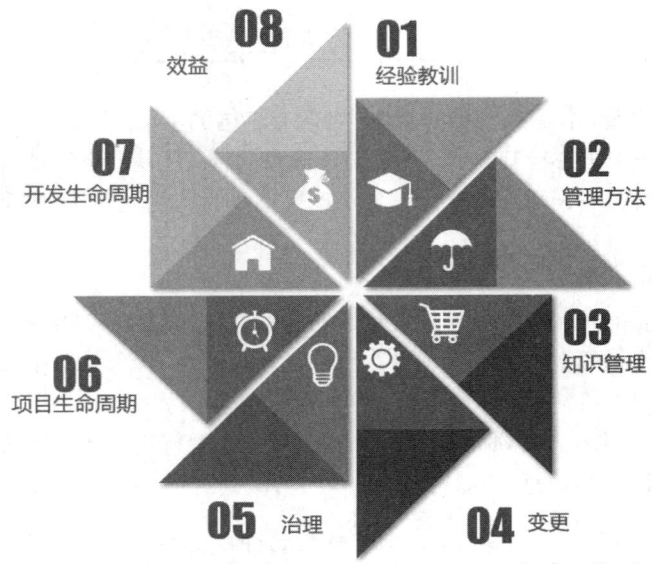

图 10-3　裁剪需要考虑的主要因素

2. 项目整合管理概述

表 10-2 概述了项目整合管理的各个过程。

表 10-2　项目整合管理的各个过程

序号	过程名称	输入	工具与技术	输出
1	制定项目章程	（1）商业文件 （2）协议 （3）事业环境因素 （4）组织过程资产	（1）专家判断 （2）数据收集 （3）人际关系与团队技能 （4）会议	（1）项目章程 （2）假设日志
2	制订项目管理计划	（1）项目章程 （2）其他过程的输出 （3）事业环境因素 （4）组织过程资产	（1）专家判断 （2）数据收集 （3）人际关系与团队技能 （4）会议	（1）项目管理计划

续表

序号	过程名称	输入	工具与技术	输出
3	指导与管理项目工作	(1) 项目管理计划 (2) 项目文件 (3) 批准的变更请求 (4) 事业环境因素 (5) 组织过程资产	(1) 专家判断 (2) 项目管理信息系统 (3) 会议	(1) 可交付成果 (2) 工作绩效数据 (3) 问题日志 (4) 变更请求 (5) 项目管理计划更新 (6) 项目文件更新 (7) 组织过程资产更新
4	管理项目知识	(1) 项目管理计划 (2) 项目文件 (3) 可交付成果 (4) 事业环境因素 (5) 组织过程资产	(1) 专家判断 (2) 知识管理 (3) 信息管理 (4) 人际关系与团队技能	(1) 经验教训登记册 (2) 项目管理计划更新 (3) 组织过程资产更新
5	监控项目工作	(1) 项目管理计划 (2) 项目文件 (3) 协议 (4) 工作绩效信息 (5) 事业环境因素 (6) 组织过程资产	(1) 专家判断 (2) 数据分析 (3) 会议 (4) 决策	(1) 工作绩效报告 (2) 变更请求 (3) 项目管理计划更新 (4) 项目文件更新
6	实施整体变更控制	(1) 项目管理计划 (2) 项目文件 (3) 工作绩效报告 (4) 变更请求 (5) 事业环境因素 (6) 组织过程资产	(1) 专家判断 (2) 变更控制工具 (3) 数据分析 (4) 决策 (5) 会议	(1) 批准的变更请求 (2) 项目管理计划更新 (3) 项目文件更新
7	结束项目和阶段	(1) 项目章程 (2) 项目管理计划 (3) 项目文件 (4) 验收的可交付成果 (5) 商业文件 (6) 协议 (7) 采购文档 (8) 组织过程资产	(1) 专家判断 (2) 数据分析 • 文件分析 • 回归分析 • 趋势分析 • 偏差分析 (3) 会议	(1) 项目文件更新 (2) 最终产品、服务或成果移交 (3) 最终报告 (4) 组织过程资产更新

10.2 朕准了——项目章程

有大臣向秦始皇建议修个水坝，秦始皇说，我有一些问题，你写云奏来：为何要修大坝？要修成什么样？需多少银两、民工？谁负责修？各部如何配合？……大臣们一通忙活，按皇上的要求奏上本来。经过若干商议、修改，皇上与大臣对以上问题达成一致，于是秦始皇大印一挥，准了！项目管理的项目章程，就类似于这个被批准的奏本。

【基础知识点】

1. 项目章程的相关定义

（1）制定项目章程：是编写一份**正式批准项目**并**授权项目经理在项目活动中使用组织资源**的文件的过程。主要包括商业需求、产品描述、各相关方责任和权限界定等。

（2）项目章程制定人：项目章程由发起人或者由发起人跟项目经理一起合作来进行编制。

（3）项目启动人：由项目以外的机构来启动。

（4）项目章程的修改：项目章程不是项目文件，项目经理无权对项目章程进行修改和更新，只能提出建议。

（5）商业文件：商业论证是制定项目章程的商业文件依据，从商业（成本和收益）和前景（远期收益）的角度描述相关的信息，并据此决定项目的期望结果是否值得所需投资。决策者和高于项目级别的经理通常使用该文件作为决策的依据。商业论证会包含商业需求和成本效益分析，以论证项目的经济性并确定项目边界。

引发商业论证的因素如图10-4所示。

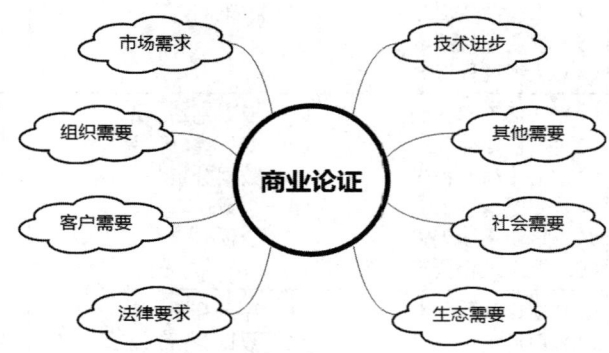

图10-4　引发商业论证的因素

效益管理计划：项目效益管理计划描述了项目实现效益的方式和时间，以及应制定的效益衡量机制。项目效益指为发起组织和项目预期受益方创造价值的行动、行为、产品、服务或成果的结果。在项目正式开始之前，就应确定目标效益，后续才能据此制定效益管理计划。

效益管理计划的关键要素如图10-5所示。

（6）协议：协议有多种形式，用于定义启动项目的初衷，它的形式如图10-6所示。

（7）项目的事业环境因素：事业环境因素是指围绕项目或能影响项目成败的所有内外部环境因素的组合。

（8）组织过程资产：组织过程资产（Organizational Process Assets），在制定项目章程及以后的项目文件时，所有影响项目成功的资产都可以作为组织过程资产。组织过程资产包括图10-7所示的内容。

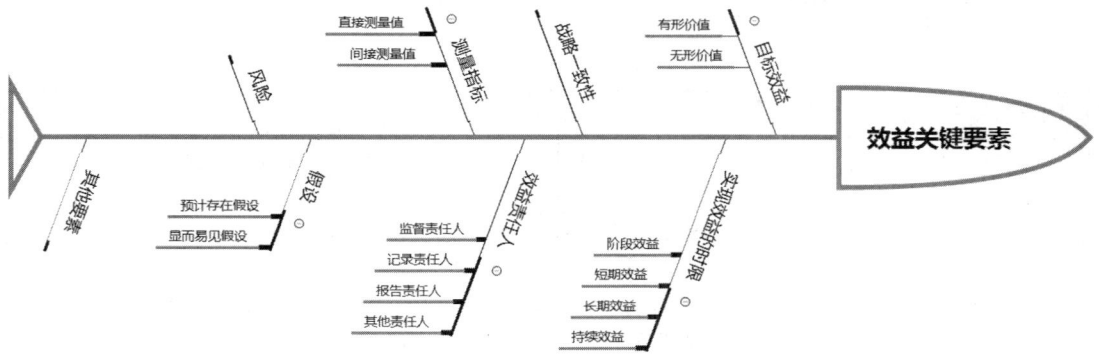

图 10-5　效益管理计划的关键要素

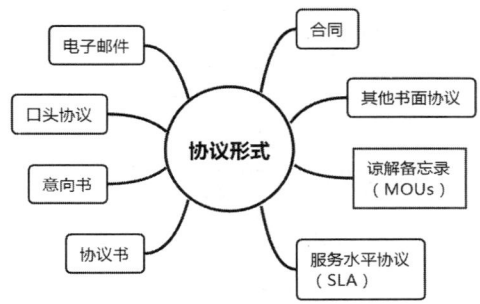

图 10-6　协议形式图

图 10-7　组织过程资产

(9)过程工具与技术,见表 10-3。

表 10-3 过程工具与技术

工具与技术	方法	特点
专家判断	专家判断	基于某应用领域、知识领域、学科和行业等的专业知识而作出的关于当前活动的合理判断
数据收集	头脑风暴	本技术用于在短时间内获得大量创意,适用于团队环境,需要引导者进行引导
	焦点小组	焦点小组召集相关方和主题专家讨论项目风险、成功标准和其他议题,比一对一访谈更有利于互动交流
	访谈	访谈是指通过与相关方直接交谈来了解高层级需求、假设条件、制约因素、审批标准以及其他信息
人际关系与团队技能	冲突管理	冲突管理有助于相关方就目标、成功标准、高层级需求、项目描述、总体里程碑和其他内容达成一致意见
	引导	引导是指有效引导团队活动成功以达成决定、解决方案或结论的能力
	会议管理	会议管理包括准备议程、确保邀请关键相关方或其代表、准备和发送后续的会议纪要和行动计划
会议	会议	与关键相关方举行会议的目的是识别项目目标、成功标准、主要可交付成果、高层级需求、总体里程碑和其他概述信息

(10)假设日志:在项目启动之前编制商业论证时,识别高层级的战略和运营假设条件与制约因素。假设日志用于记录整个项目生命周期中的所有假设条件和制约因素。

2. 制定项目章程的主要作用

制定项目章程的主要作用有:正式启动某个项目,确立该项目在组织中的合法地位,授权项目经理动用组织资源开展项目工作,表征着一个项目的正式开始等,如图 10-8 所示。

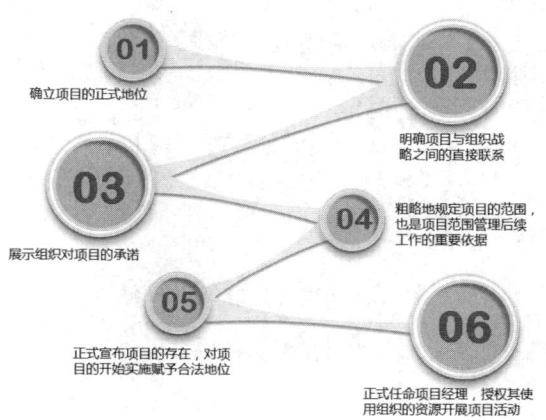

图 10-8 制定项目章程的作用

3. 制定项目章程的开展过程

制定项目章程仅开展一次或仅在项目的预定义点开展。

4. 制定项目章程的输入、工具、输出

该过程的输入、工具和输出内容见表 10-4。

表 10-4 制定项目章程的输入、工具和输出

输入		过程工具/技术	输出
商业文件	商业论证	**专家判断** 组织战略；效益管理；关于项目所在的行业以及项目关注的领域的技术知识；持续时间和预算的估算；风险识别 **数据收集** 头脑风暴；焦点小组；访谈 **会议** 识别项目目标、成功标准、主要可交付成果、高层级需求、总体里程碑和其他概述信息 **人际关系和团队技能** 冲突管理；引导；会议管理	**项目章程** 关于项目和项目预期交付的产品、服务或成果的高层级信息 **假设日志** 高层级的战略和运营假设条件与制约因素 **项目文件更新** 假设日志；风险登记册
协议	用于定义启动项目的初衷		
事业环境因素	政府或行业标准		
	法律法规要求和（或）制约因素		
	组织文化和政治氛围		
	市场条件		
	组织治理框架		
	相关方的期望和风险临界值		
组织过程资产	组织的标准政策、流程和程序		
	项目组合、项目集和项目的治理框架		
	监督和报告方法		
	模板		
	历史信息与经验教训知识库		

10.3 谋定而后动——制定项目管理计划

修大坝不像过家家，如果想到什么干什么，那么这个修大坝的活能不能按要求完成，结果可想而知，所以，我们先得为修建大坝做一份切实可行的管理计划。

【基础知识点】

1. 制订项目管理计划涉及的定义

（1）制订项目管理计划：定义、准备和协调项目计划的所有组成部分，并把它们整合为一份综合的项目管理计划的过程。

（2）核对单：很多组织基于自身经验制定了标准化的核对单，或者采用所在行业的核对单。核对单可以指导项目经理制定计划或帮助检查项目管理计划是否包含所需的全部信息。

（3）焦点小组：焦点小组召集相关方讨论项目管理方法以及项目管理计划各个组成部分的整合方式。

（4）访谈：访谈用于从相关方获取特定信息，用以制定项目管理计划、任何子计划或项目文件。

（5）冲突管理：必要时可以通过冲突管理让具有差异性的相关方就项目管理计划的所有方面达成共识。

（6）会议管理：有必要采用会议管理技术来确保有效召开会议，以便制定、统一和商定项目管理计划。

（7）范围管理计划：确立如何定义、制定、监督、控制和确认项目范围。

（8）需求管理计划：确定如何分析、记录和管理需求。

（9）进度管理计划：为编制、监督和控制项目进度建立准则并确定活动。

（10）成本管理计划：确定如何规划、安排和控制成本。

（11）质量管理计划：确定在项目中如何实施组织的质量政策、方法和标准。

（12）资源管理计划：指导如何对项目资源进行分类、分配、管理和释放。

（13）沟通管理计划：确定项目信息将如何、何时、由谁来进行管理传播。

（14）风险管理计划：确定如何安排与实施风险管理活动。

（15）采购管理计划：确定项目团队将如何从执行组织外部获取货物和服务。

（16）相关方参与计划：确定如何根据相关方的需求、利益和影响让他们参与项目决策和执行。

（17）范围基准：以经过批准的范围说明书、工作分解结构（WBS）和相应的WBS词典，作为比较依据。

（18）进度基准：经过批准的进度模型，作为与实际结果进行比较的依据。

（19）成本基准：经过批准的、按时间段分配的项目预算，作为与实际结果进行比较的依据。

（20）变更管理计划：描述在整个项目期间如何正式审批和采纳变更请求。

（21）配置管理计划：描述如何记录和更新项目的特定信息，以及应该记录和更新哪些信息，以保持产品、服务或成果的一致性和（或）有效性。

（22）绩效测量基准：经过整合的项目范围、进度和成本计划，用作项目执行的比较依据，以测量和管理项目绩效。

（23）项目生命周期：描述项目从开始到结束所经历的一系列阶段。

（24）开发方法：描述产品、服务或成果的开发方法，例如预测、迭代、敏捷或混合型模式。

（25）管理审查：确定项目经理和相关方审查项目进展的时间点，以考核绩效是否符合预期，或者确定是否有必要采取预防或纠正措施。

（26）项目管理计划的特点，如图10-9所示。

2. 项目管理计划的作用

项目管理计划的作用是生成综合文件，来确定所有项目工作的基础及执行方式。

3. 项目管理计划的开展方式

项目管理计划仅开展一次且仅在项目的预定义点开展。

4. 制定项目管理计划的工作内容

项目正式启动之后，就要编制综合性的项目管理计划，即把全部的分项管理计划汇编成综合的项目管理计划。这个过程是在其他各知识领域的分项管理计划编制过程的基础上开展的。

5. 制定项目管理计划的输入、工具、输出

制定项目管理计划的输入、工具、输出见表 10-5。

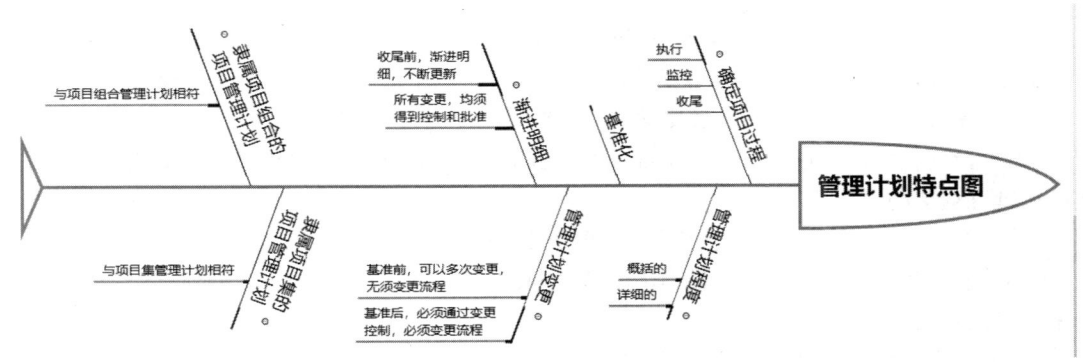

图 10-9 项目管理计划的特点

表 10-5 制定项目管理计划的输入、工具和输出

输入		过程工具/技术	输出
项目章程	作为初始项目规划的起始点	**专家判断** 根据项目需要裁剪项目管理过程，包括这些过程间的依赖关系和相互影响，以及这些过程的主要输入和输出； 根据需要制定项目管理计划的附加组成部分； 确定这些过程所需的工具与技术； 编制应包括在项目管理计划中的技术与管理细节； 确定项目所需的资源、技能及水平； 定义项目的管理配置级别； 确定哪些项目文件受制于正式的变更控制过程； 确定项目工作的优先级，确保把项目资源在合适的时间分配到合适的工作。	**项目管理计划** 子管理计划；基准；其他组件
其他过程的输出	其他规划过程所输出的子计划和基准都是本过程的输入		
事业环境因素	政府或行业标准		
	法律法规要求和（或）制约因素		
	组织文化和政治氛围		
	垂直市场和专门领域的项目管理知识体系		
	组织的结构、文化、管理实践和可持续性		
	组织治理框架		
	基础设施		
组织过程资产	组织的标准政策、流程和程序	**数据收集** 头脑风暴；核对单；焦点小组；访谈。 **会议** 通过会议讨论项目方法，确定为达成项目目标而采用的工作执行方式，以及制定项目监控方式 **人际关系和团队技能** 冲突管理；引导；会议管理	
	项目管理计划模板		
	变更控制程序		
	监督和报告方法、风险控制程序，以及沟通要求		
	以往类似项目的相关信息		
	历史信息和经验教训知识库		

10.4 依计而行——指导与管理项目工作

项目管理计划有了,大家根据计划都开干吧!当然,作为项目的管理部门,少不了各种的检查、协调、指导、考核等工作,指导与管理项目工作,就是这个意思。

1. 指导与管理项目工作的相关定义

(1)指导与管理项目工作:为实现项目目标而领导和执行项目管理计划中所确定的工作,并实施已批准变更的过程。

(2)变更日志:变更日志记录所有变更请求及其状态。

(3)经验教训登记册:经验教训用于改进项目绩效,以免重犯错误。任何有助于提高当前或未来项目绩效的经验教训都应得到及时记录。

(4)里程碑清单:里程碑清单列出特定里程碑的计划实现日期。

(5)项目沟通记录:项目沟通记录包含绩效报告、可交付成果的状态及与项目沟通相关的其他信息。

(6)项目进度计划:进度计划至少包含工作活动清单、持续时间、资源,以及计划的开始与完成日期。

(7)需求跟踪矩阵:需求跟踪矩阵把产品需求连接到相应的可交付成果,有助于把关注点放在最终结果上。

(8)风险登记册:风险登记册用于在风险管理过程中记录风险,在本过程中可以识别新的风险,也可以更新现有风险。

(9)风险报告:风险报告提供关于整体项目风险来源的信息,以及关于已识别的单个项目风险的概括信息。

(10)可交付成果:是指在某一过程、阶段或项目完成时,必须产出的独特并可核实的产品、或服务等成果。

(11)工作绩效数据:是指在执行项目工作的过程中,从每个正在执行的活动中收集到的原始观察结果和测量值。

(12)问题日志:是一种记录和跟进所有问题的项目文件。

(13)变更请求:是关于修改任何文件、可交付成果或基准的正式提议。

(14)纠正措施:为使项目工作绩效重新与项目管理计划保持一致而进行的有目的的活动。

(15)预防措施:为确保项目工作的未来绩效符合项目管理计划而进行的有目的的活动。

(16)缺陷补救:为了修正不一致产品或产品组件的有目的的活动。

(17)更新:对正式受控的项目文件或计划等进行的变更,以反映修改或增加的意见或内容。

(18)活动清单:为完成项目工作,可以通过增加或修改活动来更新活动清单。

(19)需求文件:在本过程中可以识别新的需求,也可以适时更新需求的实现情况。

(20)相关方登记册:如果在本过程中收集到了现有的或新的相关方的更多信息,则记录到相关方登记册中。

2. 作用

对项目工作和可交付成果开展综合管理，以提高项目成功的概率。

3. 展开期间

指导与管理项目工作在整个项目期间展开。

4. 工作内容

开展项目管理计划中的各种活动，实现计划的要求，完成可交付成果，并识别必要的项目变更，提出变更请求，收集工作绩效数据并传达给合适的控制过程做进一步分析。得到关于可交付成果的完成情况以及与项目绩效相关的其他细节，工作绩效数据也用作监控过程组的输入，并可作为反馈输入到经验教训库，以改善未来工作的绩效。

5. 输入、工具、输出

该过程的输入、工具和输出见表 10-6。

表 10-6 指导管理项目工作的输入、工具和输出

输入		过程工具/技术	输出
项目管理计划（任何组件）	任何组件	专家判断 项目管理信息系统（PMIS） 会议	可交付成果 工作绩效数据 问题日志 问题类型；问题提出者和提出时间；问题描述；问题优先级；由谁负责解决问题；目标解决日期；问题状态；最终解决情况 变更请求 纠正措施；预防措施；缺陷补救；更新 项目管理计划更新 项目文件更新 活动清单；假设日志；经验教训登记册；需求文件；相关方登记册 组织过程资产更新
项目文件	变更日志		
	经验教训登记册		
	项目沟通记录		
	项目进度计划		
	需求跟踪矩阵		
	风险登记册		
	里程碑清单		
事业环境因素	组织的结构、文化、管理实践和可持续性		
	基础设施		
	相关方的风险临界值		
批准的变更请求	纠正措施、预防措施或缺陷补救		
组织过程资产	组织的标准政策、流程和程序		
	问题与缺陷管理程序		
	问题与缺陷管理数据库		
	绩效测量数据库		
	以往项目的项目信息		

10.5 知识就是力量——管理项目知识

修建大坝的过程，会用到各种已有的技术，也可能会创新出各种新技术，无论是旧技术还是新技术，都是知识。知识是人类最为宝贵的财富，对于项目也是如此。对于知识的良好管理，可以让知识发挥出更大的威力。"管理项目知识"中，"管理"是动词，"项目知识"是名词，这样就非常容易理解了。

1. 管理项目知识相关定义

（1）管理项目知识：是通过对现有知识或生成的新知识的管理，来帮助项目目标实现的过程，同时也是帮助组织学习提高的过程。

（2）项目团队派工单：项目团队派工单，包含了项目人员在项目中的角色及责任信息，从中可以反映出项目团队已具有的能力、经验或者可能缺乏的知识。

（3）资源分解结构：资源分解结构中，也包含了项目团队角色信息，所以也可以从中了解团队拥有和缺乏的知识。

（4）积极倾听：积极倾听有助于减少误解并促进沟通和知识分享。

（5）人际交往：人际交往促使项目相关方之间建立非正式的联系和关系，为显性和隐性知识的分享创造条件。

（6）政治意识：政治意识有助于项目经理根据项目环境和组织的政治环境来规划沟通。

2. 作用

利用已有的组织知识来创造或改进项目成果，并且使当前项目创造的知识可用于支持组织运营和未来的项目或阶段。

3. 展开期间

管理项目知识在整个项目期间展开。

4. 工作内容

知识管理指的是确保项目团队和其他相关方的技能、经验和专业知识在项目开始之前、开展期间和结束之后得到运用。

5. 输入、工具和输出

该过程的输入、工具和输出内容见表 10-7。

表 10-7 管理项目知识的输入、工具和输出

输入		过程工具/技术	输出
项目管理计划（任何组件）	任何组件	专家判断 知识管理；信息管理；组织学习；知识和信息管理工具；来自其他项目的相关信息	经验教训登记册 项目管理计划更新 组织过程资产更新
项目文件	资源分解结构		
	经验教训登记册		

续表

输入		过程工具/技术	输出
项目文件	项目团队派工单	**知识管理** 人际交往，包括非正式的社交和在线社交；可以进行开放式提问的在线论坛有助于与专家进行知识分享对话；实践社区和特别兴趣小组；会议；工作跟随和跟随指导；讨论论坛；知识分享活动；研讨会，包括问题解决会议和经验教训总结会议；讲故事；创造力和创意管理技术；知识展会和茶座；交互式培训。 **信息管理** 编撰显性知识的方法；经验教训登记册；图书馆服务；信息收集；项目管理信息系统（PMIS） **人际关系与团队技能** 积极倾听；引导；领导力；人际交往；政治意识	经验教训登记册 项目管理计划更新 组织过程资产更新
	相关方登记册		
事业环境因素	组织文化、相关方文化和客户文化		
	设施和资源的地理分布		
	组织中的知识专家		
	法律法规要求和（或）制约因素		
可交付成果	需要交付的成果或者服务		
组织过程资产	组织的标准政策、流程和程序		
	人事管理制度		
	组织对沟通的要求		
	正式的知识分享和信息分享程序		

10.6 枢密院——监控项目工作

在封建王朝有枢密院，来考核大臣的工作业绩，并给他们作出评价。类似地，项目管理工作很重要的一个内容，也是对于项目的监控。

1. 监控项目工作相关定义

（1）监控项目工作：跟踪、审查和报告整体项目进展，以实现项目管理计划中所确定的绩效目标的过程。

（2）估算依据：估算依据说明不同估算是如何得出的，用于决定如何应对偏差。

（3）成本预测：成本预测基于项目的既有绩效信息，用于确定项目是否仍处于预算的公差区间内，并识别任何必要的变更。

（4）质量报告：质量报告包含质量管理问题，针对过程、项目和产品的改善建议，纠正措施建议，以及在控制质量过程中所发现的情况的概述。

（5）进度预测：进度预测基于项目的既有绩效信息，用于确定项目是否仍处于进度的公差区间内，并识别任何必要的变更。

（6）问题管理程序：用于定义问题的控制、问题的识别、问题的解决方案，以及对所采取的行动事项进行跟踪。

（7）缺陷管理程序，用于定义缺陷控制、缺陷识别、缺陷的解决方案，以及对所采取的行动事项进行跟踪。

（8）偏差分析：偏差分析审查目标绩效与实际绩效之间的差异，可涉及持续时间估算、成本估算、资源使用、资源估价、技术绩效和其他测量指标。可以在每个知识领域，针对特定变量，开展偏差分析。在监控项目工作过程中，通过对成本、时间、技术和资源的偏差进行综合分析，可以了解项目的总体偏差情况，这样就便于采取合适的预防或纠正措施。

（9）根本原因分析：根本原因分析关注于识别问题的主要原因，帮助项目经理确定为了达成项目目标应重点关注的领域。

（10）趋势分析：趋势分析根据既有结果预测未来绩效，比如，它可以预测项目的进度延误，提前让项目经理意识到，按照既定趋势发展，后期进度可能出现的问题。趋势分析应该尽早进行，以使项目团队有时间分析和纠正任何异常。根据趋势分析的结果，可以采取必要的预防措施或提出建议。

2. 作用

让相关方了解项目的当前状态并认可为处理问题而采取的行动，以及通过成本和进度预测，让相关方了解项目未来的状态。

3. 展开期间

监控项目工作在整个项目期间展开。

4. 工作内容

对项目的实际情况与项目计划中的要求进行比较，发现偏差，分析偏差，评价项目绩效，决定是否需要提出变更请求。如果需要，则提出变更请求，并通过<u>实施整体变更控制过程</u>对变更请求进行审查和处理。

5. 输入、工具、输出

该过程的输入、工具和输出见表 10-8。

表 10-8　监控项目工作过程的输入、工具和输出

输入		过程工具/技术	输出
项目管理计划	任何组件	**专家判断** 挣值分析；数据的解释和情境化；持续时间和成本的估算技术；趋势分析；关于项目所在的行业以及项目关注的领域的技术知识；风险管理；合同管理 **数据分析** 备选方案分析；成本效益分析；挣值分析；根本原因分析；趋势分析；偏差分析 **决策** 投票 **会议**	**工作绩效报告** 状态报告和进展报告 **项目变更请求** 纠正措施；预防措施；缺陷补救 **项目管理计划更新** **项目文件更新** 成本预测；问题日志；经验教训登记册；风险登记册；进度预测
项目文件	估算依据		
	假设日志		
	成本预测		
	问题日志		
	里程碑清单		
	质量报告		
	风险登记册		
	风险报告		
	进度预测		

续表

输入		过程工具/技术	输出
事业环境因素	项目管理信息系统	**专家判断** 挣值分析；数据的解释和情境化；持续时间和成本的估算技术；趋势分析；关于项目所在的行业以及项目关注的领域的技术知识；风险管理；合同管理 **数据分析** 备选方案分析；成本效益分析；挣值分析；根本原因分析；趋势分析；偏差分析 **决策** 投票 **会议**	**工作绩效报告** 状态报告和进展报告 **项目变更请求** 纠正措施；预防措施；缺陷补救 **项目管理计划更新** **项目文件更新** 成本预测；问题日志；经验教训登记册；风险登记册；进度预测
	基础设施		
	相关方的期望和风险临界值		
	政府或行业标准		
协议	条款和条件		
组织过程资产	组织的标准政策、流程和程序		
	财务控制程序		
	监督和报告方法		
	问题管理程序		
	缺陷管理程序		
	组织知识库		
工作绩效信息			

10.7　大禹治水——实施整体变更控制

世界上唯一不变的，就是变化本身，"变"是无法避免的。但大禹治水的故事告诉我们，不能拒绝变化，而是要对变化进行科学的控制与管理。整体变更控制，就是项目管理中对于变化进行整体控制与管理的过程。

1. 实施整体变更控制相关定义。

（1）实施整体变更控制：审查所有变更请求、批准变更，管理对于可交付成果、项目文件和项目管理计划的变更，并对变更的处理结果进行沟通的过程。

（2）变更控制委员会（Change Contral Board，CCB）：是一个经过正式批准的团体，负责审查、评价、批准、推迟或否决项目变更，以及记录和传达变更处理决定。

（3）需求跟踪矩阵：需求跟踪矩阵有助于评估变更对项目范围的影响。

（4）识别配置项：选择与确定配置项，从而为产品配置的定义与核实、产品和文件的标记、管理变更和明确责任等事项，提供可以参照的基础。

（5）记录并报告配置项状态：关于各个配置项的信息记录和报告。

（6）根据配置项进行检查与审计：通过配置核实与审计，确保项目的配置项组成的正确性，以及相应的变更都被登记、评估、批准、跟踪和正确实施，从而确保配置文件所规定的功能要求都已实现。

（7）记录变更：将变更记录为合适的变更请求。

（8）作出变更决定：审查变更，批准、否决、推迟对项目文件、可交付成果或基准的变更或作出其他决定。

(9) 跟踪变更：确认变更被登记、评估、批准、跟踪并向相关方传达最终结果。

2. 作用

确保对项目中已记录在案的变更作综合评审。

3. 展开期间

实施整体变更控制在整个项目期间展开。

4. 工作内容

接收变更请求、分析变更请求、批准或否决变更请求。实施整体变更控制过程对变更请求的分析必须是全面、系统、综合的，必须考察一个变更可能给项目各方面带来的影响，而不能局限于考察对一两个方面的影响。

5. 输入、工具、输出

该过程的输入、工具和输出见表10-9。

表10-9 变更控制的输入、工具和输出

输入		过程工具/技术	输出
项目管理计划（任何组件）	变更管理计划	**专家判断** 关于项目所在的行业以及项目关注的领域的技术知识； 法律法规； 法规与采购； 配置管理； 风险管理。 **变更控制工具** 识别配置项。 记录并报告配置项状态。 进行配置项核实与审计 **数据分析** 备选方案分析 成本效益分析 **决策** 投票 独裁型决策制定 多标准决策分析 **会议**	批准的变更请求 项目管理计划更新 项目文件更新
	配置管理计划		
	范围基准		
	进度基准		
	成本基准		
项目文件	估算依据		
	需求跟踪矩阵		
	风险报告		
事业环境因素	法律限制		
	政府或行业标准		
	法律法规要求和（或）制约因素		
	组织治理框架		
	合同和采购制约因素		
批准的变更请求	纠正措施、预防措施或缺陷补救		
组织过程资产	变更控制程序		
	批准与签发变更的程序		
	配置管理知识库		
工作绩效报告	资源可用情况、进度和成本数据、挣值报告、燃烧图或燃尽图		

10.8 卫青定边——结束项目或阶段

卫青结束了北方各小国对汉的挑衅，让当时的北部边塞稳定了若干年，这是他的成果，但他回朝是不是也要做一些汇报呢？其实，项目管理中，在结束一个项目或项目阶段时，也要做若干工作。

1. 结束项目或阶段相关定义

（1）结束项目或阶段：终结项目、阶段或合同的所有活动过程。

（2）产品核实：确认全部工作都按要求完成了，项目的产品符合既定要求。

（3）财务收尾：支付最后的项目款项，完成财务结算。

（4）更新项目记录：完成最终的项目绩效报告和团队成员业绩记录（团队成员的个人业绩记录，通常不归入项目档案，而是移交组织的人力资源部）。

（5）更新组织过程资产：收集、整理和归档各种项目资料（包括经验教训总结）。

（6）文件分析：评估现有文件有助于总结经验教训和分享知识，以改进未来项目和组织资产。

（7）回归分析：该技术分析作用于项目结果的不同项目变量之间的相互关系，以提高未来项目的绩效。

（8）趋势分析：趋势分析可用于确认组织所用模式的有效性，以及是否需要为了未来项目而进行相应的模式调整。

（9）偏差分析：偏差分析可通过比较计划目标与最终结果来改进组织的测量指标

2. 作用

存档项目或阶段信息，完成计划的工作，释放组织团队资源以展开新的工作。

3. 展开期间

它仅开展一次或仅在项目的预定义点开展。

4. 工作内容

产品核实；财务收尾；更新项目记录；开展项目完工后评价，总结经验教训；更新组织过程资产；结束项目干系人在项目上的关系，解散项目团队。

5. 输入、工具、输出

本过程的输入、工具和输出见表10-10。

表 10-10 结束项目或阶段的输入、工具和输出

输入		过程工具/技术	输出
项目管理计划	项目管理计划所有组成部分	专家判断 管理控制 审计 法规与采购 法律法规 **数据分析** 文件分析 回归分析 趋势分析 偏差分析 **会议**	**项目文件更新** **最终产品、服务或成果移交** **最终报告** 项目或阶段的概述 范围目标、范围的评估标准，以及证明达到完工标准的证据 质量目标、项目和产品质量的评估标准 进度计划目标包括成果是否实现项目所预期的效益 关于最终产品、服务或成果如何满足商业计划所述业务需求的概述 关于项目过程中发生的风险或问题及其解决情况的概述 **组织过程资产更新** 项目文件 运营和支持文件 项目或阶段收尾文件 经验教训知识库
项目文件	假设日志 估算依据 问题日志 经验教训登记册 里程碑清单 项目沟通记录 质量控制测量结果 质量要求 质量报告 需求文件		
采购文档	为关闭合同，需收集全部采购文档，并建立索引和加以归档		
协议			
批准的变更请求	纠正措施、预防措施或缺陷补救		
商业文件	商业论证		
	效益管理计划		
验收的可交付成果			
项目章程			

第11小时
项目整合管理练习题

【导读小贴士】

如果你是一位项目经理,你已经初步明白该如何整合项目的各个阶段,如何管理和控制变更,对于整合管理各阶段的流程、输入输出以及技术工具都有个大致了解了吧?为了提高考试的通过率,让我们通过本小时的练习,来对上述知识进行巩固与提高。

练习题

1. 你是一个新项目的项目经理。在项目启动过程,你应当(   )。
   A. 制定范围管理计划以确定如何定义、核实、控制项目范围
   B. 制定项目管理计划
   C. 应当先确定为生产项目可交付成果而必须执行的活动
   D. 获得正式授权以开始项目

   答案:D

2. 项目章程是正式批准项目的文件,它授予项目经理的权利是(   )。

   A. 组织人员　　　B. 计划　　　　C. 动用组织资源　D. 协调职能经理

   答案:C

3. 以下关于项目经理委派的说法中,正确的是(   )。

   A. 最好在项目计划制定之时任命,最晚在规划开始实施之前任命

B．最好在项目章程制定之时任命，最晚在规划开始之前任命

C．最好在项目章程制定之时任命，最晚在规划开始实施之前任命

D．最好在项目计划制定之时任命，最晚在规划开始之前任命

答案：B

4．你所在公司的项目审查委员会每个季度召开会议审查所有的预算超过二百万美元的项目。你最近被提升为高级项目经理，并承担了最大的项目之一——开发下一代计算机辅助生产流程。审查委员会要求你在下次会议上说明项目的目标、工作内容和成果。为此你需要准备以下哪个文件？（   ）

    A．项目章程　　　B．产品描述　　　C．范围说明　　　D．工作分解结构

答案：C

5．以下哪一项不是项目章程的内容？（   ）

    A．项目上马的理由　　　　　　B．经营需要

    C．高层次项目说明　　　　　　D．项目进度表

答案：D

6．在多阶段项目的后续各阶段，制定项目章程过程的作用是（   ）。

    A．验证原来为项目颁布章程所做的各种决定，核准项目下一阶段，并更新该章程

    B．验证原来为项目颁布章程所做的各种决定，核准项目下一阶段

    C．核实上一阶段的工作是否完成，核准下一阶段

    D．核实上一阶段的工作是否完成，核准下一阶段，并更新该章程

答案：A

7．工作说明书是制定项目章程过程重要的依据之一。工作说明书不包括以下哪一项？（   ）

    A．经营需要　　　B．项目范围　　　C．产品范围说明书　　　D．战略计划

答案：B

8．就计划而言，被视为正确、真实或肯定的因素被称之为（   ）。

    A．制约因素　　　B．假设　　　C．风险　　　D．组织过程资产

答案：B

9．假设是启动过程的一种有效产出。在项目执行之前，每种假设必须被明确或被确定为（   ）。

    A．限制　　　B．风险　　　C．成果　　　D．问题

答案：B

10．以下说法中，不正确的是（   ）。

    A．事业环境因素指存在于项目周围，并对项目成功有影响的组织环境因素和制度

    B．所有参与项目的组织的正式或非正式方针、程序、计划和原则都属于组织过程资产

    C．组织从以前项目中吸取的教训和学习到的知识属于事业环境因素

    D．组织整体信息存储检索知识库

答案：C

11. 以下都是用于项目选择的效益测定方法，除了（ ）。
    A．效益贡献经济学模型   B．评分模型
    C．数学模型   D．比较法
答案：C

12. 以下都是项目管理方法系的正确说法，除了（ ）。
    A．确定了若干项目管理过程组，及其有关的子过程和控制职能
    B．可以是仔细加工过的项目管理标准
    C．可以是正式成熟的过程
    D．不是制定项目章程的非正式技术
答案：D

13. 下列哪一项应在项目计划制定之前予以确定？（ ）
    A．项目计划更新   B．干系人的技能和知识
    C．制约因素和假设因素   D．工作授权系统
答案：C

14. 以下哪一项不是制定项目管理计划过程的依据？（ ）
    A．项目章程   B．事业环境因素
    C．项目管理方法论   D．组织过程资产
答案：C

15. 以下关于项目管理信息系统的说法中，正确的是（ ）。
    A．配置管理系统是整体变更控制系统的一部分，主要用来监控可交付成果功能与实体特征方面的变更
    B．变更控制系统用于确定控制、改变和批准项目可交付成果和文件的方式、方法，可以是正式或非正式的
    C．配置管理系统包括对可交付成果或组成部分的审查，核实其是否符合要求
    D．变更控制系统是项目管理信息系统的子系统，用来管理项目的变更
答案：C

16. 收集项目数据并报告费用、进度、技术与质量绩效，以及有助于预测的状态信息属于（ ）。
    A．制定项目管理计划   B．指导与管理项目执行
    C．监控项目工作   D．整体变更控制
答案：B

17. 以下（ ）不是指导与管理项目执行过程的输出。
    A．可交付成果   B．实施的变更请求   C．工作绩效信息   D．行政收尾程序
答案：D

18. 你的项目办公室提出了一个项目管理方案，并着重强调了综合变更控制的重要性。该方案认为变更申请可能以下列所有形式发生，除了（ ）。

A．口头或者书面 　　　　　　　　B．法令强制执行或者自选的
C．正式和非正式的 　　　　　　　D．外部的或内部提出

答案：C

19．以下（　　）不是工作绩效的内容。
A．资源利用细节
B．计划活动实际完成百分比
C．项目进展情况的预测
D．吸取并已记录且转入经验教训知识库的教训

答案：C

20．以下（　　）不是监控项目工作过程的内容。
A．收集、测量、发布绩效信息 　　B．评价测量结果和实施过程改进的趋势
C．分析、跟踪并监视项目风险 　　D．批准或否决请求的变更

答案：D

21．推荐的预防措施是（　　）。
A．监控项目工作过程的输入 　　　B．监控项目工作过程的输出
C．整体变更控制的输出 　　　　　D．指导与管理项目执行的输出

答案：B

22．实施的预防措施是以下（　　）工作过程的输出。
A．监控项目工作过程的输入 　　　B．监控项目
C．整体变更控制的输出 　　　　　D．指导与管理项目执行的输出

答案：D

23．如果你想知道谁将就项目可交付成果或项目文件方面的变更作出决策，你应该求助于（　　）。
A．变更控制系统　　B．项目计划　　C．组织图标　　D．资源分配矩阵

答案：A

24．批准或否决项目基准方面变更请求的是（　　）。
A．项目经理　　　B．项目发起人　　C．变更控制委员会　　D．客户

答案：C

25．行政收尾发生在（　　）。
A．项目成本超支或进度延期时 　　B．当项目委托人要求正式收尾文档时
C．每个项目阶段完成时 　　　　　D．整个项目全部完成时

答案：C

26．在项目结束过程中，项目经理需要记录（　　）。
A．正式验收过程　　B．工作说明书　　C．付款计划　　D．变更控制程序

答案：A

27．在项目结束时的一项重要活动是（　　）。
  A．分发进展报告和风险评估
  B．分发信息以使项目收尾正式化
  C．监控项目具体结果以确定是否与相关质量标准相符
  D．转交所有项目的记录给项目所有者
答案：B

28．合同收尾与行政收尾的主要区别是（　　）。
  A．合同收尾使项目正式完成
  B．合同收尾包含产品核实
  C．行政收尾包含采购审计
  D．合同收尾可能包含要完成的特定的合同条款
答案：B

29．项目收尾的成果包括以下各项，除了（　　）。
  A．行政收尾程序　　　　　　　　B．合同收尾程序
  C．可交付成果　　　　　　　　　D．更新的组织过程资产
答案：C

30．你负责的项目现在处于计划阶段，项目资金每两周根据随后两周要进行的活动支付一次。现在项目发起人告诉你，公司对项目重新进行了评价并决定不再追加任何资金。这种情况下，你应该（　　）。
  A．立即停止工作并不再利用资源　　B．进行合适的收尾工作
  C．减小团队规模　　　　　　　　　D．废除不关键的工作以降低成本
答案：B

第12小时
越俎代庖——论项目的范围管理

12.0 【章节考点分析】

在本小时内，我们主要学习项目范围管理，以确保项目需要的工作必须全部做好，少一点不行；范围外的工作，坚决不做，多一点也不可。

对于本部分内容，概念和分析并重，根据以往PMP考试的出题规律，对于概念的考查和对于情景类考题，题目占比差不多。本部分内容需要理论联系实际，认真研读。<u>本小时的知识架构如图12-1所示</u>。

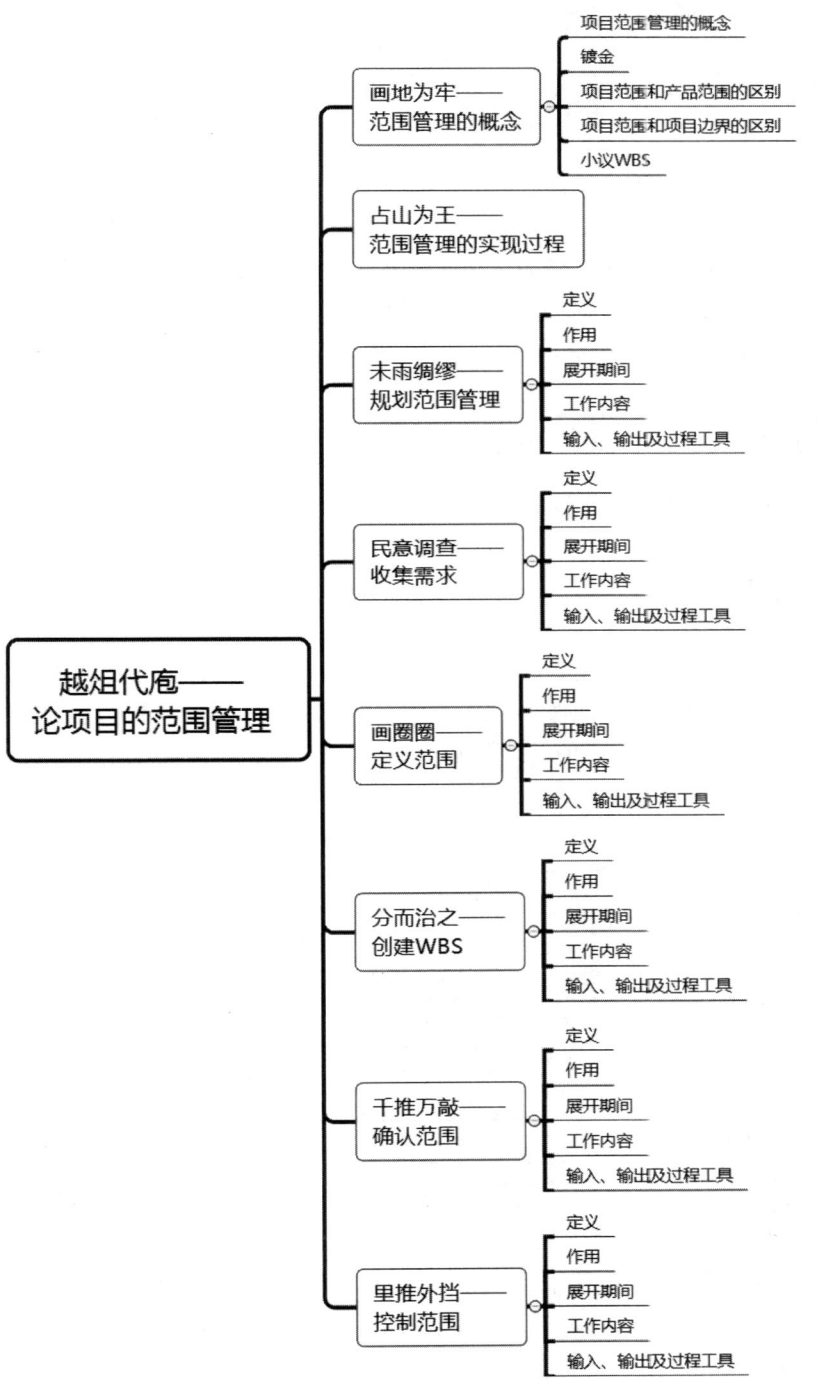

图 12-1 项目范围管理架构图

【导读小贴士】

庄子有云："吾生也有涯，而知也无涯。以有涯随无涯，殆已！"意思是，若希望在有限的生命中能够掌握无限的知识，结果必然是失败的。而对于项目而言，客户的欲望是无限的，而可支付的费用和可承受的时间等都是有限的，这就需要对于项目的范围作出清晰的界定并进行有效管理。在这一部分中，我们不仅带你熟悉范围管理的定义和范围管理过程中用到的工具、技术，而且还会从规划范围管理开始，学习收集需求、定义范围、创建WBS、确认范围等一系列过程。

12.1　画地为牢——范围管理的概念

画地为牢，比喻只许在指定的范围内活动，或做指定范围内的事，不得逾越。这跟我们项目管理中的范围管理类似。

【基础知识点】

（1）"超越客户预期"固然是个美好愿望，但是对于一个项目，如果"超越预期"的期望是以项目失败为代价，那好事反而变成坏事。在 PMBOK 中明确提出，我们应该做且只做为完成项目所需的全部工作。那么哪些工作是项目所需的工作？这就引进了范围的概念，它为我们画了一个圈，即范围，圈里面的，是我们必须做的，如果圈里的没做完，会影响项目既定的目标；如果做了圈外的，又会浪费资源，并产生极高的机会成本。这就是范围管理。

（2）镀金：即做了额外的工作。PMI 的一个重要思想是"给客户提供合同所要求的东西，一切都刚刚好，不多不少。"项目管理反对自行扩大项目范围。

（3）项目范围和产品范围的区别见表 12-1。

表 12-1　项目范围和产品范围的区别

类别	产品范围	项目范围
定义	是指项目将要形成的项目产品的特性和功能	为了完成具有特定性质和功能的项目产品而必须开展的工作
先后	先有产品范围	根据产品范围确定项目范围
考核完成情况	依据产品需求文件来考核	依据项目管理计划来考核
关系	产品范围决定项目范围	项目范围服务于产品范围

（4）项目范围和项目边界的异同，如图 12-2 所示。

（5）小议工作分解结构（Work Breakdown Struchure，WBS）。我们已经知道了 WBS 是工作的分解，它的分解步骤如图 12-3 所示。

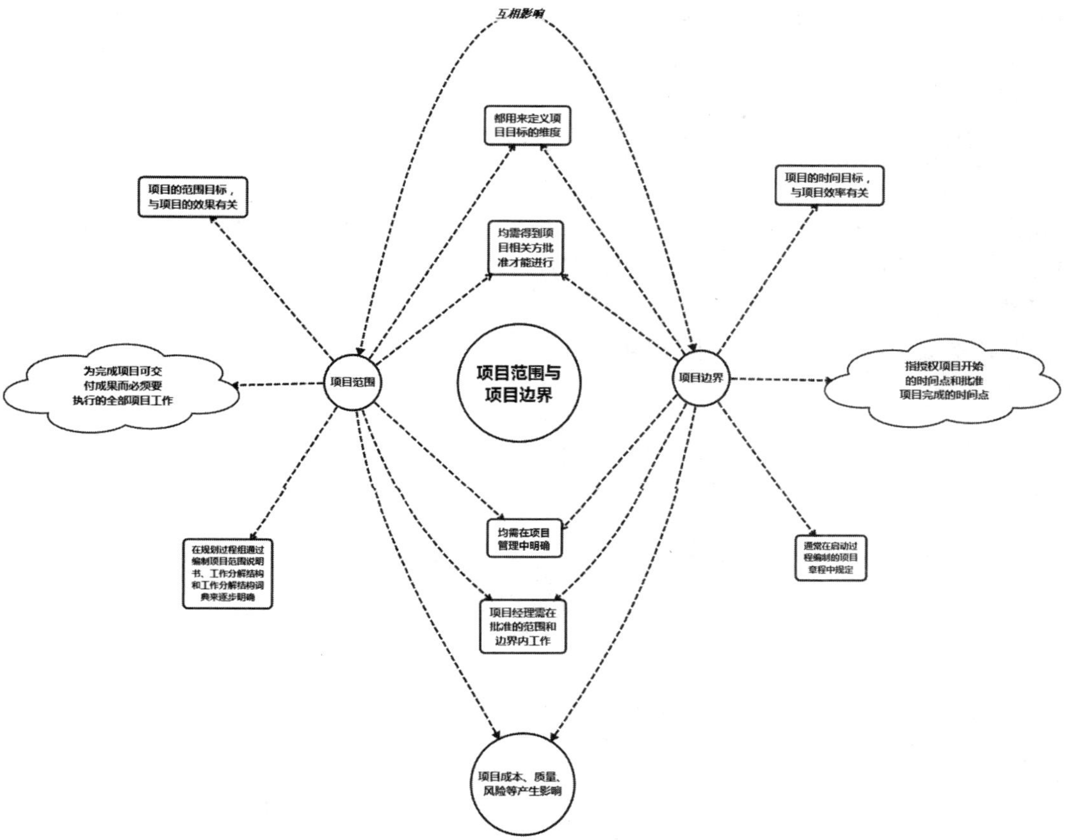

图 12-2 项目范围与项目边界的异同

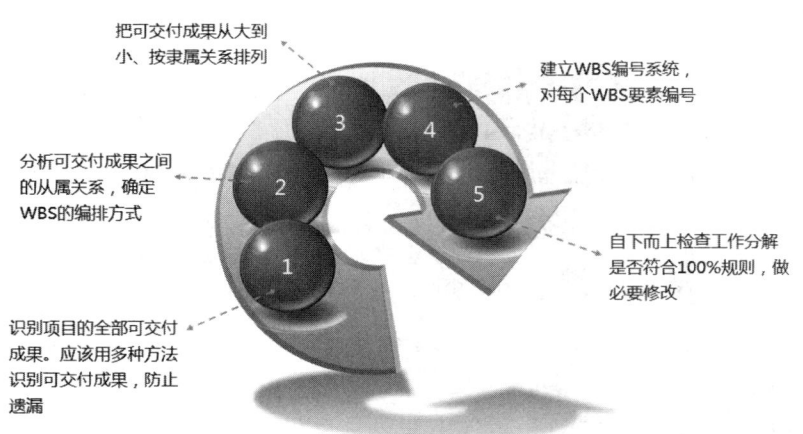

图 12-3 WBS 工作的分解步骤

对于不产出可交付成果的辅助性工作，如 WBS 中的项目管理分支，可参照上述步骤分解，然后合并到可交付成果的分解结构中，得到完整的工作分解结构。

12.2　占山为王——范围管理的实现过程

占山为王，比喻不仅占领了一定范围，而且管理这个地盘。项目管理的范围管理，就是在确定范围后，为了实现对其管理，而进行的工作和过程。

【基础知识点】

项目范围管理需要做的工作如图 12-4 所示。

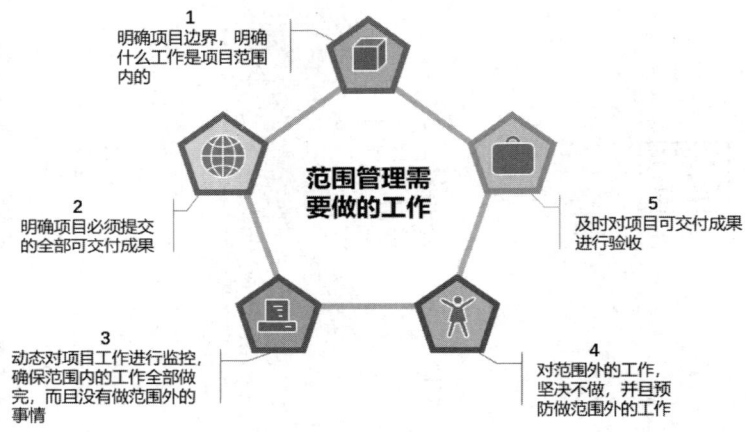

图 12-4　范围管理需要做的工作

项目范围管理通过如图 12-5 所示的六个过程来实现。

图 12-5　范围管理的实现过程

在上述六个过程中，1~4 属于规划过程组；5~6 则属于监控过程组。

12.3　未雨绸缪——规划范围管理

未雨绸缪，比喻事先做好准备工作，预防意外的事发生。实现范围管理的第一步，就要先规划好范围管理的方法、方式、原则和流程等。

【基础知识点】
1. 规划范围管理相关的定义
- 范围管理计划：关于将如何定义、制定、监控和确认项目范围的计划。
- 需求管理计划：关于将如何收集、记录、分析和控制需求的计划。
- WBS：工作分解结构。
- 创建 WBS：创建 WBS 是把项目、交付成果和项目工作分解成更易于管理的、较小的组成部分的过程。工作分解结构一般控制在 4~6 层。如果项目比较大，以至于工作分解结构要超过 6 层，就应该先把大项目分解成小项目，再针对子项目来编制工作分解结构。把工作逐层分解，能提高管理效率，但事物总有其两面性，如果分解过细，就会导致管理工作量成几何级数增加，反而会导致资源的浪费及管理效率的降低。工作分解结构中，同一层次的各要素应该相对独立，尽量不相互交叉。
- WBS 词典：WBS 词典是在创建工作分解结构的过程中编制的，是工作分解结构的支持性文件，用来对工作分解结构中的控制账户和工作包做详细解释。简而言之，WBS 词典，就是 WBS 说明书。
- 质量管理计划：在项目中实施组织的质量政策、方法和标准的方式会影响管理项目范围管理的方式。
- 开发方法：开发方法定义了项目是采用瀑布型、迭代型、适应型、敏捷型还是混合型开发方法。

2. 规划范围管理的作用

在整个项目期间，为如何进行范围管理提供方法和指南。

3. 规划范围管理的展开期间

本过程仅开展一次或仅在项目的预定义点开展（但在后续的工作中，可以变更）。

4. 规划范围管理的工作内容

编制范围管理计划和需求管理计划。

5. 规划范围管理的输入、工具、输出

规划范围管理的输入、工具、输出见表 12-2。

表 12-2　规划范围管理的输入、工具和输出

输入		过程工具/技术	输出
项目章程	项目目的、项目概述、假设条件、制约因素，以及项目意图实现	**专家判断** 以往类似项目； 特定行业、学科和应用领域的信息； **数据分析** 会议	**范围管理计划** 制定项目范围说明书； 根据详细项目范围说明书创建 WBS； 确定如何审批和维护范围基准； 正式验收已完成的项目可交付成果。 **需求管理计划** 如何规划、跟踪和报告各种需求活动； 配置管理活动； 需求优先级排序过程； 测量指标及使用这些指标的理由； 反映哪些需求属性将被列入跟踪矩阵的跟踪结构
项目管理计划	项目质量管理计划		
	项目生命周期描述		
	开发方法		
事业环境因素	组织文化		
	基础设施		
	人事管理制度		
	市场条件		
组织过程资产	政策和程序		
	历史信息和经验教训知识库		

12.4 民意调查——收集需求

民意调查，是我们经常遇到耳熟能详的了解公众需求的一种方法。项目范围管理中的收集需求与此类似，是指通过各种科学的方法，来了解和得到各相关方的需求，从而展开范围管理。

【基础知识点】

1. 收集需求的定义

收集需求是为实现目标而确定、记录并管理相关方的需要和需求的过程。

本节还涉及以下定义：

（1）项目需求：项目需求是对项目过程的需求，强调的是管理的目标和方法之间的关系。

（2）质量需求：是指对产品需求的表述或将需求转化为一组针对实体特性的定量或定性的规定要求，以使其实现并进行考核，是项目过程或可交付成果必须达到的质量要求。

（3）需求文件：需求文件描述各个单一需求将如何满足与项目相关的业务需求。只有明确的（可测量和可测试的）、可跟踪的、完整的、相互协调的，且主要相关方愿意认可的需求，才能作为基准。需求文件的格式多种多样。

（4）需求分类见表 12-3。

（5）需求跟踪矩阵：需求跟踪矩阵是把产品需求从其来源连接到能满足需求的可交付成果的一种表格。需求跟踪矩阵同时也为管理产品范围变更提供了框架。使用需求跟踪矩阵，把每个需求

与业务目标或项目目标联系起来,有助于确保每个需求都具有商业价值。需求跟踪矩阵提供了在整个项目生命周期中跟踪需求的一种方法,有助于确保需求文件中被批准的每项需求在项目结束时都能交付。

表 12-3 需求分类

需求名称		需求定义
业务需求		为满足整个组织的高层级需要,而必须开展的工作
相关方需求		相关方或相关方群体的需要
过渡和就绪需求		这些需求描述了从"当前状态"过渡到"将来状态"所需的临时能力
项目需求		项目需要满足的行动、过程或其他条件
质量需求		描述用于确认项目可交付成果成功完成或项目其他需求成功完成的任何条件或标准
解决方案需求	功能需求	功能需求描述产品应具备的功能
	非功能需求	非功能需求是对功能需求的补充,是产品正常运行所需的环境条件或质量要求

(6)引导:引导与主题研讨会结合使用,把主要相关方召集在一起来定义产品需求,是定义产品需求的一种重要方式。研讨会可用于快速定义跨职能需求并协调相关方的需求差异。引导技术适用情景如图 12-6 所示。

图 12-6 引导技术适用情景

(7)质量功能展开(Quality Function Deployment,QFD):是指把顾客或市场的要求转化为设计要求、零部件特性、工艺要求、生产要求的多层次演绎分析方法。

（8）亲和图：用来对大量创意进行分组的技术，以便进一步审查和分析。

（9）思维导图：把从头脑风暴中获得的创意整合成一张图，用以反映创意间的共性与差异，激发新创意。

（10）投票：投票是一种为达成某种期望结果，而对多个未来行动方案进行评估的集体决策技术和过程。投票的作用和结果如图12-7所示。

图 12-7　投票的作用和结果

（11）独裁型决策制定：采用这种方法，将由一个人负责为整个集体制定决策。

（12）多标准决策分析：该技术借助决策矩阵，用系统分析方法建立诸如风险水平、不确定性和价值收益等多种标准，以对众多创意进行评估和排序。

2．收集需求的作用

收集需求为定义产品范围和项目范围奠定基础。

3．收集需求的展开期间

本过程仅开展一次且仅在项目的预定义点开展。

4．收集需求的工作内容

收集需求过程是根据范围管理计划和需求管理计划，收集项目相关方对项目的具体需求。也就是说，把相关方对项目的不好描述的需要，转变成具体的项目需求，并做好记录。通过需求分析，得到需求文件和需求跟踪矩阵，为项目范围管理做好准备。

5．收集需求的输入、工具、输出

该过程的输入、工具和输出内容见表12-4。

表 12-4　收集需求的输入、工具和输出

输入		过程工具/技术	输出
项目章程	项目概述	**专家判断** 商业分析；需求获取； 需求分析；需求文件； 以往类似项目的项目需求； 图解技术；引导；冲突管理 **数据分析** 协议；商业计划；市场文献； 业务流程或接口文档； 业务规则库；现行流程； 问题日志；政策和程序； 法规文件，如法律、准则、法令等；建议邀请书 **数据收集** 头脑风暴；访谈；焦点小组； 问卷调查；标杆对照 **决策** 投票；独裁型决策制定； 多标准决策分析 **数据表现** 亲和图；思维导图 **人际关系与团队技能** 名义小组技术 **观察和交谈** **引导** 联合应用设计或开发（JAD）； 质量功能展开（QFD）； 用户故事 **原型法** **系统交互图**	**需求文件** 业务需求；相关方需求； 解决方案需求（功能需求；非功能需求）；过渡和就绪需求； 项目需求；质量需求 **需求跟踪矩阵** 业务需要、机会、目的和目标； 项目目标；项目范围和 WBS 可交付成果；产品设计；产品开发； 测试策略和测试场景； 高层级需求到详细需求
项目管理计划	范围管理计划		
	需求管理计划		
事业环境因素	组织文化		
	基础设施		
	人事管理制度		
	市场条件		
组织过程资产	政策和程序		
	历史信息和经验教训知识库		
项目文件	相关方登记册		
	假设日志		
	经验教训登记册		
商业文件	会影响收集需求过程的商业文件是商业论证，它描述了为满足业务需要而应该达到的必要、期望及可选标准		
协议	协议中会包含项目和产品需求		

12.5　画圈圈——定义范围

画圈圈，是一款小游戏，游戏中你只需要用鼠标画圈就可以，画的圈越大、越快越正确，得分就越高，如果你画不好，游戏还提供了辅助的圆给你参考。定义范围中的范围规划管理相当于画圈的规则，各相关方需求相当于圈内必需包含的内容。

1. 定义

定义范围是制定项目和产品详细描述的过程。

本节涉及的其他相关定义：

（1）产品分析：可用于定义产品和服务，包括针对产品或服务提问并回答，以描述要交付的产品的用途、特征及其他方面。

（2）价值工程（VE）：以产品功能分析为核心，力求用最低的生命周期成本实现产品的必备功能，从而提高价值的一种有组织、有计划的创造性活动和科学管理方法。

（3）价值分析：价值工程通常用于企业的两个领域，一是新产品研制领域，二是产品制造领域。价值工程在产品制造领域，价值工程也称为价值分析，简称 VA。

（4）相关方登记册：如果在本过程中收集到了现有或新的相关方的更多信息，则记录到相关方登记册中。

2. 作用

定义范围的作用是描述产品、服务或成果的边界和验收标准。

3. 展开期间

需要多次反复开展定义范围过程。

4. 工作内容

定义范围过程就是确定哪些需求必须在本项目上实现，并基于这些需求编制项目范围说明书，明确项目边界。

5. 输入、工具、输出

该过程的输入、工具和输出见表 12-5。

表 12-5 定义范围的输入、工具和输出

输入		过程工具/技术	输出
项目章程		专家判断 数据分析 决策 人际关系与团队技能 产品分析 产品分解；需求分析； 系统分析；系统工程； 价值分析；价值工程	项目范围说明书 产品范围描述；可交付成果；验收标准；项目的除外责任 项目文件更新 假设日志；需求文件；需求跟踪矩阵；相关方登记册
项目管理计划	任何组件		
项目文件	变更日志		
	风险登记册		
	需求文件		
事业环境因素	组织文化		
	基础设施		
	人事管理制度		
	市场条件		
组织过程资产	用于制定项目范围说明书的政策、程序和模板		
	以往项目的项目档案		
	以往阶段或项目的经验教训		

12.6 分而治之——创建 WBS

我们知道，同一个工程中自顶而下可依次细化为：单项工程、单位工程、分部工程、分项工程直至最小单元，这样的细分可以方便管理。项目管理中，创建 WBS 的目的就是将项目层层分解，以便于更有效地管理项目。

1. 定义

创建工作分解结构是把项目可交付成果和项目工作分解成较小的、更易于管理的组件的过程。

创建 WBS 过程中，所涉及的其他概念的定义如下：

（1）控制账户：控制账户用于控制工作分解结构某个层次上的要素，如项目范围、时间和成本等，这些要素可以是工作包，也可以是比工作包更高层次的要素。

（2）工作包：WBS 最低层的组成部分称为工作包。工作包中包含了计划要做的工作。工作包可用于对相关活动进行归类，以便安排工作进度、进行工作估算及对工作进行监控。

（3）规划包：一种低于控制账户而高于工作包的工作分解结构组件。规划包的工作内容是已知的，但详细的进度活动是未知的。一个控制账户可以包含一个或多个规划包。

以上三者的关系逐层递减，如图 12-8 所示。

图 12-8 控制账户、规划包和工作包的关系

2. 作用

创建 WBS 的作用是为所要交付的内容提供架构。

3. 展开期间

它仅开展一次或仅在项目的预定义点开展。

4. 工作内容

是项目团队为实现项目目标、创建规定的可交付成果，而对需要实施的全部工作范围的层级分解。

5. 输入、工具、输出

该过程的输入、工具和输出见表 12-6。

表 12-6 创建 WBS 的输入、工具和输出

输入		过程工具/技术	输出
项目管理计划	范围管理计划	专家判断 分解 识别和分析可交付成果及相关工作； 确定 WBS 的结构和编排方法； 自上而下逐层细化分解； 为 WBS 的组成部分制定和分配标识编码； 核实可交付成果分解的程度是否恰当	范围基准 项目范围说明书；WBS； 工作包；规划包 WBS 词典 账户编码标识；工作描述； 假设条件和制约因素； 负责的组织；进度里程碑； 相关的进度活动； 所需资源；成本估算；质量要求； 验收标准；技术参考文献； 协议信息。 项目文件更新 假设日志；需求文件
项目文件	项目范围说明书		
	需求文件		
事业环境因素	项目所在行业的 WBS 标准		
组织过程资产	用于创建 WBS 的政策、程序和模板		
	以往项目的项目档案		
	以往项目的经验教训		

12.7 千推万敲——确认范围

当一件事情极其重要，我们会经过多次的推敲，多次的检查来确认它不失误。项目管理中确认范围，也需要这样。确认范围的时候，一定要慎重，它是项目最终能否顺利交工或可交付成果能否最终被接受的根本。

1. 确认范围相关定义

（1）确认范围：确认范围是指正式验收已完成的项目可交付成果的过程。

（2）检查：检查是指开展测量、审查与确认等活动，来判断工作和可交付成果是否符合需求和产品验收标准。检查有时也被称为审查、产品审查和巡检等。

2. 作用

确认范围的作用是使验收过程具有客观性；同时通过确认每个可交付成果，来提高最终产品、服务或成果获得验收的可能性。

3. 展开期间

确认范围在整个项目期间定期开展。

4. 工作内容

确认范围是由项目发起人、客户和其他主要干系人正式验收已经完成的并已被核实为质量合格的可交付成果。

5. 确认范围的输入、工具、输出

该过程的输入、工具和输出见表 12-7。

表 12-7　确认范围的输入、工具和输出

输入		过程工具/技术	输出
项目管理计划	范围基准	检查 决策	验收的可交付成果 工作绩效信息 变更请求 项目文件更新 　经验教训登记册 　需求文件 　需求跟踪矩阵
	范围管理计划		
	需求管理计划		
项目文件	经验教训登记册		
	需求跟踪矩阵		
	质量报告		
核实的可交付成果	已经完成，并被控制质量过程检查为正确的可交付成果		
工作绩效数据			

12.8　里推外挡——控制范围

孙悟空拿金箍棒在地上画个圈，这个圈无法逾越，里面的人如果想出去，会被推回来，外面的妖精想进来会被弹出去，也是进不来的。在范围管理中，控制范围就是一个类似这样的过程。在项目进行时，通过检查来确保范围内该做的事情必须完成，范围外的事情坚决不做。

1. 控制范围定义

控制范围是监督项目和产品的范围状态、管理范围基准变更的过程。

本节涉及的其他定义：

（1）范围蔓延：范围蔓延是未经控制的产品或项目范围的扩大（未对时间、成本和资源做相应调整）。

（2）进度基准，如图 12-9 所示。

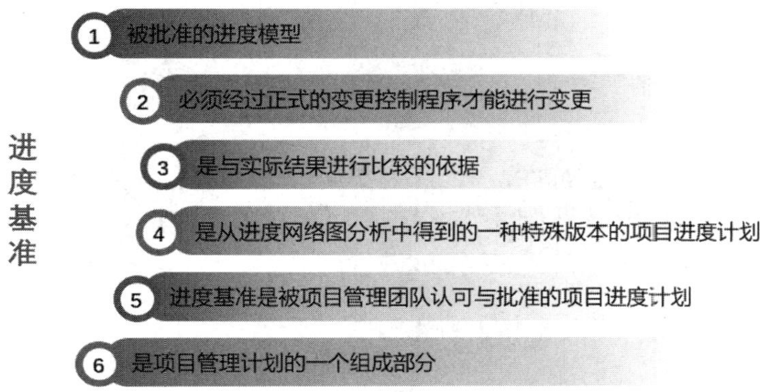

进度基准
1. 被批准的进度模型
2. 必须经过正式的变更控制程序才能进行变更
3. 是与实际结果进行比较的依据
4. 是从进度网络图分析中得到的一种特殊版本的项目进度计划
5. 进度基准是被项目管理团队认可与批准的项目进度计划
6. 是项目管理计划的一个组成部分

图 12-9　进度基准

（3）成本基准，如图 12-10 所示。

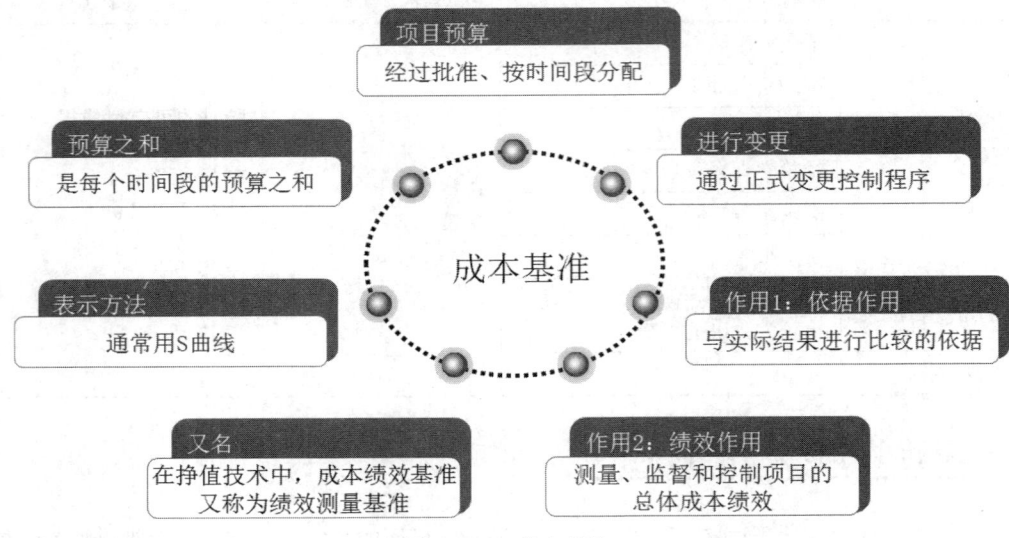

图 12-10　成本基准

2. 控制范围的作用

在整个项目期间保持对范围基准的维护。

3. 控制范围展开期间

控制范围在整个项目期间开展。

4. 工作内容

控制范围工作内容如图 12-11 所示。

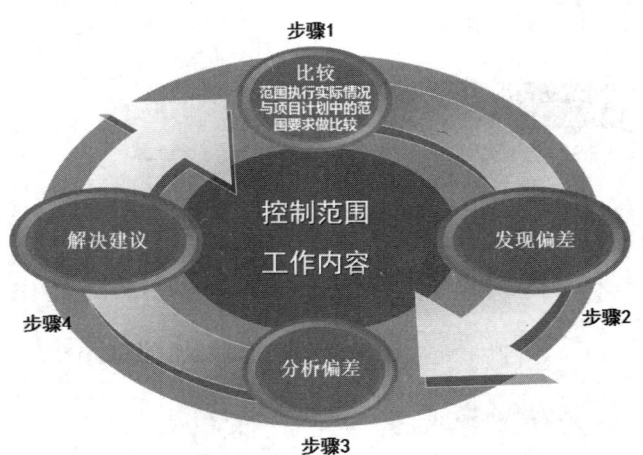

图 12-11　控制范围工作内容

5. 输入、工具、输出

该过程的输入、工具和输出见表 12-8。

表 12-8　控制范围过程的输入、工具和输出

输入		过程工具/技术	输出
项目管理计划	范围、变更、配置和需求管理计划；范围基准；绩效测量基准	数据分析 趋势分析 偏差分析	**项目文件更新** 经验教训登记册 需求文件 需求跟踪矩阵 **变更请求** **工作绩效信息** **项目管理计划更新** 范围管理计划； 范围基准； 进度基准； 绩效测量基准； 成本基准
项目文件	经验教训登记册；需求文件；需求跟踪矩阵		
工作绩效数据			
组织过程资产	现有的、正式和非正式的，与范围控制相关的政策、程序和指南；可用的监督和报告的方法与模板		

第13小时
项目的范围管理练习题

【导读小贴士】

在上一个小时中,我们学习了与范围管理相关的内容。在本小时内,结合 PMP 过往考试经验,让我们通过一些经过精心设计的练习题,来进一步加深对于范围管理的理解。

练习题

1. 描述如何管理项目范围和如何将范围变更集成到项目的文档是(   )。
   A. 范围说明书   B. 项目章程   C. 项目计划   D. 范围管理计划
答案:D

2. 下列(   )是收集需求的输出。
   A. 制约因素   B. 需求文件   C. 工作分解结构   D. 范围变更
答案:B

3. 作为一个项目经理,你在制定一份文档,以描述项目可交付成果为满足合同、标准、规格或其他正式强制性文件的要求而应具备的特征或性能。这份文档也称作(   )。
   A. 产品范围说明书   B. 项目要求说明书
   C. 项目可交付成果标准   D. 项目目标
答案:A

4. 产品范围的完成以(   )作为衡量标准。

A．项目的范围基准 B．产品要求
C．客户的正式验收 D．项目配置管理要求

答案：B

5．干系人分析属于（ ）过程的工具。
A．范围规划 B．范围定义 C．范围核实 D．范围控制

答案：B

6．系统工程、价值工程、价值分析、功能分析是（ ）过程的工具。
A．范围规划 B．范围定义 C．范围核实 D．范围控制

答案：B

7．把项目目标变成有形的可交付成果和要求说明书的公认的方法也称之为（ ）。
A．产品分析 B．风险测量 C．其他方案识别 D．成本/效益分析

答案：A

8．你是一个建设项目的项目经理，有130名团队成员向你汇报工作。工作职责要求你将任务分派给他人去做并保证这些任务能在适当的时候完成。你需要用到的工具是（ ）。
A．工作分解结构 B．工作核准制度
C．PERT/CPM 和网络图 D．WBS 词典

答案：A

9．下列关于利害关系者分析的说法都正确，除了（ ）。
A．利害关系者分析识别各种各样利害关系者的影响和利益，并将其需要、愿望与期望形成文件
B．不同利害关系者的利益和愿望要根据重要性进行排序
C．有时利害关系者的愿望无法量化，此时可以先在范围说明书中记录下来
D．利害关系者会根据其利益受影响程度，对项目和可交付成果施加影响

答案：C

10．规定了项目主要可交付成果和主要目标的文件是（ ）。
A．项目章程 B．工作核准制度
C．详细范围说明书 D．WBS

答案：C

11．项目经理的任务之一是准备项目范围说明书，范围说明书是（ ）。
A．授权项目经理动用组织资源进行项目活动
B．关于项目范围如何管理、范围变更如何整合到项目中的资料
C．定义了工作分解结构
D．为项目未来决策提供基准，并建立了项目干系人对项目范围的共同认识

答案：D

12．在（ ）过程结束后，项目的范围基准确定。

A．制定项目管理计划 B．范围定义
C．制作 WBS D．制定项目章程

答案：C

13．把工作分解结构中的各元素分解得更细，用于（ ）。
A．进度计划 B．估算成本和进度 C．进度控制 D．成本控制

答案：B

14．工作分解结构应该被细化到（ ）。
A．子项目 B．项目办公室所决定的层面
C．可为足够估算的层面 D．成本中心层面

答案：C

15．分解过程这一方法是用于建立（ ）。
A．网络图 B．关键路径方法图 C．变量分析 D．工作分解结构

答案：D

16．以下哪项组织图表中有等级格式？（ ）
A．RACI 矩阵 B．组织分解结构 C．工作分解结构 D．文本图标

答案：B

17．你是一个市政建设公司的项目经理，负责房屋建造。项目中你经常使用以前项目的 WBS 模板。一个 WBS 模板可以用于以下各项，除了（ ）。
A．跟踪项目成本和进度绩效 B．利用任务之间的关系建立网络图
D．把资源分配到不同的任务上 C．制定项目进度计划

答案：B

18．你是一个建筑项目的项目经理。你的团队目前在制作 WBS。你建议他们参照公司去年另一个类似项目的 WBS 来提高分解的效率。你用到的工具是（ ）。
A．分解 B．类比 C．模板 D．专家判断

答案：C

19．以下关于制作 WBS 的说法都正确，除了（ ）。
A．工作分解结构以可交付成果为对象，应由项目团队来编制
B．工作分解到下一层时，规划、管理和控制该工作的能力增强，因此 WBS 越细越好
C．针对不同可交付成果，可以分解到不同的层次
D．在分解时可采取"滚动式"规划，对很远的将来完成的可交付成果可暂不分解

答案：B

20．在以下情形需要修订工作分解结构的是（ ）。
A．分配了额外资源 B．定义了新的项目产品成果
C．项目限制因素被改变 D．定义了的依赖关系

答案：B

21．以下关于范围核实的说法正确的是（　　）。
   A．范围核实与质量控制类似
   B．质量控制一般在范围核实之前进行，但也可以同时进行
   C．范围核实在项目结束时进行
   D．范围核实是项目发起人和客户最后的确认
   答案：B

22．执行范围核实的关键依据是（　　）。
   A．工作分解结构词汇表、项目利害关系者的批准、项目计划和正式验收
   B．工作分解结构词汇表、项目章程、范围说明书和质量控制计划
   C．工作分解结构词汇表、范围说明书、范围管理计划和可交付成果
   D．正式验收、工作分解结构词汇表、项目计划和文档
   答案：C

23．作为一个项目经理，你必须确保项目范围被认可，并使项目聚焦于其要实现的商业目标。这应在（　　）时候执行。
   A．项目开始时　　　　　　　　B．项目结束时
   C．当项目发起人需要时　　　　D．项目每一个阶段结束后
   答案：D

24．审核工作产品和结果以保证完成满意度和正式验收是以下（　　）工作的组成部分。
   A．风险管理　　B．质量控制　　C．变更管理　　D．范围核实
   答案：D

25．因为公司战略计划调整，你的项目终止了。此时范围核实过程（　　）。
   A．应该被延缓至项目结束才进行
   B．应该用来确定工作结果的准确性
   C．应该用来建立和记录项目完成的程度
   D．将用于制定项目的审计的基础
   答案：C

26．在正式范围核查过程中使用的以下工具中哪种最有用？（　　）
   A．项目审查　　B．趋势分析　　C．控制图表　　D．关键路线法
   答案：A

27．你是新产品上市项目的项目经理，政府的规章制度要求你变更项目范围和WBS。所有批准的范围变更都应当记载于（　　）。
   A．范围管理计划（更新）　　　B．WBS
   C．项目计划　　　　　　　　　D．项目章程
   答案：A

28．控制账目（Control Account）主要用于（　　）。

A．分配给项目各单元的资源　　　　　B．总账
C．工作分解结构中的各元素　　　　　D．分账

答案：C

29．你在管理一项"为买主设计微处理器"的合同。由于这个领域变化特别快，你知道你应该能够管理合同的变更。文书工作、跟踪系统、批准变更所需的审批层次等应记录在（　　）。

A．合同变更控制系统　　　　　　　　B．检查和审计
C．绩效报告　　　　　　　　　　　　D．档案管理、索赔管理和绩效报告等系统中

答案：A

30．顾客要求变更您管理的项目的范围。为了确定要求的变更可能产生的影响，您将用到工作分解结构、变更请求、范围管理计划以及（　　）。

A．绩效报告　　B．职责矩阵　　C．帕累托图表　　D．蒙特卡罗模拟法

答案：A

31．以下（　　）是范围控制的工具。

A．检查　　　　B．补充规划　　C．业绩衡量　　D．项目审计

答案：B

32．您已经被委派为某项目的项目经理，权职范围明确界定于产品总装线的设计及建设阶段。客户组的一位成员向项目部门主管要求在项目安装阶段完成一项小的工作问题，项目部门主管请客户询问项目经理。若要对这一请求做出最佳答复，你需要审查以下哪个分过程中的信息？（　　）

A．活动期限评估　　B．范围核查　　C．范围界定　　D．进度计划拟订

答案：C

33．您已经被委派为某项目的项目经理，权职范围明确界定于产品总装线的设计及建设阶段。客户组的一位成员向项目部门主管要求在项目安装阶段完成一项小的工作问题。项目部门主管请客户询问项目经理。对这一请求的处理，您应该（　　）。

A．修订资源计划　　　　　　　　　　B．取得项目赞助人批准
C．修订工作描述　　　　　　　　　　D．走变更流程

答案：D

34．在项目实施期间，一位部门工作人员在不给项目或顾客增加任何成本的条件下为产品增加了一项功能。您的最佳反应是（　　）。

A．为增加功能向部门经理表示感谢
B．提交正式变更请求，通知项目利害关系者
C．核查成本计划并运用三点技巧
D．核查是否超出范围、确保营销使之增值并通知顾客

答案：B

35．项目执行的某个阶段已经完工，项目赞助人要求给成品增加性能。应运用何种项目管理工具来处理这一要求？（　　）

A．范围业绩衡量 B．范围计划分析
C．重新界定的项目范围模型 D．范围变更控制

答案：D

36．你的项目需要给造船工业制造高精密的引擎部件，你必须进行诸如测量、调查、检验等活动来决定工作和可交付结果是否满足要求以及产品验收标准。为此你不得不进行一些准备，如产品审核、审计、试产，这些活动在（　　）过程中开展。

A．范围核实　　B．质量检查　　C．范围计划　　D．质量控制

答案：A

37．一个客户要求变更项目的一个方面。你首先应当（　　）。

A．和项目成员讨论变更对项目的影响 B．与管理层沟通以争取他们的投入
D．评估变更并与客户沟通 C．启动变更控制

答案：A

38．作为项目经理，你负责项目范围方面的变更管理。如果在项目收尾阶段，一个客户要求对一项工作的范围进行大的变更，你应该（　　）。

A．拒绝变更 B．执行变更
C．提交给高级管理层 D．让客户知道变更带来的影响

答案：D

39．你在合同约束下工作，当买方要求增加原合同中没有定义的需求时，你认为满足客户要求是极为重要的，你把该项要求纳入项目中。你违反了（　　）。

A．保持并实现范围和目标要求方面的职责

B．保证兴趣不危及法律的职责

C．提供正确且真实的陈述方面的职责

D．没有违反任何职业标准

答案：A

40．你负责的项目对公司很重要，需要在 6 个月内完成。项目章程已经签发，但项目范围说明书尚未制定。管理层要求你在范围说明书批准之前开始项目，你将（　　）。

A．拒绝为该项目工作，因为管理层不遵守项目管理实践

B．由于进度很重要，因此应当根据项目章程开始项目

C．与管理层会谈，告诉他们在没有项目范围说明书的情况下开始项目会遇到的问题，并制定项目风险备忘录

D．将问题提交给项目发起人

答案：C

第14小时
龟兔赛跑——项目的进度管理

14.0 【章节考点分析】

在本小时内,我们主要学习项目进度管理。让我们先从进度管理的概念开始,然后再进入规划进度管理、定义活动、排列活动顺序、估算活动持续时间、制定进度计划、控制进度各过程的学习吧!

本章节内容概念和分析并重,根据以往PMP考试的出题规律,概念知识考查知识点和情景题目基本一样多,需要理论联系实际,认真研读。本小时的架构如图14-1所示。

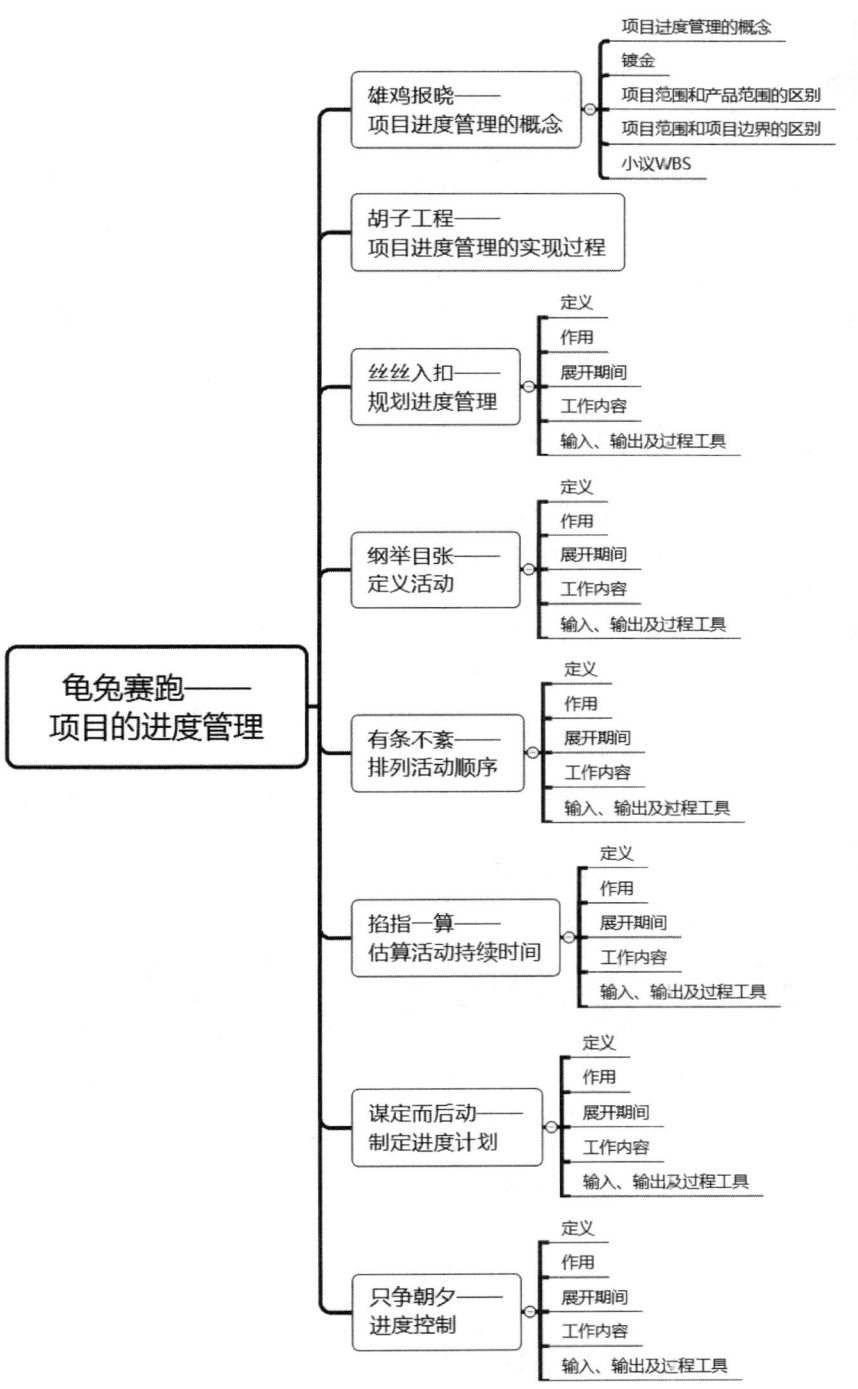

图 14-1 项目进度管理架构图

【导读小贴士】

乌龟和兔子赛跑，兔子心大，比赛时睡了一觉导致结果惨败。对于一个复杂项目，如果不对进度进行科学管理，那么很多心大的"兔子"就可能让项目进度失控。所以项目的进度管理，是项目最重要的管理过程之一。在这一小时，我们不仅让你熟悉进度管理的定义和进度管理的一般过程，还带你认识和熟悉进度管理过程中用到的工具技术和进度管理的关键点。让我们愉快的开启进度管理的学习吧。

14.1 雄鸡报晓——项目进度管理的概念

最具时间观念的代表就是雄鸡，它每天提醒大家再不起床天就亮了。在项目管理中，时间管理（即进度管理）尤其重要，那么我们怎么来认识进度管理呢？

【基础知识点】

（1）项目进度管理：共分为 6 个过程，这 6 个过程，互相衔接，相互交叠，互相作用。但主题只有一个，那就是按时完成项目。

（2）紧前活动：紧前活动（Immediate Predecessor），通常指进度表中排在一项独立的非开始活动前面的活动，紧前活动与非开始活动有非常严格的先后次序。

（3）紧后活动：紧后活动是进度表中排在一项活动之后的活动，可以是一项，也可以有多项，它们与前一项活动之间也有严格的先后关系。

（4）关键路径：项目中路径最长的活动序列所构成的路径，其特点如图 14-2 所示。

① 在网络图的各条路径中，总工期最长
② 可以有两条甚至两条以上
③ 在进度计划的优化或项目实施过程中，关键路径可能发生变化
④ 关键路径越多，项目的风险就越大，就越难管理

图 14-2 关键路径的特点

（5）关键链：关键链法（Critical Chain Method）是另一种进度网络分析技术，可以根据有限的资源对项目进度表进行调整。关键链法是较新的网络计划分析技术，是对关键路径法的改进。**关键链其实是基于资源约束的关键路径**。在传统的关键路径法网络计划中，只考虑活动与活动之间的依赖关系，

而不考虑活动对资源的依赖关系。关键链是综合考虑了活动依赖关系与资源依赖关系后的最长的路。

14.2 胡子工程——项目进度管理的实现过程

胡子工程，一般是指进度缓慢、一拖再拖而长期不能投入使用的基建工程。这是工程项目中的大忌，那么我们的项目管理是怎么避免"胡子工程"的呢？

【基础知识点】

项目进度管理的实现过程，即项目进度管理需要做的事情，如图 14-3 所示。

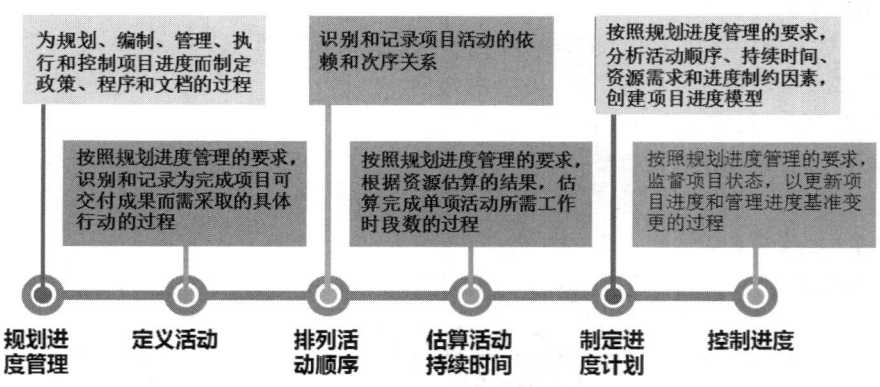

图 14-3 项目进度管理的实现过程

在上述 6 个过程中，规划进度管理、定义活动、排列活动顺序、估算活动持续时间、制定进度计划属于规划过程组；而控制进度的过程，则属于监控过程组。

14.3 丝丝入扣——规划进度管理

丝丝入扣，比喻事情衔接十分紧凑，有条不紊。我们的项目进度管理，也要做到这种程度，那么就要求我们在做项目前，把进度规划好，做出进度管理的指南和规则。

【基础知识点】

1. 概念和定义

> 规划进度管理：为规划、编制、管理、执行和控制项目进度而制定政策、程序和文档的过程。它规定项目进度管理工作必须遵守的程序和方法，是整个项目进度管理的指南。
> 项目进度计划：项目进度计划是指在确保合同工期和主要里程碑时间的前提下，对设计、采办和施工的各项作业进行时间和逻辑上的合理安排，以达到合理利用资源、降低费用支出和减少施工干扰的目的。
> 具有未完项的迭代型进度计划：这是一种基于适应型生命周期的滚动式计划，这种方法

将需求记录在用户故事中，然后在建造之前按优先级排序并优化用户故事，最后在规定的时间盒内开发产品功能。
- 按需进度计划：这种方法通常用于看板体系，基于制约理论和来自精益生产的拉动式进度计划概念，根据团队的交付能力来限制团队正在开展的工作。
- 进度管理计划：进度管理计划是项目管理计划的组成部分，为编制、监督和控制项目进度建立准则和明确活动。
- 准确度：准确度规定了对于活动持续时间的估算精度的可接受区间，以及允许的应急储备数量（裕度）。

2. 规划进度管理的作用

项目进度管理为如何在整个项目期间管理项目进度提供指南和方向。

3. 规划进度管理的展开期间

本过程仅开展一次或仅在项目的预定义点开展。

4. 规划进度管理的工作内容

编制进度管理计划。

5. 规划进度管理的输入、工具、输出

规划进度管理的输入、工具、输出见表 14-1。

表 14-1 规划进度管理的输入、工具和输出

输入		过程工具/技术	输出
项目章程	总体里程碑进度计划	**专家判断** 进度计划的编制、管理和控制；进度计划方法；进度计划软件；项目所在的特定行业 **数据分析** 备选方案分析；采用哪些进度计划方法；如何将不同方法整合到项目中；确定进度计划的详细程度；滚动式规划的持续时间；审查和更新频率 **会议** 举行规划会议来制定进度管理计划	**进度管理计划** ● 进度计划编制方法：用什么方法和工具编制项目进度计划。 ● 准确度：活动及项目的工期估算应该准确到什么程度，如准确到天还是小时。 ● 计量单位：用什么单位测量资源的数量、工作的数量及活动的工期，如 3 个技术员，100 立方米混凝土浇筑，10 人日数。 ● 组织程序链接：项目的进度管理应该如何与执行组织的管理系统衔接。 ● 进度计划维护与更新：在项目执行过程中，如何把实际进度绩效代入进度模型，来更新进度计划。 ● 控制临界值：在项目执行中，允许出现的最大进度偏差。只要未突破控制临界值，就无须纠偏。 ● 绩效测量规则及方法：测量、考核和预测项目进度绩效的规则及方法。 ● 报告格式：各种进度报告的格式、内容和报送时间。 ● 过程说明：用于项目进度管理的过程及其输入输出和工具技术
项目管理计划	范围管理计划		
	开发方法		
事业环境因素	组织文化和结构		
	团队资源可用性、技能以及物质资源可用性		
	进度计划软件		
	指南和标准		
	商业数据库		
组织过程资产	模板和表格		
	历史信息和经验教训知识库		
	监督和报告工具		
	正式和非正式的政策、程序和指南		

14.4 纲举目张——定义活动

纲举目张，比喻善于抓住问题的主要矛盾，这也是在解决复杂任务时非常有用的思维方法。要完成一件复杂任务，我们首先要找出（定义出）有哪些事情（活动）要干、哪些事情必须在什么时间节点完成等关键因素，即定义活动。

【基础知识点】

1. 定义活动涉及概念
    - 定义活动：识别和记录为完成项目可交付成果这个目标，而需进行的活动。
    - 项目的需求：项目需求是对项目过程的需求，强调的是管理的目标和管理方法之间的关系。
    - 滚动式规划：滚动式规划是一种迭代式的规划技术，即详细规划近期要完成的工作，同时在较高层级上粗略规划远期工作。它是一种渐进明细的规划方式，适用于工作包、规划包以及采用敏捷或瀑布式方法的发布规划。
    - 活动清单：活动清单包含项目所需的进度活动。对于使用滚动式规划或敏捷技术的项目，活动清单会在项目进展过程中得到定期更新。活动清单包括每个活动的标识及工作范围详述，使项目团队成员知道需要完成什么工作。
    - 活动属性：活动属性是指每项活动所具有的多重属性，用来扩充对活动的描述。活动属性随时间演进。
    - 里程碑清单：里程碑清单列出了所有项目里程碑，并指明每个里程碑是强制性的（如合同要求的）还是选择性的（如根据历史信息确定的）。里程碑的持续时间为零，因为它们代表的是一个重要时间点或事件。

2. 定义活动的作用

将工作包分解为进度活动，作为对项目工作进行进度估算、规划、执行、监督和控制的基础。

3. 定义活动的展开期间

本过程需要在整个项目期间开展。

4. 定义活动的工作内容

定义活动过程旨在把工作包分解成进度活动，列出进度活动的各种属性，确定随着一系列进度活动的完成而实现的里程碑。

5. 定义活动的输入、工具、输出

定义活动的输入、工具、输出见表 14-2。

表 14-2 定义活动的输入、工具和输出

输入		过程工具/技术	输出
项目管理计划	进度管理计划		
	基准范围		

续表

输入		过程工具/技术	输出
事业环境因素	组织文化和结构	• 专家判断 • 分解 • 滚动式规划 • 会议	• 活动清单 • 活动属性 • 里程碑清单 • 变更请求 • 项目管理计划更新 • 进度基准 • 成本基准
	商业数据库中发布的商业信息		
	项目管理信息系统（Project Management Information System，PMIS）		
组织过程资产	经验教训知识库		
	现有的与活动规划相关的正式和非正式的政策、程序和指南		
	标准化的流程		
	以往项目中包含标准活动清单或部分活动清单的模板		

14.5　有条不紊——排列活动顺序

有条不紊形容做事有条理，丝毫不乱。其实在我们项目进度管理中，也需要事先把活动顺序进行科学编排，然后按排列好的顺序和逻辑执行。

1. 排列活动顺序涉及的定义

➢ 排列活动顺序：排列活动顺序是识别和记录项目活动之间的先后关系的过程。

➢ 紧前关系绘图法（Precedence Diagramming Method，PDM）：是创建进度模型的一种技术，用节点表示活动，用一种或多种逻辑关系连接活动，以显示活动的实施顺序。

➢ 紧前活动：紧前活动是在进度计划的逻辑路径中，排在非开始活动前面的活动。

➢ 紧后活动：紧后活动是在进度计划的逻辑路径中，排在某个活动后面的活动。

➢ 完成到开始（Finish to Start，FS）：表示只有紧前活动完成后紧后活动才能开始的一种关系。

➢ 完成到完成（Finish to Finish，FF）：表示只有紧前活动完成后紧后活动才能完成的一种关系。

➢ 开始到开始关系（Start to Start，SS）：表示紧前活动开始后紧后活动才能开始的一种关系。

➢ 开始到完成关系（Start to Finish，SF）：表示紧前活动开始后紧后活动才能完成或必须完成的关系。

➢ 提前量：是指以紧前活动的完成或开始时间为基点，紧后活动的开始或完成可以提前的时间。例如，在紧前活动完成前 3 天，紧后活动就可以开始，用公式表示：FS-3 天。

➢ 滞后量：是指以紧前活动的完成或开始时间为基点，紧后活动的开始或完成必须推迟的时间。例如，在紧前活动完成后 3 天，紧后活动才能开始，用公式表示：FS+3 天。

➢ 活动之间的逻辑关系：如图 14-4 所示。

➢ 项目进度网络图：项目进度网络图是表示项目进度活动之间的逻辑关系（也叫依赖关系）的图形。项目进度网络图可手工或借助项目管理软件来绘制，可包括项目的全部细节，也可只列出一项或多项概括性活动。项目进度网络图应附有简要文字描述，说明活动排序所使用的基本方法。在文字描述中，还应该对任何异常的活动序列做详细说明。

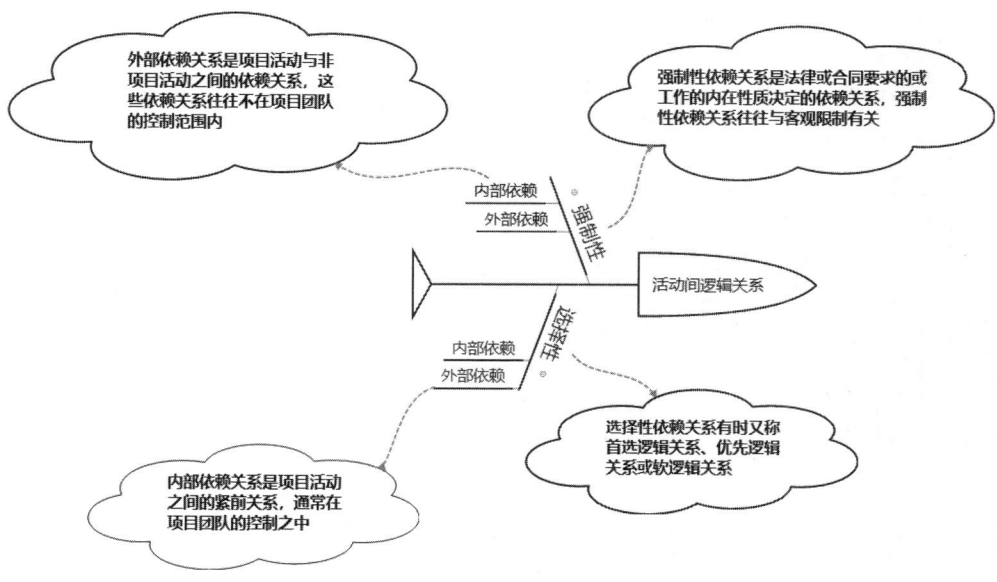

图 14-4　活动间的逻辑关系图

2. 作用

定义工作之间的逻辑顺序，以便在既定的所有项目制约因素下获得最高的效率。

3. 展开期间

本过程需要在整个项目期间开展。

4. 工作内容

排列活动顺序过程基于定义活动过程的成果，绘制项目进度网络图。

5. 输入、工具、输出

该过程的输入、工具和输出见表 14-3。

表 14-3　排列活动顺序的输入、工具和输出

输入		过程工具/技术	输出
项目管理计划	进度管理计划		
	范围基准		
项目文件	活动属性		
	活动清单		
	假设日志		
	里程碑清单		

续表

输入	过程工具/技术	输出
事业环境因素 政府或行业标准 项目管理信息系统 进度规划工具 组织的工作授权系统	• 紧前关系绘图法 • 确定和整合依赖关系 • 提前量和滞后量 • 项目管理信息系统：项目管理信息系统包括进度计划软件，这些软件有助于规划、组织和调整活动顺序，插入逻辑关系、提前和滞后值，以及区分不同类型的依赖关系	• 项目进度网络图 • 项目文件更新 活动属性；活动清单；里程碑清单
组织过程资产 项目组合与项目集规划，以及项目之间的依赖关系与关联 现有与活动规划相关的正式和非正式的政策、程序和指南 有助于加快项目活动网络图编制的各种模板。模板中会包括有助于排列活动顺序的、与活动属性有关的信息 经验教训知识库。其中会包含有助于优化排序过程的历史信息		

14.6 掐指一算——估算活动持续时间

在一些故事中，说一个人能够预知未来，常说的一句话就是掐指一算。在项目进度管理中，也需要对任何一个活动持续时间的估算，以便做工期和进度安排。

1. 本节涉及的定义或概念

> 估算活动持续时间：估算活动持续时间是根据资源（这个资源不单纯指物质资源，也包括人力资源）的情况，估算出完成单项活动所需的工作时数的过程。

> 估算技术：估算活动持续时间，要用到的技术有四种，分别是类比估算、参数估算、三点估算和自下而上估算。具体定义如图14-5所示。

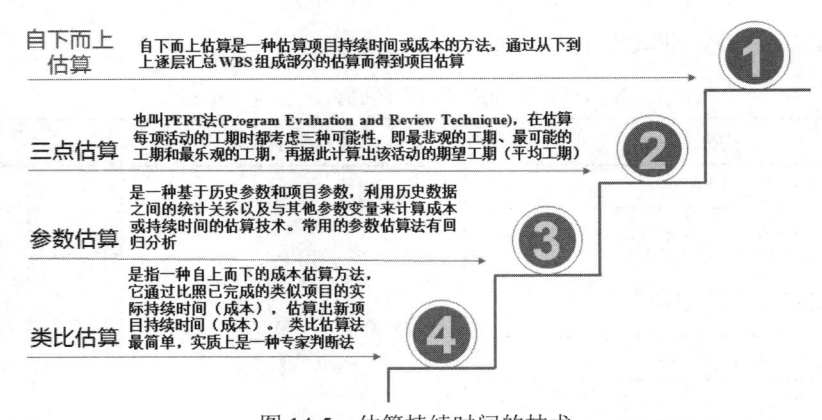

图14-5 估算持续时间的技术

下面是三点估算法考法解析。三点估算法也叫 PERT 法。用此方法计算工期必须记住下面三个公式。

PERT 期望值公式： $PERT=(P+4M+O)/6$
标准差公式： $\sigma=(P-O)/6$
方差公式： $[(P-O)/6]^2$

其中，P（Pessimistic）代表最悲观工期，M（Maybe）代表最可能工期，O（Optimistic）代表最乐观工期。

▶一般考法 1：完成活动 A 悲观工期估计 72 天，最可能估计 42 天，乐观估计 12 天，求该活动的期望完成时间。

解：$T(e) =(72+42×4+12)/6 =42$（天）

▶一般考法 2：完成活动 A 悲观估计 72 天，最可能估计 42 天，乐观估计 12 天，求标准差。

解：$\sigma = (72-12) / 6= 10$（天）

解析：以上两种考法最简单，记住公式即可，是最早考核的形式。

▶一般考法 3：完成活动 A 悲观估计 72 天，最可能估计 42 天，乐观估计 12 天，活动 A 在 32 天到 52 天内完成的概率是多少？

解：我们知道，标准差为 10，32～52，即(42-10)～(42+10)，所以这个范围恰是正负一个标准差，所以其概率是 **68.26%**。注：**在正负一个标准差的概率有 68.26%**；正负两个标准差的概率有 **95.46%**；**正负三个标准差的概率有 99.73%**。

解析：正负一个标准差、两个标准差、三个标准差，其概率占比需通过积分计算，比较麻烦，但考试时经常的也就只涉及三个情况，最多是让你往这三个值上靠一靠。所以，这里的诀窍就是记住这三个关键比值！

▶**深度考法**：完成活动 A 悲观工期估计 72 天，最可能估计 42 天，乐观估计 12 天，请问：

（1）在 32 天内完成的概率是多少？
（2）在 42 天内完成的概率是多少？
（3）在 42 天之后完成的概率是多少？
（4）在 42 天到 52 天之间完成的概率是多少？
（5）在 52 天完成的概率是多少？

解：（1）用 100%减去在 32～52 天完成的概率 68.26%，即得到了 32～52 之外完成的概率，即 100%-68.26%=31.74%。算出 31.74%之后，再用概率除以 2 即得出左 32 天之内完成的概率，即 100%-68.26%=31.74%，31.74% / 2 = 15.87%。

（2）因为期望值是 42 天，所以在 42 天内完成的概率为 50%。

（3）因为期望值是 42 天，所以在 42 天之后完成的概率为 50%。

（4）68.26%/2=34.13%。

（5）50%+(68.26% / 2) = 84.13%。

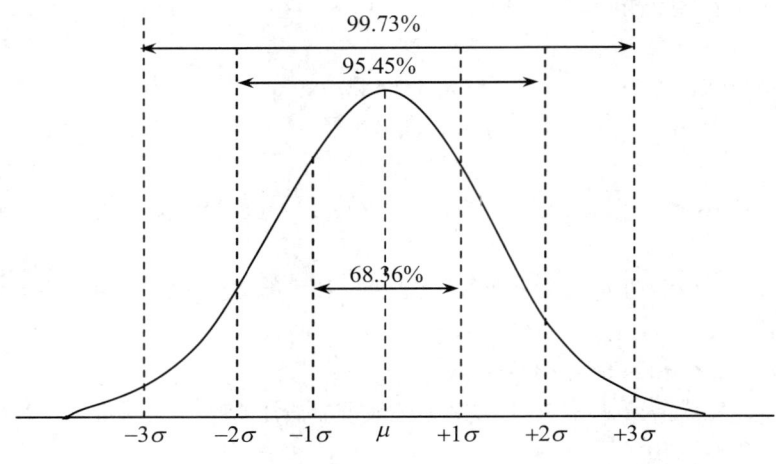

图 14-6 标准正态分布图

总结：遇到这类题，先简笔勾画出如图 14-6 所示的标准正态分布图来，剩下的就是这几个百分比加减算法了，做题的时候会简单明了，思路清晰。平时要记住这个标准正态分布图上的区间和这几个固定的百分比。

- ➢ 储备分析：储备分析用于确定项目所需的应急储备量和管理储备。
- ➢ 应急储备：应急储备是包含在进度基准中的一段时间，用来应对已识别的风险。
- ➢ 管理储备：管理储备是为管理控制的目的而特别留出的项目预算，用来应对项目范围中不可预见的工作。
- ➢ 应急储备和管理储备之间的关系见表 14-4。

表 14-4 应急储备和管理储备之间的关系

项目	应急储备	管理储备
定义	用来处理预期但不确定的事件（已知的未知）的应急资金或应急时间。应急储备是成本绩效基准的一部分	用来处理非预期且不确定的事件（未知的未知）的应急资金或应急时间。管理储备不属于成本绩效基准
使用权限	在基准内，项目经理可以自由使用	不在基准内，动用之前一般需要获得批准
使用方式	作为预算分配	不作为预算分配
跟挣值关系	是挣值计算的一部分	不是挣值计算的一部分
计列范围	应急储备既可以针对活动、工作包和控制账户计列，也可以针对整个项目计列	管理储备只能针对整个项目计列
共同点	都能应对风险	
	应急储备和管理储备中的应急资金都是项目总资金预算的组成部分	

- 置信区间与置信水平：通俗地讲，置信区间就是指样本统计量的误差范围，置信水平就是真实统计量落在置信区间的概率。置信区间越宽，真实统计量落在置信区间的概率越高，即置信水平越高。
- 帕肯森定律（Parkinson's Law）：工作总是拖延到它所能够允许最迟完成的那一天，无论这项工作被赋予多长的周期。
- 图形评审技术（Graphic Evaluation and Review Technique，GERT）：是在计划评审技术（Program Evalution and Review Technique，PERT）的基础上，增加决策节点，不仅将活动的各参数如时间和费用设为随机性分布，而且其各个活动及相互之间的影响关系也具有随机性，即活动按一定概率可能发生或不发生，相应地反应在活动开始或结束的节点或枝线也可能发生或不发生。在网络的表现形式上，增加了决策节点，并且节点之间具有回路和自环存在。该方法通过解析方法及蒙特卡罗模拟方法，最终求出项目成本和工期的概率分布曲线。
- 前导图法（Precedence Diagramming Method，PDM）：用于关键路径法，是描述项目进度网络图的一种最常用的方法：矩形是节点，代表项目任务，连接这些节点的是箭头，代表任务之间的依赖关系。
- 关键路径法（Critical Path Method，CPM）：是一种网络图方法，它适用于有很多作业而且必须按时完成的项目。关键路径法是一个动态系统，它会随着项目的进展不断更新，该方法采用单一时间估计法，其中时间被视为一定的或确定的。
- AOA（Activity-on-Arrow）网络图：称为箭线网络图，又名双代号网络图或箭线法，用箭线表示工序并用节点连接。
- AON（Activity-on-Node）网络图：称为节点网络图，用节点表示工序而箭线表示连接，也叫做单代号网络图。节点网络图一般不考虑时间因素。

2. 估算活动持续时间的作用

确定完成每个活动所需花费的时间量。

3. 估算活动持续时间的展开期间

整个项目期间开展。

4. 估算活动持续时间的工作内容

先估算出完成活动所需的工作量和计划投入该活动的资源数量，然后结合项目日历和资源日历，据此估算出完成活动所需的工作时段数（活动持续时间）。

5. 输入、工具、输出

该过程的输入、工具和输出见表 14-5。

表 14-5 估算活动持续时间的输入、工具和输出

输入		过程工具/技术	输出
项目管理计划	范围基准（WBS 词典）	专家判断 进度计划的编制、管理和控制；有关估算的专业知识；学科或应用知识。 类比估算 三点估算 自上而下估算 数据分析 备选方案分析；储备分析。 决策 会议	持续时间估算 估算依据 关于估算依据的文件； 关于全部假设条件的文件； 关于各种已知制约因素的文件； 对估算区间的说明，以指出预期持续时间的所在区间； 对最终估算的置信水平的说明； 有关影响估算的单个项目风险的文件。 项目文件更新 假设日志；活动属性；经验教训登记册
	进度管理计划		
项目文件	活动属性		
	活动清单		
	假设日志		
	经验教训登记册		
	里程碑清单		
	项目团队派工单		
	资源分解结构		
	资源日历		
	资源需求		
	风险登记册		
事业环境因素	持续时间估算数据库和其他参考数据		
	生产率测量指标		
	发布的商业信息		
	团队成员的所在地		
组织过程资产	关于持续时间的历史信息		
	项目日历		
	估算政策		
	进度规划方法论		
	经验教训知识库		

14.7 谋定而后动——制定进度计划

谋定而后动，是指先前要制定周密计划。项目管理也是一样，项目都具有唯一性，不可逆，所以，需要做好进度计划，勿求一次成功。

1. 本节涉及到的概念

（1）制定进度计划：制定进度计划是分析活动顺序、持续时间、资源需求和进度制约因素，创建进度模型，从而落实项目执行和监控的过程。

（2）进度网络分析：是创建项目进度模型的一种综合技术，它采用了其他几种技术，如关键路径法、资源优化技术和建模技术。

（3）关键路径法：关键路径法用于在进度模型中估算项目最短工期，确定逻辑网络路径的进

度灵活性大小。这种进度网络分析技术在不考虑任何资源限制的情况下，沿进度网络路径使用顺推与逆推法，计算出所有活动的最早开始、最早结束、最晚开始和最晚完成日期。

> 自由浮动：一项活动可以延误而不至于影响任一紧后活动的最早开始时间的时间。
> 总浮动：一项活动可以延误而不会影响项目完成日期的时间。总浮动可能等于或大于自由浮动。
> 项目浮动：一个项目可以延误但不会影响外界（如客户或管理层）要求的完工日期的时间。

（4）资源平衡与资源平滑关系见表14-6。

表14-6 资源平衡与资源平滑关系

名称		资源平衡	资源平滑
定义		资源平衡是为了在资源需求与资源供给之间取得平衡，根据资源制约对开始日期和结束日期进行调整的一种技术	资源平滑是对进度模型中的活动进行调整，从而使项目资源需求不超过预定的资源限制的一种技术
区别	解决问题	资源平衡用于解决资源短缺（需求大于供应）	资源平滑用于削峰填谷，使各时期的资源需求量基本均衡
	导致结果	资源平衡不受浮动时间的约束，往往导致关键路径的改变和项目工期的延长	资源平滑只能在浮动时间允许的范围内进行，不会改变关键路径和项目工期。活动只在其自由和总浮动时间内延后。无法实现所有资源优化
	使用情景	共享资源或关键资源只在特定时间可用、数量有限或被过度分配	不均匀的资源使用率，超出预定的资源数量
	使用时段	一般在使用关键路径法（CPM）之后、资源平滑之前开展	资源平衡之后开展
	调整对象	一般针对关键资源	一般针对非关键资源
联系		● 广义上讲，资源平衡包含资源平滑，资源平滑是资源平衡的一种特殊形式。 ● 狭义上讲，通常先做资源平衡，再做资源平滑。即先进行必要的资源平衡，再在浮动时间允许的范围内削峰填谷，全面优化资源配置	

（5）赶工（Crashing）与快速跟进（Fast Tracking）的关系见表14-7。

表14-7 赶工与快速跟进的关系

名称	赶工	快速跟进
定义	通过增加资源，以最小的成本代价来压缩进度工期的一种技术。比如，可以通过批准加班、增加额外资源或支付加急费用，来加快关键路径上的活动。赶工只适用于那些通过增加资源就能缩短持续时间、且位于关键路径上的活动。但赶工并非总是切实可行的，它可导致风险和/或成本的增加	一种进度压缩技术。将通常按顺序进行的活动或阶段改为至少是部分并行开展。快速跟进可能造成风险增加甚至返工，只适用于能够缩短关键路径上的项目工期的情况。为加快进度而使用提前量通常会增加协调工作量、质量风险及项目成本

	名称	赶工	快速跟进
区别	逻辑关系	赶工不会改变活动之间的逻辑关系	会改变活动之间的逻辑关系，即增加时间提前量或改变逻辑关系类型，如把"完成开始"改为"开始开始"关系
	复杂性	赶工会增加直接成本但不会增加项目工作的复杂性	快速跟进会增加项目工作的复杂性和返工风险
	涉及活动	一次赶工通常针对单个活动（赶工的单位成本最低者）	一次快速跟进则涉及两个活动
	适用情景	如果增加资源所导致的成本增加在可接受的范围内，就选择赶工	如果项目风险较低，且活动之间是软逻辑关系，就选择快速跟进
共同点		（1）都是制定进度计划过程所用的进度压缩技术，都是要对项目进度计划初稿进行优化，即在不缩减项目范围的前提下缩短项目工期。 （2）都是用于解决进度落后。 （3）都只能针对关键路径上的活动，都可能增加关键路径的数量	
联系		可以同时在关键路径上使用	

（6）提前量：是指相对于紧前活动，其紧后活动可以提前开始的时间。

（7）滞后量：是相对于紧前活动，其紧后活动需要推迟开始的时间。

（8）假设情景分析：假设情景分析是对各种情景进行评估，预测它们对项目目标的影响（积极或消极的）。

（9）模拟：模拟是把单个项目风险和不确定性来源模型化的方法，以评估它们对项目目标的潜在影响。

（10）蒙特卡罗分析：它利用风险和其他不确定资源计算整个项目可能的进度结果。基于多种不同的活动假设、制约因素、风险、问题或情景，使用概率分布和不确定性的其他表现形式，来模拟计算出工作包持续时间的多种可能性。

2. 制定进度计划的作用

为完成项目活动而制定具有计划日期的进度模型。

3. 制定进度计划的展开期间

本过程需要在整个项目期间开展。

4. 制定进度计划的工作内容

分析活动顺序、持续时间、资源需求和进度制约因素，创建项目进度模型。

5. 制定进度计划的输入、工具、输出

制定进度计划的输入、工具、输出见表14-8。

表 14-8　制定进度计划的输入、工具和输出

输入		过程工具/技术	输出
项目管理计划	范围基准	进度网络分析 当多个路径在同一时间点汇聚或分叉时，评估是否需要对进度储备进行汇总；审查网络，确定关键路径是否存在高风险活动或具有较多提前量的活动，以及是否需要使用进度储备或执行风险应对计划来降低关键路径的风险； 关键路径法 资源优化 资源平衡；资源平滑 数据分析 提前量和滞后量 进度压缩 赶工；快速跟进 项目管理信息系统（PMIS） 敏捷发布规划	进度基准 项目进度计划 横道图；里程碑图；项目进度网络图； 进度数据 按时段列的资源需求，往往以资源直方图表示；备选的进度计划；使用的进度储备 项目日历 项目管理计划更新 进度管理计划；成本基准 项目文件更新 活动属性；假设日志；持续时间估算；经验教训登记册；风险登记册；资源需求；需求跟踪矩阵
	进度管理计划		
项目文件	经验教训		
	活动属性		
	活动清单		
	假设日志		
	估算依据		
	持续时间估算		
	里程碑清单		
	项目进度网络图		
	资源日历		
	资源需求		
	项目团队派工单		
协议	已经完成并被控制质量过程确认的可交付成果		
事业环境因素	政府或行业标准		
	沟通渠道		
组织过程资产	进度计划方法论		
	项目日历		

14.8　只争朝夕——进度控制

只争朝夕，意思是指人的时间观念强，不浪费一点时间。在我们项目的进度管理里面，制定好进度计划后，还需要对实际进度进行监督与控制，才能达到计划的效果。

1. 与进度控制相关的概念和定义

（1）控制进度：是监督项目状态，以更新项目进度和管理进度基准变更的过程。

（2）挣值分析：挣值法又称赢得值法或偏差分析法。挣值分析法在工程项目实施中使用较多，是对项目进度和费用进行综合控制的一种有效方法。它通过进度绩效测量指标，如进度偏差（Schedule Variance，SV）和进度执行指标（Schedule Performed Index，SPI），来评价偏离初始进度基准的程度。

挣值分析包括三个基本参数和四个分析指标。

> 挣值分析的三个基本参数包括：计划值（Plan Value，PV）、实际成本（Actual Cost，AC）和挣值（Earned Value，EV），具体见表 14-9。

表 14-9 挣值分析参数

指标	名称	意义	计算公式
PV	又叫计划工作量的预算成本（Budgeted Cost for Work Scheduled，BCWS）	指项目实施过程中，某段计划所要求完成的工作量需要的预算工时（或费用）	PV=BCWS=计划工作量×计划单价
AC	又叫已完成工作量的实际费用（Actual Cost for Work Performed，ACWP）	指项目实施过程中，某段实际完成的工作量所消耗的工时（或费用）。主要反映项目执行的实际消耗指标	AC=ACWP=已完成工作量×实际单价
EV	又叫已完成工作量的预算成本（Budgeted Cost for Work Performed，BCWP）	指项目实施过程中某阶段实际完成工作量及按预算定额计算出来的工时（或费用）	EV=BCWP=已完成工作量×计划单价

> 四个评价指标包括：进度偏差（Schedule Variance，SV）、成本偏差（Cost Variance，CV）、成本执行指标（Cost Performed Index，CPI）和进度执行指标（Schedule Performed Index，SPI）。评价指标的计算见表 14-10。

表 14-10 挣值的评价指标

代号	名称	意义	公式	>0	=0	<0
SV	进度偏差	检查 EV 和 PV 之间的差异	SV=EV-PV=BCWP-BCWS	提前	相符	延误
CV	成本偏差	检查 EV 和 AC 之间的差异	CV=EV-AC=BCWP-ACWP	结余	相符	超支
CPI	成本执行指标	指项目挣值与实际费用（或工时）之比	CPI=EV/AC=BCWP/ACWP	低于预算	相符	高于预算
SPI	进度执行指标	指项目挣值与计划值之比	SPI=EV/PV=BCWP/BCWS	进度超前	相符	进度延误

（3）迭代燃尽图：是在项目完成之前，对需要完成的工作的一种可视化表示。燃尽图有一个 Y 轴（工作）和 X 轴（时间）。理想情况下，该图表是一个向下的曲线，随着剩余工作的完成，"烧尽"至零，如图 14-7 所示。

2. 控制进度的作用

在整个项目期间保持对进度基准的监控与维护。

3. 控制进度的展开期间

需要在整个项目期间开展。

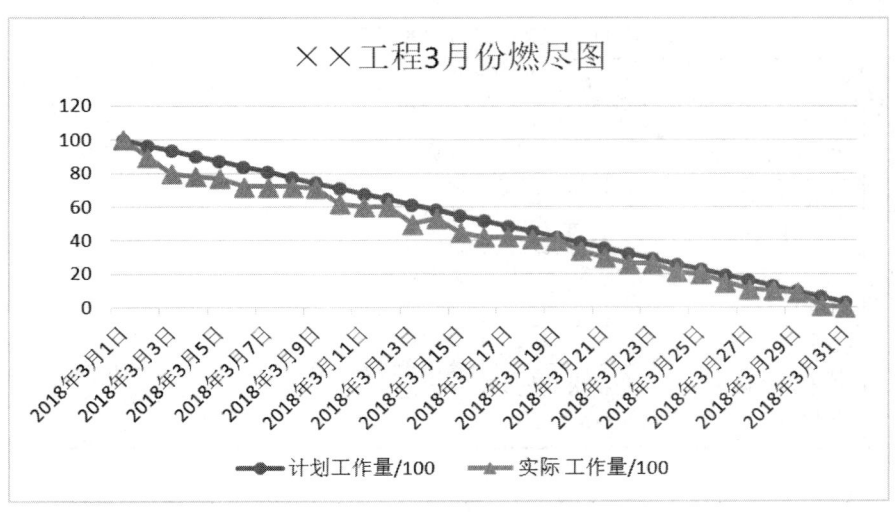

图 14-7　燃尽图

4. 控制进度的工作内容

控制进度的工作内容如图 14-8 所示。

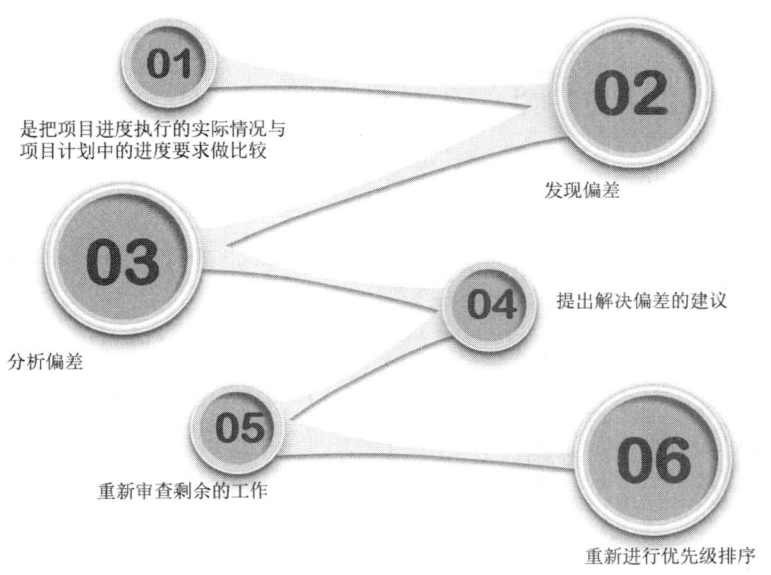

图 14-8　控制进度的工作内容及过程

5. 控制进度的输入、工具、输出

该过程的输入、工具和输出见表 14-11。

表 14-11 控制进度过程的输入、工具和输出

输入		过程工具/技术	输出
项目管理计划	进度管理计划、进度基准、范围基准；绩效测量基准	数据分析 挣值分析；迭代燃尽图；绩效审查；趋势分析；偏差分析；假设情景分析 关键路径法 项目管理信息系统（PMIS） 资源优化 提前量和滞后量 进度压缩	工作绩效信息 进度偏差（SV）和进度执行指数（SPI） 进度预测 进度更新 变更请求 项目管理计划更新 进度管理计划； 进度基准； 绩效测量基准； 成本基准
项目文件	经验教训登记册；项目日历；项目进度计划；资源日历；进度数据		
工作绩效数据	工作绩效数据所包含的关于项目状态的数据		
组织过程资产	现有的与进度控制有关的正式和非正式的政策、程序和指南；进度控制工具；可用的监督和报告方法		

第15小时 项目的进度管理练习题

【导读小贴士】

我们已经学习了进度管理的定义、一般过程及其用到的工具技术和进度管理的关键点。现在让我们通过一些真实的题目,来体会一下PMP考试对于这部分内容的考查方法。

练习题

1. 滚动式规划是以下哪个管理过程的工具?(　　)
    A. 定义活动　　　　　　　　　　B. 排序活动
    C. 估算活动所需时间　　　　　　D. 制定进度计划
   答案:A
2. 管理控制点可以选择在WBS中工作包上层的某一管理点。这些控制点(　　)。
    A. 可以用于滚动规划过程
    B. 进一步分解以确立工作授权系统
    C. 用来规划没有详细计划活动的已知工作内容
    D. 在尚未规划相关的工作包时,作为规划的基础
   答案:D

3. 以下关于里程碑的说法都正确，除了（　　）。
   A．里程碑清单列出了所有的里程碑
   B．里程碑用于进度模型
   C．里程碑是强制性的
   D．里程碑的持续时间为 0
答案：C

4. 以下哪项不是 WBS 的组成部分？（　　）
   A．控制账户　　　B．计划活动　　　C．工作包　　　D．账户编码
答案：B

5. 用节点表示活动的网络图是（　　）。
   A．PDM　　　B．GERT　　　C．AOA　　　D．PERT
答案：A

6. 单代号网络图中最常用的依赖关系是（　　）。
   A．开始－开始　　B．开始－完成　　C．完成－开始　　D．完成－完成
答案：C

7. 工程施工前，先进行施工图设计，这是以下哪种依赖关系的实例？（　　）
   A．强制　　　B．外部　　　C．可斟酌处理的　　D．时间提前
答案：A

8. 在编写教材时，可以在写完教材初稿前 15 天着手第二稿，这 15 天属于（　　）。
   A．时间的提前量　B．时间的滞后量　　C．工期　　　D．外部时间
答案：A

9. 多方案分析运用于（　　）。
   A．活动定义　　B．活动排序　　C．活动资源估算　　D．活动所需时间估算
答案：C

10. 资源分解结构是以下哪一个过程的输出？（　　）
    A．活动定义　　B．活动资源估算　　C．费用预算　　D．采购规划
答案：B

11. 谁负责活动持续时间估计？（　　）
    A．项目经理
    B．项目团队中最熟悉具体计划活动工作内容和性质的个人或集体
    C．项目发起人
    D．项目管理团队
答案：B

12. 在估计计划活动的工期时，需要考虑由合同或实施组织方针所规定的文件提交频率与审查时间，这些信息可以从以下哪项中找到？（　　）

134

A．组织过程资产　　B．范围说明书　　C．风险登记册　　D．事业环境因素

答案：B

13．阅读下表内容：

	乐观	悲观	最可能
工作 A	5	9	7
工作 B	8	14	10
工作 C	4	7	5

如果这三项任务（工作 A、工作 B、工作 C）都不是项目关键路径的一部分，对该项目工期的 PERT 评估是（　　）。

　　A．22.5　　　　B．10.33　　　　C．33　　　　D．无法确定

答案：D

14．以下何种进度计划制订技术包含了某种形式的风险评估？（　　）

　　A．图形评审技术（GERT）

　　B．计划评审技术（PERT）

　　C．节点图方法（PDM）或单代号图方法（CPM）

　　D．关键路径

答案：B

15．将工作的计划数量与单位数量的历史费用相乘得到估算费用，这是一个什么例子？（　　）

　　A．参数估算　　B．类比估算　　C．资源费率　　D．自下而上的估算

答案：A

16．根据上一个范围、功能相似的项目进行的估算是哪种类型的估算？（　　）

　　A．自上而下　　B．自下而上　　C．参数估算　　D．概念估算

答案：A

17．项目团队在进行活动持续时间估算时，一般会考虑缓冲时间，并将其纳入项目进度计划中，用来应对进度方面的不确定性。这说明项目团队采取了何种工期估算技术？（　　）

　　A．资源平衡　　B．时间成本分析　　C．储备分析　　D．专家判断

答案：C

18．制定进度表是（　　）。

　　A．确定项目活动计划的开始和结束时间

　　B．确定项目活动的持续时间

　　C．确定项目活动所需资源的工作时间

　　D．确定项目管理团队的工作时间

答案：A

19．范围说明书是制定进度表的重要依据，因为其中包含了可能影响进度表制定的制约因素和假设。以下哪一项不是制定进度表时主要考虑的时间制约因素？（　　）

　　A．和客户商定的合同日期

　　B．项目发起人规定的关键里程碑交付时间

　　C．政府有关环境治理的强制规定

　　D．关键活动的持续时间

答案：D

20．在项目初期，项目团队掌握的具体信息有限，此时可运用以下何种技术来估算活动的持续时间？（　　）

　　A．类比估算　　　B．自下而上的估算　　C．参数估算　　　D．历史信息

答案：A

21．如果你计算了每一项活动的最早开始时间和最早结束时间，你最有可能在利用（　　）。

　　A．PERT　　　　B．CPM　　　　　　C．GERT　　　　　D．PDM

答案：B

22．非关键路径上，某活动的总浮动时间与以下各项都一致，除了（　　）。

　　A．该活动的总浮动时间

　　B．该活动所在线路上的总浮动时间

　　C．该活动所在线路上自由浮动时间的汇总

　　D．该活动的自由浮动时间

答案：D

23．在制定进度计划时，你估算了每个计划活动的工期分布，并用其来计算整个项目工期可能结果的分布情况。你正在使用的技术是（　　）。

　　A．假设分析　　　B．数学分析　　　　C．蒙特卡罗分析　D．资源平衡

答案：C

24．下列哪项不是快速跟进的优点？（　　）

　　A．便于压缩工期

　　B．减少风险

　　C．可以使本来需要前后进行的活动并行处理

　　D．在不改变项目范围的情况下，缩短工期

答案：B

25．在向高级管理层陈述时，里程碑图与横道图的区别在于，里程碑图（　　）。

　　A．显示活动开始和结束时间

　　B．显示活动之间的依赖关系

　　C．只显示主要可交付成果的开始与完成时间，而不是所有

　　D．显示支持细节

答案：C

26．你在项目初步阶段估计，项目工期最有可能是 1 年，乐观情况下是 6 个月，悲观情况下是 18 个月，这种估算方法也称之为（　）。

　　A．确定性估算　　B．预算估算　　C．可行性估算　　D．量级估算

答案：D

27．以下哪项技术允许对网络逻辑和活动所需时间估算进行概率处理？（　）

　　A．PERT　　B．CPM　　C．GERT　　D．PDM

答案：C

28．资源平衡会造成以下各项，除了（　）。

　　A．增加项目工期

　　B．利用周末，延长工作时间和采用多班工作制

　　C．通过应用不同的技术和方法提高生产率

　　D．减少项目成本

答案：D

29．为了集中注意力管理计划活动的工期，在关键路径中添加了非工作计划活动。非工作计划活动也称之为（　）。

　　A．持续时间缓冲段　　　　　　B．资源平衡

　　C．逆转的资源平衡　　　　　　D．赶进度

答案：A

30．你收集了项目范围和资源方面的信息，以确定活动工期并制定进度计划。由于项目相关信息非常有限，你采用以前与此项目相似的其他项目的情况作为估算未来活动的基础。下一步你将（　）。

　　A．应用图表技术，如 GERT 和动态分析系统

　　B．计算所有活动最早开始和结束时间以及最迟开始和结束时间

　　C．应用标准网络图来编制项目的网络图

　　D．把工作包分解为更小的部分以便于更好的控制

答案：B

31．蒙特卡罗技术是以下那项技术的一个实例？（　）

　　A．资源平衡　　　　　　　　　B．假设情景分析

　　C．进度网络分析　　　　　　　D．关键路线法

答案：B

32．根据下面的图表（所有活动都在白天进行），如果因经营需要要求此项目在 10 天内完成，则浮动时间为（　）。

```
        任务1  →3→  任务2  →2→  任务3  →1→
       ↗ 4                              ↘
   开始                              2→   结束
       ↘ 4                              ↗
        任务4  →5→  任务5  →1→  任务6  →3→
```

A．0天   B．-4天
C．2天   D．提供的信息不一致，因此没有确定答案

答案：B

33．作为项目经理，你意识到确定项目活动的开始和完成时间非常重要。如果项目开始时间和结束时间不切合实际，那么项目很可能无法在工期内完成。这个过程是（ ）。

　　A．活动排序　　　B．活动工期估计　　　C．制定进度计划　　D．活动定义

答案：C

34．在电子产品设计项目中，进度模型数据不包括以下哪项？（ ）

　　A．人力资源直方图　　　　　　　B．现金流量预测
　　C．订货及交货时间表　　　　　　D．进度状态报告格式

答案：D

35．进度控制的工具除了进度计划编制工具外，还包括（ ）。

　　A．进度模型　　　B．绩效审查　　　C．进度基准　　　D．专家判断

答案：B

36．下列哪项是资源平衡的最佳定义？（ ）

　　A．在松动量允许的范围内变动任务，使各个时期内的资源差异为最小
　　B．在某个特定的时期内，对现有进度表要求的各种资源的数量合理进行规划
　　C．在不超出指定资源用量或限制的情况下，尽快地完成项目
　　D．在危机时期，可以花费极少的项目成本或不花费项目成本而额外增加一些有用的资源

答案：C

37．里程碑清单除了是定义活动过程的输出外，还是以下哪个过程的输入？（ ）

　　A．估算活动持续时间　　　　　　B．制定进度计划
　　C．估算活动资源　　　　　　　　D．排列活动顺序

答案：D

38．关键路径时长需要减少15%。以下行动全都与实现这一目标相关，除了（ ）。

　　A．增加资源　　　B．消除浮动时间　　　C．缩减进度时间表　　D．平行开展活动

答案：B

39. 对下图所示的项目而言,如果活动 J 的工期增加到 9 周,对项目的影响是（   ）。

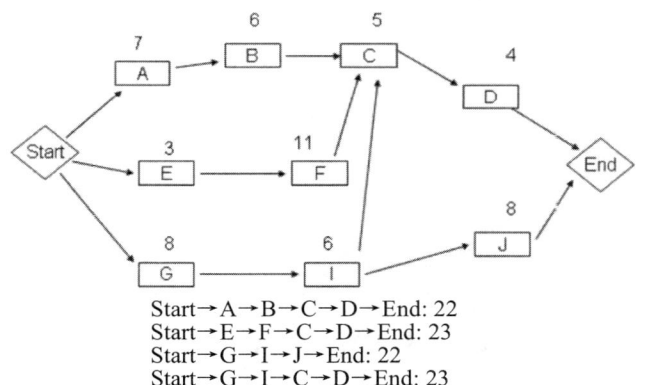

A．没有影响,因为 J 不在关键路径上
B．项目风险增加
C．整个项目工期增加 1 周
D．项目将延误 1 天

答案：B

40. 对下图所示的项目而言,如管理层希望在 20 周内完工,这对关键路径有什么影响？（   ）

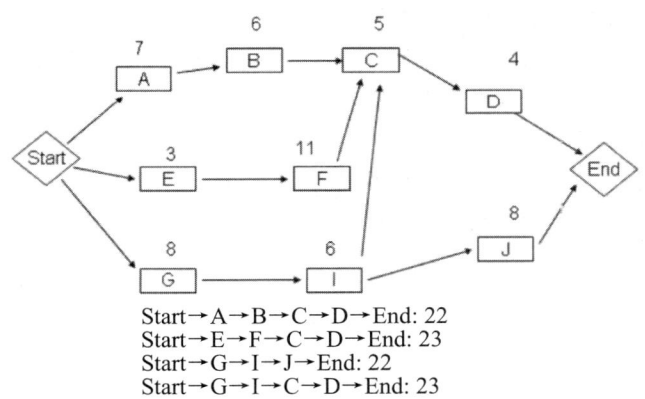

A．关键路径工期增加 3 周　　　　　B．关键路径工期减少 3 周
C．关键路径工期不变　　　　　　　D．关键路径工期无法确定

答案：B

第16小时
点石成金——项目成本管理

16.0 【章节考点分析】

在本小时内，我们主要学习项目的成本管理。成本是我们项目管理中最重要的部分之一，它直接关系项目的成败。成本管理包括成本规划、估算、预算、融资、筹资及对于各个过程的管控，以确保在批准的预算内完成项目。成本管理在整个 PMP 考试和 PMBOK 中，都占了非常大的比重，需要考生下大工夫认真学习！

本章节内容偏重于分析和应用，根据以往 PMP 考试的出题规律，对于概念知识考查的较少，而情景题目占比较大。<u>本小时的架构如图 16-1 所示。</u>

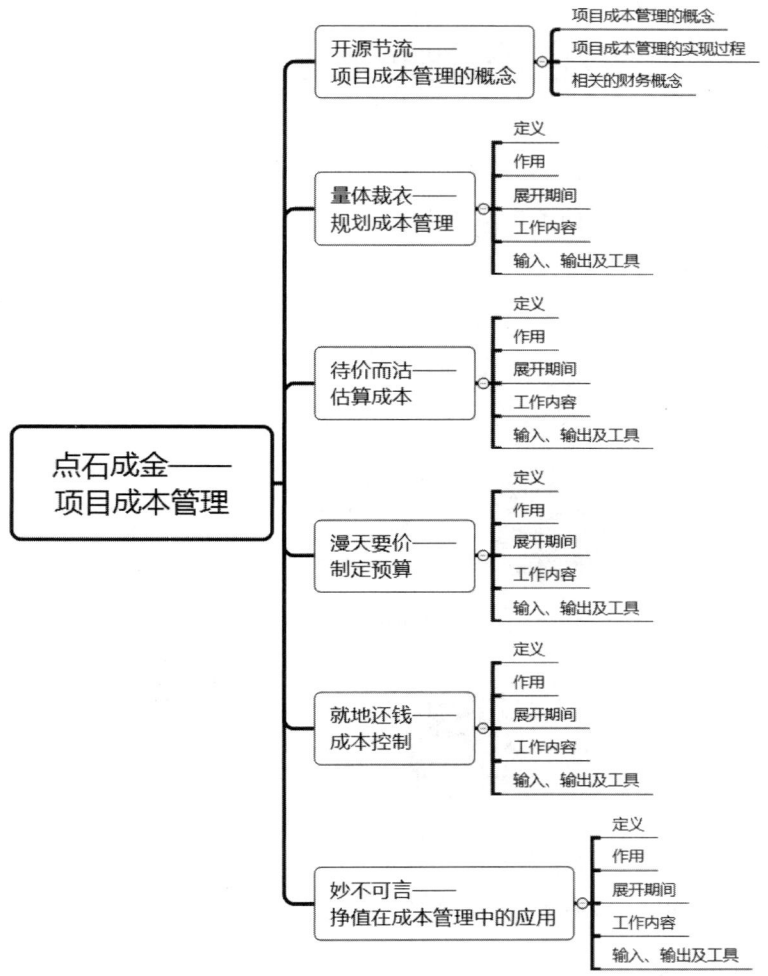

图 16-1　项目成本管理架构图

【导读小贴士】

点石成金，是一个美好的愿望。但对于一个好的项目经理，如果成本管理做得好，是真能起到点石成金的作用的。成本管理旨在确保在批准的预算内完成项目，如果你是一名项目经理，是应该充分认识成本管理在项目管理中的重要性的。成本管理涉及工程经济、工程财务、会计以及挣值管理等方方面面的知识，但总的来说，涉及的程度都不深，我们这一章将系统讲述成本管理的定义、一般过程、用到的工具技术以及成本管理的关键点。让我们一起来学习成本管理并探索成本管理的乐趣吧。

16.1 开源节流——项目成本管理的概念

【基础知识点】

1. 项目的成本管理

管理项目，确保项目在批准的预算内完工。

2. 项目成本管理的过程

成本管理作为传统项目管理的 3 大要素之一，至关重要。PMBOK 中，成本管理的过程如图 16-2 所示。

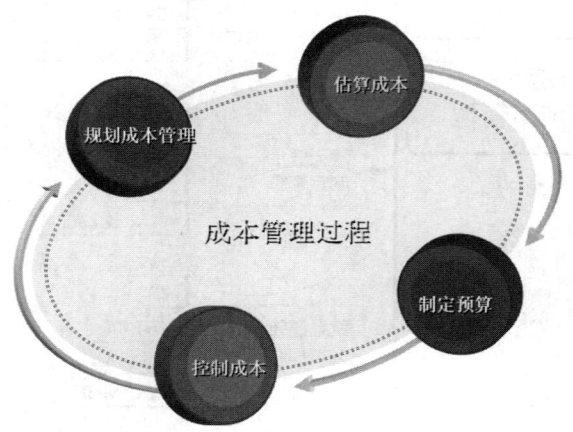

图 16-2　项目成本管理过程

这 4 个过程互相衔接、互相影响、互相限制、互相作用，但目的只有一个，那就是在规定成本预算内完成项目。

3. 项目成本管理涉及的财务概念

（1）挣得进度（Earned Schedule，ES）：一种对 EVM 的扩展方法，比采用 EVM 推算进度更方便。通过挣得进度、实际时间和估算时间，可以预测项目的完成日期。

（2）财务净现值（Financial Net Present Value，FNPV）：反映技术方案在计算期内盈利能力的动态评价指标，也是评价技术方案盈利能力的绝对指标。技术方案的财务净现值是指用一个预定的基准收益率（或设定的折现率），分别把整个计算期间内各年所发生的净现金流量都折现到技术方案开始实施时的现值之和。

当 FNPV＞0 时，说明该技术方案除了满足基准收益率要求的盈利之外，还能得到超额收益，换句话说，如果技术方案的现金流入现值和大于现金流出现值和，说明该技术方案有超额收益，故该技术方案财务上可行。

当 FNPV＝0 时，说明该技术方案基本能满足基准收益率要求的盈利水平，即技术方案的现金流入现值正好抵偿技术方案现金流出现值，即该技术方案财务上还是可行的。

当 FNPV＜0 时，该技术方案不能满足基准收益率要求的盈利水平，即技术方案的流入现值不能抵偿流出现值，说明该技术方案财务上不可行。

（3）投资收益率：是衡量技术方案获利水平的评价指标，它是技术方案建成投产达到设计生产能力后一个正常生产年份的年净收益额与技术方案投资的比率。它表明技术方案在正常生产年份中，单位投资所创造的年净收益额。对生产期内各年的净收益额变化幅度较大的技术方案，可计算生产期年平均净收益额与技术方案投资的比率。

$$R = \frac{A}{I} \times 100\%$$

式中，R 为投资收益率；A 为技术方案年净收益额或年平均净收益额；I 为技术方案投资。如果期望的投资收益率为 R_c，那么：

如果 $R \geq R_c$，则技术方案可以考虑接受；若 $R < R_c$，则技术方案是不可行的。

（4）财务内部收益率（FIRR）：其实质就是使技术方案在计算期内，各年净现金流量现值之和等于零时的折现率。

财务内部收益率计算出来后，与基准收益率 I_c 进行比较。若 FIRR $\geq I_c$，则技术方案在经济上可以接受；若 FIRR $< I_c$，则技术方案在经济上应予拒绝。

但它不能直接用于互斥方案之间的比选。因此，财务内部收益率特别适用于独立的、具有常规现金流量的技术方案的经济评价和可行性判断。

（5）静态投资回收期：是在不考虑资金时间价值的条件下，以技术方案的净收益回收其总投资（包括建设投资和流动资金）所需要的时间，一般以年为单位。

将计算出的静态投资回收期 P_t 与所确定的基准投资回收期 P_c 进行比较。若 $P_t \leq P_c$，表明技术方案投资能在规定的时间内收回，则技术方案可以考虑接受；若 $P_t > P_c$，则技术方案是不可行的。

但不足的是，静态投资回收期没有全面考虑技术方案整个计算期内的现金流量，即只考虑回收之前的效果，不能反映投资回收之后的情况，故无法准确衡量技术方案在整个计算期内的经济效益。所以，静态投资回收期作为技术方案选择和技术方案排队的评价准则是不可靠的，它只能作为辅助评价指标，或与其他评价指标结合应用。

（6）沉没成本：任何已经发生的成本，与是否合理无关。在决定是否继续某个项目时，不应该考虑沉没成本。决策是针对未来的，过去已经花掉的钱不应该影响决策。做决策时，不能考虑沉没成本。

（7）收益递减规律：随着投入的增加，单位投入的产出会呈现逐渐减少的趋势。例如，在某个工作上投入两倍的资源，该工作的效益和效率往往不能做到 2 倍。

16.2 量体裁衣——规划成本管理

量体裁衣本义是按照身材尺寸裁剪衣服，比喻做事要从实际情况出发。我们的成本管理也是一样的，要先有成本管理的规划，给后续的成本管理制定指南和方法，作为成本管理活动的依据。

【基础知识点】

1. 概念和定义
   - 规划成本管理：为规划、编制、管理、执行和控制项目成本而制定政策、程序和文档的过程。它规定项目成本管理工作必须遵守的程序和方法，是整个项目成本管理的指南。
   - 项目成本计划：项目成本计划是指在确保合同工期和主要里程碑时间的前提下，对设计、采办和施工的各项作业进行时间和逻辑上的合理安排，以达到合理利用资源、降低费用支出和减少施工干扰的目的。
   - 成本管理计划：成本管理计划是项目管理计划的组成部分，描述将如何规划、安排和控制项目成本。
   - 准确度：准确度定义了费用估算的可接受区间，以及允许的应急储备额度。
2. 规划成本管理的作用
   在整个项目期间为如何管理项目成本提供指南和方向。
3. 规划成本管理的展开期间
   本过程仅开展一次或仅在项目的预定义点开展。
4. 规划成本管理的工作内容
   编制成本管理计划。
5. 规划成本管理的输入、工具、输出
   该过程的输入、工具和输出见表 16-1。

表 16-1 规划成本管理的输入、工具和输出

输入		过程工具/技术	输出
项目章程	批准的财务资源	专家判断 以往类似项目； 来自行业、学科和应用领域的信息； 成本估算和预算； 挣值管理 **数据分析** 备选方案分析； **会议** 举行规划会议来制定成本管理计划	**成本管理计划** ● 精确程度：根据活动范围和项目规模，设定成本估算向上或向下取整的程度 ● 计量单位：规定每种资源的计量单位 ● 准确度：为活动成本估算规定一个可接受的区间（如 ±10%），其中可能包括一定数量的应急储备 ● 组织程序链接：以 WBS 开展成本估算、预算和控制 ● 控制临界值：它是在需要采取某种措施前，允许出现的最大差异，通常用偏离基准计划的百分数来表示。它通常需要规定偏差临界值 ● 绩效测量规则及方法：规定用于绩效测量的挣值管理（EVM）规则 ● 报告格式：规定各种成本报告的格式和编制频率 ● 其他细节：对战略筹资方案的说明；处理汇率波动的程序；记录项目成本的程序
项目管理计划	进度管理计划		
	风险管理计划		
事业环境因素	影响成本管理的组织文化和组织结构		
	市场条件		
	货币汇率		
	发布的商业信息		
	项目管理信息系统，可为管理成本提供多种方案		
	不同地区的生产率差异		
组织过程资产	财务控制程序		
	历史信息和经验教训知识库		
	财务数据库		
	现有的正式和非正式的与成本估算和预算有关的政策、程序和指南		

16.3 待价而沽——估算成本

待价而沽的意思，是等到一个好的价钱或者待遇再卖。这里最重要的是自己的心里预期价格。这跟项目管理是一样的，项目管理中，管理成本就得有一个对于成本的心理预期，这个预期就是成本估算。

【基础知识点】
1. 估算成本涉及的概念
> 估算成本：估算成本是对完成项目工作所需资源的成本进行近似估算的过程。
> 储备分析：为应对成本的不确定性，成本估算中可以包括应急储备。
> 自下而上估算：自下而上估算是对工作组成部分进行估算的一种方法。首先对最小单元如单个工作包的成本进行最具体、细致的估算，然后把这些细节性成本向上汇总或"滚动"到更高层次。美国人比较信奉这种估算方式，认为这种方式估算出来的数值比自上而下估算出来的更准确。
> 成本的三点估算：通过考虑估算中的不确定性与风险，使用三个估算值来界定活动成本的近似区间，可以提高单点成本估算的准确性。三点成本估算法如图16-3所示。

三角分布：$cE = (cO+cM+cP) / 3$

贝塔分布：$cE = (cO+ 4cM+cP) / 6$

图16-3 三点成本估算法

2. 估算成本的作用
确定项目所需的资金。
3. 估算成本的展开期间
本过程需要在整个项目期间开展。

4. 估算成本的工作内容

估算完成各活动或工作包所需的成本。在较小的项目上,可以直接对活动进行成本估算;在较大的项目上,可能只需要针对工作包进行成本估算。估算成本过程应该由最了解具体活动或工作包的人进行。

5. 估算成本的输入、工具、输出

该过程的输入、工具和输出见表 16-2。

表 16-2　估算成本的输入、工具和输出

输入		过程工具/技术	输出
项目管理计划	成本管理计划（成本精确度和准确度）	专家判断 以往类似项目；来自行业、学科和应用领域的信息；成本估算方法。 类比估算 参数估算 自下而上估算 三点估算 数据分析 备选方案分析；储备分析；质量成本 项目管理信息系统（PMIS） 决策 投票	估算依据 关于估算依据的文件（如估算是如何编制的）；关于全部假设条件的文件；关于各种已知制约因素的文件；有关已识别且在估算成本时应考虑的风险的文件； 对估算区间的说明；对最终估算的置信水平的说明。 成本估算 项目文件更新 假设日志；经验教训登记册；风险登记册
	质量管理计划（活动资源）		
	范围基准（WBS）；资金制约因素、财务假设条件或其他制约因素		
事业环境因素	市场条件		
	发布的商业信息		
	汇率和通货膨胀率		
组织过程资产	成本估算政策		
	成本估算模板		
	历史信息和经验教训知识库		
项目文件	经验教训登记册		
	项目进度计划		
	资源需求		
	风险登记册		

16.4　漫天要价——制定预算

漫天要价,指一个买卖无限度地乱要价,形容所提出的条件、要求过高。在我们项目成本管理中,通过制定预算,可以避免漫天要价。

1. 制定预算涉及的定义
   - 制定预算:制定预算是汇总所有单个活动或工作包的估算成本,建立一个经批准的成本基准的过程。PMBOK 认为用这种自下而上的估算方法可以得到较准确的成本基准。
   - 成本基准:如图 16-4 所示。
   - 项目资金需求:根据成本基准,确定总资金需求和阶段性（如季度或年度）资金需求。

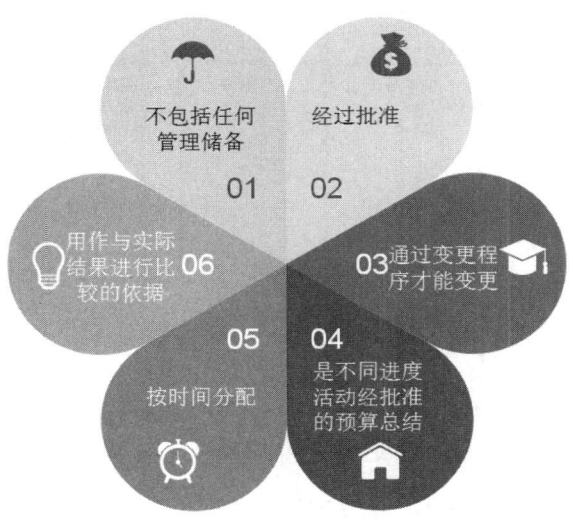

图 16-4　成本基准

➤ 制定预算和估算成本的异同：见表 16-3。

表 16-3　制定预算和估算成本的异同

对比项	制定预算	估算成本
定义	制定预算是汇总所有单个活动或工作包的估算成本，建立一个经批准的成本基准的过程	估算成本是对完成项目活动所需资金进行近似估算的过程
目的	确定成本基准，可据此监督和控制项目绩效	确定完成项目工作所需的成本数额
工具与技术	成本汇总/储备分析/专家判断/历史关系/资金限制平衡	类比估算、参数估算、自下而上估算、三点估算、储备分析、质量成本分析、项目管理软件、卖方投标分析、群体决策技术、专家判断等
批准	得到管理层批准	未得到管理层批准
成果	成本基准； 项目资金总需求； 项目文件（更新）	活动成本估算； 估算依据； 项目文件（更新）
共同点	都以 WBS 为基础	

➤ 项目预算的组成：如图 16-5 所示。

2．制定预算的作用

确定可据以监督和控制项目绩效的成本基准。

3．制定预算的展开期间

仅开展一次或仅在项目的预定义点开展。

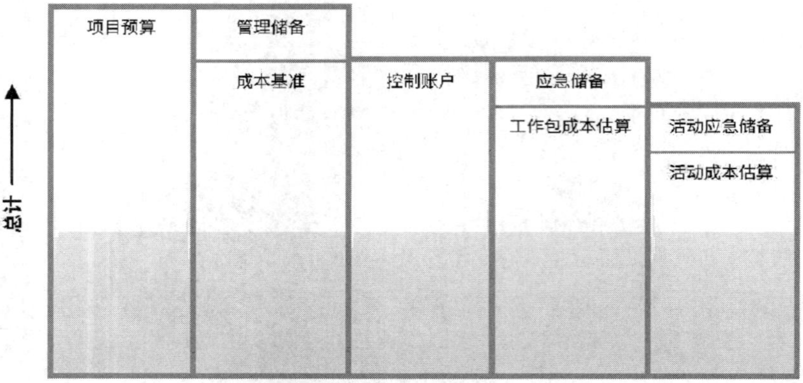

图 16-5 项目预算的组成

4. 制定预算的工作内容

根据单个活动工作包的估算成本，建立项目成本基准。

5. 制定预算的输入、工具、输出

该过程的输入、工具和输出见表 16-4。

表 16-4 制定预算的输入、工具和输出

输入		过程工具/技术	输出
项目管理计划	成本管理计划	**专家判断** 以往类似项目；来自行业、学科和应用领域的信息；财务原则；资金需求和来源 **成本汇总** 先把成本估算汇总到 WBS 的工作包，再由工作包汇总至 WBS 的更高层次（如控制账户），最终得出整个项目总成本 **数据分析** **历史信息审核** 用来建立模型的历史信息准确；模型中的参数易于量化；模型可以调整，以便对大项目、小项目和各项目阶段都适用。 **资金限制平衡** **融资**	**成本基准** **项目资金需求** **项目文件更新** 成本估算；项目进度计划；风险登记册
	范围基准		
	资源管理计划		
项目文件	估算依据		
	成本估算		
	项目进度计划		
	风险登记册		
商业文件	商业论证（财务成功因素）		
	效益管理计划（目标效益）		
组织过程资产	报告方法		
	现有的正式和非正式的与成本预算有关的政策、程序和指南		
	成本预算工具		
	历史信息和经验教训知识库		
协议	考虑将要或已经采购的产品、服务或成果的成本		
事业环境因素	汇率		

16.5 就地还钱——成本控制

在生活中，别人漫天要价，那么买方就地还钱，给一个可接受的价，不管他要价多高，只以自己能接受的为准。在项目管理的成本控制中，也是如此。要把成本按照成本计划要求，控制在计划中。

1. 本节涉及的概念及定义

（1）成本控制：成本控制是监督项目状态，以更新项目成本和管理成本基准变更的过程。

（2）完工尚需绩效指数（TCPI）：完成剩余工作所需的成本与剩余预算之比，是为了实现特定的管理目标，对剩余资源的使用所必须达到的成本绩效指标。

（3）质量成本：用于质量管理的成本，是活动成本的重要组成部分。在估算活动成本时，需要考虑预计将要用多少钱来做质量管理。

2. 成本控制的作用

在整个项目期间保持对成本基准的维护。

3. 成本控制的展开期间

整个项目期间开展。

4. 成本控制的工作内容

成本控制的工作内容如图 16-6 所示。

图 16-6　成本控制的工作内容

由于成本与进度息息相关，所以控制成本过程与控制进度过程一般是整合在一起开展的，都可借助挣值管理方法来实现。

5. 成本控制的输入、工具、输出

该过程的输入、工具和输出见表 16-5。

表 16-5 成本控制的输入、工具和输出

输入		过程工具/技术	输出
项目管理计划	成本管理计划	专家判断	工作绩效信息
	成本基准	偏差分析；挣值分析；预测；财务分析。	CV; CPI; EAC; VAC; TCPI
	绩效测量基准		成本预测
项目文件	经验教训登记册	数据分析	EAC
项目资金需求	预计支出及预计债务	挣值分析；计划价值；实际成本；偏差分析；进度偏差；成本偏差；进度绩效指数；成本绩效指数；趋势分析；图表；预测；储备分析	变更请求
组织过程资产	现有的正式和非正式的与成本控制相关的政策、程序和指南		项目管理计划更新
			成本管理计划
			成本基准
	成本控制工具	完工尚需绩效指数	绩效测量基准
	可用的监督和报告方法	项目管理信息系统（PMIS）	项目文件更新
工作绩效数据	项目状态的数据		假设日志；估算依据；经验教训登记册；风险登记册；成本估算

16.6 妙不可言——挣值在成本管理中的应用

妙不可言，原意是指美妙的程度不能用语言描述。挣值在成本管理中的用途，完全可用"妙不可言"来形容。从《PMBOK 指南》将挣值技术的使用扩大到范围管理后，挣值管理的用途就成为一种出色的综合的用于测量项目范围、进度和成本绩效的方法，这也是项目整合管理的要求。可以说，挣值管理是一种把范围、进度和成本绩效整合起来进行测量的方法，即在既定的范围内追求进度与成本绩效的整体最优。它可以避免单独测量进度或成本绩效带来的弊端。例如，某项目进度提前，如果只测量进度绩效，结果它是利于项目的，但在这个过程里我们并不能了解成本的情况，如果进度的少量提前是以大幅度增加成本作为代价，那结论是否相反？

1. 挣值管理在成本管理中的应用

（1）挣值管理适用阶段：在挣值管理中，既可以计算某个时段（报告期）的挣值指标，也可以计算从开工至当前的累计各挣值指标，如挣值、计划价值、实际成本、成本偏差、进度偏差、成本绩效指数和进度绩效指数等。

（2）挣值管理适用范围：在挣值管理中，既可以针对整个项目计算各种挣值指标，也可以针对某些工作分解结构要素（如控制账户）计算各种挣值指标。计算挣值的工作分解结构要素，应该事先进行规定。

2. 挣值分析高阶指标

在前面我们学习了挣值分析的 3 个参数（计划值 PV、实际成本 AC 和挣值 EV）和 4 个要素（进度偏差 SV、成本偏差 CV、成本执行指标 CPI 和进度执行指标 SPI）。下面，我们以此为基础，对挣值管理其他高阶衍生指标进行对比，以理解它在成本管理和进度管理中的不同功用，以及它在项目现阶段和未来阶段的作用。

上述四个评价指标及新增加的评价指标，见如表 16-6。

表 16-6 挣值的评价指标

缩写	中英文名称	意义	公式	结果		
SV	进度偏差（Schedule Variance）	检查日期 EV 和 PV 之间的差异	$SV=EV-PV=BCWP-BCWS$	>0 提前	=0 相符	<0 延误
CV	成本偏差（Cost Variance）	检查期间 EV 和 AC 之间的差异	$CV=EV-AC=BCWP-ACWP$	>0 结余	=0 相符	<0 超支
CPI	成本执行指标（Cost Performed Index）	指项目挣值与实际费用之比（或工时值之比）	$CPI=EV/AC=BCWP/ACWP$	<1 超支或延后	=1 相符	>1 结余或超前
SPI	进度执行指标（Schedule Performed Index）	指项目挣值与计划值之比	$SPI=EV/PV=BCWP/BCWS$	<1 延后	=1 相符	>1 超前
PSV	进度偏差百分比（Percentage of Schedule Variance）	与计划进度比较，进度偏差所占的比重	$PSV=SV/PV$	<1 延后	=1 相符	>1 超前
PCV	成本偏差百分比（Percentage of Cost Variance）	与预算成本比较，成本偏差所占的比重	$PCV=CV/EV$	<1 节余	=1 相符	>1 超支

3. 挣值分析未来预测指标

挣值分析手段既能准确地评估过去的业绩，也能够出色地预测未来。挣值分析预测未来的指标见表 16-7。

表 16-7 未来预测指标

中文名称	英文名称	缩写	含义	计算公式
完工尚需估算	Estimate To Completion	ETC	在项目执行的不同时点重新估算的完成剩余工作还需要的成本。不同的计算公式或方法如下：	$ETC=EAC-AC$
			（1）基于非典型的偏差计算（以后不会再发生类似偏差时）	$ETC=BAC-EV$
			（2）基于典型的偏差计算（当前偏差可代表未来的趋势时）	$ETC=(BAC-EV)/CPI$

续表

中文名称	英文名称	缩写	含义	计算公式
完工估算	Estimate At Completion	EAC	在项目执行的不同时点重新估算的完成整个项目所需的成本。不同的计算公式或方法如下：	
			（1）假设按预算单价完成 ETC 工作	$EAC=AC+(BAC-EV)$
			（2）假设按当前 CPI 完成 ETC 工作	$EAC=BAC/CPI$
			（3）假设 SPI 和 CPI 同时影响完成 ETC 工作	$EAC=AC+[(BAC-AV)/(SPI\times CPI)]$
完工尚需绩效指数	To Complete Performance Index	TCPI	在项目执行的不同时点重新估算的、为了在既定的预算内完工而必须达到的未来绩效水平	$TCPI=(BAC-EV)/(BAC-AC)$

第17小时 成本管理练习题

【导读小贴士】

通过上一小时的学习,我们已经初步明白了该如何管理你的项目成本,但这些还都是停留在理论阶段,怎样理论联系实际并通过考试呢?让我们通过下面的练习,来进一步深化对这一部分知识的理解和掌握吧。

练习题

1. 为了确定项目工期内某一时间点上的费用偏差,你会使用( )。
   A. 测量单位   B. 精确等级   C. 组织程序链接   D. 控制下限

答案:D

2. 在开始执行费用管理三个过程之前,项目管理团队还完成了一个费用方面的规划过程,即制定费用管理计划。费用管理计划中明确了实现价值准则,其中不包括以下哪项?( )
   A. 定义了完成估算所使用的实现价值管理计算公式
   B. 建立了实现价值信用标准,如 0-100,0-50-100 等
   C. 明确了估算的精确等级
   D. 定义了 WBS 中哪个级别应进行实现价值分析

答案:C

3. 项目规划早期,要提交以下哪项可交付成果?( )

A．费用管理计划　　B．质量管理计划　　C．请求的变更　　D．采购管理计划

答案：A

4．以下关于费用估算的说法中，正确的是（　　）。

A．只需要考虑项目的成本，生命期成本应当由行政经理来考虑

B．为了在项目内或跨项目比较，费用估算必须以货币为单位

C．费用估算信息来自于整体、范围、时间、人力资源、沟通、风险、采购过程的成果

D．为了有效地控制费用，在项目一开始就应该精确地估算计划活动所需要的费用

答案：C

5．以下哪一项不是费用估算的输入？（　　）

A．进度管理计划　　B．项目文档　　C．商业数据库　　D．合同

答案：D

6．以下关于费用基准的说法都正确，除了（　　）。

A．其是按时间分段的预算

B．测量支出，支出计划可以用作费用基准

C．用于测量并监控项目绩效

D．所有项目都只有一个成本基准

答案：D

7．自下而上估算是指估算个别工作包或细节最详细的计划活动的费用，然后将这些信息费用汇总到更高层级，以便用于报告和跟踪。自下而上估算方法的费用与准确性取决于（　　）。

A．个别计划活动或工作包的规模和复杂程度

B．估算人员的知识和对工作包的熟悉程度

C．估算费用时团队成员之间有效的讨论

D．模型的复杂性及其涉及的资源数量和费用数据

答案：B

8．费用估算过程中总要考虑项目的进度管理计划，以下都是必须考虑的内容，除了（　　）。

A．利息等融资费用

B．项目实施期间的现场管理费用

C．与工会工人定期更新的集体谈判费用

D．项目人员的属性和人工费率

答案：D

9．类比估算的优点是（　　）。

A．最详细的技术　　　　　　　　B．最佳的内在精确度

C．应用的费用低　　　　　　　　D．不会受成见的影响

答案：C

10．成本预算的主要依据是（　　）。

A．WBS、风险管理计划、成本基准及历史信息
B．成本估算、工作分解结构词汇表、项目进度表及资源日历
C．成本估算、风险管理计划、项目进度表和客户意见
D．成本基准、WBS、项目进度表和项目经理意见

答案：B

11．以下哪项不是费用估算的工具？（　　）
　　A．质量成本　　B．供货商投标分析　　C．准备金分析　　D．敏感性分析

答案：D

12．一位工程师就一个新近提议的共管项目向管理层提交了一份基于每平方英尺的成本得出的项目估算成本。为了提交这份项目估算成本，该工程师使用了什么工具或技术？（　　）
　　A．类比估算　　B．量级估算　　C．建立参数模型　　D．自下而上估算

答案：C

13．对项目实施组织而言，不希望资金的花费经常发生大的起伏，此时可通过以下哪项技术来解决？（　　）
　　A．储备金分析　　B．资金限制平衡　　C．准备金分析　　D．质量成本分析

答案：B

14．为了应对已知的未知，项目经理需采取（　　）。
　　A．应急准备金分析
　　B．管理准备金分析
　　C．权变措施
　　D．项目资金要求分析

答案：A

15．一个项目具有以下特点：收益$2,000，利润$1000，项目成本$800，生命周期成本$1200，项目的收益成本率是（　　）。
　　A．2.50　　B．1.25　　C．1.67　　D．0.83

答案：C

16．按以下给出的条件，应该选择哪个项目实施？（　　）
　　A．项目A 机会成本$100,000，投资$1,000,000
　　B．项目B 机会成本$200,000，投资$500,000
　　C．项目C 机会成本$300,000，投资$3,500,000
　　D．信息不够，无法选择

答案：D

17．项目发生了费用和进度方面的变更，最初的估算不再有效。如果 BAC＝$300000，AC＝$100000，EV＝$150000，CPI＝$1.2，ETC＝$120000，则项目的完工估算是（　　）。
　　A．$250000　　B．$220000　　C．$280000　　D．$300000

答案：B

18．在建筑项目中，CPI为1.3，SPI为0.85，可能的原因是（　　）。

A．一项重要的资源在很长时间内缺货，并且事先没有预料到

B．原材料价格上涨 10%

C．没有考虑通货膨胀率

D．有 4 天时间在等待水泥凝固，在此期间不能继续施工

答案：A

19．你的上级想要尽可能识别出他管辖范围内的所有超出预算的项目，因此他要求下属的项目经理向他提供（　　）。

A．绩效报告　　　B．成本管理计划　　　C．成本基准　　　D．绩效测量

答案：A

20．作为一个项目经理，你不时地检验项目结果以确定项目随时间的进展情况，以决定绩效是否改进或恶化。这可以通过以下哪项实现？（　　）

A．绩效审查　　　B．偏差分析　　　C．趋势分析　　　D．挣值分析

答案：C

21．你刚刚从一个辞职的项目经理手中接过一个新项目。研究项目信息发现成本偏差非常严重。为提供一个绩效测量的实际基准，你应当（　　）。

A．发布预算更新　　　　　　　　　B．修订成本基准

C．纠正措施，如调整计划活动的预算　　D．结束项目

答案：B

22．如果项目关键路径数目增多，而项目工期不变，则对项目的影响是（　　）。

A．赶进度以确保项目按时完工　　　B．快速跟进以确保项目按时完工

C．执行额外的风险计划　　　　　　D．减少项目范围

答案：C

23．挣值技术中，EAC＝AC＋ETC 是使用了以下哪项来计算完工估算的？（　　）

A．新估算　　　B．原来的估算　　　C．剩余预算　　　D．CPI

答案：A

24．挣值技术中，ETC＝BAC－EV，这是基于什么来计算 ETC 的？（　　）

A．新估算　　　B．非典型偏差　　　C．典型偏差　　　D．原来的估算

答案：B

25．一个项目的 BAC＝2000，PV＝500，AC＝700，EV＝600，此时完工百分比为（　　）。

A．30%　　　B．25%　　　C．35%　　　D．20%

答案：A

26．在变更控制下，客户批准了二十项附加活动，这对 SPI 有何影响？（　　）

A．对 SPI 有积极影响　　　　B．对 SPI 有消极影响

C．对 SPI 没有影响　　　　　D．信息不足，无法判断

答案：D

27．大约多大比例的项目工作完成后，累计的 CPI 就会表现得相对稳定？（　　）
   A．5%～10%　　　B．15%～20%　　　C．25%～35%　　　D．50%～75%
答案：B

28．为了制订预算，以下都需要评价，除了（　　）。
   A．应急成本　　　B．直接成本　　　C．沉没成本　　　D．间接成本
答案：C

29．挣值是（　　）。
   A．完成工作预算成本　　　　　　B．计划工作预算成本
   C．完成工作实际成本　　　　　　D．成本绩效指数
答案：A

30．下列哪一项不是直接成本的一个例子？（　　）
   A．项目经理的薪金　　　　　　　B．分包商的费用
   C．项目所用的材料　　　　　　　D．电费
答案：D

第18小时
基业长青——项目的质量管理

18.0 【章节考点分析】

本小时内,我们主要来学习项目的质量管理。质量管理是项目管理中的重要组成部分之一,它不但关系项目的成败,还关系企业的未来发展。它包括了质量管理的规划、对质量进行管理、质量管理的控制与检查等过程。质量管理在 PMP 考试和 PMBOK 中,所占比重都不小,所以考生必须努力掌握这部分内容。

本章节内容概念和分析并重,根据以往 PMP 考试的出题规律而言,考查概念知识的题目比考查情景应用的题目略少。<u>本小时的架构如图 18-1 所示。</u>

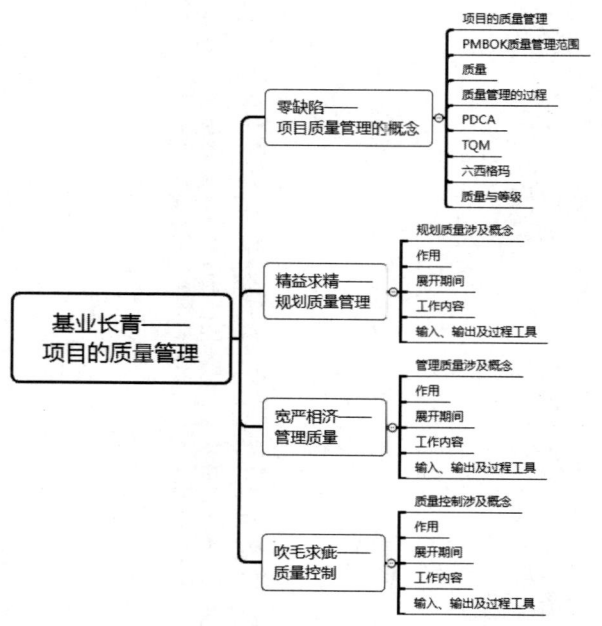

图 18-1 项目质量管理架构图

第 18 小时　基业长青——项目的质量管理

【导读小贴士】

"科技引领时代，质量成就未来。"这体现了现代企业对质量追求态度的高度认同。一个项目经理，要想确保项目可以达到既定的质量要求，就要实施质量管理。质量管理包括制定和执行质量方针、质量目标和质量责任等多个过程，也隐含了零缺陷管理、六西格玛管理和戴明环等质量工具。这一章我们就从这些方面入手，开始学习质量管理吧。

18.1　零缺陷——项目质量管理的概念

零缺陷是质量不断改进的一种理念，它特别强调预防控制和过程控制，要求第一次就把事情做正确，使产品符合对顾客的承诺要求。在项目质量管理中，也同样需要这种理念。

【基础知识点】

（1）项目的质量管理：项目质量管理包括把组织的质量政策应用于规划，并管理和控制项目及产品符合质量要求，以满足相关方对于质量要求目标的各个过程。

（2）PMBOK 质量管理的范围：《PMBOK 指南》同时兼顾对项目产品的质量管理和对管理工作的质量管理。也就是说项目质量管理既包括对项目的产品（结果）的质量管理，也包括对项目的管理的质量管理。

（3）质量：质量是指达到要求并适合使用。

（4）质量管理的过程：如图 18-2 所示。

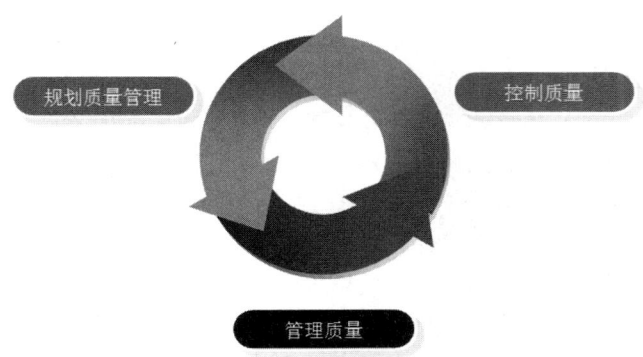

图 18-2　质量管理的过程

虽然这 3 个质量管理过程通常是界限分明且以相互独立的形式出现，但在实际工作中，它们会以超出想象的方式相互交叠、相互影响、相互作用。此外，不同行业和公司的质量管理过程是有区别的。

（5）PDCA：PDCA 循环是美国质量管理专家休哈特博士首先提出的，由戴明采纳、宣传、获得普及，所以又称戴明环。全面质量管理的思想基础和方法依据就是 PDCA 循环。PDCA 循环的含义是将质量管理分为四个阶段，即计划（Plan）、执行（Do）、检查（Check）、处理（Act）。

（6）TQM（Total Quality Management）：全面质量管理。它以产品质量为核心、以全员参与为基础，为了达到让顾客满意并让本组织所有者及其他相关方受益的目的，而建立起的一套科学、严密、高效的质量体系。它是一种可以达到长期成功的管理途径，是改善企业运营效率的一种重要方法。

（7）六西格玛：即六标准差，它是一种改善企业质量流程管理的技术。它以"零缺陷"的完美商业追求为理念，带动质量成本的大幅度降低，最终实现财务效率的提升与企业竞争力的突破。这种技术主要强调通过制定极高的目标、收集数据以及分析结果，来减少产品和服务的缺陷。六西格玛背后的原理就是如果你检测到你的项目中有缺陷，你就可以找出如何系统地减少缺陷的方法。一个企业要想达到六西格玛标准，那么它的出错率不能超过百万分之 3.4。

（8）"质量"与"等级"：它们是不同的两个概念。质量作为实现的性能或成果，是"一系列内在特性满足要求的程度"。等级作为设计意图，是对用途相同但技术特性不同的可交付成果的级别分类。

18.2 精益求精——规划质量管理

精益求精，比喻一件事情我们已经做得很好了，还要追求更好的结果。而质量管理中，对于质量的要求并不是"精益求精"，而是有一个度。既然有度，那么我们就要对质量管理进行规划，比如想通过质量管理把质量控制在一个什么样的程度，要遵从哪些规范和标准，要通过什么样的过程、工具或技术来实现等。即，我们先要对质量管理进行规划，为质量管理提供一个指南。

【基础知识点】

1. 相关的概念和定义

➢ 规划质量管理：识别项目及其可交付成果的质量要求和/或标准，并书面描述项目将如何证明其符合质量要求和/或标准的过程。它规定项目质量管理工作必须遵守的程序和方法，是整个项目质量管理的指南。

➢ 项目质量管理计划：项目质量计划是指为确定项目应该达到的质量标准和如何达到这些质量标准而做的管理计划与安排。项目质量计划是质量规划过程的结果之一。它规定与项目相关的质量标准，如何满足这些标准，由谁及何时应使用哪些程序和相关资源等内容。项目质量计划过程的成果为：项目质量计划、项目质量工作说明、质量核检清单、可用于其他管理过程的信息。

➢ 质量管理：项目质量管理包括确定质量政策、质量目标与质量职责的各种过程和活动，以便项目满足其预定的质量需求。它通过运用相关的政策、程序与过程来实施，以实现持续改进。

- 风险管理计划：风险管理计划是项目定义说明书的组成部分，它包括了商业环境的和项目本身的所有风险记录、评估这些风险可能的影响和（何时）采取什么行动才能避免、排除和控制这些风险，以及详细的管理风险步骤。风险管理计划编制是识别项目可能面临的风险并给出相应处理措施（包括转移、规避或降低）的过程。对于执行中的项目，由于不断有新情况发生，项目可能会面临新风险，有时还需要编制附加风险管理计划。
- 相关方参与计划：对于所有相关方进行项目参与的方案、方法、方式、时间等进行明确规定。
- 标杆对照：将实际或计划的项目实践或项目的质量标准与可比项目进行比较，以便识别最佳实践，形成改进意见，并为绩效考核提供依据。作为标杆的项目可以来自执行组织的内部、外部、同一应用领域或其他应用领域，标杆对照允许用不同应用领域或行业的项目做对比。
- 质量成本效益分析：用来估算质量管理方案的优劣的财务分析工具。在质量管理过程中，质量成本效益分析可帮助项目经理评估所规划的质量管理活动的收益，是否有效减少了项目成本。达到质量要求的主要效益包括减少返工、提高生产率、降低成本、提升相关方满意度及提升赢利能力。对每个质量活动进行成本效益分析，就是比较其可能产生的成本与预期效益，它包括图 18-3 所示的 4 个部分。

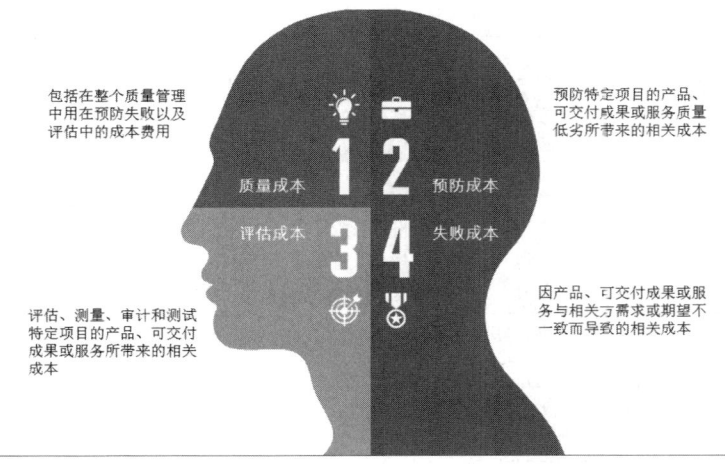

图 18-3　项目质量成本效益分析

- 质量思维导图：思维导图技术可以有助于快速收集项目质量要求、制约因素、依赖关系和联系。

2. 规划质量管理的作用

为在整个项目期间如何管理和核实质量提供指南和方向。

3. 规划质量管理的展开期间

本过程仅开展一次或仅在项目的预定义点开展。

4. 规划质量管理的工作内容

编制质量管理计划。

5. 规划质量管理的输入、工具、输出

该过程的输入、工具和输出内容见表 18-1。

表 18-1 规划质量管理的输入、工具和输出

输入		过程工具/技术	输出
项目章程	项目和产品特征的高层级描述	专家判断 质量保证；质量控制；质量测量结果；质量改进；质量体系 数据收集 标杆对照；头脑风暴；访谈 数据分析 成本效益分析；质量成本 决策 多标准决策分析 数据表现 流程图；逻辑数据模型；矩阵图；思维导图 测试与检查的规划 会议 召开规划会议来制定质量管理计划	质量管理计划 项目采用的质量标准；项目的质量目标；质量角色与职责；需要质量审查的可交付成果和过程；为项目规划的质量控制和质量管理活动；项目使用的质量工具； 质量测量指标 项目管理计划更新 风险管理计划；范围基准 项目文件更新 经验教训登记册；需求跟踪矩阵；风险登记册；相关方登记册
项目管理计划	需求管理计划		
	风险管理计划		
	相关方参与计划		
	范围基准（可交付成果、验收标准）		
事业环境因素	政府法规		
	特定应用领域的相关规则、标准和指南		
	地理分布		
	组织结构		
	市场条件		
	项目或可交付成果的工作条件或运行条件		
	文化观念		
组织过程资产	组织的质量管理体系，包括政策、程序及指南		
	质量模板，例如核查表、跟踪矩阵及其他		
	历史数据库和经验教训知识库		
项目文件	假设日志		
	需求文件		
	需求跟踪矩阵		
	风险登记册		
	相关方登记册		

18.3 宽严相济——管理质量

宽严相济的意思是，该严则严，当宽则宽，严中有宽，宽中有严，宽严有度。其实，在质量管理中，也要推行这个理念。在项目章程和说明书上有要求的，需严格遵守，没有要求的，也没必要苛求。

【基础知识点】

1. 管理质量涉及的概念
   - 管理质量：管理质量是把组织的质量政策用于项目，并将质量管理计划转化为可执行的质量活动的过程。
   - 第一次就把事情做对：这才是最节约成本的方法，因为可以避免返工、避免废品等。通过第一次就把事情做对，保证产品符合既定的要求，从而防止发生因产品不符合要求而带来的相关成本。
   - 核对单：核对单是一种结构化工具，用来核实所要求的一系列步骤是否已得到执行，或用来检查需求列表是否已得到满足。
   - 备选方案分析：该技术用于评估已识别的可选方案，选择出最合适的方案。
   - 根本原因分析：用于确定引起偏差、缺陷或风险的根本原因的分析技术，以便消除引起问题的根本原因并杜绝问题再次发生。一项根本原因可能引起多项偏差、缺陷或风险。
   - 因果图：又称"鱼骨图""why-why 分析图""石川图"。因果图将问题陈述的原因分解为离散的分支，有助于识别问题的主要原因或根本原因。图 18-4 是因果图的一个示例。

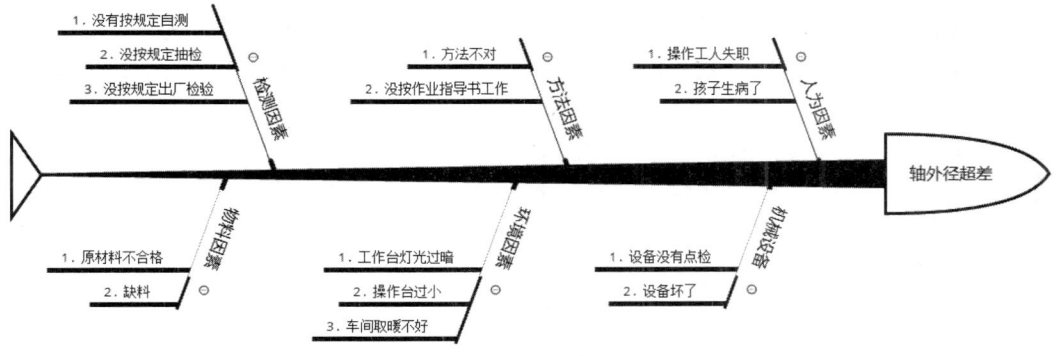

图 18-4　因果图

   - 流程图：在管理质量过程中，我们可以通过流程图来展示可能引发缺陷的所有步骤。图 18-5 是流程图的一个示例。
   - 直方图：直方图是一种展示数据的条形图。管理质量过程中可用流程图展示每个可交付成果的缺陷数量、缺陷成因的排列、各个过程的不合规次数或项目产品缺陷的其他表现形式。图 18-6 是直方图示例。

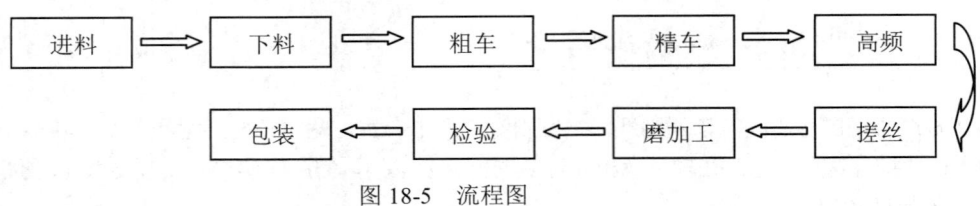

图 18-5　流程图

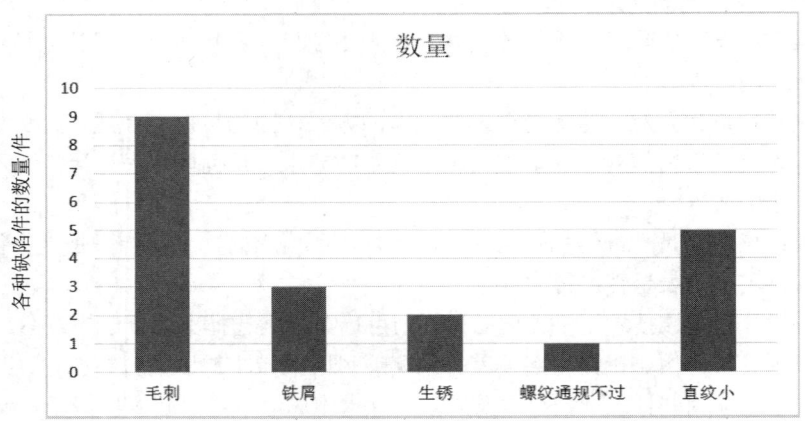

图 18-6　轴缺陷直方图

- 矩阵图：矩阵图在行列交叉的位置展示因素、原因和目标之间的关系强弱。
- 散点图：散点图是一种展示两个变量之间的关系的图形。在管理质量过程中，可以用一个轴表示过程、环境或活动的任何要素，另一个轴表示质量缺陷。图 18-7 是散点图的示例。

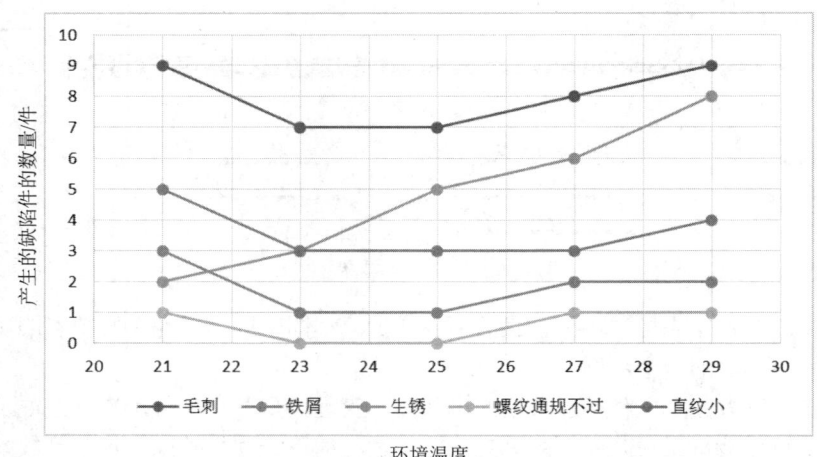

图 18-7　缺陷数量和温度的关系散点图

由图 18-7 可见，温度和生锈是强相关，随着温度的升高，生锈的数量上升，而温度对其他缺陷的影响不明显。

> 审计：审计是一种结构化且独立的过程，用于确定项目活动是否遵循了组织和项目的政策、过程与程序。质量审计通常由项目外部的团队开展，如组织内部的审计部门、项目管理办公室（PMO）或组织外部的审计师。

> 面向 X 的设计（DFX）：面向 X 的设计是产品设计期间可采用的一系列技术指南，DFX 中的"X"可以是产品开发的不同方面，其具体作用如图 18-8 所示。

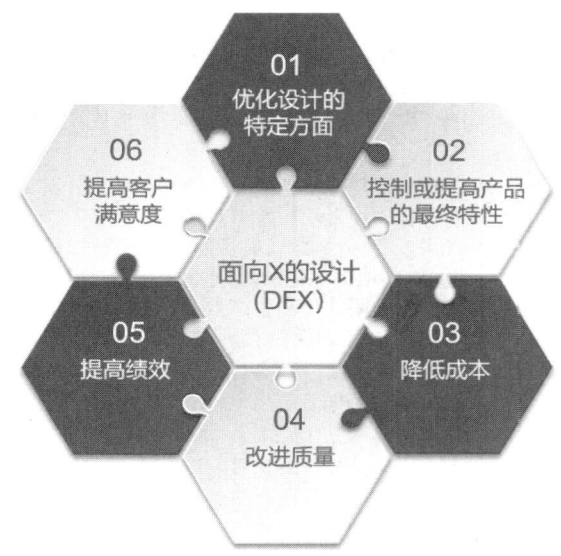

图 18-8　面向 X 的设计（DFX）

2. 管理质量的作用

提高实现质量目标的可能性，以及识别无效过程和导致质量低劣的原因。

3. 管理质量的展开期间

本过程需要在整个项目期间开展。

4. 管理质量的工作内容：按照质量管理计划实施系统的质量活动，保证项目达到既定的质量要求。同时，要在实施过程中，审查质量要求和质量控制的测量结果，确保所采用的质量标准和相关定义是合理的、可操作的。管理质量的过程旨在高效地执行项目过程，包括遵守和满足标准、向相关方保证最终产品可以满足他们的需求、期望和要求等。管理质量包括所有的质量保证活动，还与产品设计和过程改进有关。管理质量的工作属于质量成本框架中的"一致性"工作。

5. 管理质量的输入、工具、输出

该过程的输入、工具和输出见表 18-2。

表 18-2 管理质量的输入、工具和输出

输入		过程工具/技术	输出
项目管理计划	质量管理计划	**数据收集** 核对单	
组织过程资产	包含了政策、程序及指南的质量管理规划体系	**数据分析** 备选方案分析；文件分析；过程分析；根本原因分析	
	质量模板	**决策** 多标准决策	
	包含类似项目信息的经验教训知识库	**数据表现** 因果图；流程图；直方图；矩阵图；亲和图；矩阵图；散点图	质量报告 测试与评估文件 变更请求 项目管理计划更新 质量管理计划；范围基准；进度基准；成本基准 项目文件更新 问题日志；经验教训登记册；风险登记册
	以往审计的结果	**审计** 识别全部正在实施的良好及最佳实践；识别所有违规做法、差距及不足；分享所在组织或行业中类似项目的良好实践；积极、主动地提供协助，以改进过程的执行，从而帮助团队提高生产效率；强调每次审计都应对组织经验教训知识库的积累作出贡献	
项目文件	经验教训登记册		
	质量控制测量结果		
	质量测量指标	**面向 X 的设计**	
	风险报告	**问题解决** 定义问题；识别根本原因；生成可能的解决方案；选择最佳解决方案；执行解决方案；验证解决方案的有效性 **质量改进方法** 戴明环，六西格玛	

18.4 吹毛求疵——质量控制

吹毛求疵，比喻故意或苛刻地挑剔别人的微小不足。在项目管理的质量控制中，也应该这样，不放过微小的问题，将质量控制进行到底。

1. 本节涉及的概念及定义

（1）质量控制：图 18-9 为一个质量控制过程图。

（2）可交付成果：可交付成果指的是在某一过程、阶段或项目完成时，必须产出的所有独特并可核实的产品、成果或能力。

（3）质量成本：用于质量管理的成本。它是质量活动的重要组成部分，在估算质量活动时，需要考虑预计将多少钱来做质量管理。

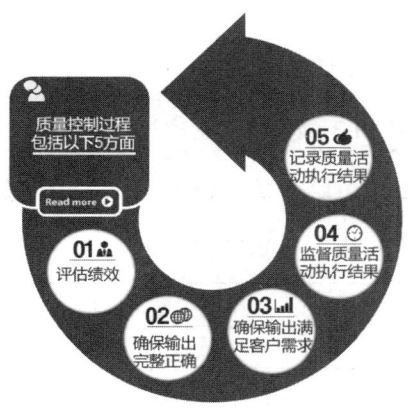

图 18-9　质量控制过程图

（4）核查表：又称计数表，在收集潜在质量问题时用于进行核对。

（5）检查：检查是指检验工作产品是否符合所需的标准。检查的结果通常包括相关的测量数据，可在任何层面上进行。可以检查单个活动的成果，也可以检查项目的最终产品。检查也称为审查、同行审查、审计或巡检等。

（6）测试：测试是一种有组织的、结构化的调查，旨在根据项目需求提供有关被测产品或服务质量的客观信息。测试的目的是找出产品或服务中存在的错误、缺陷、漏洞或其他不合规问题。

2．质量控制的作用

核实项目可交付成果已经达到主要相关方的质量要求，可供最终验收。

3．质量控制的展开期间

整个项目期间开展。

4．质量控制的工作内容

质量控制的工作内容如图 18-10 所示。

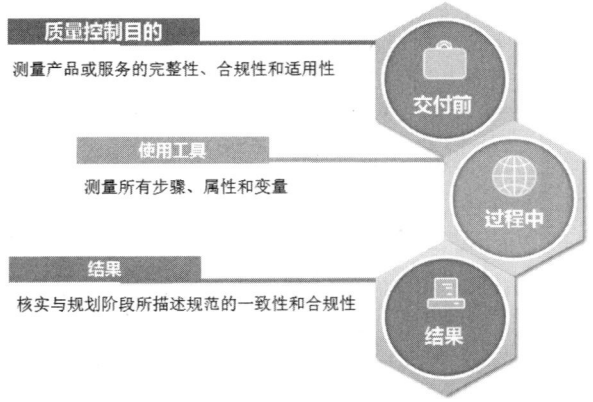

图 18-10　质量控制的工作内容

5. 质量控制的输入、工具、输出

该过程的输入、工具和输出见表 18-3。

表 18-3　质量控制的输入、工具和输出

输入		过程工具/技术	输出
项目管理计划	质量管理计划	**数据收集** 核对单；核查表；统计抽样 **数据分析** 绩效审核；根本原因分析 **检查** **测试/产品评估** **数据表现** 因果图；直方图；控制图；散点图 **会议** 审查已批准的变更请求；回顾经验教训	**质量控制测量结果 核实的可交付成果 工作绩效信息 变更请求 项目管理计划更新 项目文件更新** 问题日志；经验教训登记册；风险登记册；测试与评估文件
项目文件	经验教训登记册		
	质量测量指标		
	测试与评估文件		
批准的变更请求	包括各种质量修正		
组织过程资产	质量标准和政策		
	质量模板		
	可用的监督和报告方法		
工作绩效数据	工作绩效数据，包括产品状态数据		
可交付成果	产品、成果或能力		
事业环境因素	项目管理信息系统		
	政府法规		
	特定应用领域的相关规则、标准和指南		

第19小时 项目质量管理练习题

【导读小贴士】

通过上一小时的学习,我们了解了一些项目质量管理的相关概念和工具,也已经明白了该如何管理项目的质量。现在让我们再通过一些练习,来对以上知识加深理解并轻松通过PMP的考试。

练习题

1. 某项目经理在项目执行过程中完全忽略方法论,不进行开工六会、不设置工作分解结构、不及时通知他人项目的进程,却得出了完全令客户满意的可交付成果。这时的项目质量（   ）。
   A. 达到要求,因为项目可交付成果得到了客户的肯定
   B. 达到要求,因为每个人都有自己独特的工作方法
   C. 未完全达到要求,因为可交付成果最好能超过客户的期望
   D. 没有达到要求,因为其忽视了项目管理过程的质量
   答案:D

2. 下列对某软件的各项描述中不属于质量问题的是（   ）。
   A. 有明显的编程错误　　　　　　　B. 用户手册晦涩难懂
   C. 功能有限　　　　　　　　　　　D. 某些文件损坏,无法打开
   答案:C

3. 以下都是为了保证项目符合要求而产生的成本，除了（　　）。
   A．预防成本　　　B．评估成本　　　C．质量计划成本　　D．担保成本
答案：D

4. 客户对项目产品的要求在何时得以完全实现？（　　）
   A．超过客户期望　　　　　　　　B．成本较高时
   C．实现了质量标准　　　　　　　D．产品在市场上取得成功
答案：C

5. 项目团队增加了一项项目没有要求的功能，并且客户也很满意。从质量角度讲（　　）。
   A．其是高质量的，因为其超过了客户的期望
   B．质量不可接受，因为镀金是不可取的
   C．这意味着可以从客户那里获得持续的交易
   D．这意味着可以获得客户的信任
答案：B

6. 谁对项目成果的质量负责？（　　）
   A．质量控制监督员　　　　　　　B．项目经理
   C．设计工程师　　　　　　　　　D．质量经理
答案：B

7. 以下哪一项最好地描述了质量管理计划的投入？（　　）
   A．范围描述、标准和产品介绍　　B．质量政策、范围和一览表
   C．过程产出、利得/成本分析和操作定义　　D．规则、质量政策和核对表
答案：A

8. 在以下哪一项上投入资源能够大大提高项目的质量？（　　）
   A．设计　　　B．检查　　　C．补救　　　D．审计
答案：A

9. 谁必须保证项目的所有干系人知晓项目须遵循的质量原则（　　）。
   A．项目经理　　　B．项目管理团队　　　C．项目实施团队　　　D．项目发起人
答案：B

10. 你在确定成本与进度之间的什么样的平衡最适合项目：可以支付$120/h 雇佣一个有经验的工作人员，他可以在 45 天内完成工作；也可以支付$80/h 雇佣一个不是很有经验的人，他可以在 65 天内完成。你可以利用什么工具来帮助你做出决策？（　　）
    A．质量成本　　　B．因果图　　　C．实验设计　　　D．网络图
答案：C

11. 关于项目管理团队应当如何贯彻执行组织质量方面的意图的描述是（　　）。
    A．日常运作定义　　　　　　　B．项目质量管理计划
    C．核对表　　　　　　　　　　D．质量政策

答案：D

12．质量规划之后，你需要制定一个工具以便在产品检验时核实所要求进行的各个步骤是否已经完成，它也称之为（　　）。
    A．核对表　　　　B．操作说明　　　　C．质量管理计划　　D．试验设计
答案：A

13．在项目过程中，经常通过对照目前项目和以前类似项目的做法来提供质量测量指标，这运用了何种技术？（　　）
    A．类比法　　　　B．基准对照　　　　C．力场分析　　　　D．模块图
答案：B

14．缺陷密度、故障率、可用性、可靠性等指标有可能是以下哪个过程的输出？（　　）
    A．质量规划　　　B．质量保障　　　　C．范围控制　　　　D．范围核实
答案：A

15．以下哪项是实现过程质量改进的叠加过程？（　　）
    A．过程持续改进　B．滚动式规划　　　C．补充规划　　　　D．绩效改进目标
答案：A

16．进行系统的独立审查，确定项目活动是否符合组织和项目政策、过程和程序，并用于确认已实施的变更请求、纠正措施、缺陷补救和纠正措施。这属于（　　）。
    A．质量核对表　　B．检查　　　　　　C．质量审计　　　　D．项目审计
答案：C

17．你是一个铺沥青项目的项目经理。你正在进行根本原因分析，以确定导致某问题或情况的根本原因，并为类似的问题制定纠正措施。同时，你还邀请团队成员与你一起从组织和技术角度识别项目中所需要的改进。目前你处于以下哪一个过程？（　　）
    A．质量规划　　　B．质量保证　　　　C．质量控制　　　　D．质量审计
答案：B

18．质量控制由谁实施？（　　）
    A．项目团队成员　B．质量控制部门　　C．PMO　　　　　　D．项目经理
答案：B

19．项目管理团队应当具备质量控制方面必要的统计知识。以下说法中正确的是（　　）。
    A．属性抽样衡量可交付成果的符合程度，变量抽样衡量可交付成果是否合格
    B．随机原因是异常事件，可以通过多次检查避免
    C．在允差范围内的结果是可以接受的；而结果不在控制范围内，则说明过程失控
    D．检查的目的是保证项目进行过程中不出现错误
答案：C

20．以下哪项不能用来分析问题的根本原因？（　　）
    A．石川图　　　　B．流程图　　　　　C．过程分析　　　　D．帕雷托图

答案：D

21．以下均主要用于项目质量控制，除了（ ）。
   A．工作绩效测量结果　　　　　　B．质量核对表
   C．质量测量指标　　　　　　　　D．质量成本
答案：D

22．你的公司在为一家汽车公司制造轴承。你识别出了一些差错和缺陷方面的历史信息，并且准备用这些信息去预测项目后期的绩效。你可以运用的合适的工具是（ ）。
   A．散点图　　B．统计样本　　C．控制图　　D．趋势分析
答案：D

23．你是一个制造公司的项目经理，在为汽车公司制造内燃机。在过去的一段时间中出现了很多问题，你想去看一下是否是制造流程中出现了问题，以找到问题产生的原因并纠正。为达到这种目的，你应当使用（ ）。
   A．检查　　B．帕累托图　　C．统计样本　　D．控制图
答案：A

24．根据二八法则，80%的缺陷是由20%的原因造成的。为确定最有可能的缺陷，并评价偏差的大小，你可以应用以下哪项技术对缺陷排序？（ ）
   A．统计样本　　B．控制图　　C．帕累托图　　D．检查
答案：C

25．以下哪一项不是质量控制的工具？（ ）
   A．检查　　B．统计抽样　　C．趋势图　　D．成本效益分析
答案：D

26．在实施项目控制之后，组织过程资产会得到更新。无论核对表在哪里运用，完成的核对表都应成为以下哪项的一部分？（ ）
   A．项目记录　　　　　　　　　　B．项目档案
   C．项目质量管理计划　　　　　　D．经验教训文档
答案：A

27．质量政策表明项目的成本允差为±10%。目前检测出成本偏差是8%，作为项目经理的您应当（ ）。
   A．查找成本出现偏差的根本原因，制定补救措施
   B．制定应急计划
   C．继续监控事态的发展
   D．实施风险应对计划
答案：C

28．质量控制包括监控明确的项目成果以确定它们是否符合相关的质量标准。为了评估质量控制的成果，项目团队必须了解的相关知识是（ ）。

A．预防与检查 B．抽样与概率
C．特殊原因与随机原因 D．允差与控制范围

答案：B

29．你在确定项目正在进行的活动是否与组织和项目的政策一致，这属于（   ）。

A．检查 B．质量审计 C．质量改进 D．趋势分析

答案：B

30．在项目执行过程中，一名团队成员找到项目经理，告诉项目经理根据他的见解，项目将无法满足为之制定的质量标准。项目经理与相关各方开会进行相关分析。项目经理处于质量管理过程的哪个步骤？（   ）

A．质量计划 B．质量保证 C．质量分析 D．质量控制

答案：B

第20小时
四方辐辏——项目资源管理

20.0 【章节考点分析】

在本小时内,我们主要来学习项目的资源管理。项目所使用的资源一般分为两大类,一类是实物资源(包括设备、材料、设施等),另一类是人力资源。PMBOK 要求对这两类资源都要进行管理。在对于实物资源的管理的学习方面,中国考生跟美国考生没什么区别,但在人力资源管理方面,由于东西方文化差异,可能在观念上有所不同,比如,关于个体与集体的关系的认识,在中国与在美国就存在显著差异。这导致我们如果不了解美国人的思维方式,在考试上就容易失分。

根据以往 PMP 考试的出题规律,本部分内容的考查形式,概念与分析并重,需要我们理论联系实际地进行学习。本小时的架构如图 20-1 所示。

四方辐辏——项目资源管理 第 20 小时

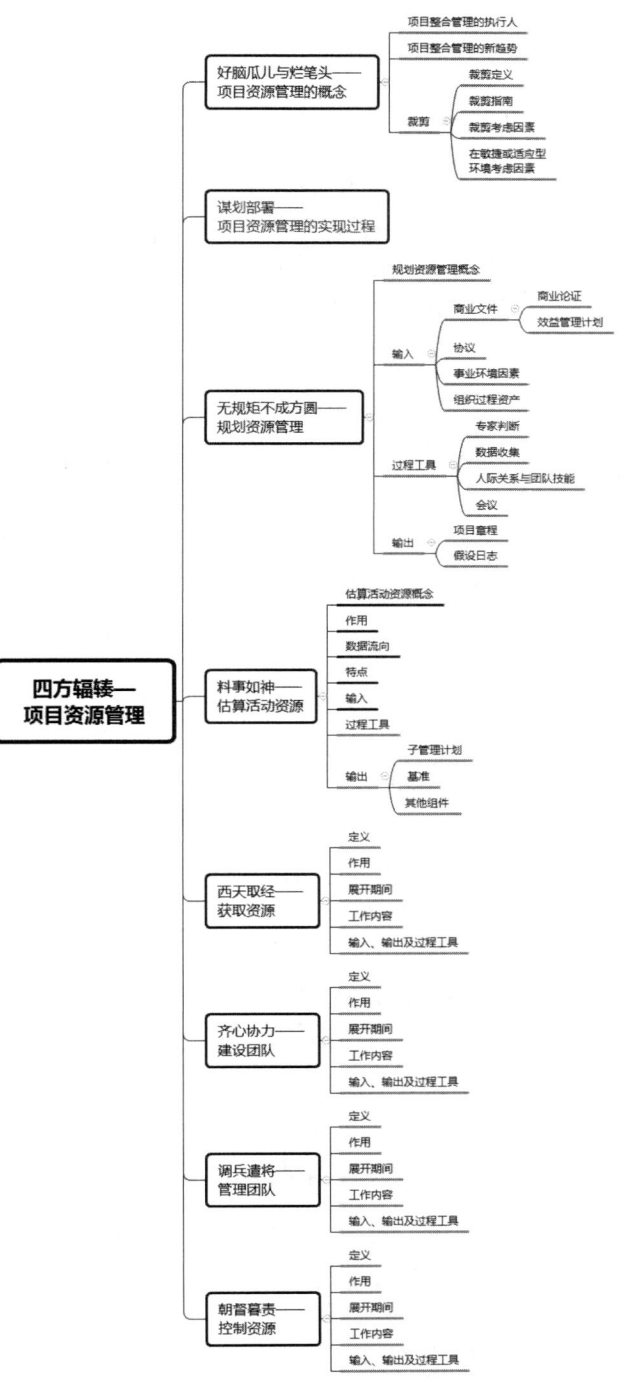

图 20-1 项目的资源管理知识架构图

【导读小贴士】

四方辐辏，比喻四方的人才或货物像车轮上的辐条一般聚集到一处。在项目管理中，人力资源和实物资源都很关键，它关系整个项目的成败，资源管理自然也就成了项目管理的重中之重。如果你是一个项目经理，你应该怎样进行项目的资源管理呢？本小时内，我们先从熟悉资源管理的定义开始，学习资源管理的一般过程，以及资源管理过程中用到的工具技术和资源管理的关键点。让我们愉快地开启资源管理的学习吧。

20.1　好脑瓜儿与烂笔头——项目资源管理的概念

好脑瓜不如烂笔头，形容当一个人需要记住很多事情时，再好的脑子也不如用笔把事情记下来。对于一个项目，所涉及的资源无论是种类还是数量，都可能多种多样，到底有什么资源可用？什么资源是用到什么地方的？什么时候用？怎么用？这很容易就会超出凭感觉可以掌握的程序。

【基础知识点】

（1）项目资源管理：指为了降低项目成本，而对项目所需的人力、材料、机械、技术、资金等资源所进行的计划、组织、指挥、协调和控制等活动。项目资源管理包括识别、获取和管理所需资源以成功完成项目的各个过程，这些过程有助于确保项目经理和项目团队在正确的时间和地点使用正确的资源。

（2）准时制（Just in Time，JIT）生产：是指在所需要的时刻，按所需要的数量生产所需要的产品（或零部件）的生产模式，其目的是加速半成品的流转，将库存的积压减少到最低的限度，从而提高企业的效益。

（3）精益管理：要求企业的各项活动都必须运用"精益思维"（Lean Thinking）。"精益思维"的核心就是以最小资源投入，创造出尽可能多的价值。

20.2　谋划部署——项目资源管理的实现过程

做任何事情，都要先行谋划，周密部署，方可决胜千里。对于项目的资源管理，如果想达到理想的效果，也要先行谋划，即规划资源管理过程。在此基础上，才可以展开项目资源管理的后续各个过程。

实现项目资源管理的一般过程，如图20-2所示。

图 20-2　项目资源管理的实现过程

20.3　无规矩不成方圆——规划资源管理

【基础知识点】
1. 涉及的概念和定义
   - 规划资源管理：定义如何估算、获取、管理和利用团队资源以及实物资源的过程。它规定项目资源管理工作所必须遵守的程序和方法，是整个项目资源管理的方法和指南。
   - 组织分解结构（Organizational Breakdown Structure，OBS）：WBS 显示项目可交付成果的分解，而 OBS 则按照组织现有的部门、单元或团队排列，并在每个部门下列出项目活动或工作包。
   - 资源分解结构：资源分解结构是按资源类别和类型，对团队和实物资源分层分级进行列表，每向下一个层次对资源的描述都会更加详细，直到资源的描述信息细致到可以与工 WBS 相适应和配合。资源分解结构用于规划、管理和控制项目工作。
   - 责任分配矩阵：展示项目资源在各个工作包中的分配。责任分配矩阵（RAM）是它的一个例子，它显示了分配给每个工作包的项目资源，用于说明工作包或活动与项目团队成员之间的关系。
   - 文本型文件：文本型文件能详细描述团队成员的职责。文本型文件通常以概述的形式，提供诸如职责、职权、能力和资格等方面的信息。
   - 组织理论：阐述个人、团队和组织部门的行为方式。
2. 规划资源管理的作用
   根据项目类型和复杂程度，确定适用于项目资源的管理方法和管理程度。
3. 规划资源管理的展开期间
   本过程仅开展一次或仅在项目的预定义点开展。

4. 规划资源管理的工作内容

事先确定和识别一种方法，有足够的可用资源以确保项目的成功完成。项目资源不但包括常规的用品、材料、设备、服务和设施，还包括人力资源的管理。有效的资源规划需要考虑稀缺资源和人才的可用性和竞争，并编制相应的计划。

5. 规划资源管理的输入、工具、输出

该过程的输入、工具和输出见表20-1。

表20-1 规划资源管理的输入、工具和输出

输入		过程工具/技术	输出
项目章程	预先批准的财务资源	**专家判断** 协调组织内部的最佳资源；人才管理和员工发展；确定为实现项目目标所需的初步投入水平；根据组织文化确定报告要求；根据经验教训和市场条件，评估获取资源所需的提前量；识别与资源获取、留用和遣散计划有关的风险；遵循适用的政府和工会法规；管理卖方和物流工作，确保在需要时能够提供材料和用品 **数据表现** 层级型；文本型；责任分配矩阵 **会议** 举行规划会议来制定资源管理计划 **组织理论**	**资源管理计划** 识别资源；获取资源；角色与职责；项目组织图；培训；团队建设；资源控制；认可计划 **团队章程** 团队价值观；沟通指南；决策标准和过程；冲突处理过程；会议指南；团队共识 **项目文件更新** 假设日志；风险登记册
项目管理计划	质量管理计划		
	范围基准		
事业环境因素	组织文化和结构		
	设施和资源的地理分布		
	现有资源的能力和可用性		
	市场条件		
组织过程资产	人力资源管理政策和程序		
	物质资源管理政策和程序		
	安全政策		
	安保政策		
	资源管理计划模板		
	类似项目的历史信息		
项目文件	项目文件		
	项目进度计划		
	需求文件		
	风险登记册		
	相关方登记册		

20.4 料事如神——估算活动资源

料事如神的本意是形容预料事情非常准确。那么我们在项目管理中估算活动资源的时候，同样也要做到尽量准确，不论是人力还是物质，都要准确估算。

【基础知识点】

1. 估算活动资源的概念

估算活动资源，是指估算执行项目所需的团队资源，以及材料、设备和用品的类型和数量

的过程。

2. 估算活动资源的作用

明确完成项目所需的资源种类、数量和特性。

3. 估算活动资源的展开期间

本过程需要在整个项目期间开展。

4. 估算活动资源的输入、工具、输出

该过程的输入、工具和输出见表20-2。

表 20-2 估算活动资源的输入、工具和输出

输入		过程工具/技术	输出
项目管理计划	资源管理计划	专家判断 自下而上估算 类比估算 参数估算 数据分析 项目管理信息系统（PMIS） 会议	资源需求 估算依据 估算方法；以往类似项目的信息；与估算有关的假设条件；已知的制约因素；估算范围；估算的置信水平；有关影响估算的已识别风险的文件 资源分解结构 项目文件更新 活动属性；假设日志；经验教训登记册
	范围基准		
事业环境因素	组织文化和结构		
	商业数据库中发布的商业信息		
	项目管理信息系统（PMIS）		
组织过程资产	关于人员配备的政策和程序		
	关于用品和设备的政策与程序		
	关于以往项目中类似工作所使用的资源类型的历史信息		
项目文件	活动属性		
	活动清单		
	假设日志		
	成本估算		
	资源日历		
	风险登记册		

20.5 西天取经——获取资源

西天取经本意是经过许多困难取得真经。在项目管理中，通过种种渠道取得项目所需人力和物质资源的过程，就有点西天取经的意思。

【基础知识点】

1. 获取资源涉及的定义
   - 获取资源：是获取项目所需的团队成员、设施、设备、材料、用品和其他资源的过程。
   - 采购管理计划：提供了需要从项目外部获取的资源的信息，包括如何将采购与其他项目

工作整合起来的信息、资源采购工作的相关方的信息等。
- 物质资源的 3 个性质：如图 20-3 所示。

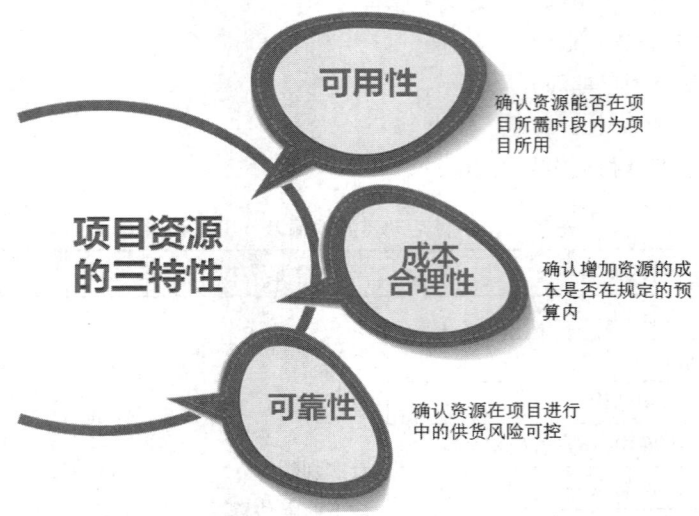

图 20-3　项目物质资源的 3 个性质

- 项目团队的特性：如图 20-4 所示。

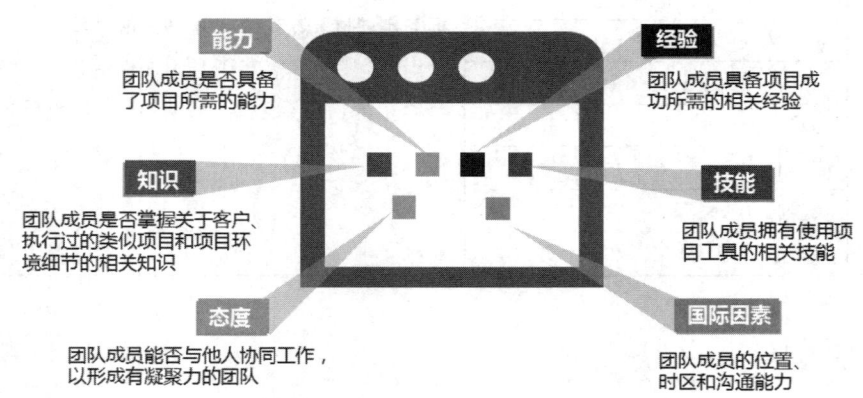

图 20-4　项目团队的特性

- 实物资源分配单：记录了项目将使用的材料、设备、用品、地点和其他实物资源。

2. 获取资源的作用

概述和指导资源的选择，并将其分配给相应的活动。

3. 获取资源的展开期间

本过程需要在整个项目期间开展。

4. 获取资源的输入、工具、输出

本过程的输入、工具和输出见表20-3。

表20-3 获取资源的输入、工具和输出

输入		工具/技术	输出
项目管理计划	资源管理计划	**决策** 可用性；成本；能力；经验；知识；技能；态度；国际因素 **人际关系与团队技能** 职能经理；执行组织中的其他项目管理团队；外部组织和供应商 **预分派** **虚拟团队** 在组织内部地处不同地理位置的员工之间组建团队；为项目团队增加特殊技能，即使相应的专家不在同一地理区域；将在家办公的员工纳入团队；在工作班次、工作小时或工作日不同的员工之间组建团队；将行动不便者或残疾人纳入团队；执行那些原本会因差旅费用过高而被搁置或取消的项目；节省员工所需的办公室和所有实物设备的开支	**实物资源分配单** **项目团队派工单** **资源日历** **变更请求** **项目管理计划更新** 资源管理计划；成本基准 **项目文件更新** 经验教训登记册；项目进度计划；资源分解结构；资源需求；风险登记册；相关方登记册 **事业环境因素更新** 组织内资源的可用性；组织已使用的消耗资源的数量 **组织过程资产更新** 有关采购、配置和分配资源的文件
	范围基准		
	采购管理计划		
项目文件	项目进度计划		
	资源日历		
	资源需求		
	相关方登记册		
事业环境因素	现有组织资源信息，包括可用性、能力水平以及有关团队资源和资源成本的以往经验		
	市场条件		
	组织结构		
	地理位置		
组织过程资产	有关项目资源的采购、配置和分配的政策和程序		
	历史信息和经验教训知识库		

20.6 齐心协力——建设团队

齐心协力指的是认识一致，共同努力。项目管理过程中，建设团队过程就是为了要达到齐心协力的效果。

1. 本节涉及的概念

（1）建设团队：通过提高工作能力、促进团队成员互动、改善团队整体氛围，来提高项目绩效的过程。

（2）使团队高效运转的方法：如图20-5所示。

（3）塔克曼阶梯理论：是说团队从建设到解散会经历5个阶段，这5个阶段互相衔接，互为条件，依次发展，如图20-6所示。

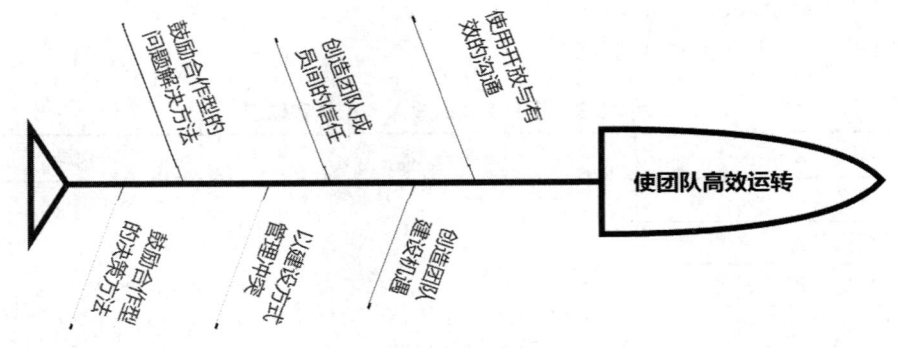

图 20-5　团队高效运转的方法

图 20-6　塔克曼团队 5 阶段

2. 建设团队的作用

建设团队的作用如图 20-7 所示。

图 20-7　建设团队的作用

3. 建设团队的展开期间

整个项目期间开展。

4. 建设团队的工作内容

定义、建立、维护、激励、领导和鼓舞项目团队，使团队高效运行，并实现项目目标。团队协作是项目成功的关键因素，而建设高效的项目团队是项目经理的主要职责之一。

5. 输入、工具、输出

该过程的输入、工具和输出见表 20-4。

表 20-4　建设团队的输入、工具和输出

输入		过程工具/技术	输出
项目管理计划	资源管理计划	集中办公 虚拟团队 沟通技术 共享门户；视频会议；音频会议；电子邮件/聊天软件； 数据分析 认可与奖励 人际关系与团队技能 冲突管理；影响力；激励；谈判；团队建设 培训 个人和团队评估 会议	团队绩效评估 个人技能的改进；团队能力的改进；团队成员离职率的降低；团队凝聚力的加强 变更请求 项目管理计划更新 资源管理计划 项目文件更新 经验教训登记册；项目进度计划；项目团队派工单；资源日历；团队章程 事业环境因素更新 员工发展计划的记录；技能评估 组织过程资产更新 培训需求；人事评测
项目文件	经验教训登记册		
	项目进度计划		
	项目团队派工单		
	资源日历		
	团队章程		
事业环境因素	有关雇用和解雇的人力资源管理政策、员工绩效审查、员工发展与培训记录、认可与奖励		
	团队成员的技能、能力和特定知识		
	团队成员的地理分布		
组织过程资产	历史信息和经验教训知识库		

20.7　调兵遣将——管理团队

一个将军，需要调动所有兵将完成一场战役。项目经理，需要通过管理团队，来调动所有团队成员完成项目。

1. 本节涉及的概念

（1）管理团队：跟踪团队成员工作表现，提供反馈，解决问题并管理团队变更，以优化项目绩效的过程。

（2）解决冲突的方法：常见的冲突解决方法有 5 种，如图 20-8 所示。

（3）影响冲突解决方法的因素：在项目中，冲突总是存在的，有 6 种因素会对冲突的解决方法产生影响，如图 20-9 所示。

（4）情商：情商指识别、评估和管理个人情绪、他人情绪及团体情绪的能力。

（5）有效决策：做出有效决策需考虑的因素如图 20-10 所示。

（6）领导力：领导团队、激励团队做好本职工作的能力，它包括各种不同的技巧、能力和行动。领导力在项目生命周期中的所有阶段都很重要。

图 20-8　解决冲突的 5 种方法

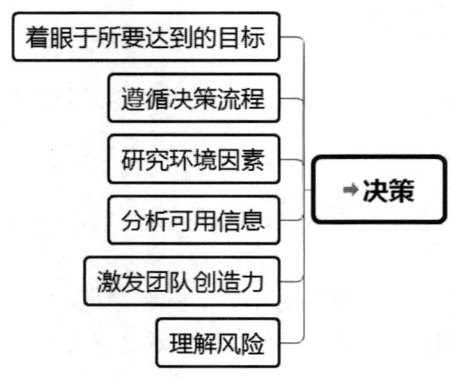

图 20-9　影响冲突解决方法的 6 种因素

图 20-10　决策依据

（7）影响力主要体现在以下几方面：①说服他人；②清晰表达观点和立场；③积极且有效地倾听；④了解并综合考虑各种观点；⑤收集相关信息，在维护相互信任的关系下，解决问题并达成一致意见。

2. 管理团队作用

影响团队行为、管理冲突以及解决问题。

3. 管理团队展开期间

本过程需要在整个项目期间开展。

4. 管理团队工作内容

管理项目团队需要借助多方面的管理和领导技能,来促进团队协作,整合团队成员的工作,从而创建高效团队。进行团队管理,需要综合运用各种技能,特别是沟通、冲突管理、谈判和领导技能。项目经理应该向团队成员分配富有挑战性的任务,并对优秀绩效进行表彰。项目经理应留意团队成员是否有意愿和能力完成工作,然后相应地调整管理和领导力方式。相对于那些已展现出能力和有经验的团队成员,技术能力较低的团队成员更需要强化监督。

5. 管理团队的输入、工具、输出

本过程的输入、工具和输出见表 20-5。

表 20-5 管理团队的输入、工具和输出

输入		过程工具/技术	输出
项目管理计划	资源管理计划	人际关系与团队技能 冲突管理;制定决策;影响力;领导力 项目管理信息系统(PMIS) 资源管理或进度计划软件	变更请求 项目管理计划更新 资源管理计划;进度基准;成本基准 项目文件更新 经验教训登记册;问题日志;项目团队派工单 事业环境因素更新 对组织绩效评价的输入;个人技能
项目文件	问题日志		
	经验教训登记册		
	项目团队派工单		
	团队章程		
工作绩效报告	实物或电子工作绩效信息		
事业环境因素	人力资源管理政策		
组织过程资产	嘉奖证书		
	组织中其他的额外待遇		
	公司制度		
团队绩效评价			

20.8 朝督暮责——资源控制

朝督暮责的意思是从早到晚不停地监督,在项目的资源管理过程中,资源控制过程就起到朝督暮责的作用。

1. 控制范围定义

控制资源是确保按计划为项目分配实物资源,以及根据资源使用计划监督资源实际使用情况,

并采取必要纠正措施的过程。

2. 控制范围作用

确保所分配的资源适时适地可用于项目，且在不再需要时被释放。

3. 控制范围展开期间

在整个项目期间开展。

4. 工作内容

应在所有项目阶段和整个项目生命周期期间持续开展控制资源过程，且适时、适地和适量地分配和释放资源，使项目能够持续进行。控制资源过程关注实物资源，例如设备、材料、设施和基础设施。管理团队过程关注团队成员。

5. 输入、工具、输出

该过程的输入、工具和输出内容见表 20-6。

表 20-6 控制范围过程的输入、工具和输出

输入		过程工具/技术	输出
项目管理计划	资源管理计划	**数据分析** 备选方案分析；成本效益分析；绩效审查；趋势分析 **问题解决** 识别问题；定义问题；调查；分析；解决；检查解决方案 **人际关系与团队技能** 谈判；影响力 **项目管理信息系统（PMIS）** 资源管理或进度计划软件	**项目文件更新** 假设日志；问题日志；经验教训登记册；实物资源分配单；资源分解结构；风险登记册**变更请求** **工作绩效信息** **项目管理计划更新** 资源管理计划；进度基准；成本基准
项目文件	问题日志；经验教训登记册；实物资源分配；项目进度计划；资源分解结构；资源需求；风险登记册		
工作绩效数据	有关项目状态的数据		
组织过程资产	有关资源控制和分配的政策；执行组织内用于解决问题的升级程序；经验教训知识库，其中包含以往类似项目的信息		
协议			

第21小时
项目资源管理练习题

【导读小贴士】

如果你是一位项目经理,通过上一个小时的学习,你已经学会了如何管理项目的物质资源和人力资源,但这些还都是理论,要想通过考试,需要一个理论联系实际的过程,下面就让我们通过一些练习,来对这部分内容进行巩固与加深,并熟悉PMP在这一部分的出题规律。

练习题

1. 确定项目角色、职责、汇报关系的过程是( )。
   A. 人力资源规划　B. 项目团队组建　C. 项目团队建设　D. 项目团队管理
答案:A

2. 你的项目目前处于人力资源规划阶段,你在分析项目团队候选人之间的人际关系,此时你需要考虑:项目团队候选人之间报告关系的类型是正式还是非正式的;项目候选人的职位描述;上下级关系、项目团队成员之间的工作关系会受到哪些文化或语言差异的影响;现有的信任水平和尊敬水平如何。以上这些因素是以下哪项的一部分?( )
   A. 事业环境因素　B. 组织等级层次　C. 正式汇报关系　D. 工作人员安置计划
答案:A

3. 用来跟踪项目成本,并与组织会计系统协调一致的层次结构图是( )。
   A. 工作分解结构　B. 组织结构图　C. 资源分解结构　D. 组织分解结构

答案：C

4. 你是一个为北方各省建造高速公路的复杂建筑项目的项目经理，有几个团队参与了此项目的工作。为项目制定人力资源计划时，最适合的工具是（　　）。
　　A．资源池描述　　B．人员管理计划　　C．职责分配矩阵　　D．组织矩阵
答案：C

5. 职责分配矩阵（RAM）反映工作与项目团队成员之间的联系。以下关于 RAM 层级划分的说法中，正确的是（　　）。
　　A．高层级的 RAM 可以界定哪些项目小组或单位分别负责 WBS 的哪一部分工作
　　B．RAM 必须能体现项目团队中的每一个成员的角色与职责
　　C．RAM 中的角色分为有责、负责、征询意见和通报四种，不能随意改变
　　D．RAM 矩阵中的人员必须是单个人
答案：A

6. 以下哪一项不是人力资源规划的输出？（　　）
　　A．角色职责　　B．项目组织图　　C．资源可利用情况　　D．人员配备管理计划
答案：C

7. 项目进行 5 周后，有一些团队成员将不再需要。此时，作为项目经理的您想了解应当如何处理这些人，你可以求助于（　　）。
　　A．人力资源规划　　　　　　　　B．人员配备管理计划
　　C．劳动合同　　　　　　　　　　D．风险应对计划
答案：B

8. 以下奖励行为或规则中，你认为最为合适的是（　　）。
　　A．奖励本月最佳项目团队成员
　　B．在一个提倡个人主义的文化背景中实施恰当的集体奖励制度
　　C．奖励为完成一项激进的进度目标而自愿加班加点的行为
　　D．当团队成员对项目费用决策控制权有限时，奖励为控制费用而努力的团队成员
答案：C

9. 以图形方式展示团队成员及其通报关系的是（　　）。
　　A．RAM　　B．项目组织图　　C．资源直方图　　D．组织分解结构
答案：B

10. 在招募人员时，你所在的公司需要遵守一定的指导方针和政策。从项目角度讲，这些指导方针和政策应当是（　　）。
　　A．规章制度　　B．最佳实践　　C．假设　　D．约束
答案：D

11. 某些情况下，在组建项目团队之前，有些项目团队成员已预先分派到项目中工作。出现这种情况的原因不可能是（　　）。

A．竞标过程中承诺分派特定人员进行项目工作

B．项目经理习惯与某些人员共同工作

C．项目取决于特定人员的专有技能

D．项目章程中规定了某些人员的工作分派

答案：B

12．在建立虚拟团队的情况下，以下哪一项显得特别重要？（　　）

　　A．风险识别　　　B．沟通规划　　　C．尊重差异　　　D．谈判能力

答案：B

13．作为一个项目经理，你正在拟定项目成员名单，确定他们的职责及沟通信息。此时你处于以下哪一个过程？（　　）

　　A．人力资源规划　　B．项目团队组建　　C．人员配备管理计划　　D．职责分配矩阵

答案：B

14．团队建设中，需要明确对成员可接受行为的期望，并通过讨论让团队成员了解彼此认为重要的价值观。这时你可以运用以下何种技术？（　　）

　　A．规则　　　　　B．集中办公　　　C．奖励与表彰　　D．组织过程资产

答案：A

15．以下关于集中办公的说法正确的是（　　）。

A．集中办公指在整个项目生命周期内，所有或者几乎所有最活跃的项目团队成员安排在同一地点工作

B．集中办公指把所有或者几乎所有最活跃的项目团队成员安排在同一地点工作，可以贯彻整个项目过程的始终，也可以是临时的，在项目的关键时期采用

C．集中办公与作战室本质上是一致的

D．集中办公是团队管理一种很有效的技术

答案：B

16．矩阵组织中，团队成员既对项目经理负责，又对职能经理负责，团队管理十分复杂。对这种双重汇报关系的有效管理是项目成功的关键因素，一般情况下，应当由（　　）负责。

　　A．职能经理　　　B．项目经理　　　C．项目发起人　　D．PMO

答案：B

17．项目绩效考核是团队管理一项非常重要的技术。以下哪一项不是运用该技术的目的？（　　）

A．重新确定角色与职责

B．安排特定的时间在紧张繁杂的环境下为团队成员提供积极的反馈

C．制定个人培训计划

D．惩罚团队成员的不良行为

答案：D

18. 以下哪项是团队管理的有效工具？（ ）
    A．定期举行项目情况汇报会　　　　B．为团队成员举办生日酒会
    C．观察与交流　　　　　　　　　　D．谈判
    答案：C

19. 在团队管理过程中如出现问题，可通过书面记录负责解决特定问题的人员以及问题解决的要求日期，这有助于团队成员监控问题的绩效，直至问题解决。以下哪一项工具可以帮助你做到这一点？（ ）
    A．核对表　　　B．问题登记簿　　　C．绩效考核表　　　D．问题追踪制度
    答案：B

20. 冲突的主要来源包括以下各项，除了（ ）。
    A．资源匮乏　　　　　　　　　　　B．进度安排的先后顺序
    C．个人工作风格　　　　　　　　　D．技术意见和绩效的平衡
    答案：D

21. 两个关键成员之间的冲突逐渐影响到项目进度，您应该如何防止此类事件发生？（ ）
    A．仔细规划、明确岗位　　　　　　B．召开一次项目启动会议
    C．在同一职能组中选择人员　　　　D．展示优秀的领导才能
    答案：A

22. 如果团队成员之间的冲突对项目造成了负面影响，应当先由谁负责解决相互间的这种冲突？（ ）
    A．团队成员　　B．项目经理　　　　C．项目发起人　　　D．高层
    答案：A

23. 你以前的项目经理不和下属商量就做出了大部分的决策，其领导风格是（ ）。
    A．放任的　　　B．果断的　　　　　C．独裁的　　　　　D．教练式的
    答案：C

24. 根据马斯洛的需求层次理论，经济安全是（ ）。
    A．生理需求　　B．安全需求　　　　C．社交需求　　　　D．自尊需要
    答案：B

25. 作为项目经理，你提倡项目团队成员的积极参与，这是因为你相信（ ）。
    A．Y理论　　　B．X理论　　　　　C．马斯洛需求理论　D．指示权利
    答案：A

26. 你被要求在很短的时间内完成一项高优先级的任务。在你知道需要做什么后，你将任务分派给不同的项目成员去做并告诉他们何时、如何完成。你的这种管理类型属于（ ）。
    A．指导型　　　B．放任型　　　　　C．协商型　　　　　D．任务导向
    答案：A

27. 作为一个项目经理，你对项目成员的个人活动感兴趣。项目成员喜欢和你一起用餐和打高

尔夫球，而不仅仅是和你一起工作。你对项目成员的权利是（　　）。

　　A．惩罚权利　　B．专家权利　　C．合法权利　　D．指示（感召）权利

答案：D

28．在你的项目中，你对什么是可接受的团队成员行为做了明确的解释，比如管理冲突、解决问题、按时出席所有会议等。你相信尽早了解清晰的方针有利于减少误解并提高效率。这些期望和指导方针也称之为（　　）。

　　A．团队建设活动　　B．程序　　　　C．一般管理技能　　D．行为标准

答案：B

29．你厌倦了与你团队成员在某些方面持续的不一致。你要求项目成员不要再继续争论，只能按照你希望的方式进行工作。你的冲突解决技术属于（　　）。

　　A．调和　　　　　B．强制　　　　C．面对　　　　　D．撤退

答案：B

30．你就一个问题与你的同事进行了非常激烈的争论，这产生了一种敌对的气氛。为了冷却敌对的氛围，你同意你同事的观点。你采取的冲突解决方法是（　　）。

　　A．解决问题　　　B．妥协　　　　C．强制　　　　　D．面对

答案：B

31．以下哪一项冲突解决方案产生的结果是临时性解决方案中最优的？（　　）

　　A．面对　　　　　B．回避　　　　C．缓和　　　　　D．妥协

答案：C

32．您是一个跨文化团队的项目经理。您通过电子邮件得知，两个项目成员——一个日本人和一个新加坡人对不明朗的工作分工和工作责任有异议。刚开始，交流是积极的，但是几封英文电子邮件往返之后，双方却有了对抗情绪。作为项目经理，在这种情况下，您认为采用什么冲突管理手段最有助于解决问题？（　　）

　　A．协作（Collaboration）　　　　B．对抗（Confrontation）
　　C．置身事外　　　　　　　　　　D．妥协

答案：B

33．缓和带来的结果是（　　）。

　　A．输－输　　　B．输－赢　　　C．赢－输　　　D．赢－赢

答案：A

34．PMI 认为，应最后使用的冲突解决方案是（　　）。

　　A．回避　　　　　B．缓和　　　　C．强制　　　　　D．妥协

答案：C

35．技术人员通常喜欢什么权力？（　　）

　　A．指示　　　　　B．强迫　　　　C．专业　　　　　D．法定

答案：C

第22小时
鸡同鸭讲——论项目的沟通管理

22.0 【章节考点分析】

在本小时内，我们主要学习项目的沟通管理。《PMBOK 指南》认为，沟通是一个项目经理最应该具备的能力，一个好的项目经理，可以没有特别专业的技术，但他必须具有良好的沟通能力。一个不是技术专家但具有优秀沟通能力的项目经理，可以领导项目取得成功，而一个不具有良好沟通能力的技术专家却往往不能。

本部分包括了沟通管理的相关定义、规划沟通管理、管理沟通和监督沟通四部分内容。本部分内容概念和分析并重，根据以往 PMP 考试的出题规律，情景题目占比较大。本小时的知识架构如图 22-1 所示。

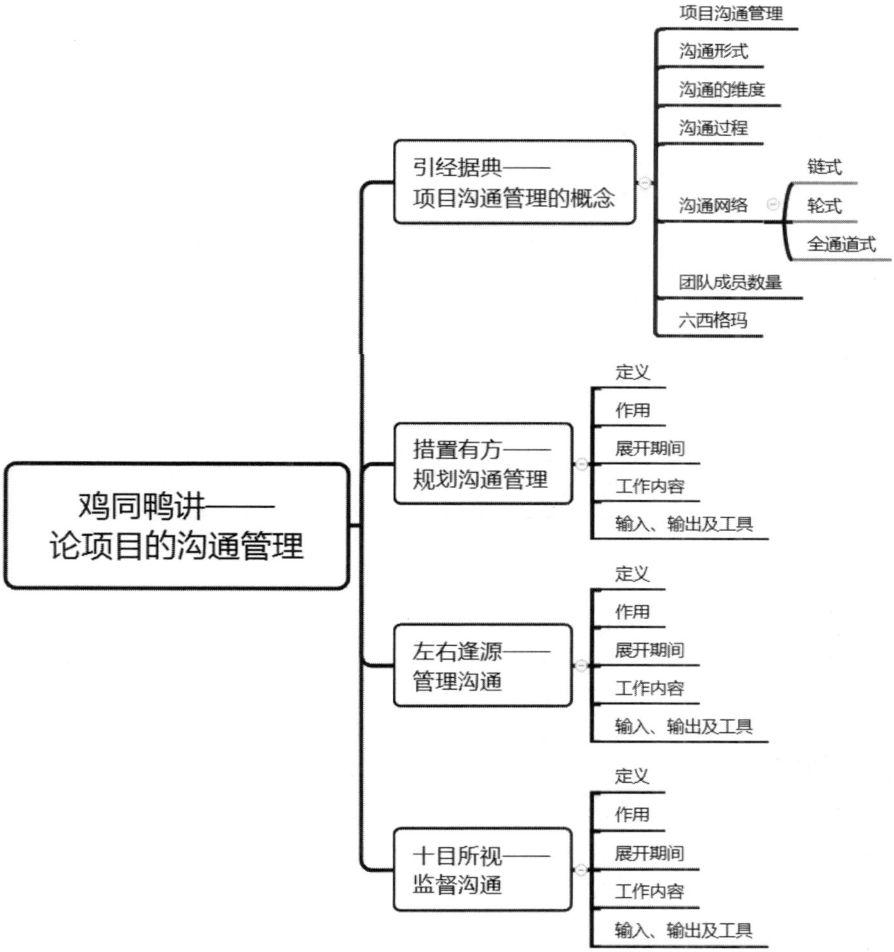

鸡同鸭讲——论项目的沟通管理　第 22 小时

```
                            ┌─ 项目沟通管理
                            ├─ 沟通形式
                            ├─ 沟通的维度
             ┌─ 引经据典——    ├─ 沟通过程              ┌─ 链式
             │  项目沟通管理的 ├─ 沟通网络 ─────────────┤─ 轮式
             │  概念          │                      └─ 全通道式
             │               ├─ 团队成员数量
             │               └─ 六西格玛
             │
             │               ┌─ 定义
             │               ├─ 作用
             ├─ 措置有方——    ├─ 展开期间
             │  规划沟通管理   ├─ 工作内容
鸡同鸭讲——    │               └─ 输入、输出及工具
论项目的沟通 ─┤
管理         │               ┌─ 定义
             │               ├─ 作用
             ├─ 左右逢源——    ├─ 展开期间
             │  管理沟通      ├─ 工作内容
             │               └─ 输入、输出及工具
             │
             │               ┌─ 定义
             │               ├─ 作用
             └─ 十目所视——    ├─ 展开期间
                监督沟通      ├─ 工作内容
                             └─ 输入、输出及工具
```

图 22-1　项目沟通管理架构图

【导读小贴士】

"鸡同鸭讲"字面意思为鸡和鸭讲话，用来形容由于语言不通而无法沟通。一个合格的项目经理，必定是一个善于沟通的管理者。项目经理的大多数时间和精力都是花在沟通上面的，他不必亲自动手去解决技术问题，而是组织技术专家去解决技术问题。项目经理是组织专家做事的人，而不是自己亲力亲为。尽管项目经理需要具备一定的技术知识与能力，但不需要是技术上的专家。项目团队中应该由专门的技术专家来解决技术问题。在 PMP 的考试中，这一章也是一个重点，项目管

193

理协会（Project Management Institute，PMI）重视沟通，但 PMI 的沟通理念与中国人的沟通理念并不完全一致。

22.1 引经据典——项目沟通管理的概念

引经据典，意思是引用经典书籍作为论证的依据，用于形容一个人具有较强的表达与沟通能力。项目经理的绝大部分时间都用在了沟通上，所以，对于沟通管理的概念怎么重视都不为过。

【基础知识点】

（1）项目沟通管理的概念：项目沟通管理包括通过开发工件，以及执行用于有效交换信息的各种活动，来确保项目及其相关方的信息需求得以满足的各个过程。

（2）沟通的形式：见表 22-1。考试中可能会要求考生根据情景选择适用的沟通形式。

表 22-1 沟通的形式

沟通形式	方法	适用情景
书面形式	实物或电子形式，如纸质通知、电子邮件	适用于复杂、重要的事情，如发布项目章程、发布合同
口头形式	面对面或远程形式，如电话、谈话	适用于需要立即得到反馈的重要事情，如合同谈判
正式	用正式纸质或社交媒体，如通知、信函、公告等	适用于需要在以后查询但不太重要的事情
手势动作	语调和面部表情，如肢体动作	适用于不需要在以后查询也不太重要的事情
媒体形式	图片、行动、甚至只是遣词造句，如广告、通知	适用于面向大众的事情
遣词造句	表达一种想法的词语往往不止一个，且各词语的含义会存在细微差异	
非正式		适用于既不重要也不需要在以后查询的事情，如非工作谈话

（3）沟通的维度：见表 22-2。

表 22-2 沟通的维度

沟通的维度	对比
内部/外部	内部沟通是项目团队内部的沟通。外部沟通是项目团队与外部相关方的沟通。内部或外部是基于项目层面而言的
正式/非正式	正式沟通是组织规章制度中明确规定的、强制性的沟通，是必须要做的。非正式沟通则是规章制度中未明确规定的，团队成员可以自由选择，是可做可不做的
纵向/横向	纵向沟通是不同级别的人之间的沟通，包括向上级沟通和向下级沟通。横向沟通是同一级别的人之间的沟通

续表

沟通的维度	对比
官方/非官方	官方沟通是作为组织的正式意见而发布的信息，非官方沟通则不是组织的正式意见。官方沟通肯定是正式沟通，但正式沟通不一定就是官方沟通。非正式沟通肯定是非官方沟通，但非官方沟通不一定就是非正式沟通。有些正式沟通，可能不是官方沟通
口头/非口头	口头沟通是以口头语言进行的沟通。书面沟通是以书面形式进行的沟通
遣词造句	表达一种想法的词语往往不止一个，且各词语的含义会存在细微差异

（4）沟通管理过程：如图 22-2 所示。在图中，各沟通管理过程界限分明、相互独立、互相衔接，但在实际工作中它们之间的实际关系要复杂得多，它们不仅互相衔接、互相影响，而且相互交叠、相互作用、互为条件。此外，不同行业、不同公司、不同国家的项目管理沟通过程也各不相同。

图 22-2　项目沟通管理过程

（5）沟通网络：沟通网络是指信息流动的通道。常用的沟通网络有链式、轮式和全通道式。<u>全通道式网络是 PMP 考试的重点</u>，全通道式沟通网络下的**潜在沟通渠道的数量**是唯一考点。

➢ 链式网络：链式网络只有上下级之间的纵向沟通，没有横向沟通，严格遵守正式的命令系统。一个人只有一个上级，多用于军队式的管理。其形式如图 22-3 的所示。

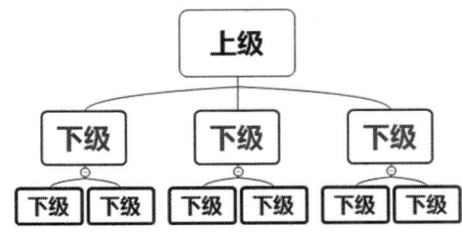

图 22-3　链式沟通

➢ 轮式网络：严格以某个领导者为沟通核心，所有沟通都围绕他进行，如图 22-4 所示。图中只是表示了轮式沟通的形式，并没有将所有沟通对象表达出来。

➢ 全通道式网络：允许全部相关方自由沟通，如图 22-5 所示。这种沟通网络是最复杂的，而且，随着团队成员和相关方的增加，沟通渠道也会成几何级数增加，沟通管理的难度也会相应增加。

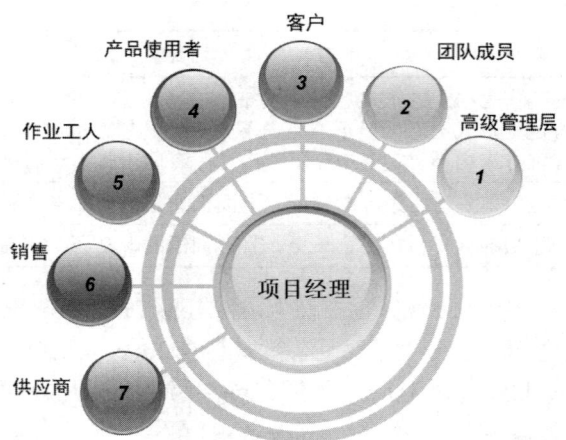

图 22-4 轮式网络

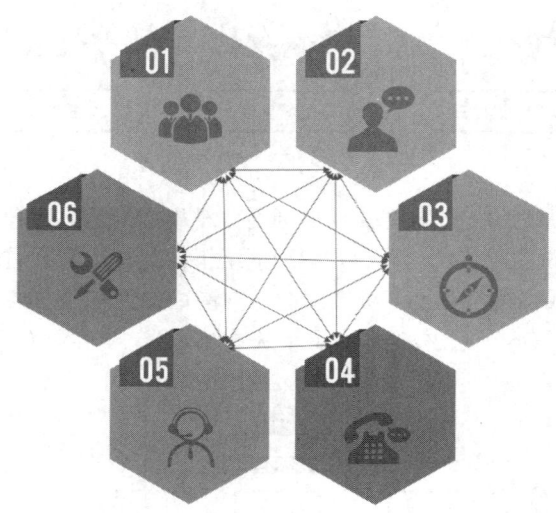

图 22-5 全通道式网络

> 全通道式沟通网络通道的计算公式：

$$沟通渠道 = N(N-1)/2$$

其中 N 为干系人或团队成员的人数。

> 全通道式沟通的优缺点：如图 22-5 所示。

（6）团队成员数量：团队成员越多，沟通渠道越多，沟通管理的难度就会成几何级数增大。团队成员太多，很可能互相影响产生团队惰性，而不是团队活力。关于工作团队中的人数究竟多少最合适，没有定论，但有一个经验数据，即 5～12 人。

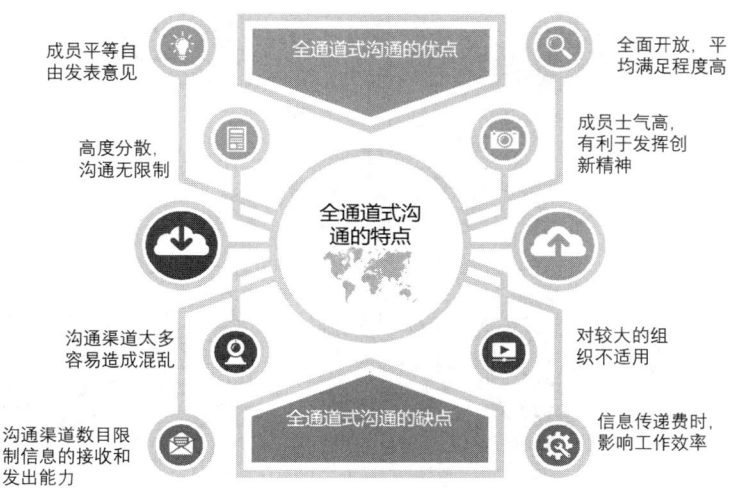

图 22-6　全通道式沟通的优缺点

（7）六西格玛：六西格玛是一种改善企业沟通流程管理的技术，以"零缺陷"的完美商业追求，带动沟通成本的大幅度降低，最终实现财务效率的提升及企业竞争力的突破。这种策略主要强调制定极高的目标、收集数据并分析结果，通过这些来减少产品和服务的缺陷。六西格玛背后的原理就是如果你检测到你的项目中有缺陷，你就可以找出系统地减少缺陷的方法。一个企业要想达到六西格玛标准，那么它的出错率不能超过百万分之 3.4。

22.2　措置有方——规划沟通管理

措置有方，指安排事务错落有致，井井有条。在沟通管理中，规划沟通管理也要做到措置有方，在一个合理的规划下进行沟通管理。

【基础知识点】

1. 概念和定义
   - 规划沟通管理的定义：识别项目及其可交付成果的沟通要求和/或标准，并书面描述项目将如何证明它是符合沟通要求和/或标准的过程。它规定了项目沟通管理工作必须遵守的程序和方法，是整个项目沟通管理的指南。
   - 沟通管理计划：沟通管理计划是规划沟通管理的结果之一。它规定与项目相关的沟通标准、如何满足这些标准、由谁及何时使用哪些程序和相关资源。沟通管理计划工作的成果如图 22-7 所示。
   - 沟通管理：项目沟通管理包括确定沟通政策、沟通目标与沟通职责的各种过程和活动，以便项目满足其预定的需求。它通过运用相关的政策、程序与过程来实施沟通管理系统，实现持续改进。

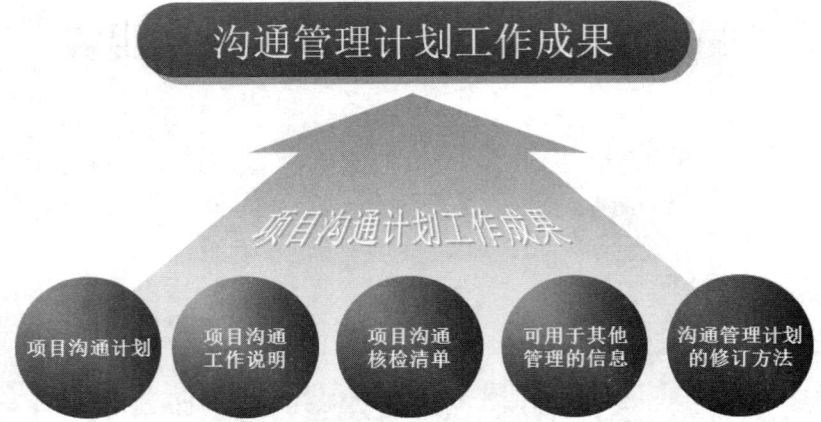

图 22-7　沟通管理计划的工作成果

- 分析沟通需求：确定项目相关方的信息需求，包括所需信息的类型和格式，以及信息对相关方的价值。
- 沟通技术：用于在项目相关方之间传递信息的方法和技术。
- 影响沟通技术选择的因素：如图 22-8 所示。

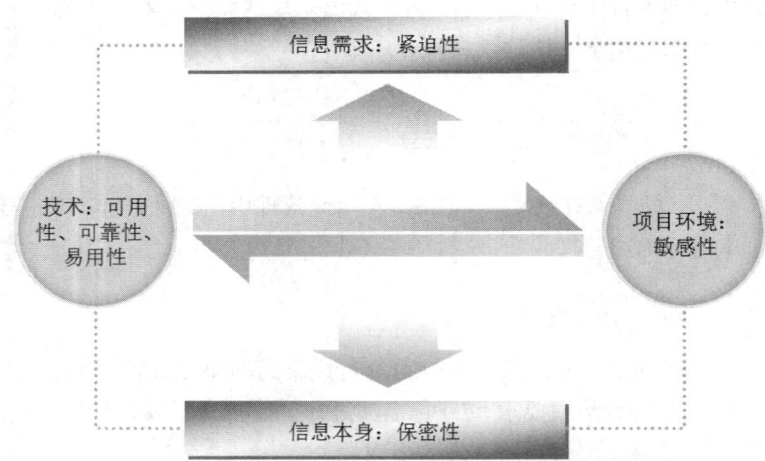

图 22-8　影响沟通技术选择的因素

- 基本沟通模型中的步骤次序：如图 22-9 所示。
- 互动型沟通模型：确认已收到——收到信息时，接收方需告知对方已收到信息（确认已收到），这并不一定意味着同意或理解信息的内容，仅表示已收到信息；反馈/响应——对收到的信息进行解码并理解之后，接收方把还原出来的思想或观点编码成信息，再传递给最初的发送方，如果发送方认为反馈与原来的信息相符，代表沟通已成功完成。

鸡同鸭讲——论项目的沟通管理　第 22 小时

图 22-9　基本沟通模型中的步骤次序

➢ 沟通方式及适用情景：见表 22-3。

表 22-3　沟通方式及适用情景

沟通方式	适用情景	沟通渠道	优缺点
互动沟通	在两方或多方间进行的实时信息交换	会议、电话、即时信息、社交媒体和视频会议等	具有即时性和易于理解的优点，缺点是需要集中时间沟通
推式沟通	向需要接收信息的特定接收方发送或发布信息	信件、备忘录、报告、电子邮件、传真、语音、博客、新闻稿等	可以确保信息的发送，但不能确保信息送达或被目标受众理解
拉式沟通	适用于大量复杂信息或大量信息受众的情况	门户网站、企业内网、电子在线课程、经验教训数据库或知识库	它要求接收方在遵守有关安全规定的前提之下自行访问相关内容

➢ 沟通风格评估：规划沟通活动时，用于评估沟通风格并识别偏好的沟通方法、形式和内容的一种技术，常用于不支持项目的相关方。

➢ 政治意识：政治意识是指对正式和非正式权力关系的认知，以及在这些关系中工作的意愿。

➢ 政治意识有助于项目经理根据项目环境和组织的政治环境来规划沟通。理解组织战略、了解谁能行使权力和施加影响，以及培养与这些相关方沟通的能力，都属于政治意识的范畴。

➢ 文化意识：指理解个人、群体和组织之间的差异，并据此调整项目的沟通策略。具有文化意识并采取后续行动，能够最小化因项目相关方的文化差异而导致的理解错误和沟通错误。文化意识和文化敏感性有助于项目经理依据相关方和团队成员的文化差异和文化需求对沟通进行规划。

➢ 相关方参与度评估矩阵：显示了个体相关方当前参与度和期望参与度之间的差距。

2. 规划沟通管理的作用

为及时向相关方提供相关信息，引导相关方有效参与项目，而编制书面沟通管理计划。

3. 规划沟通管理的展开期间

本过程应根据需要在整个项目期间定期开展。

4. 规划沟通管理的工作内容

编制沟通管理计划。

5. 规划沟通管理的输入、工具、输出

本过程的输入、工具和输出见表 22-4。

表 22-4 规划沟通管理的输入、工具和输出

输入		工具/技术	输出
项目章程	主要相关方清单	**专家判断** 组织沟通技术；关于遵守与企业沟通有关的法律要求的组织政策与程序；与安全有关的组织政策与程序；相关方，包括客户或发起人 **沟通需求分析** 相关方登记册及相关方参与计划中的相关信息和沟通需求；潜在沟通渠道或途径数量；组织结构图；项目组织与相关方的职责、关系及相互依赖；开发方法；项目所涉及的学科、部门和专业；有多少人在什么地点参与项目；内部信息需要；外部信息需要；法律要求 **沟通技术** **沟通模型** 基本沟通模型、互动沟通模型 **沟通方式** 互动沟通、推式沟通、拉式沟通 **人际关系与团队技能** 沟通风格评估；政治意识；文化意识 **数据表现** 相关方参与度矩阵 **会议** 虚拟（网络）或面对面会议	**沟通管理计划** 相关方的沟通需求；需沟通的信息，包括语言、形式、内容和详细程度；上报步骤；发布信息的原因；发布所需信息、确认已收到或作出回应（若适用）的时限和频率；负责沟通相关信息的人员；负责授权保密信息发布的人员；接收信息的人员或群体，包括他们的需要、需求和期望；用于传递信息的方法或技术，如备忘录、电子邮件、新闻稿，或社交媒体；为沟通活动分配的资源，包括时间和预算；随着项目进展（如项目不同阶段相关方的变化）而更新与优化沟通管理计划的方法；通用术语表；项目信息流向图、工作流程（可能包含审批程序）、报告清单和会议计划等；来自法律法规、技术、组织政策等的制约因素 **项目管理计划更新** **项目文件更新** 项目进度计划；相关方登记册
项目管理计划	相关方参与计划		
	资源管理计划		
事业环境因素	设施和资源的地理分布		
	组织文化、政治氛围和治理框架		
	人事管理政策		
	相关方风险临界值		
	已确立的沟通渠道、工具和系统		
	全球、区域或当地的趋势、实践或习俗		
组织过程资产	组织的社交媒体、道德和安全政策及程序		
	组织的问题、风险、变更和数据的管理政策及程序		
	制作、交换、储存和检索信息的标准化指南		
	历史信息和经验教训知识库		
	以往项目的相关方及相关沟通数据和信息		
项目文件	相关方登记册		
	需求文件		

22.3 左右逢源——管理沟通

左右逢源原指知识广博，应付自如，后也比喻方方面面的关系都相处的比较好，到处都吃得开。在项目管理中，管理沟通的时候也要努力做到这一点。

【基础知识点】

1. 管理沟通涉及的概念
   - 管理沟通：管理沟通是确保项目信息及时且恰当地收集、生成、发布、存储、检索、管理、监督和最终处置的过程。
   - 风险报告：风险报告提供关于项目整体风险来源的信息，以及关于已识别的单个项目风险的信息，这些信息应传达给风险责任人及其他受影响的相关方。
   - 相关方登记册：确定了需要沟通的各相关方，包括各相关方的人员、所在群体或组织、性别、年龄、需求、期望等。
   - 沟通胜任力：经过裁剪的沟通技能的组合，有助于明确关键信息的目的、建立有效关系、实现信息共享和采取领导行为。
   - 反馈：反馈是关于沟通、可交付成果或情况的反应信息。反馈支持项目经理与团队及所有其他项目相关方之间的互动沟通。
   - 非口头技能：通过示意、语调和面部表情等适当的肢体语言来表达意思。镜像模仿和眼神交流也是重要的技能。团队成员应该知道如何通过说什么和不说什么来表达自己的想法。
   - 演示：演示是信息和/或文档的正式交付。
   - 电子项目管理工具：项目管理软件、会议和虚拟办公支持软件、网络界面、专门的项目门户网站和状态仪表盘、协同工作管理工具。
   - 电子沟通管理：电子邮件、传真，音频、视频和网络会议，网站和网络发布。
   - 社交媒体管理：网站和网络发布；以及为促进相关方参与和形成在线社区而建立博客和应用程序。
   - 人际交往：是通过与他人互动交流而建立联系。人际交往有利于项目经理及其团队通过非正式组织解决问题、影响相关方的行动并提高相关方对项目工作和成果的支持，从而改善绩效。

2. 管理沟通的作用
   促成项目团队与相关方之间的有效信息流动。

3. 管理沟通的开展期间
   本过程需要在整个项目期间开展。

4. 管理沟通的工作内容
   按照沟通管理计划和过程改进计划，实施系统的沟通活动，保证项目达到既定的沟通要求。

5. 管理沟通的输入、工具、输出
   该过程的输入、工具和输出见表 22-5。

表 22-5 管理沟通的输入、工具和输出

输入		工具/技术	输出
项目管理计划	沟通管理计划	沟通技术 影响技术选用的因素 沟通方法 沟通方法的选择应具有灵活性 沟通技能 沟通胜任力；反馈；非口头技能；演示 项目管理信息系统（PMIS） 电子项目管理工具；电子沟通管理；社交媒体管理 项目报告发布 人际关系与团队技能 积极倾听；冲突管理；文化意识；会议管理；人际交往；政治意识 会议	项目沟通记录 绩效报告、可交付成果的状态、进度进展、产生的成本、演示 项目管理计划更新 沟通管理计划；相关方参与计划 项目文件更新 问题日志；经验教训登记册；项目进度计划；风险登记册；相关方登记册 组织过程资产更新 项目记录；计划内的和临时的项目报告和演示
	资源管理计划		
	相关方参与计划		
组织过程资产	企业的社交媒体、道德和安全政策及程序		
	企业的问题、风险、变更和数据管理政策及程序		
	组织对沟通的要求		
	制作、交换、储存和检索信息的标准化指南		
	以往项目的历史信息，包括经验教训知识库		
项目文件	经验教训登记册		
	变更日志		
	问题日志		
	风险报告		
	质量报告		
	相关方登记册		
工作绩效报告			
事业环境因素	组织文化、政治氛围和治理框架		
	人事管理政策		
	相关方风险临界值		
	已确立的沟通渠道、工具和系统		
	全球、区域或当地的趋势、实践或习俗		
	设施和资源的地理分布		

22.4 十目所视——监督沟通

十目所视，指个人的言论行动总是在群众的监督之下，不能做坏事，因为做了坏事也不可能隐

瞒得住。在项目管理中，沟通也需要监督，以使沟通按照既定的规划行事。

1. 监督沟通的定义

监督沟通是确保满足项目及其相关方的信息需求的过程。

2. 监督沟通的作用

按沟通管理计划和相关方参与计划的要求优化信息传递流程。

3. 监督沟通的展开期间

整个项目期间开展。

4. 监督沟通的工作内容

通过监督沟通过程，来确定规划的沟通工件和沟通活动是否如预期提高或保持了相关方对项目可交付成果与预计结果的支持力度。项目沟通的影响和结果应该接受认真的评估和监督，以确保在正确的时间、通过正确的渠道、将正确的内容（发送方和接收方对其理解一致）传递给正确的受众。监督沟通可能需要采取各种方法。

5. 监督沟通的输入、工具、输出

该过程的输入、工具和输出见表 22-6。

表 22-6 监督沟通的输入、工具和输出

输入		过程工具/技术	输出
项目管理计划	沟通管理计划	专家判断 项目管理信息系统（PMIS） 数据表现 人际关系与团队技能 会议	工作绩效信息 变更请查 项目管理计划更新 沟通管理计划；相关方参与计划 项目文件更新 问题日志；经验教训登记册；相关方登记册
	资源管理计划		
	相关方参与计划		
项目文件	经验教训登记册		
	项目沟通记录		
	问题日志		
组织过程资产	企业的社交媒体、道德和安全政策及程序		
	组织对沟通的要求		
	制作、交换、储存和检索信息的标准化指南		
	以往项目的历史信息和经验教训知识库		
	以往项目的相关方及沟通数据和信息		
工作绩效数据	工作绩效数据包含实际已开展的沟通类型和数量的数据		
事业环境因素	组织文化、政治氛围和治理框架		
	已确立的沟通渠道、工具和系统		
	全球、区域或当地的趋势、实践或习俗		
	设施和资源的地理分布		

第23小时
项目沟通管理练习题

【导读小贴士】

如果你是一位项目经理,你已经初步明白该如何进行沟通管理了,但这些都是理论,下面,我们将通过一些题目,来加深对于理论知识的理解,并顺利通过考试。

练习题

1. 你刚从另一个项目经理手中接过一个项目,你想知道向不同的项目干系人应该提交何种信息以及通过什么方式提交。你可以从以下哪个文件中找到这方面的信息?( )

  A.沟通管理计划 B.绩效报告 C.项目记录 D.沟通计划

答案:A

2. 你的项目有来自5个不同国家的250个人在一起工作,以建立一个可以供15个国家使用的软件解决方案。管理这个虚拟团队是一个很大的挑战,与管理同地集结的项目相比,你应当花费更多的时间以加强( )。

  A.整体变更控制过程   B.合同管理技能

  C.人员管理计划   D.沟通规划

答案:D

3. 你在为选择项目经理进行面试。你认为项目经理最重要的特征是( )。

  A.商业技术知识   B.谈判和说服能力

C．沟通技能　　　　　　　　D．在本公司的工作经验

答案：C

4．在与另外两个当事人谈论重要的合同事宜时，你应当注意以下哪一种形式的沟通信息？（　　）

A．口头正式　　B．口头非正式　　C．非言语　　D．书面正式

答案：C

5．以下哪一项不是沟通模型的关键组件？（　　）

A．编码　　　　B．信息　　　　C．举例　　　　D．干扰

答案：C

6．沟通不良和未解决冲突预示着（　　）。

A．项目错综复杂　　B．进度计划失败　　C．项目班子低效　　D．矩阵组织

答案：C

7．项目经理花在沟通上的时间一般占（　　）。

A．50%　　　　B．75%～90%　　　　C．30%　　　　D．40%～60%

答案：B

8．在人与人的沟通中，消息同时通过口头和非口头传送。作为一个一般规则，通过非口头暗示传送的消息占多少比例？（　　）

A．5%～15%　　B．20%～30%　　C．40%～50%　　D．高于50%

答案：D

9．在项目管理中，以下（　　）是建设性的角色。

A．信息搜集者　　B．认同寻求者　　C．舆论接收者　　D．信息发布者

答案：B

10．下列哪项是沟通规划的依据？（　　）

A．项目范围说明　　B．沟通技巧　　C．项目陈述　　D．信息发布

答案：A

11．你的项目团队有8个人，还有1个人会在下周加入项目。当新成员加入后沟通渠道会增加（　　）。

A．不变　　　　B．8　　　　C．12　　　　D．20

答案：C

12．你在项目中负责沟通需求分析以确定项目干系人需要的信息总和。你已经明确了谁应当与谁沟通，谁应当收到信息。在分析沟通需求时，沟通渠道的数量（　　）。

A．随着项目成员人数增加而成比例增加

B．随着项目成员人数增加而成比例减少

C．随着项目成员人数增加而成指数增加

D．以上都不是，因为沟通渠道数量取决于具体的项目

答案：C

13．你是一家 IT 公司的项目经理。你正在制定一个结构化的档案，用以说明收集和存储各种信息的方法。这一档案还需要说明收集和发布对以前发布的信息的更新和更正的程序。你可以在（　　）里找到此方面的信息。

　　A．信息补充系统　　B．信息发布方法　　C．沟通管理计划　　D．项目记录

答案：C

14．沟通需求分析的本质在于（　　）。

　　A．确保资源只用于沟通有利于项目成功的信息，防止干系人因过多细节而应接不暇

　　B．尽可能地多地向干系人报告项目信息，满足干系人的需求

　　C．选择合适的沟通技术，确保沟通的畅通

　　D．及时地向干系人报告项目信息，以便干系人能随时了解项目状态

答案：A

15．以下哪项对沟通需求影响最大？（　　）

　　A．项目组织结构图　　　　　　　　B．项目干系人的数量和性格

　　C．项目团队成员人数与项目执行地　D．承包商的数量

答案：A

16．以下哪一项不是影响项目沟通技术的因素？（　　）

　　A．对信息需求的紧迫性　　　　　　B．项目组织结构图

　　C．预期的人员配备　　　　　　　　D．项目环境和时间长短

答案：B

17．在沟通过程中，谁负责保证信息接收的完整无缺及信息理解的正确无误？（　　）

　　A．发布者　　B．接收者　　C．项目经理　　D．项目信息员

答案：B

18．信息发布的成果包括以下各项，除了（　　）。

　　A．干系人的反馈　　B．干系人通知　　C．项目记录　　D．项目文档

答案：D

19．项目进行过程中，发生了一件未曾预料到的风险，这件风险将对项目产生非常重大的影响，为此作为项目经理的你召开了一次会议，向重要的项目干系人说明风险的特征及你的计划应对措施。这次会议也称作（　　）。

　　A．专题报告　　B．绩效报告　　C．综合报告　　D．风险报告

答案：A

20．以下哪项是绩效报告的工具？（　　）

　　A．干系人分析　　B．状态审查会　　C．绩效衡量技术　　D．完工预测

答案：B

21．在最近的偏差分析中，你发现项目预算超出 25%。这是一件非常严重的事，因此你希望

与项目干系人沟通。你将使用的沟通方法是（　　）。
  A．室内公开讨论　B．面对面会谈　　　C．正式报告　　D．电话或电子邮件
答案：B

22．干系人管理是指对沟通进行管理，以满足干系人需求并与干系人一起解决问题。一般情况下，由（　　）负责干系人管理。
  A．项目经理　　　B．项目管理团队　C．项目发起人　D．行政经理
答案：A

23．问题登记簿除了用在管理项目团队外，还用于（　　）。
  A．沟通规划　　　B．信息发布　　　C．绩效报告　　D．干系人管理
答案：D

24．有效的干系人管理包括以下的全部内容，除了（　　）。
  A．明确的需求定义　　　　　　　B．范围变更控制
  C．及时的进度报告信息　　　　　D．成本支出报告
答案：B

25．状态审查会是（　　）。
  A．项目团队管理的工具　　　　　B．绩效报告的工具
  C．干系人管理的工具　　　　　　D．质量控制的工具
答案：B

26．项目环境下，下列有关沟通的论述中正确的是（　　）。
  A．项目经理必须承担主要责任，以确保发出的消息已经收到
  B．有效的会议、"作战室"和紧密型矩阵可以促进有效的沟通
  C．如果一个项目由 12 人组成，则存在 48 个潜在的沟通渠道
  D．大多数项目经理花费 30%的工作时间用于沟通
答案：B

27．需要很多谈判技巧的 3 种项目情形是（　　）。
  A．与职能经理谈判确保项目资源的可用性，向项目团队成员反馈绩效评估结果，制定WBS
  B．制定 WBS，确定主进度计划和管理项目变更
  C．使用分包商，制定项目范围说明书，项目开始后管理变更
  D．寻求上级管理层对项目的支持，与职能经理一起工作，建立项目队伍
答案：A

28．一个紧密矩阵是（　　）
  A．一个平衡矩阵组织
  B．所有的项目组成员都集中在一个地方
  C．职能经理在双重的报告体制下，操作对自己的部门和项目经理的报告

D．一个强矩阵

答案：B

29．在沟通管理中，将信息再次转化为有意义的思想或概念的是（　　）。

A．接收　　　　　B．解码　　　　　C．了解　　　　　D．理解

答案：B

30．移情倾听需要理解他人的沟通参考范围。为了表现出你的倾听技巧，项目经理应当（　　）。

A．模仿这些信息的内容　　　　　B．探查并评估这些内容

C．评估这些内容，然后提出建议　　D．改述这些内容并反映其情绪

答案：D

第24小时
深渊薄冰——项目风险管理

24.0 【章节考点分析】

第 24 小时主要学习项目的风险管理。风险是所有项目都会具有的，每一个项目都是独特的也是暂时的，每一个项目的风险也各不相同，那么，风险管理就是项目管理中绕不过去的话题。在 PMP 考试中，风险管理章节的题目不会超出 PMBOK 的范围，但仍旧有一定的难度。

本部分内容概念和分析并重，从以往 PMP 考试的出题规律可以看出，考查概念知识的题目和情景题目所占比例差不多。本小时的知识架构如图 24-1 所示。

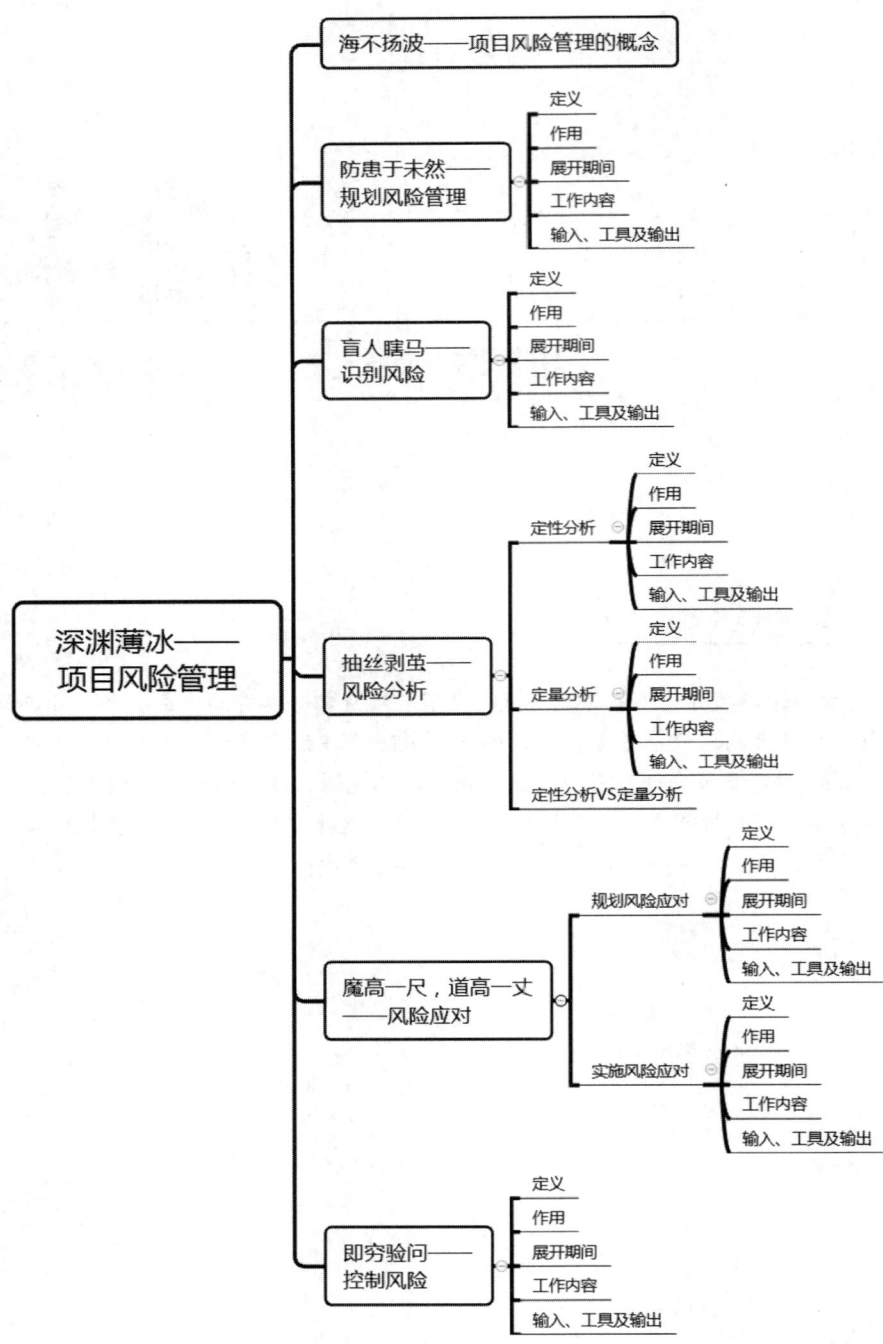

图 24-1　项目风险管理知识架构图

【导读小贴士】

深渊薄冰，比喻一个人处境危险，心存戒惧。对于一个项目，同样也是时时处在风险之中。一个项目经理，如果能够让自己管理的项目走向成功，那么他必定是一个善于管理风险的人。项目中的大多数风险都是可以预测和管理的，通过合理的风险管理，可以降低项目风险，提高项目成功的可能性。风险管理的水平，在很大程度上决定着项目的成败。

24.1 海不扬波——项目风险管理的概念

海不扬波原指天下太平。但是在项目管理中，纵使海不扬波，我们也要有项目风险管理的概念和风险意识，否则，一旦遭遇风险将可能会追悔莫及。

【基础知识点】

（1）项目的风险：风险是一旦发生，会给项目目标带来积极影响或者消极影响的事件。

（2）项目风险管理：项目风险管理是为了最好地达到项目的目标，而对项目生命周期内的风险进行识别、分析和应对的科学，是一种综合性的管理活动。

（3）已知已知风险：是已经识别出并分析过的风险，人们不仅知道它们是什么风险，而且知道它们发生的可能性和后果，通常按计算出的风险金额计入具体的项目工作的直接成本中。

（4）已知未知风险：是已经识别出但其发生概率或后果还不清楚的风险，通常可以用应急储备（包括应急时间和资金）来应付。

（5）未知未知风险：是过去从未遇到过的、完全未知的风险。

（6）风险的分类：如图24-2所示。

（7）风险态度（Risk Attitude）：是个人或组织喜欢或不喜欢风险的一种主观感受。

（8）影响风险态度的因素：包括风险偏好（Risk Appetite）、风险承受力（Risk Tolerance）和风险临界值（Risk Threshold）。

（9）风险偏好：为了实现项目目标，个人或组织想要冒多大的风险。高风险偏好者愿意为获得大利益而冒大风险，低风险偏好者不愿意为了获得利益而冒看似很小的风险。对于不同的风险，个人或组织往往有不同的风险偏好。

（10）风险承受力：个人或组织能够承受多大的风险。如果实际风险水平超出风险承受力，个人或组织就很可能破产。通常，个人或组织想要冒的风险应该小于其风险承受力。

（11）风险临界值：个人或组织能够承受的风险级别值，该值为能或不能承受某风险的分水岭。当风险的组织高于风险临界值时，需要采取措施来应对。

（12）辨析已知风险和未知风险：见表24-1。

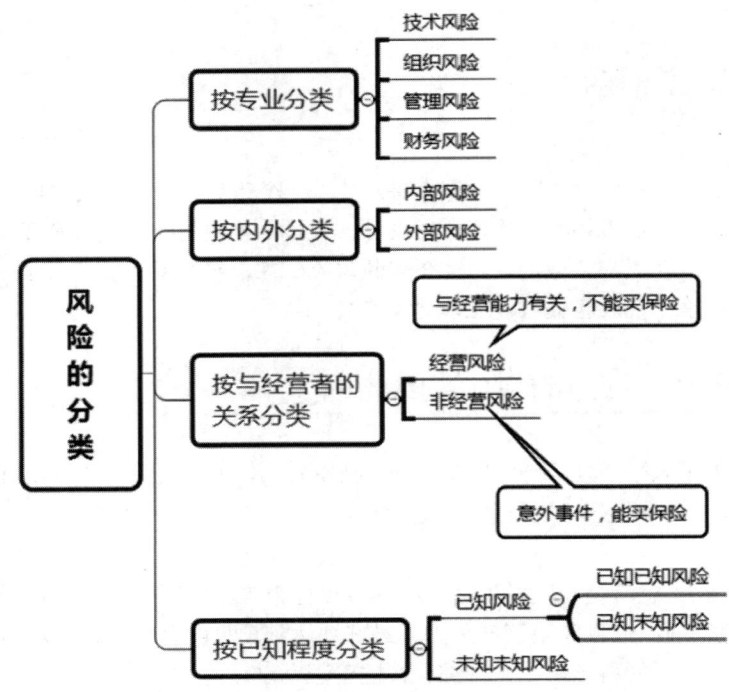

图 24-2 风险的分类

表 24-1 辨析已知风险和未知风险

比较	已知风险	未知风险
定义	• 已知风险是指那些已被识别出来，并经过分析后可以制定风险应对策略和措施的风险。 • 已知风险又可分为"已知已知风险"和"已知未知风险"。 • 已知已知风险是人们已经知道它是一个什么风险，以及其发生的原因、概率和后果。已知未知风险是人们仅知道它是一个什么样的风险，而对于其发生的原因和概率尚不清楚	• 未知风险是指人们连它是一个什么风险事件都不知道的风险。未知风险其实是未知未知风险，即，人们既不知道它是一个什么事件，也不知道它的原因、概率和后果。 • 对于未知风险，只能采取被动接受策略来应对，人们无法在其发生之前采取主动的应对措施
共性	• 已知风险和未知风险都是不确定性事件，本质上都具备风险的 4 个要素，即事件、原因、概率和后果。 • 两类风险一旦发生，都需要执行应急措施来处理，相关费用最终应计入到项目成本中	
联系	• 曾经的未知风险一旦发生后，就变成今后的已知风险。 • 对已知风险的应对，可能带来次生的未知风险	

（13）辨析已知已知风险、已知未知风险和未知未知风险：见表 24-2。

表 24-2 辨析已知已知风险、已知未知风险和未知未知风险

	已知已知风险	已知未知风险	未知未知风险
风险事件	已识别出	已识别出	未识别出
风险原因、概率和后果	清楚	不完全清楚	完全不清楚
风险损失	直接计入项目直接成本	从应急储备中开支	从管理储备中开支
对成本基准的影响	风险损失已计入成本基准	应急储备已计入成本基准	管理储备起初不列入成本基准，经批准动用后才列入
通常的应对策略	规避、转移、减轻	主动接受	被动接受
应对计划	可规划、可制定	无法清晰地规划和制定	不可规划、无法制定

24.2 防患于未然——规划风险管理

防患于未然，意指提前采取预防措施以防止事故或祸害的发生。在项目管理中，对于风险也是要防患于未然，即我们需要事先规划好怎么来管理将要和可能发生的风险，以确保项目的成功。

【基础知识点】

1. 概念和定义
    - 规划风险管理的定义：定义如何实施项目风险管理活动的过程。
    - 单个项目风险：是指单个不确定性事件或条件。它一旦发生，会对一个或多个项目目标产生正面或负面影响。
    - 整体项目风险：是指所有的不确定性（包含单个项目风险）对于项目的整体影响。用于向项目相关方表达项目结果可能的正面和负面变化。
    - 非事件类风险：非事件类风险主要包含变化性风险和模糊性风险两大类。大多数项目只关注于事件类风险，即未来可能发生或可能不发生的不确定事件的风险，但非事件类风险越来越受到风险管理的重视。
    - 分析风险需求：确定项目相关方对风险信息的需求，包括所需风险信息的类型和格式，以及风险信息对相关方的价值。
    - 变异性风险：已规划事件、活动或决策的某些关键方面存在不确定性，就导致变异性风险。
    - 模糊性风险：对未来可能发生什么存在不确定性。知识不足可能影响达成项目目标的能力。
    - 突发性风险：这种风险只有在发生后才能被发现。可以通过加强项目韧性来应对突发性风险。
    - 风险管理计划：是项目管理计划的组成部分，描述如何安排与实施风险管理活动。
    - 风险管理战略：描述用于管理本项目风险的一般方法。
    - 方法论：确定用于开展本项目的风险管理的具体方法、工具及数据来源。

➢ 风险分解结构（Risk Breakdown Structure，RBS）：是潜在风险来源的层级展现。风险分解结构有助于项目团队考虑单个项目风险的全部可能来源，对识别风险或归类已识别风险特别有用。图 24-3 是一个 RBS 示例。

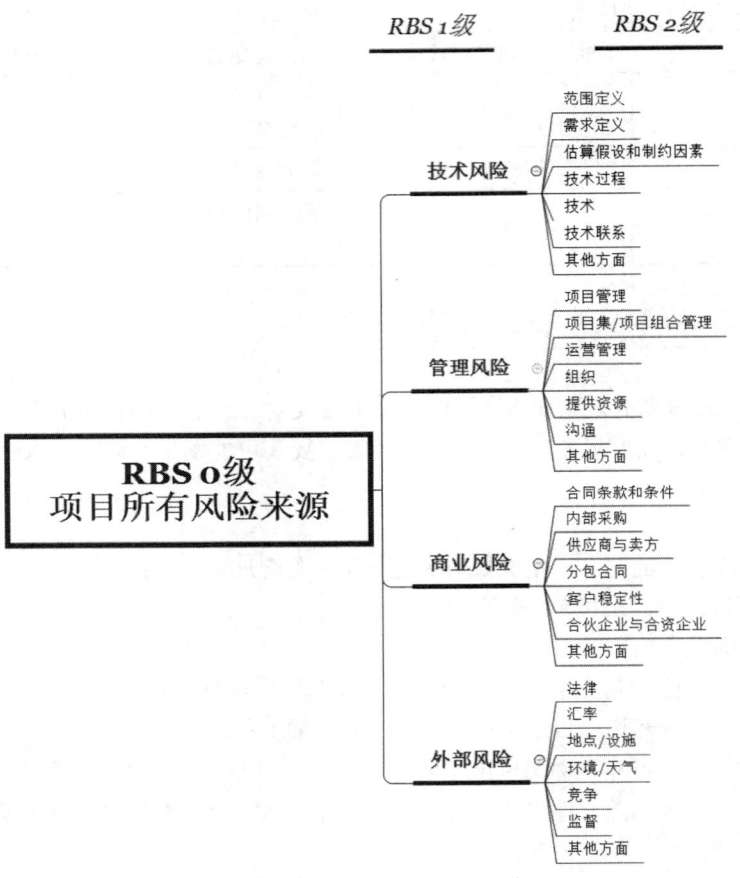

图 24-3　RBS 示例

➢ 风险概率和影响的定义：风险概率和影响的定义，与特定项目背景相关，并且反映了组织和关键相关方的风险偏好和临界值。项目可以自行制定关于概率和影响级别的具体定义，或者用组织提供的通用定义作为出发点。应该根据拟开展项目风险管理过程的详细程度，来确定概率和影响级别的数量，即更多级别（通常为五级）对应于更详细的风险管理方法，更少级别（通常为三级）对应于更简单的风险管理方法。表 24-3 是一个风险概率和影响的定义示例。

➢ 概率和影响矩阵：组织可在项目开始前确定优先级排序规则，并将其纳入组织过程资产，或者也可为具体项目量身定制优先级排序规则。在常见的概率和影响矩阵中，会同时列出机会和威胁，以正面影响定义机会，以负面影响定义威胁。概率和影响可以用描述性语言（如很高、高、中、低和很低）或数值来表达。如果使用数值，就可以把两个数值相乘，得出每个风险的概率-影响分值，以便据此在每个优先级组别之内排列单个风险的相对优先级。

表 24-3　风险概率和影响的定义示例

影响程度 （概率*影响）	概率	+/- 对项目目标的影响		
		周期	成本	质量
很高	>80%	>4 个月	>200 万元	对整体功能影响非常大
高	61%～80%	2～4 个月	100 万～200 万元	对整体功能影响重大
中	41%～60%	1～2 个月	50 万～100 万元	对关键功能有一些影响
低	21%～40%	2～4 周	10 万～50 万元	对整体功能有微小影响
很低	3%～20%	2 周	<10 万元	对辅助功能有微小影响
0	<3%	不变	不变	功能不变

2. 规划风险管理的作用

规划风险管理的作用如图 24-4 所示。

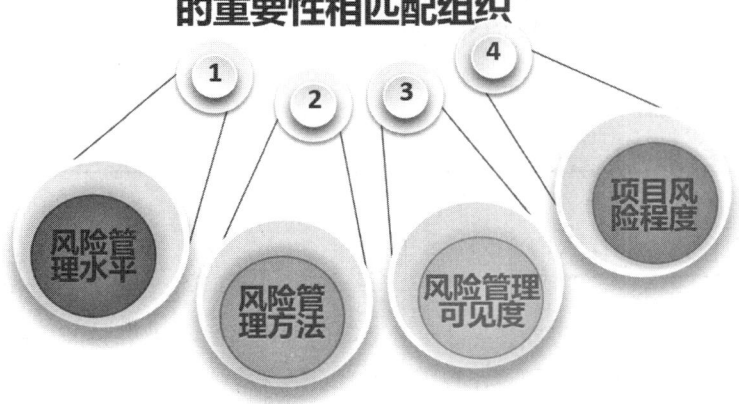

图 24-4　规划风险管理的作用

3. 规划风险管理的展开期间

本过程仅开展一次或仅在项目的预定义点开展。

4. 规划风险管理的工作内容

规划风险管理过程旨在与主要项目相关方一起编制风险管理计划,对未来的风险管理工作做出安排。

5. 规划风险管理的输入、工具、输出

该过程的输入、工具和输出见表 24-4。

表 24-4 规划风险管理的输入、工具和输出

输入		工具/技术	输出
项目章程	项目高层级的需求和风险	**专家判断** 管理风险的方法，包括该方法所在企业的风险管理体系；裁剪风险管理以适应项目的具体需求；在相同领域的项目上可能遇到的风险类型 **数据分析** 通过相关方分析确定项目相关方的风险偏好 **会议** 确定开展风险管理活动的计划，并将其记录在风险管理计划中	**风险管理计划** 风险管理战略；方法论；角色与职责；资金；时间安排；风险类别；相关方偏好；风险概率和影响的定义；报告格式；跟踪 **项目管理计划更新** **项目文件更新** 项目进度计划；相关方登记册
项目管理计划	规划风险管理要与相关计划协调		
事业环境因素	由组织或关键相关方设定的整体风险临界值		
组织过程资产	组织的风险政策		
	风险管理计划、风险登记册和风险报告的模板		
	角色与职责		
	决策所需的职权级别		
	经验教训知识库，其中包含以往类似项目的信息		
	风险描述的格式		
	风险概念和术语的通用定义		
	风险类别，可能用风险分解结构来表示		
项目文件	相关方登记册		
	各相关方对风险的态度		

24.3 盲人瞎马——识别风险

盲人瞎马，比喻盲目行动，可能会导致十分危险的后果。在项目管理中，规划风险管理完成以后，我们要把项目所有风险都识别出来，否则，我们的风险管理工作就像是盲人瞎马，必将导致项目危机四伏。

【基础知识点】

1. 识别风险涉及的概念
   - 识别风险：是识别单个项目风险以及整体项目风险的来源，并记录风险特征的过程。
   - 核对单：核对单是指包括需要考虑的项目、行动或要点的清单。
   - 风险登记册：记录已识别的单个项目风险的详细信息。

2. 识别风险的作用

记录现有的单个项目风险,以及整体项目风险的来源;同时,汇集相关信息,以便项目团队能够恰当应对已识别的风险。

3. 识别风险的展开期间

本过程需要在整个项目期间开展。

4. 识别风险的工作内容

识别和记录项目风险,编制初步的风险登记册。

5. 识别风险的输入、工具和输出

该过程的输入、工具和输出见表 24-5。

表 24-5 管理风险的输入、工具和输出

输入		过程工具/技术	输出
项目管理计划	风险管理计划;资源管理计划;相关方参与计划;需求管理计划;进度管理计划;质量管理计划;成本管理计划;范围基准;进度基准;成本基准	**专家判断** **数据收集** 头脑风暴;核对单;访谈 **数据分析** 根本原因分析;假设条件和制约因素分析;SWOT 分析;文件分析 **人际关系与团队技能** **提示清单** **会议**	**风险登记册** 已识别风险的清单;潜在风险责任人;潜在风险应对措施清单 **风险报告** 整体项目风险的来源;关于已识别单个项目风险的概述信息 **项目文件更新** 问题日志;经验教训登记册;假设日志
组织过程资产	包括实际数据的项目文档;组织和项目的过程控制资料;风险描述的格式;类似项目的核对单		
项目文件	经验教训登记册;假设日志;问题日志;成本估算;持续时间估算;需求文件		
采购文档	从组织外部采购商品和服务可能提高或降低整体项目风险		
事业环境因素	已发布包括商业风险数据库或核对单的材料;学术研究资料;标杆对照成果;类似项目的行业研究资料		
协议	协议所规定的里程碑日期、合同类型、验收标准和奖罚条款等,都可能造成威胁或创造机会		

24.4 抽丝剥茧——风险分析

抽丝剥茧,形容分析事物极为细致,而且一步一步很有层次。我们已经识别出了项目风险,那么就要分析风险,分析它的性质、重要程度、概率等,以便后续做出应对。

24.4.1 定性风险分析

1. 本节涉及的概念
   - 定性风险分析:通过评估单个项目风险发生的概率和影响及其特征,对风险进行优先级排序,从而为后续分析或行动提供依据的过程。

- 风险数据质量评估：风险数据是开展定性风险分析的基础。风险数据质量评估旨在评价单个项目风险的数据的准确性和可靠性。
- 风险概率和影响评估：风险概率评估考虑的是特定风险发生的可能性，而风险影响评估考虑的是风险对一项或多项项目目标的潜在影响。
- 风险排序时需要考虑的因素：如图 24-5 所示。

图 24-5　风险排序时需要考虑的因素

- 风险概率和影响的评估：表 24-6 是一个风险概率和影响的评估示例。

表 24-6　风险概率和影响的评估示例

风险	概率	影响
关键设计者转到另外项目	中	高
在验收前用户改变	高	中
不可能得到领域专家分析	高	高
平台有大量错误	非常低	高
硬件进口过度地延期	高	高
人员连续性低于平均水平	高	低
开发过程不合适	非常低	低

2. 风险分析的作用

确定项目的整体风险级别。如果整体风险很高，可能导致项目提前终止；以主观的方式评价已识别风险的发生概率和后果；基于定性分析结果得出风险排序；确定各风险的紧急程度；可能需要根据紧急程度，修改风险排序（很快就要发生并需紧急处理的风险，即便后果不十分严重，也可能要排在比较靠前的位置）；确定哪些风险需要进一步定量分析，哪些风险可直接进入风险应对的规划过程，哪些风险可直接列入观察清单。

3. 风险分析的展开期间

整个项目期间开展。

4. 定性风险分析

定性风险分析是对风险发生的可能性和后果的主观分析。即便使用一些数字，只要是主观的分析，仍然是定性分析。所以，从严格意义上讲，不能以是否用到数字来判断是定量还是定性分析。

5. 风险分析的输入、工具和输出

该过程的输入、工具和输出表24-7。

表24-7　风险分析的输入、工具和输出

输入		过程工具/技术	输出
项目管理计划	风险管理计划	**专家判断** 以往类似项目；定性风险分析 **数据收集** 访谈 **数据分析** 风险数据质量评估；风险概率和影响评估；其他风险参数评估（紧迫性、邻近性、潜伏期、可管理性、可控性、可监测性、连通性、战略影响力、密切度） **人际关系与团队技能** 引导 **风险分类** **数据表现** 概率和影响矩阵；层级图 **会议** 风险研讨会	项目文件更新 假设日志；问题日志；风险登记册；风险报告
项目文件	假设日志		
	相关方登记册		
	风险登记册		
组织过程资产	已完成的类似项目的信息		
事业环境因素	类似项目的行业研究资料		
	已发布的材料，包括商业风险数据库或核对单		

24.4.2　定量风险分析

1. 本节涉及的概念

➢ 定量风险分析：对已识别的单个项目风险和其他不确定性来源给项目目标带来的影响进行定量分析的过程。

➢ 模拟：在定量风险分析中，使用模型来模拟单个项目风险和其他不确定性来源的影响，以评估它们对项目目标的潜在影响。通常可采用蒙特卡罗分析法（也叫统计模拟法）来进行模拟。

➢ 敏感性分析：敏感性分析有助于确定哪些单个项目风险或其他不确定性来源对项目结果具有最大的潜在影响。它在项目结果变异与定量风险分析模型中的要素变异之间建立联系。敏感性分析的结果通常用龙卷风图来表示。

- 决策树分析：决策树类似于鱼刺图，它的原理就是在若干备选行动方案中选择一个最佳方案。在决策树分析中，用不同的分支代表不同的决策方案，即项目的备选路径。决策树分支的终点表示沿特定路径发展的最后结果（可以是负面或正面的结果）。每个决策或事件都有相关的成本和单个项目风险（包括负面的和正面的）。
- 影响图：影响图是在不确定条件下制定决策的图形辅助工具。它将一个项目或项目中的一种情境表现为一系列实体、结果和影响，以及它们之间的关系和相互影响。如果因为存在单个项目风险或其他不确定性来源而使影响图中的某些要素不确定，就在影响图中以区间或概率分布的形式表示这些要素；然后，借助模拟技术（如蒙特卡罗分析）来分析哪些要素对重要结果具有最大的影响。影响图分析可以得出类似于其他定量风险分析的结果。
- 项目成功的可能性：基于已识别的单个项目风险和其他不确定性来源，项目实现其主要目标（如时间目标、功能目标、质量目标、成本目标等）的概率。
- 项目固有的变异性：在开展定量分析时，项目结果可能的分布区间。
- 单个项目风险优先级清单：根据敏感性分析的结果，列出对项目造成最大威胁或产生最大机会的单个项目风险。

2. 定量风险分析的作用

定量风险分析的作用如图 24-6 所示。

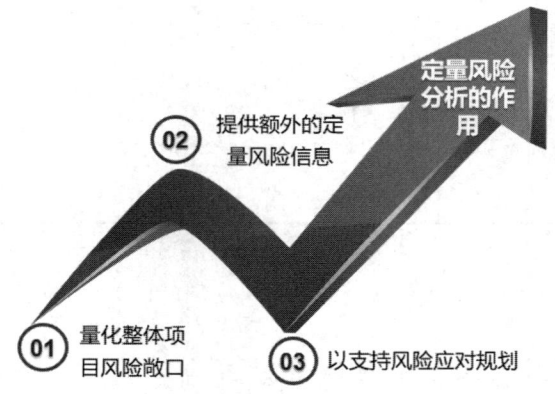

图 24-6　定量风险分析的作用

3. 定量风险分析的展开期间

本过程并非每个项目必需，但如果采用，它会在整个项目期间持续开展。

4. 定量风险分析内容

本过程旨在对风险概率和后果进行量化分析。相对于定性分析，这是一种客观的分析，通常针对比较严重（依据定性分析的结果）且可以量化的风险。

5. 风险分析的输入、工具和输出

该过程的输入、工具和输出见表 24-8。

表 24-8 定量风险分析的输入、工具和输出

输入		工具/技术	输出
项目管理计划	风险管理计划；范围基准；成本基准；进度基准	**专家判断** 将单个项目风险和其他不确定性来源的信息转化成用于定量风险分析模型的数值输入；选择最适当的方式表示不确定性，以便为风险或其他不确定性来源建立模型；用适合项目环境的技术建立模型；识别最适合所选建模技术的工具；解释定量风险分析的输出 **数据收集** 访谈 **数据分析** 模拟；敏感性分析；决策树分析；影响图 **人际关系与团队技能** 引导 **会议** 风险研讨会	项目文件更新（风险报告）对整体项目风险敞口的评估结果；项目风险概率分析的结果；单个项目风险优先级清单；定量风险分析结果及趋势；风险应对建议
项目文件	假设日志；进度预测；风险登记册；风险报告；资源需求；里程碑清单；持续时间估算；成本预测；成本估算；估算依据		
组织过程资产	已完成的类似项目的信息		
事业环境因素	类似项目的行业研究资料		
	已发布的材料，包括商业风险数据库或核对单		

24.4.3 定量风险分析与定性风险分析的对比

定量风险分析与定性风险分析的对比，见表 24-9。

表 24-9 定量风险分析与定性风险分析对比

对比	定性分析	定量分析
定义	是对已经识别出的风险进行主观分析，判断各风险发生的可能性和后果，并通过综合考虑可能性和后果来确定各风险的严重性，并对风险进行初步排序	是对被定性分析确认为严重而且又可量化分析的风险的客观定量分析。定量分析的结果要写入风险登记册
区别	对已识别的每一个风险要做定性分析	不是对每一个风险都要做定量分析
	定性分析是主观的分析	定量分析是客观的分析
	概率和影响矩阵	决策树、敏感性分析、蒙特卡罗模拟
相同点	要根据定性分析和定量分析的结果来制定风险应对策略和措施	
	都有可能用到数字进行估算或计算	
前后关系	定性分析在前，是定量分析的基础	定量分析在后，是定性分析的深入
优点	使可见性和了解风险排列成为可能	按财务影响确定风险优先级；按财务价值确定资产优先级
	更容易达成一致意见	结果通过安全投资收益推动风险管理
	无需确定资产的财务价值	结果可用不同的术语来表达（例如货币值或具体百分比）

续表

对比	定性分析	定量分析
优点	更便于非专家人员的参与	精确度将随时间的推移而提高
缺点	在重要的风险之间没有足够的区别	分配给风险的影响值以参与者的主观意见为基础
	难以证明投资控制措施的实施是否正确，因为其结果无法用于成本效益分析	获得可靠结果或达成一致意见的流程非常耗时，计算可能会非常复杂
	结果取决于风险管理小组的素质	结果只用财务术语来表达，对非技术人员而言可能难以理解
		流程要求专业技术，因此参与者无法轻松通过流程获得指导

24.5 魔高一尺，道高一丈——风险应对

魔高一尺，道高一丈，指办法总比困难多。项目管理中的风险无处不在，我们识别出了风险，也进行了分析，只有找出风险的应对之策，我们才敢说风险之魔高一尺，办法之道高一丈。

24.5.1 规划风险应对

1. 本节涉及的概念

➢ 规划风险应对：为处理整体项目风险敞口及应对单个项目风险，而制定可选方案、选择应对策略并商定应对行动的过程。

➢ 威胁应对策略：见表 24-10。

表 24-10　威胁应对策略

策略名	策略动作	应用情景	特点
上报	上报给其目标会受该威胁影响的那个层级	项目团队或项目发起人认为某威胁不在项目范围内，或提议的应对措施超出了项目经理的权限	威胁一旦上报，就不再由项目团队做进一步监督，虽然仍可出现在风险登记册中供参考
规避	采取行动来消除威胁，或保护项目免受威胁的影响	适用于发生概率较高，且具有严重负面影响的高优先级威胁	可能涉及变更项目管理计划的某些方面，或改变会受负面影响的目标
转移	包括购买保险、使用履约保函、使用担保书、使用保证书等。也可以通过签订协议，把具体风险的归属和责任转移给第三方	能够将威胁转移的情况。应对威胁的责任转移给第三方，让第三方管理风险并承担威胁发生后而产生的影响	采用转移策略，通常需要向承担威胁的一方支付风险转移费用
减轻	指采取措施来降低威胁发生的概率和（或）影响	能够采取措施，将风险概率或风险危害降低的情况	提前采取措施通常比威胁出现后进行弥补更加有效

续表

策略名		策略动作	应用情景	特点
接受	主动	建立应急储备,包括预留时间、资金或资源以应对威胁	低优先级威胁,也可用于无法以任何其他方式有效应对的威胁	承认威胁的存在,但不主动采取避免或减轻威胁的措施
	被动	不会主动采取行动,而只是定期对威胁进行审查,确保其并未发生重大改变		

➤ 机会应对策略:见表 24-11。

表 24-11 机会应对策略

策略名		策略动作	应用情景	特点
上报		上报给其目标会受该机会影响的那个层级	机会不在项目范围内,或提议的应对措施超出了项目经理的权限	被上报的机会将在项目集、项目组合层面或组织的其他部门进行管理,而不是在项目层面
开拓		把组织中最好的资源分配给项目来缩短完工时间,或采用全新技术来节约成本并缩短完工时间	组织想确保把握住高优先级的机会	此策略将特定机会的出现概率提高到 100%,即确保其肯定出现,从而获得相关的收益
分享		将应对机会的责任转移给第三方,并使其享有机会所带来的部分收益	有机会且希望分享给第三方的情景	需要向承担机会应对责任的一方支付风险费用。分享措施包括建立合伙关系、合作团队、特殊公司或合资企业来分享机会
提高		通过关注机会原因而提高机会出现的概率;改善影响机会潜在收益规模的因素,来提高机会的收益	提高策略用于提高机会出现的概率和(或)收益	提前采取提高措施通常比机会出现后尝试改善收益更加有效
接受	主动	建立应急储备,包括预留时间、资金或资源,以便在机会出现时加以利用	此策略可用于低优先级机会,也可用于无法以任何其他方式加以有效地应对的机会	承认机会的存在,但不主动采取提高机会概率或收益的措施
	被动	不主动采取行动,只是定期对机会进行审查,确保其并未发生重大改变		

➤ 整体项目风险应对策略:见表 24-12。

表 24-12 整体项目风险应对策略

策略名	策略动作	应用情景	举例
规避	采取集中行动,弱化不确定性对项目整体的影响,并将项目拉回到风险临界值内	整体项目风险有严重的负面影响,并已超出项目风险临界值	取消项目范围内的高风险工作,就是一种在整个项目层面的规避措施

续表

策略名	策略动作	应用情景	举例
开拓	采取集中行动,去获得不确定性对整体项目的正面影响	项目风险已超出风险临界值,但风险对项目有显著的正面影响	在项目范围内增加高收益的工作,以提高项目的效益;或可与相关方协商修改风险临界值,以将机会包含在内
分享/转移	若整体项目风险是负面的,可采取转移策略,这会涉及风险转移费用;如果整体项目风险高度正面,则由多方分享风险及相关收益	整体项目风险的级别很高,组织无法有效加以应对,就可能需要让第三方代表组织对风险进行管理	建立买方和卖方分享整体项目风险的协作式业务结构、成立合资企业或特殊目的的公司,或对项目的关键工作进行分包
提高/减轻	涉及变更整体项目风险的级别,以优化实现项目目标的可能性	减轻策略适用于负面的整体项目风险,而提高策略则适用于正面的整体项目风险	重新规划项目、改变项目范围和边界、调整项目优先级、改变资源配置、调整交付时间等
接受 主动	建立整体应急储备,如预留时间、资金或资源,以便在项目风险超出临界值时使用	整体项目风险已超出商定的临界值且无法针对整体项目风险采取主动的应对策略	继续按当前的定义推动项目进展
接受 被动	不主动采取行动,仅定期对整体项目风险级别进行审查,确保其未发生重大改变		

> 多标准决策分析:借助决策矩阵提供的系统性方法,来建立关键决策的标准,对各种方案进行评估及调整其排序,并选出一个最优方案。

2. 规划风险应对的作用

制定应对整体项目风险和单个项目风险的适当方法;分配资源,并根据需要将相关活动添加到项目文件和项目管理计划中。

3. 规划风险应对的展开期间

整个项目期间开展。

4. 规划风险应对的工作内容

本过程旨在根据定性和定量分析的结果,指定风险责任人,制定风险应对策略和措施。应对措施既包括预防措施,也包括风险发生后的应急措施。在规划风险应对过程做完后,通常都要回头调整项目管理计划和项目文件,因为原先对风险的考虑很可能不合理。

5. 规划风险应对的输入、工具和输出

该过程的输入、工具和输出见表24-13。

表 24-13 规划风险应对的输入、工具和输出

输入		过程工具/技术	输出
项目管理计划	风险管理计划	专家判断 威胁应对策略；机会应对策略； 应急应对策略；整体项目风险应对策略 **数据收集** 访谈 **威胁应对策略** 上报；规避；转移；减轻；接受 **机会应对策略** 上报；分享；开拓；提高；接受 **人际关系与团队技能** 引导 **应急应对策略** 应急计划或弹回计划 **整体项目风险应对策略** 规避；转移或分享；开拓；减轻或提高；接受 **数据分析** 备选方案分析；成本收益分析 **数据分析** 多标准决策分析	**项目文件更新** 假设日志；成本预测；经验教训登记册；项目进度计划；项目团队派工单；风险登记册；风险报告 **项目管理计划更新** 进度管理计划；成本管理计划；质量管理计划；资源管理计划；采购管理计划；范围基准；进度基准；成本基准 **变更请求**
	资源管理计划		
	成本基准		
项目文件	经验教训登记册		
	项目进度计划		
	风险登记册		
	项目团队派工单		
	资源日历		
	风险登记册		
	风险报告		
	相关方登记册		
组织过程资产	风险管理计划、风险登记册和风险报告的模板		
	历史数据库		
	类似项目的经验教训知识库		
事业环境因素	关键相关方的风险偏好；风险临界值		

24.5.2 实施风险应对

1. 实施风险应对的概念

实施风险应对，是指执行商定的风险应对计划的过程。

2. 实施风险应对的作用

确保按计划执行商定的风险应对措施，来管理整体项目风险敞口、最小化单个项目威胁，以及最大化单个项目机会。

3. 实施风险应对的展开期间

整个项目期间开展。

4. 实施风险应对的工作内容

根据确定的风险应对规划，来执行风险应对。

5. 实施风险应对的输入、工具和输出

该过程的输入、工具和输出见表 24-14。

表 24-14 实施风险应对的输入、工具和输出

输入		工具/技术	输出
项目管理计划	风险管理计划	**专家判断** **人际关系与团队技能** 影响力 **项目管理信息系统（PMIS）** 进度、资源和成本软件	**项目文件更新** 问题日志；经验教训登记册；项目团队派工单；风险登记册；风险报告 **变更请求**
项目文件	经验教训登记册；风险登记册；风险报告		
组织过程资产	类似项目的经验教训知识库		

24.6 即穷验问——控制风险

即穷验问的原意是指抓住事实，追查到底。在风险管理中，规划好了风险怎么管理，识别出了项目的风险，做了风险应对，那么是不是风险管理就结束了呢？不是的，我们还要监督并控制风险应对的结果。

【基础知识点】

1. 控制风险涉及的概念
 - 监督风险：在整个项目期间，监督商定的风险应对计划的实施、跟踪已识别风险、识别和分析新风险以及评估风险管理有效性的过程。
 - 开展技术绩效分析：把项目执行期间所取得的技术成果与取得技术成果的计划进行比较。它要求为技术绩效定义客观、量化的测量指标，以便据此对实际结果与计划要求进行比较。技术绩效测量指标可能包括：重量、处理时间、缺陷数量、储存容量等。实际结果偏离计划的程度可以代表威胁或机会的潜在影响。
 - 风险审计：是一种审计类型，可用于评估风险管理过程的有效性。

2. 控制风险的作用

使项目决策都基于整体项目风险敞口和单个项目风险的当前信息。

3. 控制风险的展开期间

本过程需要在整个项目期间开展。

4. 控制风险的工作内容

控制风险的工作内容如图 24-7 所示。

5. 控制风险的输入、工具和输出

该过程的输入、工具和输出见表 24-15。

图 24-7 控制风险的工作内容

表 24-15 控制风险的输入、工具和输出

输入		过程工具/技术	输出
项目管理计划	风险管理计划	数据分析 技术绩效分析；储备分析 审计 会议 风险审查会	工作绩效信息 关于项目风险管理执行绩效的信息 变更请求 建议的纠正与预防措施，以处理当前整体项目风险或单个项目风险 项目文件更新 问题日志；经验教训登记册；假设日志；风险登记册；风险报告 项目管理计划更新 组织过程资产更新 风险管理计划、风险登记册和风险报告的模板；风险分解结构
项目文件	经验教训登记册		
	风险登记册		
	问题日志		
	风险报告		
工作绩效报告	偏差分析结果、挣值数据和预测数据		
工作绩效数据	项目状态的信息		

第25小时
项目风险管理练习题

【导读小贴士】

通过第24小时的学习,我们已经对风险管理的知识有了系统的了解和清晰的脉络,但"纸上得来终觉浅,绝知此事要躬行",下面我们通过一些练习题,来加深对风险管理的理解,以期顺利通过考试。

练习题

1. 许可证颁发机构颁发许可证的时间比原来计划的长,这属于(　　)。
   A. 风险起因　　　B. 风险事件　　　C. 风险状况　　　D. 风险属性

   答案:B

2. 处理项目中的不确定性时,第一步就应该让项目团队认识到的是(　　)。
   A. 项目利害关系者的风险承受力　　　B. 风险的来源
   C. 项目制约因素　　　D. 风险应对

   答案:A

3. 确定风险管理过程中每项活动的领导、支援与风险管理团队成员的组成及职责,是在以下哪个过程中完成的?(　　)
   A. 人力资源规划　　　B. 风险管理规划
   C. 风险应对规划　　　D. 人员配备管理计划

答案：C

4．风险管理计划不包括以下哪项？（ ）

  A．预算   B．计时法   C．风险类别   D．风险登记册

答案：D

5．项目团队成员参与风险识别过程的好处在于（ ）。

  A．尽可能全面地识别项目风险

  B．保持他们对风险及相应风险应对措施的主人翁感和责任感

  C．有助于项目团队建设

  D．有利于营造共同参与项目决策的氛围

答案：B

6．在一个新项目中，你需要在很短的时间内（5个月）提交一个非常重要的可交付成果。由于工期较短，你没有时间去编制详细的询价计划和选择最适当的卖方。因此你决定与公司以前一起合作过的一个供应商签约。这种情况需承担的风险是（ ）。

  A．供应商提供产品的能力   B．供应商与项目团队之间的勾结

  C．缺少范围定义   D．缺少法律上的约束

答案：A

7．项目计划的质量，所有计划之间的一致性及其与项目需求和假设条件的符合程度，均可表现为项目中的风险指示器。可以通过以下何种技术来识别这方面的风险？（ ）

  A．集思广益会 B．文件审查 C．核对表分析 D．德尔菲技术

答案：B

8．为了获取一份综合的风险清单，你可以采取（ ）。

  A．集思广益会 B．德尔菲技术 C．SWOT分析 D．假设分析

答案：A

9．以下都是风险识别过程中常用的图解技术，除了（ ）。

  A．因果图   B．系统或过程流程图

  C．影响图   D．控制图

答案：D

10．在你的项目中，你已经确定了已识别风险清单、潜在应对措施清单和风险产生的根本原因。你应当把这些信息归档在（ ）。

  A．风险管理计划 B．风险数据库 C．项目计划 D．风险登记册

答案：D

11．用来确定哪些风险对项目具有最大的潜在影响的技术是（ ）。

  A．模型和模拟 B．试验设计 C．敏感性分析 D．决策树分析

答案：C

12．对采用这种或那种现有方案可能产生的后果进行描述的图解方法是（ ）。

A．模型和模拟　　B．试验设计　　C．敏感性分析　　D．决策树分析

答案：D

13．对于你的项目而言，获得$25000 利润的概率是 25%，获得$40000 利润的概率是 50%，获得$100000 利润的概率是 25%，则预期利润为（　　）。

A．$40000　　B．$50000　　C．$51250　　D．$53750

答案：C

14．将各项不确定性换算为他们对整个项目层次上的目标所产生的潜在影响的技术是（　　）。

A．模型和模拟　　B．试验设计　　C．敏感性分析　　D．决策树分析

答案：A

15．如果一个项目盈利$40000 的概率是 50%，亏损$25000 的概率是 50%，则项目的预期货币价值是（　　）。

A．$32500　　B．$25000　　C．$7500　　D．-$7500

答案：C

16．风险管理可以提高机会发生的概率或其对项目的积极影响，会减小威胁发生的概率及其对项目的不利影响。风险应对措施之所以利于项目成功是因为其（　　）。

A．有利于在处理和规划风险管理活动方面作出决策

B．制定出了一套程序和技术以提高项目机会或减小威胁

C．可以确定哪些风险会影响项目，并记录这些风险的特征

D．可以监控残留风险，识别新的风险并执行风险缩减计划

答案：B

17．你是一个海洋开采石油项目的项目经理。由于你不可能为所有不可测的事情制定计划，你建立了一个意外事故储备，包括时间、金钱和资源，以应对已知或未知的风险。这属于（　　）。

A．风险规避

B．风险转移

C．积极风险接受

D．不恰当的风险规划，因为所有的风险都应当识别和分析

答案：C

18．你制定了项目风险应对计划，确定了为减少风险对项目目标的威胁而应采取的活动。当你把风险应对计划提交给项目发起人时，他对项目中的风险感觉很不舒服，建议减小项目范围。这种风险应对措施属于（　　）。

A．不适合的风险管理，因为其对项目范围有直接的影响

B．风险避让

C．风险缓解

D．风险转移

答案：B

19．你是一个工程建设项目的项目经理。由于项目设计很稳定,你在考虑运用固定总价合同来应对费用方面的风险。你采取的风险应对措施是（　　）。

  A．规避　　　　B．转移　　　　C．减轻　　　　D．应急应对

答案：B

20．设计时在子系统中设置冗余组件以应对原组件故障带来的风险,这是何种风险应对策略？（　　）

  A．规避　　　　B．转移　　　　C．减轻　　　　D．应急应对

答案：C

21．应急应对策略是用来应对（　　）。

  A．已知的风险　　B．未知的风险　　C．残留风险　　D．再生风险

答案：A

22．你是一个咨询项目的项目经理。在咨询过程中,客户提出了市场营销方面的培训需求,满足客户这一需求不仅可以获得培训方面的收益,而且有利于咨询项目目标的实现。但市场营销并不是你所在公司的专长。此时你可以采取何种风险应对措施？（　　）

  A．转嫁　　　　B．开拓　　　　C．分享　　　　D．提高

答案：C

23．在项目中,以下都是风险应对规划的工具,除了（　　）。

  A．消极风险或威胁应对策略　　　　B．应急应对策略
  C．积极风险或机会应对策略　　　　D．残留风险应对策略

答案：D

24．在项目执行过程中,一个项目团队成员发现了一项风险管理计划中没有列明的风险。在这种情况下,你应当（　　）。

  A．接受风险　　　　　　　　B．执行附加的风险应对措施来控制风险
  C．通知项目发起人　　　　　D．应用项目储备

答案：B

25．你的项目现在处于建设期,但发生了一些不曾预料到的问题,出现了一些未曾预料到的风险,项目超出了预算并且已经延期,此时你应该（　　）。

  A．更新项目风险应对计划　　　　B．修改项目计划
  C．进行项目风险审计　　　　　　D．进行新风险的确认与分析

答案：D

26．在项目中,你已经识别了重要的风险并制定了应对措施。如果在你采取了风险应对措施后仍存在一些风险,则这些风险被称之为（　　）。

  A．没有识别的风险　B．残留风险　　　C．再生风险　　　D．接受的风险

答案：B

27．你准备了$200000的应急储备金。当项目完成75%时,你的风险应急储备金只剩下$20000。

把剩余的应急储备金与项目还存在的风险相比，你应该进行（　　）。

    A．偏差分析　　　B．趋势分析　　　C．风险评估　　　D．储备金分析

答案：D

28．风险应对负责人需要定期向项目经理汇报以下各项，除了（　　）。

    A．风险应对计划的有效性　　　　　B．未曾预料到的后果

    C．应对具体风险的细节　　　　　　D．为应对风险采取的纠正措施

答案：C

29．你在检查并记录风险应对策略处理已识别风险及其根源的效力，此时你运用了何种技术？（　　）

    A．风险监控　　　　　　　　　　　B．风险审计

    C．变差和趋势分析　　　　　　　　D．状态审查会

答案：B

30．你是一个汽车制造公司的项目经理。制造所需的一种汽车零部件由卖方提供，但由于大雨天气，其不能按时运到。你已经预测到这种情况的发生，并在风险应对措施中制定了应对规划。根据这一规划，你准备使用1年前采购但一直没有使用的零部件。但这会产生另一个风险，1年前零部件的缺陷率可能会比较高。新的风险称之为（　　）。

    A．没有识别的风险　　　　　　　　B．没有管理的风险

    C．再生风险　　　　　　　　　　　D．残留风险

答案：C

31．风险管理的适当程序包括（　　）。

    A．识别、量化、制订对策和控制　　B．识别、规划、控制和评估

    C．要素识别、缓解、管理和对策　　D．量化、回避、接受和缓解

答案：A

32．作为风险管理的一部分，你刚制定了整个项目风险等级、风险优先级清单，明确了需进一步分析的风险和定性风险分析结果的趋势。下一步你将（　　）。

    A．分析风险事件的影响，确定其量化的风险等级

    B．创建已识别风险清单

    C．确定会引起已识别的风险发生的情景或事件

    D．记下潜在的风险应对措施

答案：A

33．你是风险管理方面的专家，已经在领域内工作了15年。你负责的项目落后于进度，你正在识别有哪些风险影响了项目进度。你告诉项目发起人说风险识别之后你将直接进入定量风险分析阶段。但项目发起人说一般情况下，在风险识别之后应当进行的是定性风险分析。在这种情况下，你应该（　　）。

    A．向项目发起人解释你是风险管理方面的专家，没有必要进行定性风险分析，你的项目

团队可以直接进行定量分析。这也可以节省时间，因为项目已经落后进度

B．同意项目发起人的观点，认为不进行定性风险分析就无法更全面地识别风险，也会增加项目失败的概率

C．对项目发起人讲，你以往的经验证明定性风险分析纯粹是浪费时间，对项目成功没有意义

D．对项目发起人说本项目不需进行定性风险分析，因为一些特定的项目不需要进行定性分析

答案：A

34．你在想办法采取行动以提高项目目标实现的机会，减少项目目标受威胁的机会。下一步你应该做什么？（　　）

A．判断哪些风险会影响项目，并记录这些风险的特征

B．识别、分析、规划最新出现的风险

C．决定如何采取行动去执行风险管理活动

D．依据风险发生的概率来评估风险的优先级

答案：C

35．你正在评估风险数据的质量以确定其对风险管理的有效性。下一步你将会（　　）。

A．在整个项目层面和具体的项目范围内对项目计划和假设进行结构性审核

B．在以往相似项目的历史信息和知识的基础上制作识别的风险清单

C．召开规划会议以制定风险管理计划

D．召开会议去量化风险概率及其对项目活动的影响

答案：D

第26小时
招标投标——项目采购管理

26.0 【章节考点分析】

本小时主要学习项目的采购管理，项目采购管理是项目组按照项目的需求，对物资和服务的买入。由于项目的复杂性，项目执行组织往往不可能依靠自身的力量完成全部项目工作，而是需要把一些项目工作"外包"给其他组织进行。"外包"也是采购的常见形式。因为许多人没有从事过严格、规范、较大规模的项目采购工作及相应的合同管理工作，日常工作中习以为常的采购知识，有些不适用于大的项目，所以，对这一部分还是需要系统的学习，以应对 PMP 考试。

根据以往 PMP 考试的出题规律，本部分中，基础知识和情景题目的比例差不多。**本小时的知识架构如图 26-1 所示。**

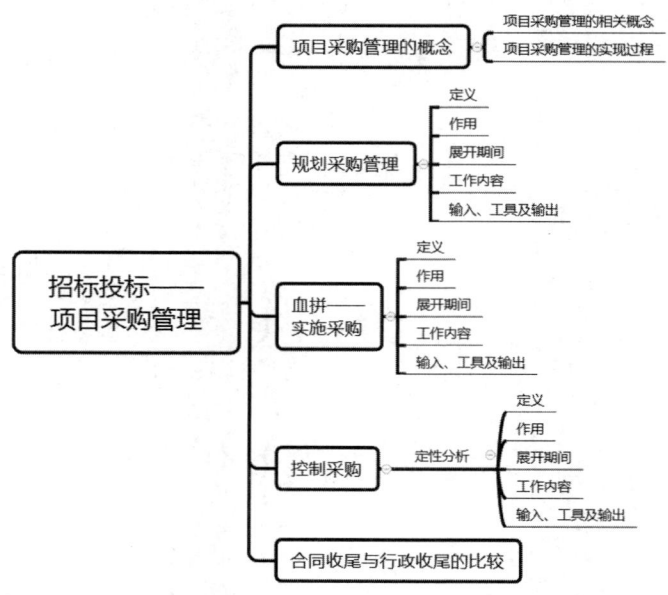

图 26-1 项目采购管理知识架构图

【导读小贴士】

项目经理不必成为采购管理法律法规领域的专家，但应该对采购过程有足够深的了解，以便做出与物资采购和服务采购相关的明智决定。在 PMP 考试中，考生要记住一个原则，那就是要从买方的角度来提有关采购管理的问题，除非题目上另有说法。

26.1 项目采购管理的概念

【基础知识点】

1. 项目采购管理的相关概念
   - 项目采购管理：是指从项目外部采购或获取所需产品、服务或成果的各个过程。项目采购管理包括编制和管理协议所需的管理和控制过程。
   - 采购合同：经过买卖双方谈判协商一致同意而签订的"供需关系"的法律性文件，合同双方都应遵守和履行，并且是双方联系的共同语言基础。
   - 合同的性质：合同是严肃的，具有法律效力，签署后双方必须执行。
   - 合同当事人之间的关系：合同当事人之间是平等、对等的关系。
   - 合同签订的条件、程序：双方需要同时具备相应的权利能力与行为能力才能签合同；双方通过一定程序达成一致意见，方为成立合同。
   - 要约：又称发盘或报价，是一方当事人向另一方当事人所做的、邀请订立合同的意思表示。
   - 承诺：是被要约人无条件、完全地同意要约人的要约，愿意按此成立合同的意思表示。
   - 工作范围：《PMBOK 指南》要求买方用"采购工作说明书"来明确合同的工作范围，卖方在获得合同后要及时编制"合同工作分解结构"，与买方确认工作范围。
   - 合同转让：任何一方都不能随意把合同权利或义务转让给第三方，合同转让必须征得另一方的同意。

2. 项目采购管理的实现过程

项目采购管理的实现过程如图 26-2 所示。

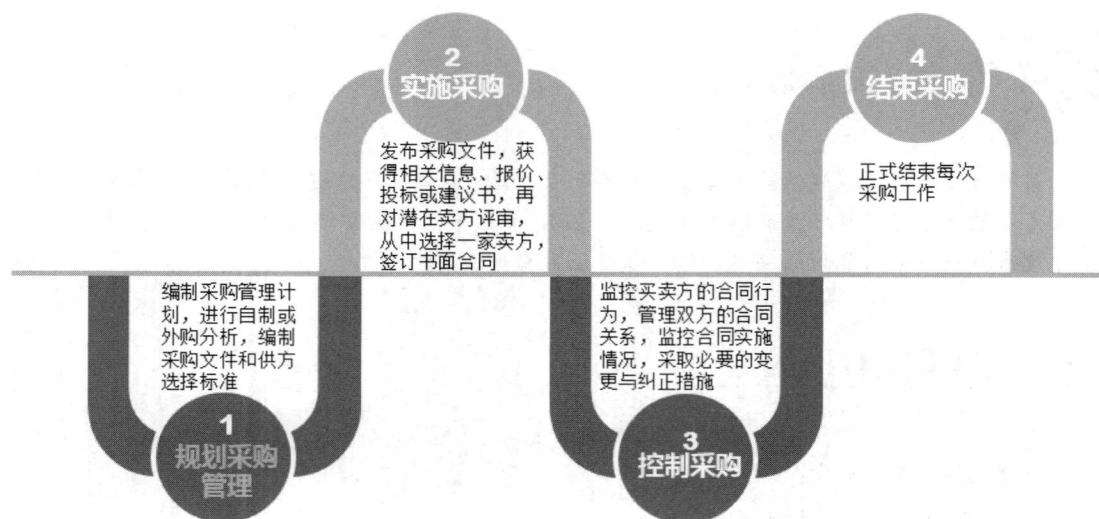

图 26-2　项目采购管理的实现过程

26.2　规划采购管理

【基础知识点】
1. 规划采购管理所涉及的概念
   - 规划采购管理：规划采购管理是记录项目采购决策、明确采购方法及识别潜在卖方的过程。
   - 采购合同的类型：见表 26-1。

表 26-1　采购合同的类型

类型	定义	适用场景	优缺点
总价合同	固定总价（Firm Fixed Price，FFP）	应在已明确定义需求，且不会出现重大范围变更的情况下使用	应在已明确定义需求，且不会出现重大范围变更的情况下使用
	总价加激励费用（Fixed Price Incentive Fee，FPIF）	允许一定的绩效偏离，实现既定目标会给予相关的财务奖励	
	总价加经济价格调整（Fixed Price with Economic Price Adjustment，FPEPA）	卖方履约期将跨越几年时间，或将以不同货币支付价款	

续表

类型	定义	适用场景	优缺点
成本补偿（工作范围预计会在合同执行期间发生重大变更）	成本加固定费用（Cost Plus Fixed Fee，CPFF）	为卖方报销履行合同工作所发生的一切可列支成本，并向卖方支付一笔固定费用	该费用以项目初始估算成本的某一百分比计列。除非项目范围发生变更，否则费用金额维持不变
	成本加激励费用（Cost Plus Incentive Fee，CPIF）	为卖方报销履行合同工作所发生的一切可列支成本，并在卖方达到合同规定的绩效目标时，向卖方支付预先确定的激励费用	在 CPIF 合同中，如果最终成本低于或高于原始估算成本，则买方和卖方需要根据事先商定的比例来分享节约部分或分担超支部分
	成本加奖励费用（Cost Plus Award Fee，CPAF）	为卖方报销一切合法成本，但只有在卖方满足合同规定的、某些笼统主观的绩效标准的情况下，才向卖方支付大部分费用	奖励费用完全由买方根据自己对卖方绩效的主观判断来决定，并且通常不允许申诉
工料合同	工料合同	在无法快速编制出准确的工作说明书的情况下扩充人员、聘用专家或寻求外部支持	是兼具成本补偿合同和总价合同特点的混合型合同

➤ 采购流程：如图 26-3 所示。

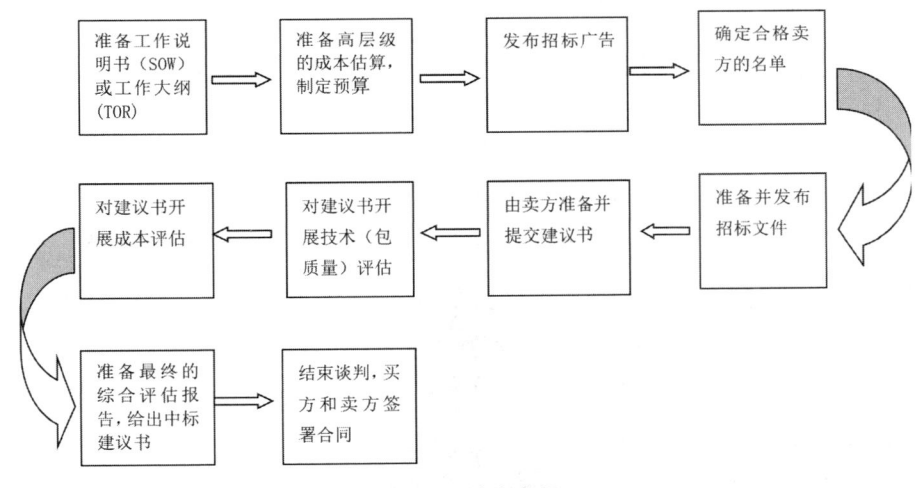

图 26-3 采购流程

➤ SOW（Statement of Work）：工作说明书。每次采购都需要编制工作说明书，根据采购品的性质、买方的需求，或拟采用的合同形式的差异，工作说明书的详细程度也会有较大区别。SOW 应力求清晰、完整和简练。它需要说明所需的附加服务，如报告绩效或对采购品后续的运营支持。在采购过程中，应根据需要对工作说明书行渐进式修订，工作说明书的依据和内容如图 26-4 所示。

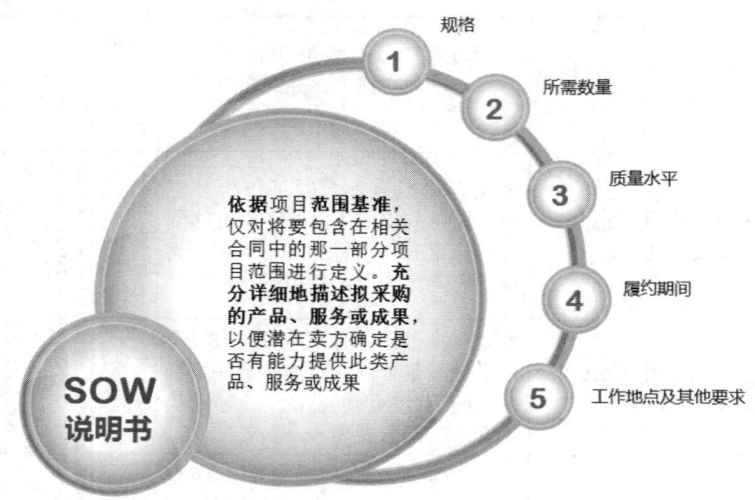

图 26-4　工作说明书的依据和内容

➢ 自制或外购分析：用于确定某项工作或可交付成果应该由项目团队自行完成还是应该从外部采购。制定自制或外购决策时应考虑的因素如图 24-5 所示。

图 26-5　制定自制和外购决策时需考虑的因素

用来评估外购或自制的指标如图 25-6 所示。

➢ 供方选择分析：见表 26-2。

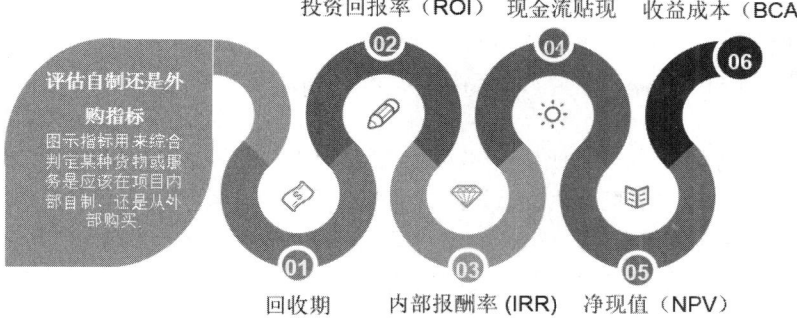

图 26-6 自制和外购评估指标

表 26-2 供方选择分析

供方选择方法	适用范围
最低成本	用于标准化或常规采购。此类采购有成熟的实践与标准，有具体明确的预期成果，可以用不同的成本来取得
仅凭资质	适用于采购价值相对较小，不值得花时间和成本开展完整选择过程的情况
基于质量或技术方案得分	邀请一些公司提交建议书，同时列明技术和成本详情；如果技术建议书可以接受，再邀请它们进行合同谈判。采用此方法，会先对技术建议书进行评估，考察技术方案的质量。如果经过谈判，证明它们的财务建议书是可接受的，那么就会选择技术建议书得分最高的卖方
基于质量和成本	在基于质量和成本的方法中，成本是选择卖方的一个考虑因素，但如果项目的风险较高，相对于成本而言，质量就应该是一个关键考虑因素
独有来源	买方要求特定卖方准备技术和财务建议书，然后针对建议书开展谈判。由于没有竞争，因此仅在有适当理由时才可采用此方法，而且应将其视为特殊情况
固定预算	此方法仅适用于工作说明书定义精确、预期不会发生变更、预算固定且不得超出的情况

> 目标成本：正常情况下项目将要花费的成本。
> 目标利润：如果卖方以目标成本完成项目，将可以获得的利润。
> 目标价格：目标成本与目标利润之和。
> 最悲观成本：如果卖方没有任何管理，或者技术上出现失误，项目可能发生的最大成本数量。如果卖方实际成本超出此数，则认为超出部分是卖方失误造成的，全部由卖方独自承担。由于最悲观成本是假设的最大成本数值，所以其正规术语是"Point of Total Assumption（PTA）"，可翻译成"总体假设点"。
> 成本分担比例：对于卖方实际成本（不得超过最悲观成本）与合同目标成本的差额，买方和卖方分享或分担的比例。
> 最高限价（封顶价）：买方可能向卖方支付的最高价格。无论如何，合同付款不得超出此数。
> 几种成本的计算公式：

最高限价=（目标成本+目标利润）+（最悲观成本-目标成本）×买方分担比例
买方分担比例=（最高限价-目标价格）/（最悲观成本-目标成本）
最悲观成本=[（最高限价-目标价格）/买方分担比例]+目标成本

2. 规划采购管理的作用

确定是否从项目外部获取货物或/和服务，如果是，则还要确定在什么时间、以什么方式获取什么货物或服务。货物或服务可从执行组织的其他部门采购，也可从外部渠道采购。

3. 规划采购管理的展开期间

本过程仅开展一次或仅在项目的预定义点开展。

4. 规划采购管理的工作内容

规划采购管理的工作内容如图 26-7 所示。

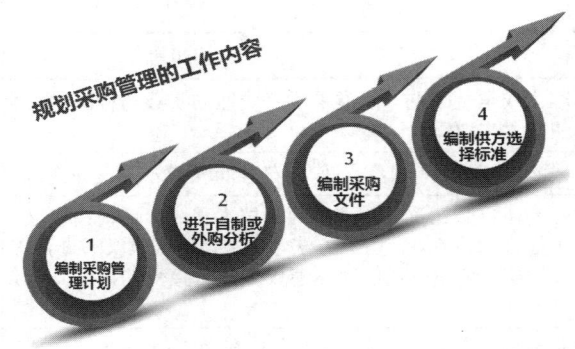

图 26-7　规划采购管理的工作内容

5. 规划采购管理的输入、工具和输出

该过程的输入、工具和输出见表 26-3。

表 26-3　规划采购管理的输入、工具和输出

输入		过程工具/技术	输出
项目章程	目标、项目描述、里程碑及预先批准的财务资源		
项目管理计划	范围管理计划		
	资源管理计划		
	质量管理计划		
	范围基准		
事业环境因素	市场条件		
	可从市场获得的产品、服务和成果		

续表

输入		过程工具/技术	输出
事业环境因素	卖方,包括其以往的绩效或声誉	**专家判断** 采购与购买；合同类型和合同文件；法规及合规性 **数据收集** 市场调研 **数据分析** 自制或外购分析 **供方选择分析** 最低成本；仅凭资质；基于质量或技术方案得分；基于质量和成本；独有来源；固定预算 **会议** 信息交流会	**采购管理计划** 如何协调采购与项目的其他工作；开展重要采购活动的时间表；用于管理合同的采购测量指标；与采购有关的相关方角色和职责；如果执行组织有采购部,项目团队拥有的职权和受到的限制；可能影响采购工作的制约因素和假设条件；司法管辖权和付款货币；是否需要编制独立估算,以及是否应将其作为评价标准；风险管理事项,包括对履约保函或保险合同的要求,以减轻某些项目风险；拟使用的预审合格的卖方（如果有） **采购策略** 交付方法；合同支付类型；采购阶段 **招标文件** 信息邀请书；报价邀请书；建议邀请书 **采购工作说明书** 为每次采购编制工作说明（SOW） **供方选择标准** **自制和外购决策** **独立成本估算** **变更请求** **组织过程资产更新** 关于合格卖方的信息 **项目文件更新** 经验教训登记册；数据分析和供方选择分析相关的经验教训；里程碑清单；需求文件；卖方需要满足的技术要求；需求跟踪矩阵；风险登记册；相关方登记册
	典型条款和条件		
	特殊的当地要求		
	采购的法律建议		
	财务会计和合同支付系统		
	已有的供应商系统,预审合格的卖方		
	合同管理系统,包括合同变更控制程序		
组织过程资产	预先批准的卖方清单		
	正式的采购政策、程序和指南		
	合同类型		
	成本补偿合同		
	工料合同（T&M）		
项目文件	里程碑资产；项目团队派工单；需求文件；需求跟踪矩阵；资源需求；风险登记册；相关方登记册		
商业文件	商业论证		
	收益管理计划		

26.3 血拼——实施采购

血拼是买东西的代名词,来自于 SHOPPING 的谐音。在项目管理中,实施采购就是按照既定的采购规划和采购计划,按时按质按量地买回物品或服务。

【基础知识点】

1. 实施采购涉及的概念
  - ➢ 实施采购：实施采购是获取卖方应答、选择卖方并授予合同的过程。
  - ➢ 卖方为响应采购文件包而编制的建议书：其中包含的信息将被评估团队用于选定一个或

多个投标人（卖方）。建议书分为价格建议书和技术建议书。
- 投标人会议（又称承包商会议、供应商会议或投标前会议）：是在卖方提交建议书之前，在买方和潜在卖方之间召开的会议，其目的是确保所有潜在投标人对采购要求都有清楚且一致的理解，并确保没有任何投标人会得到特别优待。
- 采购谈判：是指在合同签署之前，对合同的结构、各方的权利和义务以及其他条款加以澄清，以便双方达成共识。最终的文件措辞应该反映双方达成的全部一致意见。谈判以签署买方和卖方均可执行的合同文件或其他正式协议而结束。谈判应由采购团队中拥有合同签署职权的成员主导。项目经理和项目管理团队的其他成员可以参加谈判并提供必要的协助。
- 招标文件：如图 26-8 所示。

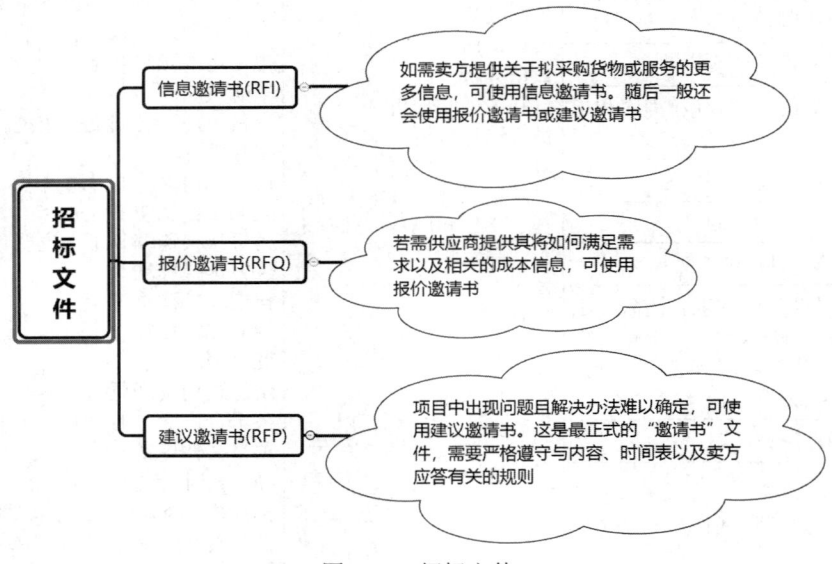

图 26-8　招标文件

2. 实施采购的作用

选定合格卖方并签署关于货物或服务交付的法律协议。

3. 实施采购的展开期间

本过程应根据需要在整个项目期间定期开展。

4. 实施采购的工作内容

实施采购的工作内容如图 26-9 所示。

5. 实施采购的输入、工具和输出

该过程的输入、工具和输出见表 26-4。

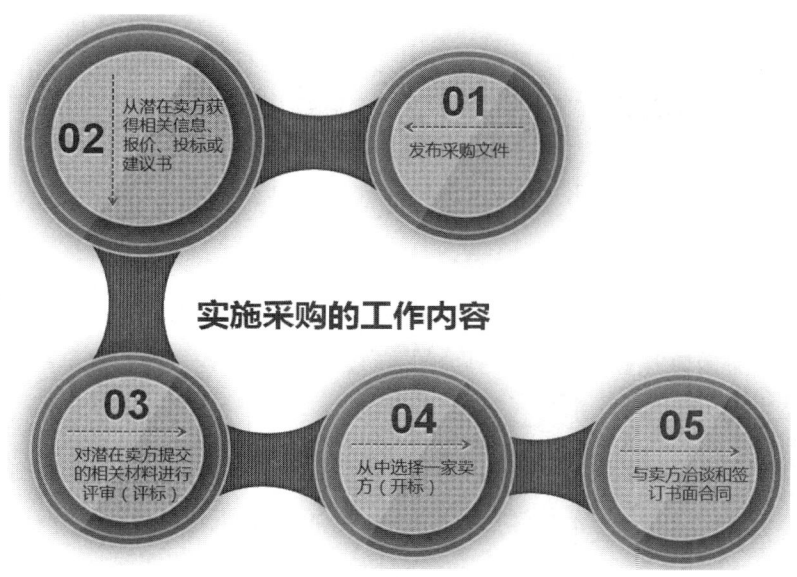

图 26-9 实施采购的工作内容

表 26-4 实施采购的输入、工具和输出

输入		工具/技术	输出
项目管理计划	采购管理计划	采购技术 建议书评估；技术或相关主题事宜；相关的职能领域；行业监管环境；法律法规和合规性要求；谈判 广告 投标人会议 数据分析 建议书评估。 人际关系与团队技能 谈判	选定的卖方 中标人 项目管理计划更新 需求管理计划；质量管理计划；沟通管理计划；风险管理计划；采购管理计划；进度基准；成本基准 项目文件更新 经验教训登记册；需求文件；卖方需要满足的技术要求；需求跟踪矩阵；资源日历；风险登记册；相关方登记册 组织过程资产更新 潜在和预审合格的卖方清单；与卖方合作的相关经验（包括正反两方面） 协议 采购工作说明书或主要的可交付成果；进度计划、里程碑或进度计划中规定的日期；绩效报告；定价和支付条款；检查、质量和验收标准；担保和后续产品支持；激励和惩罚；保险和履约保函；下属分包商批准；一般条款和条件；变更请求处理；终止条款和替代争议解决方法 变更请求
	风险管理计划		
	沟通管理计划		
	范围管理计划		
	需求管理计划		
	配置管理计划		
	成本基准		
组织过程资产	预审合格的优先卖方清单		
	关于付款申请和支付过程的财务政策和程序		
	会影响卖方选择的组织政策		
	组织中关于协议起草及签订的具体模板或指南		
项目文件	经验教训登记册		

续表

输入		工具/技术	输出
项目文件	项目进度登记册	同上	同上
	需求文件		
	风险登记册		
	相关方登记册		
卖方建议书	价格建议书 技术建议书		
事业环境因素	关于采购的当地法律法规		
	确保主要采购需包含当地卖方的法律法规		
	制约采购过程的外部经济环境		
	市场条件		
	以往与卖方合作的相关经验		
	之前使用的协议；合同管理系统		
采购文档	招标文件		
	SOW		
	独立成本估算		
	供方选择标准		

26.4 控制采购

有了采购规划，也有了采购计划并且实施了采购，那么咱们的采购活动是不是按照规划、计划、范围等要求购买的呢？这就引出了控制采购的概念。

1. 本节涉及的概念

（1）控制采购：图 26-10 形象地展示了控制采购的过程。

（2）索赔：索赔包括如图 26-11 所示的几个方面。

（3）采购关闭：买方通常通过其授权的采购管理员，向卖方发出合同已经完成的正式书面通知。

2. 控制采购的作用

确保买卖双方履行法律协议，满足项目需求。

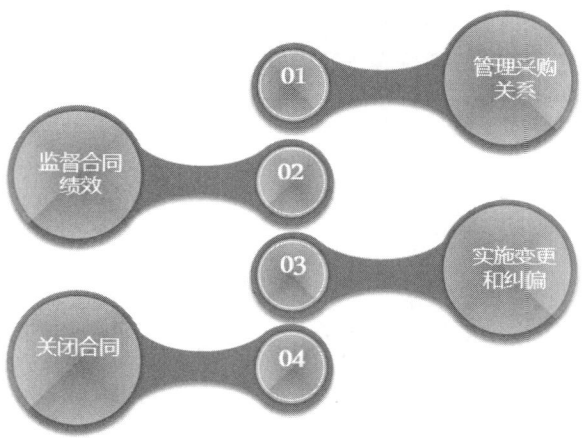

图 26-10　控制采购的过程

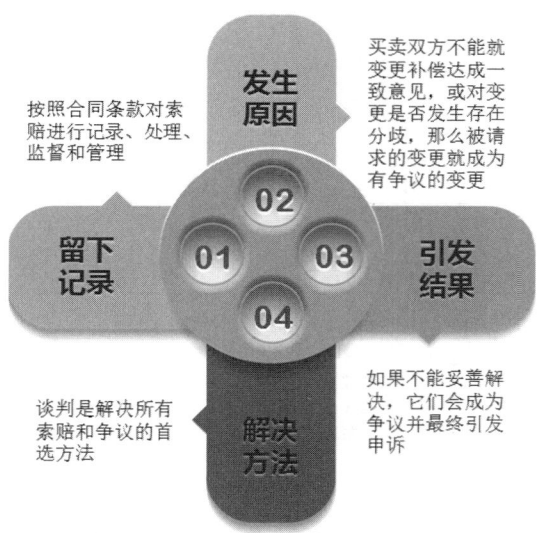

图 26-11　索赔

3. 控制采购的展开期间

整个项目期间开展。

4. 控制采购过程

管理合同双方的合同关系，监控合同工作绩效，管理合同变更。简单地说，就是随着合同执行而进行的合同管理。

5. 控制采购的输入、工具、输出

该过程的输入、工具和输出见表 26-5。

表 26-5 控制采购的输入、工具和输出

输入		工具/技术	输出
项目管理计划	采购管理计划；需求管理计划；风险管理计划；变更管理计划；进度基准	专家判断 相关的职能领域；法律法规和合规性要求 索赔管理 数据分析 绩效审查；挣值分析；趋势分析 检查 审计	工作绩效信息 采购关闭 项目管理计划更新 采购管理计划；风险管理计划；进度基准；成本基准 项目文件更新 资源需求；经验教训登记册；相关方登记册；需求跟踪矩阵；风险登记册 组织过程资产更新 支付计划和请求；卖方绩效评估文件；预审合格卖方清单更新；经验教训知识库；采购档案 变更请求
项目文件	经验教训登记册；假设日志；里程碑清单；质量报告；需求文件；需求跟踪矩阵；风险登记册；相关方登记册		
组织过程资产	采购政策		
工作绩效数据	与项目状态有关的卖方数据		
事业环境因素	合同变更控制系统；市场条件；财务管理和应付账款系统；采购组织的道德规范		
协议	对各方义务的一致理解		
采购文档	管理采购过程的完整支持性记录，包括工作说明书、支付信息等		
批准变更请求	包括对合同条款和条件的修改		

26.5 合同收尾与行政收尾的比较

我们把合同收尾和行政收尾从定义、特点、工作时段等方面进行比较，并把比较结果总结成一张表，见表 26-6。

表 26-6 合同收尾和行政收尾的比较

比较项	合同收尾	行政收尾
定义	结束合同，结清账目，并与外部客户交接的程序。合同的提前终止属于合同收尾的特例	项目内部收尾形式
都需要完成的工作	都需要进行产品核实，总结经验教训，对资料进行归档和整理，更新组织过程资产	
收尾次数	针对合同，每个合同需要且只需要一次合同收尾	整个项目和各项目阶段，每个阶段结束都需要行政收尾
时段	合同收尾发生在行政收尾之前	以合同形式进行的项目，在收尾阶段先要进行采购审计和合同收尾，再做行政收尾

续表

比较项	合同收尾	行政收尾
交接对象	与外部客户或者供应商交接	与公司内部交接
确认人	合同收尾由采购管理成员向卖方签发合同结束的书面确认书	行政收尾由项目发起人或高层给项目经理签发项目阶段结束或整体结束的确认
不同的工作	结束合同工作；进行采购审计；结束当事人之间的合同关系；将有关资料收集归档；合同的提前终止属于合同收尾的特例	产品核实；财务收尾；更新项目记录；总结经验教训；进行组织过程资产的更新；结束项目相关方在项目上的关系

第27小时
项目采购管理练习题

【导读小贴士】

经过第26小时的学习,你已经初步明白了采购管理的内容及方法,但这些还主要是停留在理论层次。下面,我们通过一些习题,来加深对项目采购管理的理解并顺利通过考试。

练习题

1. 项目采购管理过程涉及的买卖双方之间形成的合同关系,对双方均具有法律约束力。但在签订非正式协议时( )。

   A. 对双方也具有法律约束力
   B. 应当重视人力资源和沟通管理各过程
   C. 应当严格遵守采购管理各过程
   D. 不具有法律约束力,可以随意变更合作范围

   答案:B

2. 你正在思考应当使用什么类型的合同,是否需要标准的采购文件以及卖方应当如何管理。你应当把这些信息记载于( )。

   A. 项目计划　　　B. 采购文件　　　C. 采购管理计划　D. 邀请书

   答案:C

3. 以下关于自制与外购决策分析的说法都正确,除了( )。

A．自制与外购分析是初步范围规划过程，可以用来确定实施组织能否更节约成本地制造某一特殊的产品

B．自制外购分析在考虑当前项目需要之外，还需要从执行组织整体角度来决策

C．如果执行组织对某一产品有持续的需求，那么购买成本由具体项目承担的部分会小于租赁成本

D．产品外购成本不仅包括购买产品的直接成本，还包括管理购买过程的间接成本

答案：A

4．在自制/外购分析中，你可出于以下原因决定自制，除了（   ）。

A．正在决策的事项非常重要，在执行组织其他项目中也会用到

B．组织处于淡季，有许多资源没有充分使用

C．正在决策的事项是一项专有的或商业关键产品，是企业的核心业务

D．正在决策的事项不是核心业务，但你的公司具有自制的能力

答案：D

5．你在考虑是否应该购买一套软件：如果购买的话，软件成本是$80000，因购买和安装软件花费的成本是$1000，如果自制，需要 7 位软件工程师花费 3 个月时间才能完成，每个软件工程师的工资为$4000/月，管理费用是$2000，你会如何选择？（   ）

A．购买   B．自制

C．不购买也不自制   D．需要更多信息才能决策

答案：A

6．请看下面的决策树：如果项目经理决定自制而不是外购，机会成本为（   ）。

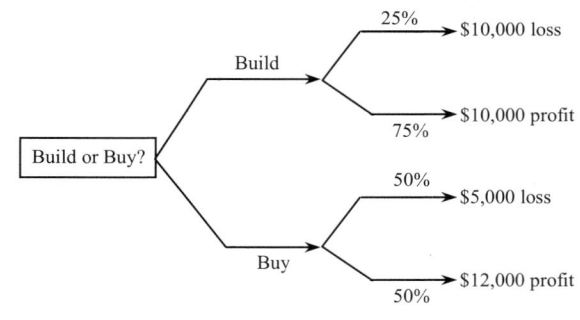

A．-$1500   B．$3500   C．$1500   D．$5000

答案：B

7．在固定总价合同中，买方决定增加工作范围以使产品更有效。在这种情况下买方可以做以下事件，除了（   ）。

A．发出合同变更请求

B．启动另一项固定总价合同以开始额外的工作

C．启动成本报销合同去开始额外的工作

D. 取消现在的合同，开始一个新的合同

答案：D

8. 买方报销卖方实际发生的成本，并提供固定金额作为卖方利润的合同被称为（　　）。
   A. 成本加激励费用合同　　　　　　B. 成本加固定费用合同
   C. 时间材料成本合同　　　　　　　D. 成本加成本百分比合同

答案：B

9. 对承包商而言，风险最大的合同是（　　）。
   A. 成本补偿合同　　　　　　　　　B. 成本加成本百分比合同
   C. 固定总价合同　　　　　　　　　D. 固定总价加激励费用合同

答案：C

10. 你是一个医药研究项目的项目经理。为了确保项目在进度计划内完成，你计划将其中的一部分研发工作分包出去。你希望有最大的灵活性和控制权，此时最合适的做法是制定一个（　　）。
    A. 固定总价合同　　　　　　　　　B. 成本补偿合同
    C. 固定总价加激励费用合同　　　　D. 成本加激励费用合同

答案：D

11. 你们计划为一个工程总承包项目提供项目管理咨询服务。项目经理要求你起草合同，但你并不了解项目管理咨询服务的范围，此时最合适的做法是制定一个（　　）。
    A. 固定总价合同　　　　　　　　　B. 成本补偿合同
    C. 固定总价加激励费用合同　　　　D. 时间与材料合同

答案：D

12. 你们公司计划造5艘轮船。造船周期较长，工艺清晰，此时最合适的合同类型是（　　）。
    A. 固定总价合同　　　　　　　　　B. 成本补偿合同
    C. 固定总价加激励费用合同　　　　D. 成本补偿加成本奖励合同

答案：C

13. 对所采购的产品进行详细描述，以便让潜在卖方确定他们是否能提供该产品的文件是（　　）。
    A. 产品描述　　　　　　　　　　　B. 项目说明书
    C. 合同工作说明书　　　　　　　　D. 发包文件

答案：C

14. 以下哪一项不是合同工作说明书的构成部分？（　　）
    A. WBS　　　B. 高层次进度　　　C. 质量水平　　　D. 工作地点

答案：A

15. 投标邀请书、征求建议书、洽谈邀请等是哪一个过程的输出？（　　）
    A. 采购规划　　　B. 发包规划　　　C. 询价过程　　　D. 供方选择

答案：B

16. 以下关于采购文件的说法中不正确的是（　　）。
    A．越详细越好，因为采购文件越详细，越有利于从潜在卖方获得有效的回应
    B．复杂程度与详细程度应当与采购项目的价值和风险水平相一致
    C．严格程度既要足以保证做出一致和具有可比性的应答，又要有足够的灵活性
    D．应当根据买方组织的相关规则制定
答案：A

17．你可以从以下几个方面评估潜在卖方，除了（　　）。
    A．生命周期费用　　　　　　　　　B．技术能力和技术方案
    C．项目经理的性别和年龄　　　　　D．业务规模与实力
答案：C

18．实施采购时，需要获取卖方应答，包括从预期的卖方那里获得如何满足项目需求的回应（报价和建议书）。这一过程的大部分成本由谁支付？（　　）
    A．项目　　　　B．执行组织　　　　C．买方　　　　D．预期的卖方
答案：D

19．在获取卖方应答的过程中，你想从卖方获得相关的报告、价格、投标、出价或建议书，你最应当（　　）。
    A．自制与外购分析
    B．保证可能的卖方清楚地理解技术和合同要求
    C．在接受之前，澄清合同的结构和要求
    D．独立估算以核对每一个卖方的报价
答案：B

20．投标人会议是以下哪一个过程的工具？（　　）
    A．规划采购　　　B．实施采购　　　C．管理采购　　　D．干系人管理
答案：B

21．合格卖方清单是哪一个过程的成果？（　　）
    A．规划采购　　　B．实施采购　　　C．管理采购　　　D．结束采购
答案：B

22．在实施采购过程中，你希望把定性数据加以量化，以减少个人偏见对卖方选择的影响，此时你可以采用（　　）。
    A．加权系统　　　B．独立估算　　　C．卖方评级系统　　D．建议书评估技术
答案：A

23．你在负责一个工程项目的招标工作。你聘请专业设计单位为该招标做了一份独立估算，合同总价约为 1500 万元。有几家投标单位的报价在 1500 万元左右，但也有 3 家投标单位的报价在 600 万元左右，则这种情况（　　）。
    A．不正常，可能是工作合同说明书不充分，投标方产生了误解

B．正常，不同投标方的报价本来就应当有差异

C．不正常，可能是项目团队中有人将标的泄露出去

D．正常，报价是投标方自己的事情

答案：A

24．你要求投标方项目经理必须是 PMP，不是 PMP 的投标不予考虑。你是在运用（　　）技术选择卖方。

  A．加权系统 B．独立估算 C．卖方评级系统 D．筛选系统

答案：D

25．在管理采购过程中，需要规定合同修改的过程，包括文书工作、跟踪系统、争议解决程序，以及批准变更所需的审批层次，这可以通过以下哪项实现？（　　）

  A．合同变更控制系统   B．检验和审计

  C．合同文件   D．合同档案管理系统

答案：A

26．你已与一名卖主签订了合同，而且你想总结经验教训以便为执行组织的其他采购合同提供指导，此时你需要用到的是（　　）。

  A．采购审计 B．合同档案 C．合同执行报告 D．相关学术文件课程

答案：A

27．合同提前终止是结束采购的一项特例，可以通过以下形式发生，除了（　　）。

  A．协商一致 B．一方违约 C．无因终止 D．买方随时提出

答案：D

28．买方通过谁向卖方发出合同已经完成的正式书面通知（　　）。

  A．项目经理   B．授权的合同管理员

  C．项目采购经理   D．项目发起人

答案：B

29．一套完整的编有索引的合同文件是（　　）。

  A．合同文档 B．项目文档 C．项目文件 D．合同档案

答案：D

30．一个成本加成本百分比合同（CPPC）的估计成本是$120000，并约定以成本的 10%作为利润。若项目实际成本是$130000。则支付给卖方的总偿付是（　　）。

  A．$143000 B．$142000 C．$140000 D．$132000

答案：A

31．一个成本加奖励费合同（CPIF）的估计成本是$150000，目标利润是$15000，分担比率是80/20。若项目的实际成本是$130000。则卖方获得多少利润？（　　）

  A．$31000 B．$19000 C．$55000 D．$40000

答案：B

32．一个固定价格加奖励费合同（FPIF）的目标成本是$130000，目标利润是$15000，目标价格是$145000，最高限价是$160000，分担比率是 80/20。项目的实际成本是$150000。卖方获得多少利润？（　　）

　　A．$10000　　　　B．$15000　　　　C．$0　　　　D．$5000

答案：A

33．一个固定价格加奖励费合同（FPIF）的目标成本是$130000，目标利润是$15000，目标价格是$145000，最高限价是$160000，分担比率是 80/20。项目的实际成本是$100000。卖方获得多少利润？（　　）

　　A．$10000　　　　B．$15000　　　　C．$21000　　　　D．$5000

答案：C

34．您已就项目和一个承包商签定了固定价格加激励费用（FPIF）合同。合同规定目标成本为$100000，承包商的目标利润为$8500，价格上限为$115000；客户与承包商以 70/30 的比例分成。那么估算的合同总价是多少？（　　）

　　A．$109280　　　　B．$115000　　　　C．$121360　　　　D．$104500

答案：B

35．项目面临着延期，很可能无法在截止期限之前完成，而委托人却完全不顾实际情况，强行要求无限制地加班，并不断催促项目组改变现状。您的项目成员为此神经紧张，士气低落，整个团队显得人心涣散。要按时完成项目已不切实际，作为项目经理，你首先应该做的是（　　）。

　　A．委托管理规划　　B．风险管理规划　　C．质量管理规划　　D．采购管理规划

答案：D

第28小时
全民皆兵——项目相关方管理

28.0 【章节考点分析】

在第28小时主要学习项目的相关方管理。项目相关方是指参与项目的、其利益会受到项目正面或负面影响的任何组织或个人。所以，相关方不仅是指项目经理、项目执行组织、项目团队，还包括许多其他的组织和个人，如客户、项目发起人、项目团队成员家属、公共传媒、公民个人、相关利益群体等。各方所在的角度不同，利益不同，期望不同，对项目的作用也不尽相同。通俗地讲，相关方的管理，就是要弱化项目的反对力量，提高支持力量，让项目在项目经理的带领下能够顺利完成。

根据以往PMP考试的出题规律，对于本部分知识的考查，概念与情景题目并重。<u>本小时的知识架构如图28-1所示。</u>

全民皆兵——项目相关方管理　　第 28 小时

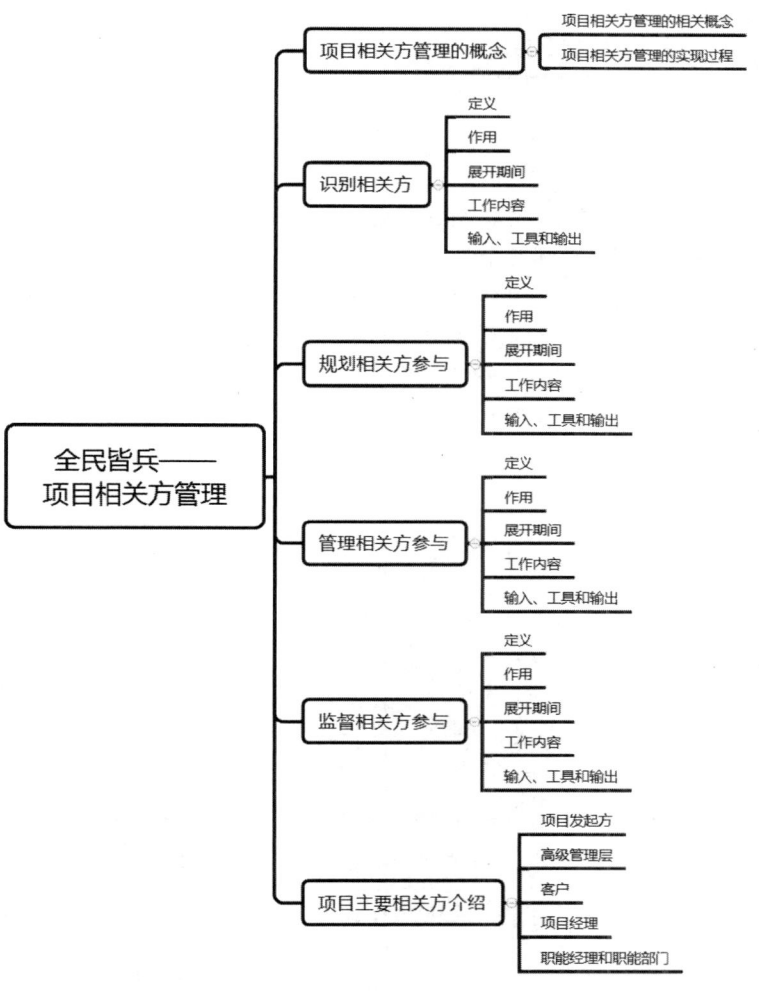

图 28-1　项目相关方管理架构图

【导读小贴士】

全民皆兵，意指把所有民众都当做士兵，以提高战斗力。项目相关方管理，就是要将项目的所有相关方都高效管理起来，做到项目利益最大化。在项目的相关方管理方面，PMBOK 要求项目经理一定要成为相关方管理领域的专家，在项目的各个阶段，要清晰无漏地识别相关方，对重要相关方的判定要准确，并对相关方进行有效管理。在 PMP 考试中，对相关方的管理越来越重视，题目数量也越来越多，所以我们要重视对这部分内容的学习，以期能顺利通过考试。

28.1 项目相关方管理的概念

【基础知识点】

1. 项目相关方管理涉及的概念
   - 项目相关方：指参与项目的、其利益会受到项目正面或负面影响的以及能对项目活动或结果施加影响的任何组织或个人。
   - 项目发起人：是为项目提供资金和其他重要资源的人，相较于项目的其他相关方，项目发起人是最先出场的。
2. 项目相关方管理的实现过程

项目相关方管理的实现过程如图 28-2 所示。

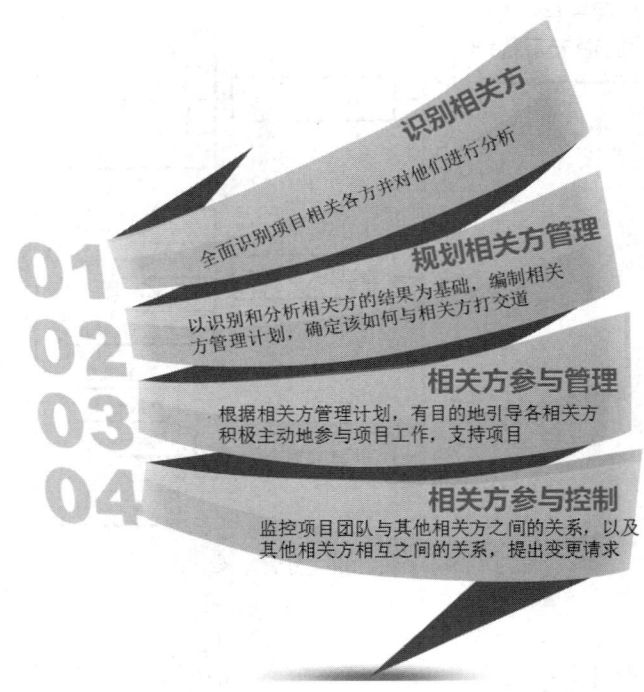

图 28-2　项目相关方管理的实现过程

28.2 识别相关方

在一场战斗前，我们肯定要先去了解对手的方方面面，以及自己的方方面面，所谓的知己知彼，百战不殆。做项目也是一样，需要首先把项目的相关方找出来，并从中识别出哪些是主要相关方、他们都有什么样的需要、对项目持有什么样的态度以及对项目的支持度和影响力等。

【基础知识点】

1. 概念和定义
   - 识别相关方：即找出项目相关方，并分析和记录他们的利益、参与度、相互依赖性、影响力和对项目成功的潜在影响的过程。
   - 识别相关方的时点：识别和引导相关方参与的过程需要迭代开展，所以应经常开展识别相关方、排列其优先级以及引导其参与的活动，我们至少要在图 28-3 所示情况下开展这些活动。

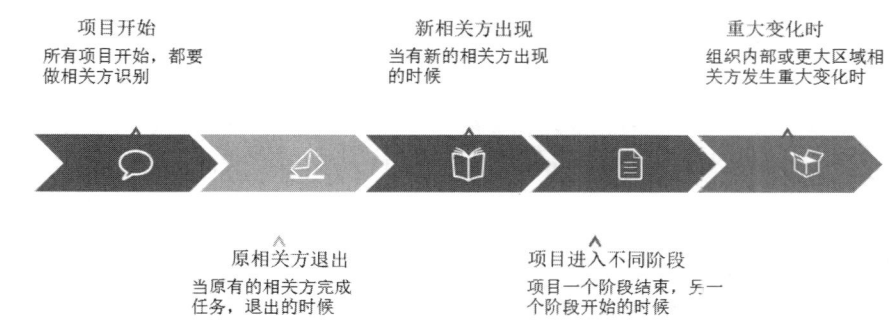

图 28-3　识别相关方的时点

   - 相关方映射分析和表现：是一种利用不同方法对相关方进行分类的方法。
   - 权力利益方格、权力影响方格，或作用影响方格：基于相关方的职权级别（权力）、对项目成果的关心程度（利益）、对项目成果的影响能力（影响）或改变项目计划或执行的能力，每种方格都可用于对相关方进行分类。巧妙使用这些方格工具，能令管理效率事半功倍。对于小型项目、相关方与项目关系简单的项目或相关方之间的关系简单的项目，这些分类模型就更加实用。
   - 相关方立方体：这是权力利益方格、权力影响方格等方格模型的改良形式。本立方体把上述方格中的要素组合成三维模型，项目经理和团队可据此分析相关方并引导相关方参与项目。作为一个多维模型，它将相关方视为一个多维实体，可以更好地加以分析，从而有助于沟通策略的制定。
   - 凸显模型：通过评估相关方的权力（职权级别或对项目成果的影响能力）、紧迫性（因时间约束或相关方对项目成果有重大利益诉求而需立即加以关注）和合法性（参与的适当性）来对相关方进行分类。凸显模型适用于复杂的相关方大型社区，或在相关方社区内部存在复杂的关系网络的场景。凸显模型可用于确定已识别相关方的相对重要性。
   - 相关方的分类：如图 28-4 所示。

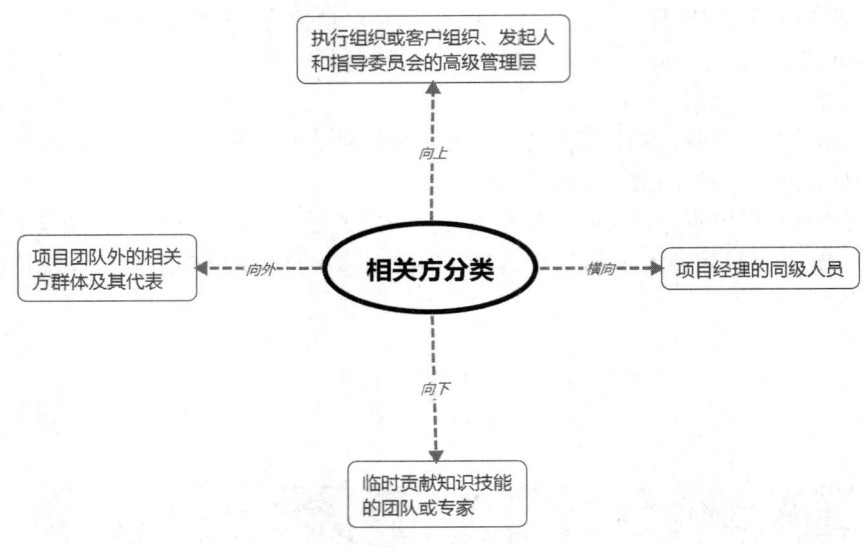

图 28-4　相关方的分类

2. 识别相关方的作用

使项目团队能够建立对每个相关方或相关方群体的分级关注。

3. 识别相关方的展开期间

需要在整个项目期间定期开展。

4. 识别相关方的工作内容

尽早识别相关方，且识别相关方是一个持续不断的过程，将过时的相关方删去，增加新的相关方，不停迭代。识别相关方要全面，不能产生遗漏。

5. 识别相关方的输入、工具和输出

该过程的输入、工具和输出见表 28-1。

表 28-1　识别相关方的输入、工具和输出

输入		工具/技术	输出
项目章程	相关方清单	**专家判断** 理解组织内的政治和权力结构；了解所在组织和其他受影响组织（包括客户及其他组织）的环境和文化；了解项目所在行业或项目可交付成果类型；了解团队成员的贡献和专长 **数据收集**	**相关方登记册** 身份信息；评估信息；相关方分类**项目管理计划更新** 需求管理计划；沟通管理计划；相关方管理计划；风险管理计划
项目管理计划	沟通管理计划		
	相关方管理计划		
事业环境因素	组织文化、政治氛围、治理框架		
	政府或行业标准		
	设施和资源的地理分布		
	全球、区域或当地的趋势、实践或习惯		

续表

输入		工具/技术	输出
组织过程资产	相关方登记册模板和说明	问卷调查；头脑风暴 **数据分析** 相关方分析（兴趣、权利、所有权、知识、贡献）；文件分析 **数据表现** 权力利益方格、权力影响方格、作用影响方格；相关方立方体；凸显模型；影响方向；优先级排序 **会议** 相关方谅解会议	**项目文件更新** 问题日志；风险登记册；假设日志 **变更请示**
	以往项目的相关方登记册		
	经验教训知识库，包括与相关方偏好、行动和参与有关的信息		
项目文件	变更日志（新相关方加入，原相关方退出）		
	问题日志		
	需求文件（潜在相关方）		
商业文件	商业论证（受影响的相关方）		
	收益管理计划（受益相关方）		
协议	协议各方都是相关方		

28.3 规划相关方参与

要对项目的相关方进行管理，需要事先把相关方识别出来，明确各相关方对于完成项目所起的主要作用，并规定他们怎么参与进来，即规划相关方参与。

【基础知识点】

1. 规划相关方参与所涉及的概念

> 规划相关方参与：是根据相关方的需求、期望、利益和对项目的潜在影响，制定项目相关方参与项目的方法的过程。

> 相关方参与度评估矩阵：相关方参与度评估矩阵用于将相关方当前参与水平与期望参与水平进行比较，是对相关方参与水平进行评估的工具之一。

> 相关方的分类：每个项目会有很多的相关方，每个相关方的态度及参与的程度是不同的，我们根据各相关方的态度和参与程度，将相关方分为如图 28-5 所示的 5 类。

以上各种类型的相关方对项目的影响大小不同，我们可通过表 28-2 所示的影响矩阵，来评判各相关方对项目的影响，辨识主要相关方，并根据每个相关方的当前与期望参与水平的差距，开展适当级别的沟通，有效引导相关方参与项目。

2. 规划相关方参与的作用

提供与相关方进行有效互动的可行计划。

3. 规划相关方参与的展开期间

本过程应根据需要在整个项目期间定期开展。

4. 规划相关方参与的工作内容

本过程在相关方识别结果的基础上，制定相关方管理策略，以便将来有效调动相关方参与并支持项目工作。项目的成功离不开相关方的支持和参与。

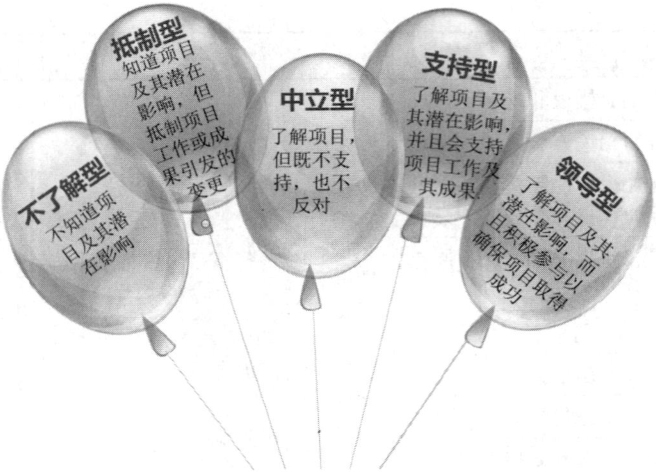

图 28-5 相关方的分类

不了解型：不知道项目及其潜在影响

抵制型：知道项目及其潜在影响，但抵制项目工作或成果引发的变更

中立型：了解项目，但既不支持，也不反对

支持型：了解项目及其潜在影响，并且会支持项目工作及其成果

领导型：了解项目及其潜在影响，而且积极参与以确保项目取得成功

表 28-2 相关方影响矩阵

相关方	抵制	不知晓	中立	支持	领导
项目团队					
供应商					
产品使用人					
职能经理					
项目发起人					

5. 规划相关方参与的输入、工具和输出

该过程的输入、工具和输出见表 28-3。

表 28-3 规划相关方参与的输入、工具和输出

输入		工具/技术	输出
项目管理计划	资源管理计划；风险管理计划；沟通管理计划	专家判断 数据收集 标杆对照 数据分析 假设条件和制约因素分析；根本原因分析 决策 优先级排序或分级 数据表现 思维导图；相关方参与矩阵 会议	相关方参与计划 调动个人或相关方参与的特定策略或方法
组织过程资产	企业的社交媒体、道德和安全政策及程序		
	企业的问题、风险、变更、数据管理政策及程序		
	组织对沟通的要求		
	制作、交换、储存和检索信息的标准化指南		
	经验教训知识库，包括与相关方偏好、行动和参与有关的信息		
	支持相关方有效参与所需的软件工具		

续表

输入		工具/技术	输出
项目文件	变更日志；项目进度计划；假设日志；风险登记册；相关方登记册		
协议	价格建议书；技术建议书		
事业环境因素	组织文化、政治氛围及治理框架；人事管理政策；相关方风险偏好；已确立的沟通渠道；全球、区域或当地的趋势、实践或习惯；设施和资源的地理分布		
项目章程	与项目目的、目标和成功标准有关的信息		

28.4 管理相关方参与

既然做好了各相关方的管理规划，就要管理各相关方，让他们按规定执行。

1. 管理相关方参与的概念

管理相关方参与，是指与相关方进行沟通和协作以满足其需求与期望，以及处理相关问题并促进相关方合理参与的过程。

2. 管理相关方参与的作用

项目经理能够通过管理相关方参与，来提高相关方对项目工作的支持，并降低和弱化相关方对项目的抵制。

3. 管理相关方参与的展开期间

整个项目期间开展。

4. 管理相关方参与过程

根据规划相关方参与制定的相关方管理策略，通过沟通及其他方法与相关方合作，让相关方更加了解项目和支持项目工作。通过这个过程，要把相关方参与项目的程度提高到项目经理期望的程度。

5. 管理相关方参与的输入、工具和输出

该过程的输入、工具和输出见表28-4。

表28-4 管理相关方参与的输入、工具和输出

输入		工具/技术	输出
项目管理计划	相关方参与计划；沟通管理计划；风险管理计划；变更管理计划	专家判断 沟通技能 正式与非正式对话；问题识别和讨论；会议；进展报告；调查	项目管理计划更新 相关方管理计划；沟通管理计划
项目文件	经验教训登记册；变更日志；问题日志；相关方登记册		

续表

输入	工具/技术	输出
组织过程资产: 企业的社交媒体、道德和安全政策及程序；企业的问题、风险、变更和数据管理政策及程序；组织对沟通的要求；制作、交换、储存和检索信息的标准化指南；以往类似项目的历史信息	**人际关系与团队技能**: 冲突管理；文化意识；谈判；观察和交谈；政治意识 **基本规则**: 章程中定义的基本规则 **会议**: 决策；问题解决；经验教训和回顾总结；项目开工；迭代规划；状态更新	**项目文件更新**: 变更日志；问题日志；经验教训登记册；相关方登记册 **变更请求**
事业环境因素: 组织文化、政治氛围及治理结构；人事管理政策；相关方风险临界值；已确立的沟通渠道；全球、区域或当地的趋势、实践或习惯；设施和资源的地理分布		

28.5 监督相关方参与

一般的军队都会有军情机构，用做对军情的控制和监督。做项目也是一样，规划了相关方的参与，那么就要有手段去监控它，免得各相关方少做、多做或者做错。

1. 监督相关方参与的概念

监督相关方参与，就是监督与项目相关方的关系，并通过修订参与策略和计划来引导相关方合理参与项目的过程。

2. 监督相关方参与的作用

随着项目进展和环境变化，维持及提升相关方参与活动的效率和效果。

3. 监督相关方参与的展开期间

整个项目期间开展。

4. 监督相关方参与过程

考察、记录和分析相关方实际参与项目的程度，并与所要求的参与程度进行比较，形成工作绩效信息，并提出变更请求。

5. 监督相关方参与的输入、工具和输出

该过程的输入、工具和输出见表 28-5。

表 28-5 监督相关方参与的输入、工具和输出

输入		工具/技术	输出
项目管理计划	相关方参与计划；沟通管理计划；资源管理计划	**数据分析** 备选方案分析；根本原因分析；相关方分析 **决策** 多标准决策分析；投票 **人际关系与团队技能** 积极倾听；文化意识；领导力；人际交往；政治意识 **沟通技能** 反馈；演示 **会议**	**项目管理计划更新** 相关方管理计划；沟通管理计划；资源管理计划 **项目文件更新** 问题日志；经验教训登记册；相关方登记册；风险登记册 **变更请求** 用于改善相关方当前参与水平的纠正及预防措施 **工作绩效信息** 与相关方参与状态有关的信息
项目文件	经验教训登记册；项目沟通记录；问题日志；相关方登记册；风险登记册		
组织过程资产	企业的社交媒体、道德和安全政策及程序；企业的问题、风险、变更和数据管理政策及程序；组织对沟通的要求；制作、交换、储存和检索信息的标准化指南；以往类似项目的历史信息		
事业环境因素	组织文化、政治氛围，以及组织的治理结构；人事管理政策；相关方风险临界值；已确立的沟通渠道；全球、区域或当地的趋势、实践或习惯；设施和资源的地理分布		
工作绩效数据	项目状态数据		

28.6　项目主要相关方介绍

在项目相关方管理中，会有一些比较重要的相关方，下面一一进行介绍。

1. 项目发起人

项目发起人是所有人的最大老板，为项目提供资金和其他重要资源。他对项目有需求并用项目工作说明书提出对项目的总体要求，促成项目启动。在项目正式启动之后，发起人应该支持项目经理的工作，充当项目最重要的高层支持者。项目发起人的权力和义务如图 28-6 所示。

2. 项目高级管理层

高级管理层是项目执行组织中比项目经理更高一层的管理者集合。高级管理层和项目发起人可分可合，当项目较小且发起人自己管理项目的时候，项目发起人与高级管理层可以合而为一。如果由一个组织发起，但交给另一个组织去执行，那么发起人与高级管理层就是分开的。项目发起组织与执行组织之间会签署合作协议，按照合作协议各司其职，在协议中授权执行组织的管理层签发项目章程，授权执行组织开展项目执行。

作为项目经理的上级，高级管理层不需要是项目管理方面的专家，但至少要了解项目管理，支持项目管理工作。从组织层面来讲（不针对具体项目），高级管理层应该具备如图 28-7 所示的通用能力。

针对某个具体的项目，项目高级管理层应具备如图 28-8 所示的权力和义务。

图 28-6　项目发起人的权力和义务　　　　图 28-7　项目高级管理层应具备的通用能力

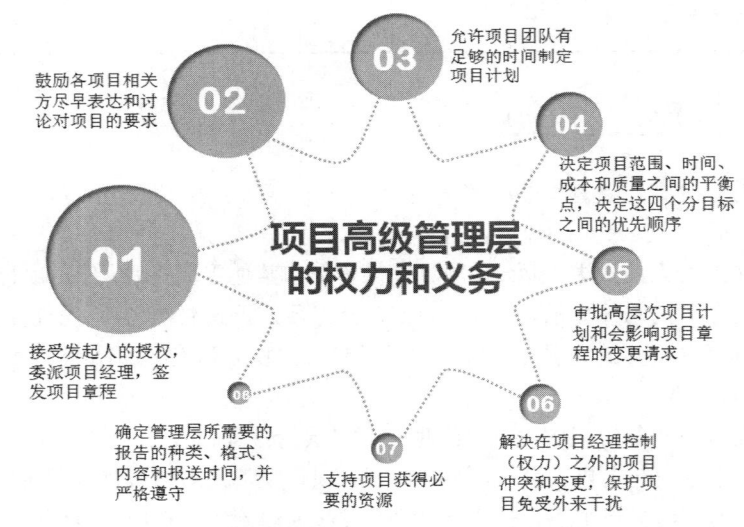

图 28-8　项目高级管理层的权力和义务

3. 客户

客户是项目产品的使用者,既包括直接使用者,也包括间接使用者。一个项目可能有多种客户。例如,楼房的客户,就包括将来住房的买者、卖楼的中介、物业公司等。客户与用户这两个词,在一般情况下,是同义词。在特殊情况下,客户是指付钱者或批准项目产品者,而用户是指直接使用项目产品者。

项目发起人或高级管理层在起草和签发项目章程时,就必须确定谁是本项目的客户,了解客户对项目的重要利益追求。当然，在许多项目上，发起人或高级管理层本身就是客户。

发起人或管理层应该尽力协调相关方之间的利益冲突。如果实在无法协调，通常应该按有利于客户的原则进行处理。如果有多个客户，又应该以最终客户的利益至上。

4. 项目经理

项目经理是受项目执行组织委派，领导项目团队去实现项目目标的个人。他要在一定的假设条件下，对项目的成败向项目发起人或高级管理层承担最终责任。

项目发起人或高级管理层应该尽早指定项目经理。一般应在项目启动阶段指定，以便项目经理参与甚至主持项目章程起草。最迟要在项目规划阶段初期指定，绝对不能到规划阶段中后期或者项目执行阶段再指定。项目经理尽早参与项目工作，有利于项目成功。

项目发起人或高级管理层应该在项目章程中赋予项目经理管理项目的权责。虽然我们也希望项目经理的权责对等，但在项目实际环境中，往往是责任大于正式权力。项目经理面临的巨大挑战是，没有足够的正式权力，也要把项目做成功。项目经理需要用其他权力来弥补正式权力的不足，如专家权力、参照权力等。

项目经理应该积极、主动地工作，而不是消极、被动地工作。要主动预防问题的出现，并积极解决已经出现的问题。项目经理作为项目管理专业人士，必须理解并遵守项目管理的职业要求（如职业道德）。例如，不能不加分析地简单接受管理层的指示，而要做出自己独立的专业判断，并向管理层报告自己的意见。

项目经理控制着项目，但不一定控制着资源。在矩阵式组织下，项目经理对一些人力资源与非人力资源没有控制权。这些资源的控制权在职能经理的手中。所以，项目经理必须与职能经理密切合作，以取得职能经理的支持。

项目经理的权力和义务如图28-9所示。

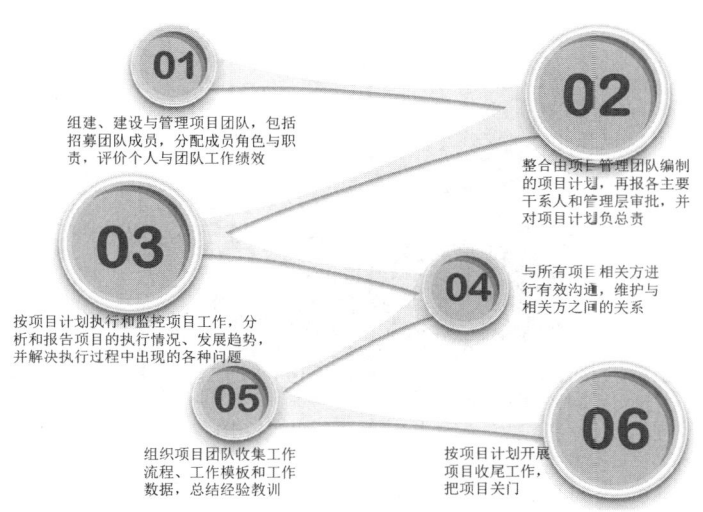

图28-9 项目经理的权力和义务

项目经理在不同项目阶段的角色,如图 28-10 所示。

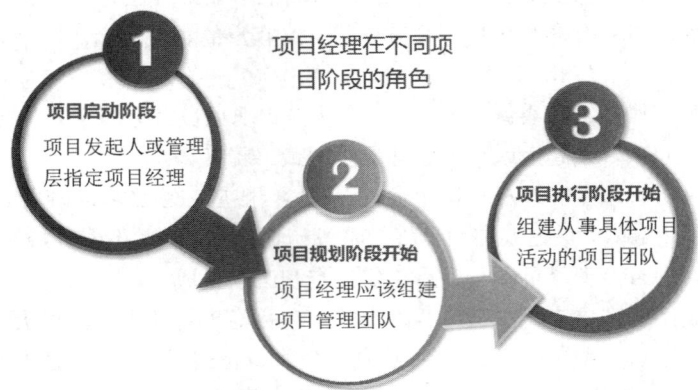

图 28-10　项目经理在不同阶段的角色

项目团队分为狭义和广义。狭义上的项目团队从事具体项目活动,完成相应工作包或更高层的可交付成果。广义上的项目团队应是项目管理团队加狭义上的项目团队再加其他的主要干系人。从广义上说,项目经理要把主要干系人都看成项目团队的组成部分,而不能把项目团队局限于自己所在的执行组织的范围内。

5. 职能经理和职能部门

职能部门通常是项目所需的专业技术和专业人才的储备库。例如,财务专业人员都集中在财务部门。职能经理自然就是相应专业人才和专业技术的掌控者。职能经理在项目上的具体作用取决于项目所用的组织形式,如图 28-11 所示。

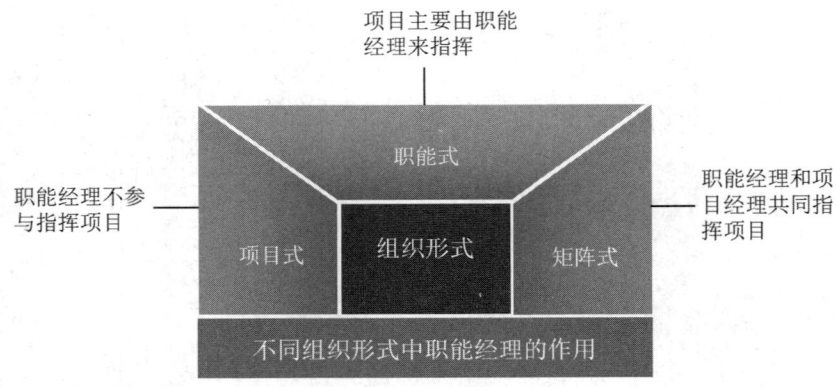

图 28-11　职能经理的作用

在采用矩阵式组织的项目中,职能经理对项目成败有重要影响。为了避免不必要的冲突,项目经理与职能经理必须充分合作。在矩阵式组织中,项目经理与职能经理的分工,可以参照一个大的原则来进行，即项目经理负责"做什么、什么时候做、为什么要做、以多大代价来做"等问题，职能经理负责"由谁来做、怎么做"的问题。

针对某个具体项目，职能经理应该做的事情如图 28-12 所示。

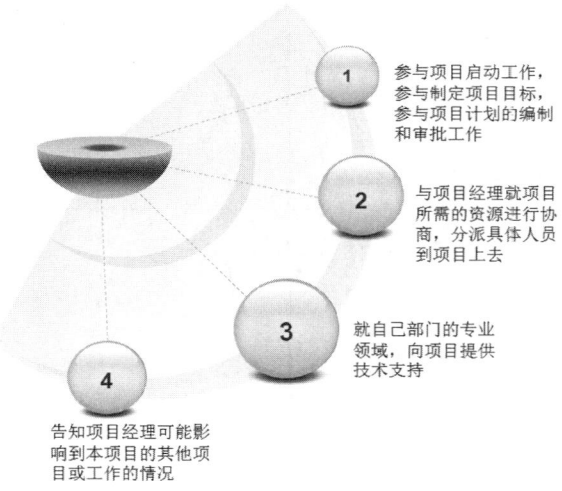

图 28-12　具体项目中职能经理的作用

如果项目执行组织已经设立项目管理办公室，那么该办公室通常也是项目的重要相关方。如果某项目是作为项目集或项目组合的一部分启动的，那么项目集经理或项目组合经理也是项目的重要相关方。

第29小时
项目的相关方管理练习题

【导读小贴士】

经过第 28 小时中对于项目相关方管理的学习,你已经学会在项目的各个阶段清晰无漏的识别相关方,准确定位重要相关方,并管理好各相关方,以使项目顺利完成。但要通过 PMP 考试,我们还需通过一些实际的练习题,将所学的理论知识融会贯通。

练习题

1. 对发起人使用什么策略?( )
 A. 令其满意　　B. 随时告知　　C. 监督　　D. 重点管理
答案:D

2. 目标成本 200000 元,目标费用 20000 元,最高限价 230000 元,实际成本 235000 元,分摊比例 80/20,应支付卖方多少钱?( )
 A. 228000 元　　B. 235000 元　　C. 230000 元　　D. 229000 元
答案:C

3. 项目经理制定了一个相关方权利/利益方格。相关方 A 应该接受什么级别的参与度?

项目的相关方管理练习题 第 29 小时

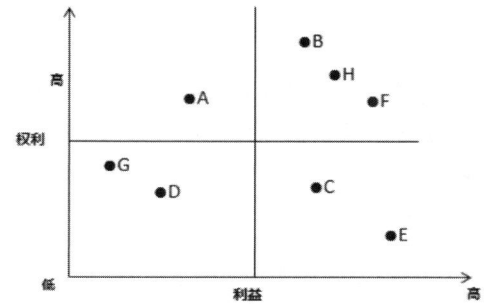

A．偶尔项目更新 B．执行高层次报告
C．定期面对面会议 D．每周详细状态报告

答案：B

4．项目已经完成，但与供应商就其所提供的产品有争议，关于索赔的意见不一致，项目经理应该怎么办？（ ）

A．召开团队会议，集思广益，找出办法 B．找法院解决
C．汇报给上级，让上级解决 D．其他方法解决

答案：D

5．有个客户对项目经理每月向自己发送一次邮件感到不满意，并向项目经理提出来。项目经理应该怎么办？（ ）

A．将此问题列为一个风险 B．每周向客户发送一次邮件
C．提出变更请求 D．审查相关方管理策略

答案：D

6．公司正在评估一个新的人力资源应用程序，用于改进其每年的绩效评审过程。IT 部门进行粗略量级估算，确定在内部开发软件比采购软件成本低 25%，项目经理应该怎么做？（ ）

A．项目的最终预算以该计算为基础
B．使用该计算作为决策过程的一项输入
C．建议不批准项目，因为内部开发的风险太高
D．使用该计算来衡量项目是否成功

答案：B

7．某个 100 万元的项目，有 4 个可能发生的风险，发生概率分别为 0.2、0.4、0.4、0.9，风险发生一次就要赔款 5000 元，问应急储备要有多少？（ ）

A．不需要应急储备 B．5000
C．9500 D．10000

答案：C

8．公司最优秀的人才可用，在不影响预算的前提下，项目经理下一步应该怎么做？（ ）

A．记录一项机会，上报发起人 B．直接聘用

C．创建变更　　　　　　　　　　D．审查风险，并开拓机会

答案：D

9．项目经理被分配管理一个职能型组织里的地产开发项目。项目团队是按照专业知识从不同地方选择的。项目经理发现对分处不同地方的项目团队成员难以管理，于是申请了一个新地点，将团队集合在一起。项目经理使用的是什么项目团队建设技术？（　　）

    A．紧密矩阵　　　B．团队建设　　　C．形成　　　D．基本规则

答案：A

10．有个创新产品，项目经理 A 得知 B 公司已经推出类似竞争产品，项目发起人想让项目经理迅速做出此产品，又不想给多余经费，请问项目经理应该使用什么技术？（　　）

    A．赶工　　　B．资源平衡　　　C．资源平滑　　　D．快速跟进

答案：D

11．有个土地开发商老板，跟市政府关系密切。现在公司要建一条路，按相关方管理策略需要和该老板沟通。土地开发商老板的公司很少会用到这条路，请问项目经理对他应使用什么策略？（　　）

    A．令其满意　　　B．随时告知　　　C．监督　　　D．重点管理

答案：C

12．一个项目需要寻找供应商合作，于是 PM 找了一个曾经合作过的供应商。PM 这么做缺少了什么？（　　）

    A．对供应商的能力认知　　　　　B．合同
    C．谈判　　　　　　　　　　　　D．职能部门参与

答案：A

13．指导委员会怀疑进度报告是否遵循了公司的方法论。若要确保报告的可靠性，项目经理应该怎么做？（　　）

    A．开展质量审计　　　　　　　　B．要求所有项目团队成员审查报告
    C．要求另一名项目经理评估报告　D．向指导委员会发送额外信息

答案：A

14．在执行 IT 项目时，项目经理警告，由于当地经常停电，主服务器可能会死机。项目经理签署合同，从当地公司额外租用一台服务器。项目经理使用的是什么策略？（　　）

    A．分享　　　B．转移　　　C．减轻　　　D．增强

答案：B

15．项目经理在一次酒会上听说竞争对手的投标报价比我们的低，项目经理应该怎么做？（　　）

    A．以竞争对手的报价为参考，修改我们的报价
    B．按原计划报价投标
    C．投入资源，证实该信息

D．与竞争对手保持价格一致

答案：B

16．在一个项目的执行阶段，客户希望让 IT 总监参与剩余可交付成果的批准过程。该名 IT 总监在项目中是一个重要角色，但是被识别为一个高层次/低利益干系人。由于在项目开始时只收集到了高利益干系人的需求，这危及剩余可交付成果的批准，项目经理下一步应该怎么做？（ ）

  A．更新风险登记册，并将此识别为可能导致延期的风险
  B．暂停项目执行，直至收集到该名 IT 总监的所有需求
  C．要求客户代表签发一项变更请求
  D．向客户解释在这个阶段提出变更的影响

答案：A

17．某项目公开招标，项目经理希望各个潜在供应商获得的信息能够保证一致性，招标信息应该被张贴在哪里？（ ）

  A．公开的采购信息网站上   B．采购邀请书
  C．SOW   D．其他采购文件

答案：A

18．在将可交付成果所有权转移给项目管理计划中定义的项目相关方之前，项目经理发现其中一个项目可交付成果未完成。在审查工作分解结构（WBS）词典后，相关方对谁该负责该交付成果意见不一致。为避免这种情况，应该事先审查什么？（ ）

  A．范围基准   B．RACI 矩阵
  C．事业环境因素   D．工作分解结构（WBS）

答案：B

19．项目经理发现一个重大项目的可交付成果存在显著缺陷，这是在执行哪个项目管理过程？（ ）

  A．管理质量 B．控制质量 C．制定质量管理计划 D．统计抽样

答案：B

第 30~32 小时 模拟试题及答案解析

【导读小贴士】

PMP 认证考试有 200 道单选题，总分为 200 分。答题时间是 4 小时，当前国内的笔试时间是从早上 9 点到下午 1 点。大家把握好时间。

我国大陆地区的 PMP 考试为笔试形式，全部 200 道中英文对照选择题。答题形式为机读卡涂卡答题。在阅卷时，系统会随机去除 25 道题不计入分数，在剩余的 175 道题中答对 106 道，基本上就可通过。另外，正确率达到 70% 才能够保证达到合格标准。

其次是题型占比和等级。在 PMP 考试中，理论知识的考试约占整个考试题目的 30%；情景再现和实际应用题的题目约占 60%；计算和职业道德以及法律法规等类型的题目占 10%。考试会根据项目管理 5 大过程组中的每个过程中对应题目的正确率划分等级，但等级不作为考试合格的依据。

本套全真模拟题共计 200 道。这 200 道题全部基于《PMBOK 指南》，并在过往 PMP 考试大数据分析的基础上，结合了培训讲师的丰富经验，非常适合于 PMP 考试的学员考前冲刺。希望大家在 3 个小时内，做完本模拟题的所有题目，然后通过答案及解析的对照，认真体会题目中包涵的知识点，并能举一反三、触类旁通。

模拟试题

1. The project's team members report to the project manager. After the closure of the project, the

team is released and allocated to another project. The organization follows which of the following structures? (   )

  A．composite B．functional C．projectized D．strong matrix

1．项目团队成员向项目经理汇报。项目结束后，团队将被释放并分配给另一个项目。那么该组织是下列哪种结构？（   ）

  A．复合型组织 B．职能型组织 C．项目型组织 D．强矩阵型组织

2．During an exit meeting, who signs the project completion agreement document? (   )

  A．sponsor and project manager B．client and sponsor

  C．vendor and project manager D．client and project manager

2．在项目结束会议中，谁签署项目完成协议文件？（   ）

  A．发起人和项目经理 B．客户和发起人

  C．供应商和项目经理 D．客户和项目经理

3．At which stage of a project is when its uncertainty at the maximum level? (   )

  A．development/execution phase B．initiation/conception phase

  C．implementation phase D．closure phase

3．在下列哪个阶段中，项目存在最大的风险和不确定性？（   ）

  A．开发/执行阶段 B．启动/概念阶段 C．实施阶段 D．收尾阶段

4．A project manager has very little project experience, but he has been assigned as the project manager of a new project. Because he will be working in a matrix organization to complete his project, he can expect communications to be (   ).

  A．simple B．open and accurate C．complex D．hard to automate

4．一位经验不足的项目经理被分配到了一个新项目上做项目经理。因为将来他所从事的项目为矩阵组织，那么他所预期的沟通形式为（   ）。

  A．简单的 B．公开但准确的 C．复杂的 D．难以自动操作

5．A company's management team wants to hire a resource to manage a software update to the company's existing product; the product is one of several in a department that has other important activities. Which of the following candidates should be selected to manage the software update? (   )

  A．experienced software developer B．external consultant

  C．department manager D．part-time project manager

5．一家公司的管理团队希望雇佣一个人力资源，来管理对公司现有软件产品的升级。该产品是某个部门多个产品中的一个，且该部门还有其他重要活动。那么应该选择下列哪一个候选人来管理软件更新？（   ）

  A．经验丰富的软件开发人员 B．外部顾问

  C．部门经理 D．兼职项目经理

6．Your management has decided that all orders will be treated as "projects" and that project managers will be used to update orders daily, resolving issues and ensuring that the customer formally accepts the product within 30 days of completion. Revenue from the individual orders can vary from $100 to $150,000. The project manager will not be required to perform planning or provide documentation other than daily status. How would you define this situation?（   ）

  A．Because each individual order is a "temporary endeavor", each order is a project
  B．This is program management since there are multiple projects involved
  C．This is a recurring process
  D．Orders incurring revenue over $100,000 would be considered projects and would involve project management

6．你的管理层决定把所有订单都看作"项目"，项目经理的工作是每日更新订单情况、随时解决问题并确保客户在下单后 30 天内收到产品。每个订单的金额在 100 美元到 15 万美元之间。项目经理只需要每日更新项目状态，不需要执行计划或提供文件。你如何定义此种情况？（   ）

  A．因为每个订单都是"临时努力"，每个订单就是一个项目
  B．这是多项目管理，因为涉及很多个项目
  C．这是个重复的过程
  D．订单收入在 10 万美元之上的才可称作项目，才能运用项目管理

7．A key stakeholder is not convinced that the calculated costs provided in the project management plan are accurate, and refuses to approve it. What tool or technique should the project manager use to gain the key stakeholders' support？（   ）

  A．expert judgment
  B．organize process assets
  C．enterprise environmental factors
  D．integrated change control process

7．一名关键项目干系人不相信项目管理计划中提供的成本计算是正确的，并拒绝批准。若要获得该关键干系人的支持，项目经理应该使用什么工具或技术？（   ）

  A．专家判断   B．组织过程资产
  C．企业环境因素   D．整体变更控制过程

8．The sponsor's role on a project is BEST described as（   ）.

  A．helping to plan activities
  B．decide the project objectives
  C．identifying unnecessary project constraints
  D．helping to put the project management plan together

8．项目发起人的最佳角色为（   ）。

  A．帮助计划活动   B．确定项目目标
  C．识别不必要的项目约束条件   D．帮助将项目管理计划整合在一起

9. After identifying all tasks to be carried out in the project, the project manager allocates the tasks to each team member based on their skills. The project manager refers to which of the following documents? (　　)

　　A．Responsibility assignment matrix　　B．Work breakdown structure
　　C．Resource breakdown structure　　D．Work package assignment matrix

9. 在确定项目中所需要开展的所有任务后，项目经理根据每个团队成员的技能分配任务。项目经理参考了下列哪一份文件？（　　）

　　A．职责分配矩阵　B．工作分解结构　　C．资源分解结构　D．工作包分配矩阵

10. The procurement audit is complete and contract closure is achieve. As part of contract closure, what tool should the project manager apply to manage contract documents?（　　）

　　A．Records management system to archive contract documentation
　　B．PMIS to update the organization process assets
　　C．Internet to publish the documents
　　D．Procurement file which is a complete set of indexed contract

10. 采购审计已经结束，合同收尾也已完成。作为合同收尾的组成部分，项目经理应该利用下列哪项工具来管理合同文件？（　　）

　　A．利用记录管理系统来存档合同文件　　B．利用 PMIS 来更新组织过程资产
　　C．利用互联网来发布文件　　　　　　D．利用采购文档，这是一整套索引化的合同

11. During project executing, a large number of changes are made to the project. The project manager should (　　).

　　A．wait until all changes are known and print out a new schedule
　　B．make approved changes as needed, but retain the schedule baseline
　　C．make only the changes approved by management
　　D．talk to management before any changes are made

11. 在项目执行阶段，项目发生了很多变更，项目经理应该（　　）。

　　A．一直等待，直到了解了所有的变更，然后打印一个新的进度表
　　B．根据需要实施被批准的变更，但是保留原有的进度基准
　　C．只实施管理层批准的变更
　　D．实施任何变更前要通知管理层

12. A project requires several products to be completed. Specifications for one of the products allow a maximum of 12 flaws per 200 cubic feet. This is an example of which of the following?

　　A．Quality metrics　　　　　　B．Quality control
　　C．Process metrics　　　　　　D．Quality audit

12. 某项目要求完成多项产品，其中一个产品的技术规范规定每 200 立方英尺最多允许有 12 个瑕疵，这属于下列哪一项的示例？（　　）

A．质量测量指标　　B．质量控制　　　　C．过程测量指标　D．质量审核

13. The WBS and WBS dictionary are completed. The project team has begun working on identifying risks. The sponsor contacts the project manager, requesting that the responsibility assignment matrix be issued. The project has a budget of $100,000 and is taking place in three countries using 14 human resources. There is little risk expected for the project and the project manager has managed many projects similar to this one. What is the next thing to do? （　　）

　　A．Understand the experience of the sponsor on similar projects.

　　B．Create an activity list.

　　C．Make sure the project scope is defined.

　　D．Complete risk management and issue the responsibility assignment matrix.

13. WBS 及 WBS 词典已经完成，项目团队开始识别风险。发起人找到了项目经理，要求制定一个责任分配矩阵。项目预算为 10 万美元，在 3 个国家进行，使用 14 个人。项目预计风险很小，而且项目经理以前做了很多类似的项目。接下来项目经理应该做什么？（　　）

　　A．理解类似项目发起人的经验教训　　B．创造活动清单

　　C．确保项目范围得到了定义　　　　　D．完成风险管理，制定责任分配矩阵

14. During project execution，a stakeholder identifies a new requirement which will directly affect one of the project's existing deliverables which will play a vital role in the project's success．what should the project manager do next？（　　）

　　A．Create a change request for the requirement

　　B．Stop the change and proceed with the original plan

　　C．Seek the project sponsor's approval for the change

　　D．Review the scope and amend accordingly

14. 在项目执行过程中，一名干系人确定了一个新需求，但该需求将会直接影响到项目现有的一个可交付成果，该可交付成果对于项目是否成功起着关键作用。项目经理接下来应该怎么做？（　　）

　　A．为该需求创建变更请求　　　　　B．停止变更，并按原计划进展

　　C．寻求项目发起人对变更的批准　　D．审查范围并作相应修改

15. During project execution, the project manager observes that a particular resource is underutilized. Resource leveling aims to do which of the following? （　　）

　　A．Minimizes the variations in resource loading

　　B．Maximizes the variations in resource loading

　　C．Minimizes the loading of resources

　　D．Maximizes the motivation of resources

15. 在项目执行期间，项目经理发现某个资源未得到充分利用。资源平衡的目的是下列哪一项？（　　）

A．尽量减小资源负荷的变化　　　　B．尽量增加资源负荷的变化

C．尽量减少资源的负荷　　　　　　D．尽量增加资源的主动性

16．A company's project management office (PMO) is responsible for coordinating projects in different countries. Some projects did not have financial success. What is one of the benefits a PMO brings to an organization？（　　）

　　A．Provides adequate oversight of the company's project

　　B．Provides oversight of successful projects

　　C．Keeps resources in successful projects

　　D．Requires only reviews of unsuccessful projects on a regular basis

16．某公司的项目管理办公室（PMO）负责协调不同国家的项目，有些项目在财务上不成功。PMO 给组织带来的一个好处是什么？（　　）

　　A．为公司项目提供足够的监督　　B．为成功项目提供监督

　　C．让资源留在成功项目中　　　　D．只需要定期审查不成功的项目

17．Which of the following accurately describes the cost incurred for fixing bugs before the product reaches the customer？（　　）

　　A．Appraisal　　　B．Prevention　　　C．Internal failure　　　D．External failure

17．下列哪一项准确阐述了在产品交付客户之前用于修复缺陷所产生的成本？（　　）

　　A．评估成本　　　B．预防成本　　　C．内部损失成本　　　D．外部损失成本

18．A project milestones list is（　　）.

　　A．Generated by each stakeholder

　　B．A set of timelines for all project activities

　　C．The schedule baseline

　　D．All milestones including mandatory and optional

18．项目里程碑清单是（　　）。

　　A．由每个干系人生成的　　　　　B．所有项目活动的一系列工期

　　C．进度基准　　　　　　　　　　D．所有里程碑，包括强制的和可选的

19．A control chart shows seven data points in a row on one side of the mean. What should be done？（　　）

　　A．Perform a design of experiments

　　B．Adjust the chart to reflect the new mean

　　C．Find an assignable cause

　　D．Nothing. This is the rule of seven and can be ignored

19．一个控制图显示在均值的一侧有 7 个数据点在一条直线上。应采取什么措施？（　　）

　　A．执行试验设计　　　　　　　　B．调整控制图以反映新的均值

　　C．寻找原因　　　　　　　　　　D．什么都不做，这是 7 点原则，可以忽略

20. The quality function deployment process is used to （   ）.

    A. Provide better product definition and product characteristics

    B. Help products succeed in the marketplace

    C. Help identify processes that are under way in other organizations that should be emulated

    D. Support production planning and the just-in-time approach

20．质量功能展开过程是用来（   ）。

    A．提供更明确的产品定义和产品特性

    B．协调产品在市场上获得成功

    C．协助明确那些其他团队正在进行的、我们应该效仿的进程

    D．支持产品计划编制和零库存方案

21. The sponsor directs the project manager to achieve a 100% fixed-price contract portfolio with the vendors in the project procurement management plan. However, the project will not complete procurement activities for 10 years, many of the vendors will not sign a standard fixed-price contract. What type of contract should be used? （   ）

    A. Cost plus fixed-fee contract

    B. Fixed price with economic price adjustment contracts

    C. Time and material contract

    D. Cost plus incentive fee contact

21．项目发起人指示项目经理在项目采购管理计划中与供应商达成一揽子 100%的固定总价合同，然而该项目在 10 年内都将不会完成采购活动，许多供应商都不愿签署标准的固定总价合同。那么应使用哪种类型的合同？（   ）

    A．成本加固定费用合同   B．总价加经济价格调整合同

    C．工料合同   D．成本加激励费用合同

22. Which of the following describes the BEST use of historical records from previous projects? （   ）

    A. Estimating, life cycle costing and project planning

    B. Risk management, estimating and creating lessons learned

    C. Project management planning, estimating and creating a status report

    D. Estimating, risk management and project planning

22．以下哪个选项所描述的活动都最好地运用了以前项目的历史记录？（   ）

    A．估算、生命周期成本及项目规划

    B．风险管理、估算及创建经验总结

    C．项目管理规划、估算及创建项目状况报告

    D．估算、风险管理及项目规划

23. Project A is being administered using a matrix form of organization. The project manager reports

to a senior vice president who provides visible support to the project. In this scenario, which of the following statements best describes the relative power of the project manager?（　　）

A．The project manager will probably not be challenged by project stakeholders

B．In this strong matrix, the balance of power is shifted to the functional line managers

C．In this tight matrix, the balance of power is shifted to the project manager

D．In this strong matrix, the balance of power is shifted to the project manager

23．项目 A 通过组织矩阵的形式进行管理。项目经理向一位高级副总裁汇报工作，后者对项目提供实际的帮助。在这种情况下，以下哪个陈述最好地说明了项目经理的相对权力？（　　）

A．项目经理很可能不会受到项目干系人的责难

B．在这个强矩阵中，权力的平衡倾向于职能经理

C．在这个紧密矩阵中，权力平衡倾向于项目经理

D．在这个强矩阵中，权力平衡倾向于项目经理

24．All of the following are parts of direct and manage project work except（　　）.

A．Identifying changes　　　　B．Using a work breakdown structure

C．Implementing corrective actions　　D．Setting up a project control system

24．以下均是指导与管理项目工作的组成部分，除了（　　）。

A．定义变更　　B．使用 WBS　　C．实施纠正措施　　D．建立项目监控系统

25．While forming a cross-functional project team, the project manager is not given direct control over the selection of team members. What should the project manager do?（　　）

A．Conduct team-building activities with the assigned team members

B．Negotiate with the functional manager to ensure the project receives competent staff

C．Co-locate the project team to enhance project performance

D．Establish ground rules to provide clear expectations regarding acceptable team behavior

25．在组建一支跨职能项目团队时，项目经理没有获得选择团队成员的直接控制权。项目经理应该怎么做？（　　）

A．与已获任命的团队成员一起开展团队建设活动

B．与职能经理协商，确保项目能获得可胜任工作的员工

C．让项目团队集中办公，提高项目绩效

D．制定基本规则，对可接受的团队行为提出明确期望

26．A project manager present a project status report to the PMO team. A senior member of the team identifies that local authorities were not involved in the project. As a result, the company may have to pay a penalty. The project manager failed to do which of the following?

A．Stakeholder identification　　　　B．Communication plan

C．Stakeholder management strategy　　D．Requirements planning

26．项目经理向 PMO 团队呈交项目状态报告。PMO 团队的一名高级成员认为当地政府机构

未参与该项目中。因此，公司可能必须支付罚款。项目经理疏漏了下面的哪项工作？（   ）

　　A．项目干系人识别　　　　　　　　B．沟通计划
　　C．项目干系人管理战略　　　　　　D．需求计划

27. The project manager has just received a change from the customer that does not affect the project schedule and is easy to complete. What should the project manager do FIRST？（   ）

　　A．Make the change happen as soon as possible
　　B．Contact the project sponsor for permission
　　C．Go to the change control board
　　D．Evaluate the other components of the "triple constraint"

27．项目经理刚从客户那里收到一项变更，此变更不会影响进度，也很容易完成。项目经理首先应该做什么？（   ）

　　A．立即实施变更　　　　　　　　　B．联系发起人以得到允许
　　C．求助变更控制委员会　　　　　　D．评估"三重约束"的其他组成部分

28. The project team prepares a chart linking the categories and subcategories of identified risks. Which of the following is the project team doing？（   ）

　　A．Risk register　　　　　　　　　B．Risk breakdown structure
　　C．Qualitative risk analysis　　　　D．Quantitative risk analysis

28．项目团队制作了一份图表，将已识别风险的类别和子类别联系起来。项目团队正在制作下列哪一项？（   ）

　　A．风险登记册　　B．风险分解结构　　C．定性风险分析　　D．定量风险分析

29. Strengths，weaknesses，opportunities，and threats（SWOT）analysis helps the project manager to identify which of the following？（   ）

　　A．Stakeholder expectations　　　　B．Mission statement
　　C．Project risk　　　　　　　　　　D．Customer needs

29．优势、劣势、机会与威胁（SWOT）分析，能帮助项目经理识别下列哪一项？（   ）

　　A．干系人期望　　B．任务说明　　　C．项目风险　　　D．客户需求

30. The target against which the project team will measure the effectiveness of its execution of the risk response plan is based on the（   ）.

　　A．Acceptable threshold for risk　　B．Risk score
　　C．Probability/impact risk rating　　D．Overall risk ranking for the project

30．项目组测量风险应对计划执行有效性时，测量的目标是基于（   ）。

　　A．可接受的风险临界值　　　　　　B．风险评分
　　C．风险的概率/影响评级　　　　　　D．项目的总体风险评级

31. Which tool assists the project manager in executing large and complex projects more efficiently？（   ）

A．Project management knowledge database

B．Organization process asset

C．Project management information system

D．Lessons learned

31．下列哪一项工具可以帮助项目经理更有效率地执行大型复杂项目？（　）

A．项目管理知识　　B．组织过程资产　　C．项目管理信息系统　　D．经验教训

32．A project manager is initiating a new project. What is the main reason for identifying all stakeholders?（　）

A．Identify costs and plan a budget

B．Understand expectations and maximize positive influence

C．Plan communications and collect requirements

D．Plan quality and identify risks

32．项目经理正在启动一个新项目，识别所有干系人的主要原因是什么？（　）

A．识别成本并计划预算　　　　　　B．了解预期期望，并将正面影响最大化

C．规划沟通和收集需求　　　　　　D．规划质量和识别风险

33．A government regulatory agency requires companies to comply with new mandatory requirements. These requirements must be met by a set date or a fine will be imposed. In response, the company initiates a project and assigns a project manager. The project sponsor provides the project manager with a statement of work and a business case. What process should the project manager handle next?（　）

A．Develop Project Charter　　　　　B．Develop Project Management Plan

C．Collect requirement　　　　　　　D．Develop Project Schedule

33．政府监督机构要求各公司遵守一项新的强制性要求，这些要求必须在某个设定日期内满足，否则将遭到罚款。为响应该要求，公司启动一个项目并任命了项目经理，项目发起人向项目经理提供了工作说明书和商业论证，项目经理接下来应处理下列哪一个过程？（　）

A．制定项目章程　　　　　　　　　B．制定项目管理计划

C．收集需求　　　　　　　　　　　D．制定项目进度表

34．The project was going well when all of a sudden there were changes to the project coming from multiple stakeholders. After all the changes were determined, the project manager spent time with all the stakeholders to find out why there were changes and to discover any more. The project work has quieted down when a team member casually mentions to the project manager that the team member added functionality to a product of the project. Do not worry they say, "I did not impact time, cost or quality!" What should a project manager do FIRST?（　）

A．Ask the team member how the need for the functionality was determined

B．Hold a meeting to review the team member's completed work

C. Look for other added functionality

D. Ask the team member how he knows there is no time, cost or quality impact

34. 项目一切进展顺利，突然几个干系人提出一些变更。所有变更确定后，项目经理开始与所有干系人讨论变更发生的原因，同时发掘是否还存在更多的变更。一成员突然提到他给产品增加了一项功能时，全场一片寂静。"请不要担心，我不会影响项目的时间、成本及产品质量"，该成员说。作为项目经理，你首先应该（   ）。

A. 询问该成员增加此功能是如何确定的

B. 召开会议，审查该成员所完成的工作

C. 查找其他增加的功能

D. 询问该成员，他怎么知道不会影响进度、成本及质量

35. Under a certain contract, a list of allowable costs is established for supplier reimbursement. The supplier is paid $102,000, of which $80,000 is actual cost. The original cost estimate of the contract is $90,000 and $20,000 is incentive fee. The supplier gets a 20% share of cost savings achieved. This is which of the following types of contracts? （   ）

A. Fixed-price incentive-fee

B. Cost-plus-fixed-fee

C. Fixed-price with economic price adjustment

D. Cost-plus-incentive-fee

35．在某种特定合同中，包含了可列支的成本清单作为供应商补偿。供应商已获得$102,000 的支付款项。其中$80,000 为实际成本。合同原始成本估算为$90,000，$20,000 作为奖励酬金。对于实现的成本节约，供应商可获得其中的20%。这属于下列哪种合同？（   ）

A. 固定总价加奖励费用合同

B. 成本加固定费用合同

C. 可按经济指数价格调整的固定总价合同

D. 成本加激励费用合同

36. During project execution, the customer wants to make a change in the project scope. What should the project manager do？（   ）

A. Ask for a change request

B. Advise the customer that there is no possibility for changes while the project is underway

C. Rewrite the project plan with the new requirements and implement it

D. Involve top management to plan a new budget and resources

36．项目执行期间，客户希望对项目范围进行变更. 项目经理应该怎么做？（   ）

A. 提出变更请求

B. 通知客户在项目进展过程中不可能变更

C. 重写项目计划添加新的需求并实施

D．让高级管理层参与，计划新的预算和资源

37．A project manager receives a change request. The change request impacts the project schedule. There is uncertainty about who should make the decisions for the change request implementation. which documents need to be updated？（   ）

  A．Quality plan and risk register

  B．Communications plan and risk register

  C．Project plan and change management plan

  D．Change management plan and risk register

37．项目经理接到一个变更请求，该变更请求会影响到项目进度，但是不清楚谁该对变更请求的执行做出决定，那么下列哪一份文件需要更新？（   ）

  A．质量计划和风险登记册　　　　　　B．沟通计划和风险登记册

  C．项目计划和变更管理计划　　　　　D．变更管理计划和风险登记册

38．At a project status team meeting，one team member disagrees with another team member regarding a corrective action. The debate escalates and they are soon both speeding adamantly. Other team members are not participating. The project manager directs the team on the corrective action to use. What conflict resolution technique did the project manager use？（   ）

  A．Compromising　　B．Forcing　　　　C．Withdrawing　　D．Smoothing

38．在一次项目状态会议上，一名团队成员与另一名团队成员在纠正措施方面有不同意见，争论持续升级，很快语气都变得很强硬。其他团队成员没有参与，项目经理直接命令团队使用纠正措施。项目经理使用的是哪种冲突解决技巧？（   ）

  A．妥协　　　　　　B．强迫　　　　　　C．撤退　　　　　　D．缓解

39．A new project manager has asked you for advice on creating a work breakdown structure. After you explain the process to him, he asks you what software he should use to create the WBS and what should he do with it when he is finished creating it. You might respond that it is not the picture that is the most valuable result of creating a WBS. It is（   ）.

  A．a bar chart　　　B．team buy-in　　　C．work packages　　D．a list of risks

39．一位新项目经理在制定工作分解结构时征求你的意见。当你解释完流程后，他又问该借助何种软件完成WBS制作以及WBS制作完成后如何运用等问题。你回答说，WBS最有价值的结果不仅仅是一张图片，而是（   ）。

  A．甘特图　　　　　B．团队组建　　　　C．工作包　　　　　D．风险清单

40．A project manager is working on a critical high revenue project. They find that the customer is conducting some illegal business and the project could be indirectly affected. These facts are shared with top management, but the top management insists upon continuing the project to deliver in the interest of the company. What should the project manager do？（   ）

  A．Request top management to release them from this project and work on another project

B. Resign as top management is not listening to them though they are honest on the customer's business

C. Continue on this project as top management is fine with customer's business

D. Continue on this project as top management has taken the decision in the interest of the company

40．项目经理目前正在从事一个关键的高收益项目,他们发现客户正在开展一些非法业务,且项目可能会间接受到影响。这些事实已经通知高层,但是高层坚持为了公司的利益要继续该项目并完成交付。项目经理应该怎么做？（   ）

A. 请求高层管理让其退出这个项目，从事另一个项目

B. 辞职，因为高层管理不听取他们的意见，即使他们如实汇报客户的业务

C. 继续这个项目，因为高层管理对客户的业务很满意

D. 继续这个项目，因为高层管理是以公司的利益做决定的

41．After conducting a make-or-buy analysis and reviewing its results, your company decided to award a contract for project management services on a pharmaceutical research project. Because your company is new to project management and does not understand the full scope of services that may be needed under the contact, it is most appropriate to award a (   ).

A. Firm Fixed price contracts   B. Fixed price incentive Fee contracts

C. Cost plus fixed Fee contracts   D. Time-and-materials contract

41．在进行自制或购买决策后，你们公司决定对药品研究项目的管理工作进行外包。因为你们公司对项目管理是外行，不能完全了解合同所规定的管理服务范围。因此，最好是签订（   ）。

A. 固定总价合同   B. 总价加激励费用合同

C. 成本加固定费用合同   D. 工料合同

42．During project executing, the project manager determines that a change is needed to material purchased for the project. The project manager calls a meeting of the team to plan how to make the change. This is an example of (   ).

A. management by objectives   B. lack of a change control system

C. good team relations   D. lack of a clear work breakdown structure

42．项目执行过程中，项目经理决定某材料的采购需要变更。项目经理召开团队会议讨论如何做变更，这是以下哪项的例子？（   ）

A. 目标管理   B. 缺乏变更控制系统

C. 良好的团队关系   D. 缺少清晰的工作分解结构

43．An experienced project manager in a projective organization is approaching the project closure phase. What should the project manager do next? (   )

A. Check for a new multiyear project allocation

B. Compare actual project performance against the original plan

C. Inform the customer that the project will be closed
D. Obtain acceptance from the customer

43．在一个项目组织中经验丰富的项目经理在项目的收尾阶段应该怎么做？（　　）
A．核对一个新的多年项目的项目拨款　　B．将实际项目绩效与原计划对比
C．通知客户项目将会收尾　　D．获得客户的验收

44．During a project review meeting, the project team member working on activity AD advises the project manager that it will take three more days to complete the activity. The organization's senior manager asks the project manager to find ways to deliver the project according to the original baseline plan, even though it may need additional budget. What should the project manager use to meet the senior manager's needs？（　　）
A．Use fast tracking　　B．Use fast crashing
C．Apply critical chain methodology　　D．Apply leads and lags

44．在项目评审会上，从事活动 AD 的项目团队成员通知项目经理，完成该活动还需要三天，组织的高级经理向项目经理提出要求，即使需要额外的预算，也必须找到按原定基准计划交付项目的办法。项目应该使用什么方法来满足高级经理的需求？（　　）
A．使用快速跟进　　B．使用赶工
C．应用关键链法　　D．应用时间提前量和时间滞后量

45．A project manager starts a new project and is provided with a report showing failures related to purchase that occurred during the last project. This report is the outcome of（　　）.
A．A procurement audit　　B．A records management system
C．Archived contracts　　D．Negotiated settlements

45．项目经理开始一个新项目，并得到一份关于在上一个项目中发生的采购失败情况的报告，这份报告是出自（　　）。
A．采购审计　　B．记录管理系统　　C．归档合同　　D．协商解决

46．A new project manager is assigned to a project that is currently behind schedule. The new project manager should use the earned value methodology to identify which of the following？（　　）
A．Resource breakdown structure　　B．Risk associated with the schedule delay
C．Scope creep on the project　　D．Variances against the baseline

46．一名新项目经理被任命管理一个当前落后于进度的项目，新项目经理应使用挣值技术来确定下列哪一项？（　　）
A．资源分解结构　　B．与进度延迟有关的风险
C．项目中的范围蔓延　　D．基准偏差

47．What is the name of the document which states whether the project is worth the required investment，based on a cost-benefit analysis made by the company at the initiation of a new project？（　　）
A．Project statement of work　　B．Business case

C. Strategic plan D. Business plan

47. 公司在一个新项目的开始阶段，基于成本效益分析描述项目是否值得所需投资的文件是下列哪个？（ ）

A. 项目工作说明书 B. 商业论证 C. 战略计划 D. 商业计划

48. How should lessons learned from a previous project affect a current scope statement?（ ）

A. Since the work breakdown structure is complete, lessons learned will have no impact on the scope statement

B. The scope statement will develop more quickly than when the lessons learned are ignored

C. The past mistakes or errors of omission are less likely to be repeated in the current scope statement

D. The scope statement will be unaffected by the lessons, because all projects are unique

48. 从前一个项目中学到的经验教训对当前的项目范围说明书会产生什么影响？（ ）

A. 由于工作分解结构是完整的，经验教训对范围说明书不会产生影响

B. 如果忽视经验教训，范围说明书的制定会更快

C. 在当前的范围说明书中，将不大可能会重复过去忽略的错误或失误

D. 范围说明书不会受到经验教训知识库的影响，因为所有项目都是独特的

49. A company's business has been seriously impacted due to cheaper imports. The company creates a project team to explore new product options to increase the revenue from the current value of $100 million. The project team drafts two product options:

Produce A has a 40% chance of increasing revenue to $150 million and a 30% chance of reducing revenue to $60 million due to warranty claims. It also has a 30% chance that there will be no impact on revenue.

Product B has a 50% chance of increasing revenue to $130 million and 20% chance of reducing revenue to $80 million due to warranty claims and litigation. There is a 30% chance that revenue will remain the same.

Which produce provides the best EMV?（ ）

A. Option A with EMV of $108 million B. Option B with EMV of $111 million

C. Option A with EMV of $111 million D. Option B with EMV of $108 million

49. 廉价的进口商品已经严重影响公司的业务，公司组建了一支项目团队开发新产品，希望能将目前 1 亿美元的营业收入有所提高。项目团队起草了两套产品方案：

产品 A 有 40%的可能将营业收入提高到 1.5 亿美元，但有 30%可能因保证期索赔使营业收入会降低至 6000 万美元，还有 30%可能性对营业收入无影响。

产品 B 有 50%的可能将营业收入提高到 1.3 亿美元，但有 20%可能因保证期索赔和诉讼使营业收入会降低至 8000 万美元，还有 30%的可能收入将保持不变。

哪项产品能够提供最佳的 EMV？（ ）

A．方案 A，EMV 为 1.08 亿美元 B．方案 B，EMV 为 1.11 亿美元
C．方案 A，EMV 为 1.11 亿美元 D．方案 B，EMV 为 1.08 亿美元

50. Due to external impacts, the project is canceled by the steering committee at an SPI of 0.5. What should the project manager do next？（   ）

A．Perform an EVA to find whether the CV or SV is the reason for the SPI of 0.5
B．Proceed with closure process to transfer the project's finished and unfinished deliverable to others
C．Nothing. When the project is officially closed by the steering committee, no closure processes required
D．Conduct a root cause analysis to find the reasons for the cancellation of the project

50．指导委员会因为外部影响而取消项目，此时 SPI 为 0.5。项目经理接下来应该怎么做？（   ）

A．执行 EVA，查明是 CV 还是 SV 导致的 SPI 等于 0.5
B．继续收尾过程，向其他方移交项目已完工和未完工的可交付成果
C．什么也不做，若项目由指导委员会停止或关闭则无需收尾过程
D．实施根本原因分析，查明取消项目的原因

51．A number of tools and techniques are helpful in integrated change control, if you want to assess whether variances from the plan require corrective action, you should use（   ）.

A．Configuration management software B．Project management information system
C．Project status review meetings D．Performance measurement techniques

51．大量的工具和技术对于整合变更控制的过程是非常有帮助的。如果你想评估偏离了原计划的项目是否需要矫正行为，你应该使用（   ）。

A．范围变更管理软件 B．项目管理信息系统
C．项目状态评估会议 D．绩效测评技术

52．A project manager completed a Monte Carle analysis against two scenarios that the project could encounter. One outcome has a 60% probability of costing $1 million, the other has a 40% probability of costing $3 million. What method is being used？（   ）

A．Delphi technique B．Expected monetary value analysis
C．Quantitative risk analysis D．Qualitative risk analysis

52．项目经理针对项目可能会遇到的两个情景完成了蒙特卡罗分析。其中一个情景的结果是有 60%的可能性会花费 100 万美元，另一个情景的结果是有 40%的可能性会花费 300 万美元。这是使用了什么方法？（   ）

A．德尔菲法 B．预期货币价值分析
C．定量风险分析 D．定性风险分析

53．The change control board approves a change request in a project scope. What should the project manager do next？（   ）

A．Update the project management plan

B．Communicate with the project team

C．Issue a change request

D．Close a project phase to review the project scope

53．变更控制委员批准了一个项目范围变更，项目经理接下来应该怎么做？（ ）

A．更新项目管理计划　　　　　　B．与项目团队沟通

C．签发变更请求　　　　　　　　D．结束项目阶段，审查项目范围

54．To meet the schedule, a decision was made to outsource part of a project to an external manufacture. What steps should a project manager follow to assess potential suppliers before awarding a contract？（ ）

A．Bidder conferences, independent estimate, and procurement negotiations

B．Quantitative analysis, bidder conferences, and critical path analysis

C．Procurement negotiations, independent estimate, and performance report

D．Procurement performance review, expert judgment and proposal evaluation technique

54．为了满足进度要求，决定将一部分项目外包给外部制造商。在授予合同之前，项目经理应该遵循哪些步骤来评估潜在供应商？（ ）

A．投标人会议，独立估算和采购谈判

B．定量分析，投标人会议和关键路径分析

C．采购谈判，独立估算和绩效报告

D．采购绩效审查，专家判断和建议书评估技术

55．A project team considers whether they can accomplish a particular task or if they should secure it from an outside source. What is this technique known as？（ ）

A．Expert judgment　　　　　　　B．What-if scenario analysis

C．Make-or-buy-analysis　　　　　D．Hammock activity

55．项目团队正在考虑他们是否能够完成某个特定任务或者他们是否应该从外部来源获取，这项技术称作什么？（ ）

A．专家判断　　B．假设情景分析　　C．自制或外购分析　D．汇总活动

56．Which document must be revised if an approved change affects the work breakdown structure, scope, and/or schedule（ ）.

A．Project management plan　　　　B．Project charter

C．Quality management　　　　　　D．Resource management plan

56．如果批准的变更影响到工作分解结构、范围和/或进度，则必须更新下列哪一份文件？（ ）

A．项目管理计划　B．项目章程　　C．质量管理计划　D．资源管理计划

57．A project manager is assigned to a multiyear project. During creation of the work breakdown structure (WBS), the project team is unable to decompose some of the phases that will occur during later stages of the project. What should the project manager do? ( )

   A. Conduct rolling wave planning when appropriate
   B. Return to the requirements gathering stage
   C. Estimate WBS decomposition for those phases
   D. Reduce the project scope

57. 项目经理被任命管理一个为期多年的项目。在创建工作分解结构（WBS）过程中，项目团队无法分解将在项目后期发生的某些阶段。项目经理应该怎么做？（ ）

   A. 适当的时候，开展滚动式规划　　B. 回到需求收集阶段
   C. 为这些阶段预估 WBS 分解　　　D. 减少项目范围

58. The customer has given a list of requirements to the project manager. After reviewing the list, the project manager coordinates a meeting in order to present the list to key stakeholders and to present information from a similar recently closed project file. This type of meeting is part of what process? ( )

   A. Initiating a project   B. Closing a project
   C. Administering procurement management   D. Defining a WBS

58. 客户向项目经理提供了一份需求清单，看完该清单后，项目经理安排了一次会议，向关键项目干系人介绍清单内容，并展示最近刚收尾的类似项目文件信息。此类会议属于下列哪个过程的组成部分？（ ）

   A. 项目启动　　B. 项目收尾　　C. 行政采购管理　D. 定义 WBS

59. While creating the project charter, a key stakeholder does not offer any input. The project manager repeatedly asks the stakeholder to provide the necessary input to complete the high-level requirements. Despite the project manager's efforts, the situation does not improve. What should the project manager do next? ( )

   A. Remove the stakeholder from the stakeholder list
   B. Assume the requirements together with the project team
   C. Add the missing input as a risk to the high-level risk description
   D. Escalate the issue to the project sponsor

59. 制定项目章程时，一名关键项目干系人没有提供任何意见。项目经理反复请该项目干系人提供必要的意见，以便完成宏观需求。虽然项目经理努力了，情况却没有得到改善。项目经理接下来应该怎么做？（ ）

   A. 将该干系人从干系人登记册中删除
   B. 与项目团队假定需求
   C. 将缺失意见作为一项风险，添加到主要风险描述中
   D. 将该问题上报给项目发起人

60. The work breakdown structure can be thought of as an effective aid for communications for

( ).

  A．team   B．project manager   C．customer   D．stakeholder

60．工作分解结构可以作为（   ）沟通的有效辅助工具。

  A．团队   B．项目经理   C．客户   D．干系人

61．What is the goal of a quality audit on a project?（   ）

  A．Deliver higher quality products for the same price

  B．Rate the quality of a process

  C．Identify inefficient and ineffective processes

  D．Report project quality to the sponsor

61．项目质量审计的目标是什么？（   ）

  A．以同样的价格提供更高质量的产品   B．对过程的质量评级

  C．识别低效和无效的过程   D．将项目质量报告给发起人

62．What is the duration of a milestone?（   ）

  A．Shorter than the duration of the longest activity

  B．Shorter than the activity it represents

  C．There is no duration

  D．Same length as the activity it represents

62．里程碑持续时间（   ）。

  A．比最长活动的持续时间短   B．比它代表的活动的持续时间短

  C．没有持续时间   D．与它代表的活动的持续时间相同

63．You have just joined the project management office after five years of working on projects. One of the things you want to introduce to your company is the need to do WBS. Some of the project managers are angry that you are asking them to do "extra". Which of the following would be the BEST thing you could tell the managers to convince them to use WBS?（   ）

  A．Tell them it will prevent work from slipping through the cracks

  B．Tell them that it is not needed

  C．Tell them it is required if the project involves contracts

  D．Tell them it is the only way to identify risks

63．因为你有五年的项目管理经验，因此你被调到项目管理办公室工作。你向公司介绍的第一件事情就是制作 WBS 的重要性。一些项目经理很生气，因为你在要求他们做"额外工作"。你该如何说服项目经理使用 WBS？（   ）

  A．告诉他们 WBS 可以避免工作遗漏情况发生

  B．告诉他们不需要使用 WBS

  C．告诉他们如果项目涉及合同，则需要 WBS

  D．告诉他们 WBS 是识别风险的唯一方法

64. You are managing a project to develop a soy-based, lactose-free, magnesium-rich nutritional drink for the "over 50" market. You have recently heard that the client calls your progress reports the "Code of Hammurabi" because they seem to be written in hieroglyphics and are completely indecipherable to all but an Egyptologist. This situation could have been avoided by (   ).

  A．Informing the client at the start of the project of the types of reports they will receive

  B．Using risk management techniques to identify client issues

  C．Hiring an expert report writer to prepare standard reports

  D．Engaging in communications planning

64．你在管理一个项目，该项目开发一种以大豆为原料、不含乳糖、富含镁的高营养饮料。该产品针对的是 50 岁以上的用户。你最近听说你的客户将你们的项目进度报告称为"汉莫拉比法典"，因为它们看起来是用象形文字书写的，只有埃及人才能读懂。这种情况可以通过以下哪种方法避免？（   ）

  A．在项目开始的时候就通知客户报告将采用的形式

  B．运用风险管理技术识别来自客户方面的风险

  C．雇佣一名专业报告撰写人员准备标准化的报告

  D．进行沟通计划

65．A schedule performance index of less than 1.0 indicates that the (   ).

  A．Project is running behind the monetary value of the work it planned to accomplish

  B．Earned value physically accomplished thus far is 100%

  C．Project has experienced a permanent loss of time

  D．Project may not be on schedule, but the project manager need not be concerned

65．进度绩效指数低于 1.0 表示（   ）。

  A．项目没有完成预定的工作

  B．已取得的挣值达 100%

  C．项目永久性地损失了一部分时间

  D．项目可能未按时间表执行，但项目经理不必在意

66．A project team member is uncertain how their work is assisting in meeting objectives of the project. Which document will the project manager provide to the team member in order to help them better understand their role on the project?（   ）

  A．Project communication plan   B．Human resources plan

  C．Project charter   D．Project management plan

66．项目团队成员对他们的工作如何助力于项目目标的达成感到不确定。为了让团队成员更好地了解他们在项目当中的角色，项目经理应该向团队成员提供下列哪份文件？（   ）

  A．项目沟通计划   B．人力资源计划

  C．项目章程   D．项目管理计划

67. Which of the following are generally better illustrated by bar charts than network diagrams? (　　)

　　A．Logical relationships　　　　B．Critical paths
　　C．Resource trade-offs　　　　　D．Progress or status

67．和网络图相比，甘特图能更好地表现（　　）。
　　A．逻辑关系　　B．关键路径　　C．资源平衡　　D．进展及状况

68. Two project managers have just realized that they are in a weak matrix organization and that their power as project managers is quite limited. One figures out that he is really a project expediter and the other realizes he is really a project coordinator. How is a project expediter different from a project coordinator?（　　）

　　A．The project expediter can not make decisions
　　B．The project expediter can make more decisions
　　C．The project expediter reports to a higher-level manager
　　D．The project expediter has some authority

68．两位项目经理认识到他们处于弱矩阵组织中，且权力非常有限。其中一位认为自己其实就是一名项目联络员，另一位则是一名项目协调员。项目联络员不同于项目协调员之处在于（　　）。
　　A．项目联络员不能做决定　　　　　B．项目联络员可以做很多决定
　　C．项目联络员向更高级经理汇报　　D．项目联络员拥有一定权力

69. Emphasizing which of the following activities has affected the most important to cost of quality? (　　)

　　A．Prevention　　B．Appraisal　　C．Measurement　　D．Rework

69．对下列哪一项活动进行强调会对质量成本产生最重要的影响？（　　）
　　A．预防　　　　B．评估　　　　C．测量　　　　D．返工

70. The project manager is working on a high-profile project where completing the project within budget is critical. The project manager is new, but well trained and is excited to see that the project is spending less than budgeted. As a result, the project manager was planning to take a holiday when a more senior project manager warned him that he has some important work to do on the project. Why would the senior project manager give such a warning on this project?（　　）

　　A．Under budget could mean that the work that was scheduled to be done has not been completed. The project manager should look at how the cost performance compares to the schedule performance
　　B．The project manager needs to create a project control system to make sure there are no problems in the future
　　C．A project that is under budget may also have contracts that need to be managed
　　D．Team meetings should be scheduled every week and a holiday would mean that one team

meeting would have to be canceled

70．项目经理正负责一个备受瞩目的项目，该项目的关键是控制预算。该项目经理是位经过专业培训的新手，当他看到项目的花费低于预算时非常激动，所以计划休假一段时间，这时一个高级项目经理警告他说，项目还有很多很重要的工作需要完成。那位高级项目经理为何提出这样的警告？（　　）

　　A．实际花费低于预算有可能意味着进度内有些活动还未完成，项目经理应该对比一下成本绩效和进度绩效

　　B．项目经理需要制定一个项目控制系统，确保将来不会发生问题

　　C．尽管实际花费低于预算，但还会有合同需要管理

　　D．每周需要召开团队会议，休假意味着将取消团队会议

71．Your cost forecast shows that you will have a cost overrun at the end of the project. Which of the following should you do?（　　）

　　A．Eliminate risks in estimates and re-estimate

　　B．Meet with the sponsor to find out what work can be done sooner

　　C．Cut quality

　　D．Decrease scope

71．你的成本预测显示，在项目期末时你的成本将会超支。你应采取下列哪项措施？（　　）

　　A．消除估算风险并重新进行评估　　B．会见出资人，找出哪项工作能够最快完成

　　C．削减数量　　　　　　　　　　　D．减少范围

72．During the executing phrase of a project, a project team member has difficulties in performing the tasks assigned to him. What should the project manager do?（　　）

　　A．Replace the team member

　　B．Have a meeting with the team member and provide training if required

　　C．Escalate the problem to the management

　　D．Change the baseline to comply with the possible delays

72．在项目执行阶段，一名项目团队成员在执行分配给他的任务感觉有困难。项目经理应该怎么做？（　　）

　　A．更换团队成员　　　　　　　　　B．与该团队成员谈话，需要的话提供培训

　　C．将问题上报给管理层　　　　　　D．改变基准以应付可能的延期

73．During the Define Activities process, a team member begins to discuss activities that the project manager has never heard discussed. What should the project manager do?（　　）

　　A．Make sure he has a good understanding of the activities and include the activities in the activity list

　　B．Ask the team member to explain why such an activity would be needed to complete the work package

C. Make sure the entire team agrees that the activities should be done

D. Evaluate the impact of the change

73. 在定义活动过程中，一团队成员开始讨论一个项目经理从来没有听过的活动。此时项目经理应该怎么做？（　　）

A. 确保理解了该活动，再将其包含在活动清单

B. 询问该成员需要完成这些活动的原因

C. 确认所有团队成员都认同这些活动

D. 评估变更的影响

74. A project manager must determine the quality of an initial batch of 50000 products. What technique should be used？（　　）

A. Benchmarking　　　　　　　B. Statistical sampling

C. Flowcharting　　　　　　　D. Design of experiments

74. 项目经理必须确定首批5万个产品的质量，应使用下列哪种技术？（　　）

A. 标杆对照　　B. 统计抽样　　C. 流程图　　D. 实验设计

75. You are asked to prepare a budget for completing a project that was started last year and then shelved for six months. All the following would be included in the budget except（　　）.

A. Fixed costs　　B. Sunk costs　　C. Direct costs　　D. Variable costs

75. 公司要你编制一个去年启动而后搁置了6个月的项目的预算。下列哪项不包括在预算中？（　　）

A. 固定成本　　B. 沉没成本　　C. 直接成本　　D. 可变成本

76. Although the stakeholders thought there was enough money in the budget, halfway through the project the cost performance index (CPI) is 0.7. To determine the root cause, several stakeholders audit the project and discover the project cost budget was estimated analogously. Although the activity estimates add up to the project estimate, the stakeholders think something was missing in how the estimate was completed. Which of the following describes what was missing？（　　）

A. Estimated costs should be used to measure CPI

B. SPI should be used, not CPI

C. Bottom-up estimating should have been used

D. Past history was not taken into account

76. 虽然项目干系人认为预算已经足够了，但是项目进行到一半时，成本绩效指数（CPI）为0.7。为了找出原因，几名项目干系人审计该项目，发现该项目的成本预算是用类比估算法作出的。虽然项目估算是活动估算累加得出的，但是，项目干系人认为该估算应该有误。下列哪项可以描述估算的失误？（　　）

A. 估算成本应该是用于测量成本绩效指数（CPI）的

B. 应使用进度绩效指数（SPI），而不是成本绩效指数（CPI）

C．应使用自下而上估算法

D．未考虑历史数据

77．The project manager is asked to estimate a project's costs. The cost and time estimates must be accurate and the detailed cost of every work package is required. Which of the following techniques should be used?（　　）

  A．Top-down estimates   B．Rough order of magnitude estimates

  C．Bottom-up estimates   D．Parametric estimates

77．项目经理被要求估算项目成本。成本和时间估算必须准确，要求详细说明每个工作包的成本。项目经理应使用下列哪一项技术？（　　）

  A．自上而下估算　　B．粗量级的估算　　C．自下而上估算　　D．参数估算

78．You provide a project cost estimate to the project sponsor. He is unhappy with the estimate, because he thinks the price should be lower. He asks you to cut 15 percent off the project estimate. What should you do?（　　）

  A．Start the project and constantly look for cost savings

  B．Tell all the team members to cut 15 percent from their estimates

  C．Inform the sponsor of the activities to be cut

  D．Add additional resources with low hourly rates

78．你向项目出资人提供了项目的成本估算，他对估算不满意，因为他认为价格太高了。他要你削减项目估算的15%，你该怎么做？（　　）

  A．启动该项目，并不断的节约成本　　　B．告诉所有团队成员削减其估算的15%

  C．告诉出资人要削减的活动　　　　　　D．加入工资率低的额外资源

79．During a recent status review meeting for your project, one team member was critical of others and seemed to try to diminish their status on the team. This person was assuming which of the following destructive team roles?（　　）

  A．Recognition seeker   B．Blocker

  C．Aggressor   D．Dominator

79．在一个最近的项目状态评审会议上，一名团队成员对其他成员非常不满，而且贬低别人在团队中的地位，这个人属于下列哪项破坏性团队角色？（　　）

  A．寻求赞誉者　　B．碍事者　　C．挑衅者　　D．独断者

80．Who is ultimately responsible for quality management on the project?（　　）

  A．Project engineer　　B．Project manager　　C．Quality manager　　D．Team member

80．谁最终为项目质量管理负责？（　　）

  A．项目工程师　　B．项目经理　　C．质量经理　　D．团队成员

81．Jake has been assigned the position of PM of a multi-organizational project. His organization, which is the primary performing organization, has a weak quality policy. The other organizations have no quality policy, Jake should (   ).

  A. Use the policy for his organization, since his organization is the primary performing organization

  B. Ask for additional money from the stakeholders to fund a quality program

  C. Seek buy-in from all organizations to fund a quality program

  D. Work with the team members from the various organizations and develop a quality policy for the project without telling anyone, to eliminate negative feed back

81. 杰克被任命为一个多组织项目的经理。他自己所在的组织承担主要的工作，质量政策比较弱，但其他组织没有质量政策。杰克需要（   ）。

  A. 使用他的组织中的质量政策，因为他的组织承担主要的工作

  B. 向项目发起人申请额外的经费建立一个质量规则

  C. 向所有组织寻求意见组成一个质量规则

  D. 与来自各个组织的项目成员一起制定质量政策，但为了避免负面影响而不告诉其他人

82. What benefits can quality bring to a company?（   ）

  A. Risk response, learning, risk monitoring, and identifications

  B. Quality project, quality product and customer satisfaction

  C. Customer satisfaction, quality risk analysis, and quantitative risk analysis

  D. Quality, cost reducing, and risk control

82. 质量能为公司带来什么效益？（   ）

  A. 风险应对、经验教训、风险监控和识别

  B. 优质项目、优质产品和客户满意度

  C. 客户满意度、定性风险分析和定量风险分析

  D. 质量、成本降低和风险控制

83. At the end of the project, the buyer would like to close the procurements through its authorized contract administrator. What tools and techniques can the project manager use to make sure all requirements for close procurements are met?（   ）

  A. Procurement management plan   B. Lessons learned documentation

  C. Procurement audits   D. Seller performance evaluation documentation

83. 在结束项目时，买方希望通过其授权的合同管理者结束采购，项目经理可以使用哪项工具或技术来确保结束采购所需的一切条件都已满足？（   ）

  A. 采购管理计划   B. 经验教训文件   C. 采购审计   D. 卖方绩效评估文件

84. A project is in progress and the project manager is working with the quality assurance department to improve stakeholders' confidence that the project will satisfy the quality standards. Before they can begin this process, which of the following do they need to have?（   ）

  A. Quality problems   B. Results of process Analysis

C. Quality audits   D. Quality management plan

84. 项目正在进展之中，项目经理正与质量保证部门一起工作，以提高干系人对项目将会满足质量标准的信心。在开始这项工作之前，他们需要（   ）。

A．质量问题   B．过程分析的结果   C．质量审计   D．质量管理计划

85. During the project plan presentation meeting with the stakeholders, an issue was discussed and a resolution was reached, and all interested parties were on board. Sometime after the meeting, the project manager receives an e-mail from one of the key stakeholders saying they have changed their mind about the agreed solution and would like to get the group back together to discuss new options. What conflict resolution techniques should the project manager try first?（   ）

A．Compromising   B．Forcing   C．Smoothing   D．Withdrawing

85. 在与关系人召开的项目计划介绍会议上，针对一个问题进行了讨论，并就一个解决方案达成了一致，当时各利益相关方都在场。然而，过了一段时间，项目经理又从一个主要干系人那里收到一封电子邮件，说他们改变了对这个解决方案的看法，并希望各方能够一起重新讨论新的选择。项目经理应首先尝试哪种解决冲突的方法呢？（   ）

A．妥协   B．强迫   C．调和   D．撤退

86. From a risk management prospective, a post-project review affords the opportunity for which of the following?

A．Enables the project manager to determine how must of the risk contingency fund can be distributed to the team

B．Enables corrective actions to be implemented in the preliminary project design

C．Provides insight into anticipating and minimizing the risk or future projects

D．Provides the project manager with the initial risk register for the next project assignment

86. 从风险管理的视角来看，项目评审后为下列哪项提供了一个机会？（   ）

A．让项目经理可以确定向团队发放风险应急资金的金额

B．在项目初始设计时可以实施纠正行为

C．为未来的项目的预期提供洞察，并降低未来项目风险

D．为项目经理提供下一个项目任务的初始风险登记册

87. A project manager is successfully completing the project. The team is losing morale because at the end of the project the term will be disbanded. Which task should be undertaken toward the closure of the project?（   ）

A．Looking for a new project manager to maintain the team

B．Planning the release of resources in advance

C．Asking the line manager to boost morale

D．Asking the customer to send an official message to thank the team for their hard work

87. 项目经理成功完成项目。由于在项目结束时，团队将会被解散，因此团队士气低落。项目

收尾应执行哪项任务？（　　）

A. 找一个新项目，以保留整个团队

B. 提前计划资源的释放

C. 让一线经理激发士气

D. 让客户发送一条正式的信息，感谢团队的辛苦工作

88. Which statement about a deliverable-oriented hierarchical decomposition is true? （　　）

A. All deliverables have different hierarchical decomposition levels

B. All deliverables have highest hierarchical decomposition level

C. Different deliverables can have different hierarchical decomposition levels

D. All deliverables have same hierarchical decomposition level

88. 有关面向可交付成果的层次结构分解，下列哪种说法是正确的？（　　）

A. 所有可交付成果都具有不同的分解层级

B. 所有可交付成果都具有最高的分解层级

C. 不同可交付成果可以具有不同的分解层级

D. 所有可交付成果都具有相同的分解层级

89. What will the project manager need to consider in preparing a coherent risk management plan? （　　）

A. Customer risk attitude and organization process assets

B. Scope statement and enterprise environmental factor

C. Risk register and scope statement

D. List of potential responses and the project management plan

89. 为了制定一份前后一致的风险管理计划，项目经理应考虑以下哪些因素？（　　）

A. 客户的风险态度以及组织过程资产　　B. 范围说明书和事业环境因素

C. 风险登记册和范围说明书　　　　　　D. 潜在响应列表和项目管理计划

90. The project manager is completing the project. The final product is finished, all defects found to date are corrected and the product is delivered to the client. The project manager announces the end of project. A week later the client contacts the project manager because they found a defect and they want to project manager to repair it. The client claims that the project is not yet closed because they are still testing the product. How does the project manager respond to this situation? （　　）

A. Tell the client that the project is finished and there will be no repairs to the defect because warranty period was not defined in the contract

B. correct the defect and tell the client it's the final repair to defects

C. correct the defect and get formal accept from client

D. Ask the client to send a change request to change the project scope statement

90. 项目经理正在完成一个项目。该项目的最终产品已经完工，到目前为止发现的所有缺陷都

已得到修正，并且产品已经交付给客户。因此，项目经理宣布项目结束。但一周后，客户发现了一个缺陷，于是便联系项目经理，希望项目经理能进行修正。客户声称项目还未结束，因为他们仍在对产品进行测试。发生这种情况，项目经理应该如何回应？

  A．告诉客户，项目已经完工，由于合同中未规定有任何保修期，因此不会对该缺陷进行修正

  B．修正该缺陷，并告诉客户这是最后一次对缺陷进行修正

  C．修正该缺陷，并获得客户的正式验收

  D．要求客户提交一份变更请求，修改项目范围

  91．In conducting risk analysis for a large project the project team creates a project model for simulation. The computations are iterative with input values such as cost estimates and activity durations. A probability distribution is then calculated from these iteration.What technique is described?（ ）

  A．Trend analysis   B．Herzberg's simulation method

  C．Delphi technique   D．Monte Carle analysis

  91．在为一个大型项目开展风险分析时，项目团队创建了一个项目的仿真模型。该模型通过输入成本估算、活动工期等参数进行迭代计算，然后从中可以得出可能性分布。这描述的是哪一项技术？（ ）

  A．趋势分析   B．赫茨伯格的模拟方法

  C．德尔菲技术   D．蒙特卡洛分析

  92．The planned cost for a construction project is $100,000. After 40% of the physical work is completed, the actual cost incurred is $60,000. The project's cost performance index is which of the following?（ ）

  A．0.6   B．0.67   C．1.5   D．1.6

  92．某个施工项目的计划成本是 10 万美元，在完成实际工作的 40%之后，实际发生成本 6 万美元。该项目的成本绩效指数是多少？（ ）

  A．0.6   B．0.67   C．1.5   D．1.6

  93．Project team finds that the project is likely to be exposed to substantial financial risk. What should be used to manage this type of risk?（ ）

  A．Avoid   B．Share   C．Transfer   D．Accept

  93．项目团队发现项目有可能暴露在重大财务风险当中。管理这类风险应该使用的方法是（ ）。

  A．规避   B．分享   C．转移   D．接受

  94．One of the project manager's major challenges is organizing and managing the project team in a multi-culture project. What are the tools and techniques the project manager could use for this purpose?（ ）

  A．Observation and conversation, performance appraisals, conflict management

B. Performance appraisals, conflict management, organization charts
C. Conflict management, roles and responsibilities, staffing management plan
D. Issue log, work performance information, roles and responsibilities

94. 在一个多元文化项目中，项目经理面临的主要挑战之一就是组织和管理项目团队。项目经理可以利用以下哪些工具和技术来实现上述目的？（　　）

A. 观察和对话、绩效评估、冲突管理
B. 绩效评估、冲突管理、组织图
C. 冲突管理、角色和职责、人员配备管理计划
D. 问题日志、工作绩效信息、角色和职责

95. A project manager is leading a cross-functional team of 12 members, including the project manager. When creating the communication plan, the team identified two additional stakeholders. These two additional stakeholders are the project sponsor and company's vice president. How many potential channels of communication exist?（　　）

A. 24　　　　B. 91　　　　C. 14　　　　D. 78

95. 项目经理领导着一支包括其本人在内的12名成员组成的跨职能团队。在创建沟通管理计划时，团队识别出两名额外的干系人，分别是项目发起人以及公司副总裁。那么，潜在的沟通渠道有多少个？（　　）

A. 24　　　　B. 91　　　　C. 14　　　　D. 78

96. Which part of the following is customer satisfaction?（　　）

A. customer management　　　　B. quality management
C. scope management　　　　D. communication management

96. 客户满意度是下列哪一项的组成部分？（　　）

A. 客户管理　　B. 质量管理　　C. 范围管理　　D. 沟通管理

97. A project manager has been assigned to implement new server equipment into a data center. Through a risk workshop, the following two risks have been identified and assessed as highly likely to occur: ①Equipment is delayed due to shortages of key components; ②The customer has not initiated preparation of the data center, risking a delay in the project. What should the project manager do next?（　　）

A. Initiate the risk mitigation process　　　　B. Conduct a Monte Carlo analysis
C. Add to the risk management plan　　　　D. Initiate risk response planning

97. 一位项目经理被派至一个数据中心，负责为该中心安装新的服务器设备。通过一次风险专题会，以下两项风险已被识别，风险发生的可能性被评估为"高"：①由于缺少关键部件而导致设备延期；②客户的数据中心还未开始准备，导致项目延期风险。项目经理下一步应该做什么？（　　）

A. 启动风险减轻过程　　　　B. 执行蒙特卡罗分析

C. 添加风险管理计划　　　　　　　D. 启动风险应对计划

98. Project manager is evaluating the risk associated with possible outcomes of a particular project decision. In this case, it is expected that the decision has a 40% chance of resulting in a loss of $50,000, but a 80% chance of realizing a $200,000 profit.

This is an example of what type of risk management process?（　　）

    A. Perform quantitative risk analysis　　B. Perform qualitative risk analysis

    C. Plan risk responses　　　　　　　　D. Control risks

98. 项目经理正在评估与某个特定项目决策的可能结果有关的风险。在这种情况下，预计该决策有 40%的可能性导致 5 万美元的损失，但是有 80%的可能性实现 20 万美元的利润。这是哪种风险管理过程的示例？（　　）

    A. 实施定量风险分析　　　　　　　B. 实施定性风险分析

    C. 规划风险应对　　　　　　　　　D. 控制风险

99. Senior management assigns the project manager to an international development project. The project sponsor provides documents as input to develop the project charter. The project manager has the statement of work, business case, contract, organizational process documents, as well as other documents.

What should be the next step for the project manager?（　　）

    A. Consolidate all the documents and use them as input to the project charter

    B. Concentrate on the most important documents and use only these documents as input

    C. Use the technique of expert judgment to assess all of the input documents

    D. Use an Ishikawa diagram to caudate the documents

99. 高级管理层将项目经理分派到一个国际开发项目上。项目发起人提供文件，作为编制项目章程的依据，项目经理手上提到了工作说明书、合同、组织过程文件以及其他文件。

项目经理下一步应该怎么做？（　　）

    A. 整理所有文件，将他们作为编制项目章程的依据

    B. 将精力集中在最重要的文件上，仅把这些最重要的文件作为输入

    C. 使用专家判断技术，评估所有输入文件

    D. 使用石川图来验证文件

100. Task A has a cost estimate of $1,000 and a scheduled completing date of December 30, with a total duration of 10 days. The project manager reviews the project on December 30 and it is only 70% complete. The resource assigned to task A has spent $600 to date.

What is the planned value?（　　）

    A. $400　　　　B. $600　　　　C. $700　　　　D. $1,000

100. 任务 A 的成本估算为 1000 美元，计划完成日期为 12 月 30 日，总工期为 10 天。项目经理在 12 月 30 日审查任务进度，发现只完成 70%，目前为止分配给任务 A 的资源已经花了 600 美元。计划价值是多少？（　　）

A. 400 美元　　　B. 600 美元　　　C. 700 美元　　　D. 1,000 美元

101. The duration of a project is five months. The total cost initially allocated was $30,000. The project is in the third month, The total expenditure in the project for the first two months is $12,500. The project is ahead of schedule and on budget for work completed. What is the cost variance of the project? (　　)

  A. Greater than zero　　　　　　　B. Less than zero
  C. Zero　　　　　　　　　　　　　D. One

101. 项目工期为 5 个月，最初费用拨款总额为 3 万美元，目前项目处于第三个月。项目前两个月的总支出为 12,500 美元。项目完工部分超前于进度且符合预算。项目的成本差异是多少？(　　)

  A. >0　　　　B. <0　　　　C. =0　　　　D. 1

102. If the Free Float of task B is 12 days and the Total Float is 24 days. Suppose that the very beginning date is postponed for 26 days, what effects would be made for the program's completed date? (　　)

  A. This task would not be located superior to the critical path
  B. The beginning date of the immediately following schedule activities would be postponed 14 days
  C. The completed date of the program would be postponed 2 days
  D. B&C

102. 如果任务 B 有 12 天的自由时差，而且有 24 天的总时差。假设其最早开始日期被推迟 26 天，那么项目的完工日期将会受到什么影响？(　　)

  A. 该任务将不再位于关键路径上　　　B. 紧后活动的开始日期将被延后 14 天
  C. 项目的完工日期将会延后 2 天　　　D. B 项和 C 项都对

103. Project X is 60% completed, behind schedule and over budget. The sponsor has withdrawn funding due other higher priority projects and the department manager has reassigned all team members to Project Y. What should the project manger do? (　　)

  A. Revise the project management plan to reflect the change in scope
  B. Meeting for Project Y
  C. Document and archive lessons learned on Project X
  D. Calculate the EAC and ETC for the Project X

103. 项目 X 已完成 60%，落后于进度且超出预算。项目发起人已经撤出资金至其他优先级更高的项目，而且部门经理已经将所有团队成员分配给项目 Y。项目经理应该做什么？(　　)

  A. 修订项目管理计划，把变化反映在范围中
  B. 为项目 Y 召开一次会议
  C. 记录并存档项目 X 的经验教训
  D. 为项目 X 计算 EAC 和 ETC

104. A variance report shows PV=$120, EV=$100, and AC=$120. Based on the above, which statement is correct?（　）

  A．Behind schedule and on budget   B．Ahead of schedule and over budget

  C．Behind schedule and over budget   D．Ahead of schedule and on budget

104．一项偏差报告显示 PV=$120，EV=$100，AC=$120。基于上述数据，下列哪种说法正确？（　）

  A．落后于进度，符合预算   B．超前于进度，超出预算

  C．落后于进度，超出预算   D．超前于进度，符合预算

105. What is the method for quantifying qualitative data to minimize the effect of personal prejudice in vendor selection?（　）

  A．Risk categorization   B．Screening system

  C．Independent estimating   D．Weighting system

105．为了减少个人偏见对供应商选择的影响，下列哪种是把定性数据定量化的方法？（　）

  A．风险分类   B．筛选系统   C．独立估算   D．加权系统

106. It is doable to transfer risk by use insurance. Suppose that some capital assets total value is 3,000,000. The probability of the assets being destroyed is 2.5%. The insurance fee is 40,000 while to buy insurance. Is it worth to buy insurance?（　）

  A．for insurance fee is equal to the likelihood fee that the assets may lost, there is no merit to buy insurance

  B．for insurance fee is lower than the lost anticipate fee, it is best to buy insurance

  C．for insurance fee is lower than the lost anticipate fee, it is no good to buy insurance

  D．cannot judge with the given information

106．通过使用保险来转移风险是可行的。假设某固定资产总价值是 300 万元，该资产受到破坏的概率是 2.5%。若购买保险，则保险费用是 4 万元。请问，在这种情况下值得去购买保险吗？（　）

  A．由于保险费用等于资产可能损失的费用，所以购买保险没什么优点

  B．由于保险费用低于损失预期值，所以最好是购买保险

  C．由于保险费用低于损失预期值，所以买保险不可取

  D．从给出的信息无法判断

107. A client requests a scope change request after accepting the design. This change will have a potential impact on several project components. What is the project manager's most appropriate response?（　）

  A．Convince client to delay change

  B．Analysis infections of schedule and cost due to the change, and have meeting with team members

C. If this change is critical, then implement it and inform the CCB

D. Estimate the cost and schedule affected by the change, get approval before implement

107. 客户在接受设计之后提出了一项范围变更请求，这个变更可能对许多项目组成部分产生影响。项目经理最恰当的回应是什么？（　　）

A. 说服客户推迟变更

B. 对此变更对费用和进度产生的影响进行详细分析，并召开项目团队会议

C. 如果该变更十分关键，则进行变更，并通知变更控制委员会

D. 估算变更对于成本和进度的影响，在实施变更之前获得批准

108. The following is calculated for the project.

Earned Value=$200,000

Planned Value=$300,000

Actual Cost=$210,000

What is the status of the project?（　　）.

A. Behind schedule and over budget　　B. Ahead of schedule and over budget

C. Behind schedule and under budget　　D. On schedule and over budget

108. 经计算，一个项目的 EV 为 20 万美元、PV 为 30 万美元、AC 为 21 万美元。则项目的状态是什么？（　　）

A. 进度落后，超出预算　　B. 提前进度，超出预算

C. 进度落后，但不超出预算　　D. 按计划进行，但超出预算

109. The project manager for a construction project acquires the approval on a change order to provide additional concrete foundations. This change is analyzed using a Monte Carlo simulation but weather conditions are overlooked. Also, the risk of physical harm to the team members performing the outdoor work was not considered, The project must be finished on time, as part of the foundation for venue of a local festival.

What should the project manager do next?（　　）

A. Accept that the project goes into default, and pay the price for not finishing scope on time as stipulated in the contract

B. Stick to the original plan and reversal procedure

C. Consult the project sponsor and meet with the major stakeholders to look for alternatives

D. Keep this new knowledge within the project team, and hope for a change in temperature that will allow completion of the project

109. 某建设项目项目经理的变更单（提供额外的混凝土基础）得到了批准。这个变更使用了蒙特卡罗模拟分析，但忽略了天气情况，也没考虑户外工作对项目团队成员身体伤害的风险。但这项工程必须按时完成，因为这个混凝土基础的一部分，将会作为一个本地节日的举办地。

项目经理接下来应该怎么做？（　　）

A．接受项目进入违约状态，并为未按合同规定时间完成项目范围支付赔偿金
B．坚持原始计划，并启动变更撤销程序
C．咨询项目发起人，并与主要干系人会面，寻找替代方案
D．将这个新情况保留在项目团队内部，并希望气温能发生变化以允许完成项目

110. An organization and a subcontractor have identified a potential positive impact to a project. The project manger is asked to develop a response in dealing with the positive impact. What does the project manager do? （ ）

  A．Investigate options to create a risk sharing partnership with the subcontractor to manage opportunities
  B．Mitigate the risk to keep the project within scope
  C．Do nothing and comply with the project charter
  D．Transfer the opportunity to the project sponsor to develop the next steps

110. 一家组织和分包商已经识别出对项目的一项潜在积极影响，项目经理被要求制定应对该积极影响的措施。项目经理需要做什么？（ ）

  A．调查选择方案，与分包商建立风险分享合作关系，共同管理机会
  B．减轻风险，保证项目处于范围之内
  C．什么都不做，遵守项目章程
  D．将该机会提交给项目发起人制定下一步措施

111. The examination of a work product to determine if it conforms to standards is what type of quality control technique? （ ）

  A．Defect repair review   B．Run chart
  C．Inspection   D．Quality checklists

111. 检查工作产品以确定是否符合标准，这属于哪种质量控制技术类型？（ ）

  A．缺陷补救评审   B．趋势图   C．检查   D．质量核对表

112. The project manager identifies candidates for the project team based on needed competencies to deliver the agreed scope. What should the project manager do next? （ ）

  A．Negotiate with functional managers to allocate the resources to the project
  B．Negotiate with the identified resources to join the project
  C．Escalate the resource needs to the project sponsor immediately
  D．Update the risk management log with the need for competencies

112. 项目经理根据项目所需的完成范围内工作的能力来识别所需的人力资源。识别完成后，项目经理下一步应怎么做？（ ）

  A．与职能经理协商，为项目分配资源   B．与确定的资源协商让其加入项目
  C．立即将资源需求上报给项目发起人   D．将能力需求更新到风险管理日志中

113. During the project execution phase, the project manager realizes that a task on the critical path

is delayed. The project manager decides to fast track the critical path activities. What is likely to be the impact of this decision on the project?（   ）

A．The project will be on schedule but cost and risk will be higher
B．The project will be within the budget but time and risk will be higher
C．The project will have less risk but cost and time will be higher
D．The project will be on schedule and within budget but risk will be higher

113．在项目执行阶段，项目经理意识到关键路径上的某个任务延期了。项目经理决定快速跟进关键路径活动。这项决定对项目的可能影响是什么？（   ）

A．项目将与进度保持一致，但是成本和风险都将升高
B．项目将保持在预算内，但是时间和风险都将升高
C．项目的风险较低，但是成本和时间都将升高
D．项目将与进度保持一致，并将保持在预算之内，但是风险升高

114．Company ABC is evaluating three consulting companies to find a consultant to perform professional services. They request information on how the three consulting companies allocate fringe benefits to their clients. What type of cost is company ABC asking about?（   ）

A．Variable   B．Fixed   C．Direct   D．Indirect

114．ABC 公司正在对三家咨询公司进行评估，希望选出一名顾问来做专业的服务。他们要求三家公司提供如何向客户分配附加福利的信息。ABC 公司询问的这类成本属于（   ）。

A．可变成本   B．固定成本   C．直接成本   D．间接成本

115．Company ABC adopt year-summary for decritiation of asset. They spent $17,000 purchasing one computer. It is estimated that the computer can be sold with $2,000 three years later. Thus, how much will be the asset decritiation of this computer in year three?（   ）

A．$5000   B．$4500   C．$7500   D．$2500

115．ABC 公司通常用年数总和法来计算资产的折旧。他们花 1.7 万元买了一台计算机，估计三年后能卖 2000 美元。那么第三年的折旧是多少？（   ）

A．$5000 美元   B．$4500 美元   C．$7500 美元   D．$2500 美元

116．The project stakeholder adds ten more additional activities to the project. What will this impact the CPI?（   ）

A．CPI will become better   B．CPI will become worse
C．CPI will keep the same   D．No way to confirm

116．项目发起人向项目中增加 10 个额外的活动，这对该项目的 CPI 会产生什么影响？（   ）

A．CPI 变好   B．CPI 变坏   C．CPI 不变   D．无法确定

117．A project is made of three activities. Activity A is lasting for 5 weeks, activity B is lasting for 6 weeks, activity C is lasting for 7 weeks, the taxis is A-B-C. While, it will take 1 week for resource distribution of activity B, and activity C will start in 1 week after the beginning of activity B. What is the shortest time limit for this project?（　　）

  A．12 weeks B．13 weeks C．14 weeks D．16 weeks

117．一个项目由三个活动组成。A 活动历时 5 周，B 活动历时 6 周，C 活动历时 7 周。活动排序为 A-B-C。但是，B 活动的资源分配要 1 周，C 活动在 B 活动开始 1 周后开始。则该项目最短工期是多少？（　　）

  A．12 周 B．13 周 C．14 周 D．16 周

118．A new project manager is assigned to a project that is already in progress. Because there are so many resources involved, the new project manager is confused about who does what. What document can the new project manager consult to clear his confusion?（　　）

  A．Project organization chart B．Organization breakdown structure

  C．Responsibility assignment matrix D．Resource breakdown structure

118．一名新的项目经理被任命管理一个项目，而该项目已经在进行中。由于涉及的资源非常多，新的项目经理弄不清楚每个人的职责范围。新的项目经理可以参阅什么文件来解除他的困惑？（　　）

  A．项目组织图 B．组织分解结构 C．责任分配矩阵 D．资源分解结构

119．Which of the following describes the amount of individual resources required for an existing schedule during specific time periods?（　　）

  A．Resource histogram B．Resource loading

  C．Resource leveling D．Resource planning

119．在已有的进度表中的某个特定时间段内，下列哪一项描述了所需的单独资源的数量？（　　）

  A．资源直方图 B．资源负荷 C．资源平衡 D．资源规划

120．The project manager observes that some project team members begin to work together and adjust work habits. However, they do not trust each other. The project manager may conclude which of the following about the team?（　　）

  A．It is in the norming stage of development and will most probably move on the performing stage

  B．It is in the norming stage of the development and will most probably slip back to the storming stage

  C．It is in the storming stage of development and will most probably move on to the norming stage

  D．It is in the storming stage of the development and will most probably slip back to the forming stage

120．项目经理观察到某些项目团队成员开始一起工作并调整工作习惯，但是，他们彼此不互相信任。关于此团队，项目经理可以得出下列哪项结论？（　　）

  A．团队建设处于规范阶段，很有可能前进到成熟阶段

  B．团队建设处于规范阶段，很有可能退回震荡阶段

C. 团队建设处于震荡阶段，很有可能前进到规范阶段

D. 团队建设处于震荡阶段，很有可能退回形成阶段

121. Due to resource constraints, a project manager determines that a portion of the project work must be outsourced. Which of the following inputs are required to ensure the requirements and the timeline are met?（　　）

  A. Qualified sellers' list and scope   B. Schedule and scope

  C. Cost estimates and performance   D. Cost estimates and schedule

121. 由于资源约束，项目经理决定必须外包部分项目工作。为确保满足需求和时间要求，下列哪一项输入是必须的？（　　）

  A. 合格卖方清单和范围   B. 进度和范围

  C. 成本估算和绩效   D. 成本估算和进度

122. Remote project team members request that project meeting times are changed to a time within the remote team's working hours. However, local team members do not agree with this proposal. What should the project manager do next?（　　）

  A. Arrange a team meeting with all parties to determine a suitable time

  B. Discuss with the sponsor to decide upon a suitable time

  C. Accept the remote team's request for a trial period

  D. Reject the remote team's request as it is not in the communications management plan

122. 远程项目团队成员请求将项目会议时间更改至远程项目团队的工作时间内，然而，本地团队成员却不同意这项提议。项目经理接下来该怎么做？（　　）

  A. 与各方安排一个会议确定合适的时间

  B. 与项目发起人讨论决定合适的时间

  C. 在一个试验期内接受远程团队的要求

  D. 拒绝远程团队的请求，因其不在沟通管理计划内

123. The project manager identifies that a finish-to-start dependency for an activity on the critical path is missing. The project schedule was already communicated to the customer. What should the project manager have done to avoid this issue?（　　）

  A. Reviewed the work breakdown structure   B. Conducted a schedule network analysis

  C. Prepared a risk management plan   D. Conducted an earned value analysis

123. 项目经理发现关键路径上一个活动的开始到完成依赖项丢失，项目进度计划已经交给客户了。项目经理应该做什么来避免这个问题？（　　）

  A. 审查 WBS   B. 进行进度网络分析

  C. 准备一份风险管理计划   D. 进行挣值分析

124. A project's total cost is $200,000. The project management requests a study to verify whether the project will run behind schedule. The project has a 35% chance of incurring a penalty of $20,000 due

to a delay in completion. There is a 65% chance that the company will earn $500,000 on the project. What is the expected monetary value?（　　）

  A．$118,000 B．$293,000 C．$318,000 D．$325,000

124．一个项目的总成本是 20 万美元。项目管理要求进行一项研究来验证项目是否会落后于进度。如果延迟完工，该项目有 35%的机会招致 2 万美元的罚款。有 65%的机会，公司将获得 50 万美元的收益。那么，期望的货币价值是多少？（　　）

  A．11.8 万美元 B．29.3 万美元 C．31.8 万美元 D．32.5 万美元

125．During project execution, the project manager discovers that a key supplier is having financial difficulty and could discontinue operations. What should the project manager do to address the issue?（　　）

  A．Organize a vendor conference and select a new supplier

  B．Request a quote from another supplier for the outstanding work

  C．Cancel the existing contract and award a similar contract to another supplier

  D．Implement the risk response plan to control the risk

125．在项目执行期间，项目经理发现一个关键供应商有财务困难，可能会停止运营。项目经理应该如何处理这个问题？（　　）

  A．组织供应商会议，并选择一个新供应商

  B．请求另一个供应商的剩余工作报价

  C．取消现有合同并向另一个供应商授予类似合同

  D．实施风险应对计划以控制风险

126．A project team reports that the peer review process has non-valued activities. The quality team must review the observations and process the overall adherence. Which of the following does the quality team perform?（　　）

  A．Quality adherence B．Quality audit

  C．Quality control D．Quality management

126．项目团队报告同行评审过程有非价值活动。质量团队必须审查该报告并处理其整体遵从。质量团队需执行以下哪一个过程？（　　）

  A．质量一致性 B．质量审计 C．质量控制 D．质量管理

127．A project manager is assigned to a project with a demanding client. The project is dynamic and requires constant improvements and client feedback. Which of the following approaches should the project manager adopt for this project?（　　）

  A．Extreme project management approach, as the project's goal is unclear

  B．Agile project management approach, as it is fast and iterative

  C．Traditional project management approach, as it is simple and intuitive

  D．Lean six-sigma management approach, as it fits the project constraints

127．项目经理被任命管理一个客户要求苛刻的项目。项目是动态的并且需要不断地改进且向

客户反馈。项目经理应该采用以下哪种方法来管理这个项目？（　　）

A．极端项目管理法，因为项目的目标不明确

B．敏捷项目管理法，因为它快速且可迭代

C．传统的项目管理法，因为它简单直观

D．精益六西格玛管理法，因为它适合项目约束

128．During project closing, the project manager reviews the deliverables with the customer. The customer expresses concern about a deliverable, and both parties agree that it does not comply with the requirements specification document. What should the project manager do next？（　　）

A．Accept the issue as a defect and create a change request

B．Evaluate the change and update project documents

C．Use a requirement traceability matrix to verify completed requirements

D．Establish that deliverables were validated by a key user

128．在项目收尾期间，项目经理与客户一起评审可交付成果。客户对一个可交付成果表示担心，并且双方一致认为该可交付成果与需求规格说明书不符。项目经理接下来应该做什么？（　　）

A．接受这个问题作为缺陷并创建一个变更请求

B．评估变更并更新项目文档

C．使用需求跟踪矩阵来核实已完成的需求

D．强调该成果已经过另一关键用户的验证

129．In a project to upgrade a company's accounting application, the project manager sends weekly emails regarding the project's status and the next activities. A key user of the application complains that application outages are affecting their work performance. What should the project manager do next？（　　）

A．Continue working according to planned activities

B．Report the key user to their supervisor

C．Review the stakeholder analysis and update to include the key user

D．Review the stakeholder analysis and inform all stakeholders to include the key user in all emails

129．在一个升级公司会计应用的项目中，项目经理每周发送关于项目状态和下一项活动的电子邮件。该项目的一个关键用户抱怨该会计程序的中断会影响其工作绩效。项目经理接下来应该做什么？（　　）

A．按照计划的活动继续工作

B．将该关键用户报告给其主管

C．审查干系人分析并更新以包含该关键用户

D．审查干系人分析，通知所有干系人在所有邮件中都包含该关键用户

130．A team member complains to the project manager about the lack of praise for their achievements. To avoid this issue, what should the project manager have conducted in the develop project team phase? ( )

  A. Personnel assessment tools   B. Team performance assessment
  C. Recognition and rewards   D. Human resource management plan

130. 一个团队成员抱怨项目经理对他们的成就缺乏赞扬。为了避免这个问题，项目经理应该在项目团队建设阶段做什么？（ ）

  A. 人事评估 B. 团队绩效评估 C. 承认和奖励 D. 人力资源管理计划

131. After the project team has brainstormed project risks, what should the project manager do next? ( )

  A. Analyze and prioritize the risk   B. Assign risk owners
  C. Identify risk mitigation strategies   D. Report the risks to the stakeholders

131. 在项目团队就项目风险进行头脑风暴以后，项目经理接下来应该做什么？（ ）

  A. 分析并确定风险的优先顺序   B. 分配风险所有者
  C. 确定风险缓解策略   D. 向干系人报告风险

132. After completing the final development of the produce, the project manager is ready to transfer the ownership of the project's deliverables to the on-going support team. Which of the following is an input for the project's next phase? ( )

  A. lessons learned   B. Project scope statement
  C. Project management plan   D. Completed milestone list

132. 在完成产品的最终开发后，项目经理准备将项目可交付成果的所有权转移到后续的支持团队。下一阶段的输入是什么？（ ）

  A. 经验总结 B. 项目范围说明 C. 项目管理计划 D. 完成的里程碑列表

133. Local community leaders express concern regarding the start of a construction project, which could cause delays to the project. The project manager would like to analyze and record which document? ( )

  A. Power/interest grid
  B. Communications management plan
  C. Stakeholders engagement assessment matrix
  D. Stakeholder register

133. 当地社区领导人对一个建设项目的开始表示关切，这可能会导致项目延误。项目经理应该分析和记录哪一项？（ ）

  A. 权力/利益方格
  C. 干系人参与评估矩阵   B. 沟通管理计划
  D. 干系人登记册

134. A project manager obtains seller responses, as well as selects a seller to provide one of project's key components. The project manager completed which of the following processes? ( )

  A. Control Procurements   B. Direct and Manage Project Work
  C. Plan Procurement Management   D. Conduct Procurements

134. 项目经理获得卖方的响应，并选择卖方提供项目的一个关键组件。项目经理完成了下列哪一个过程？（   ）

  A．控制采购　　　　　　　　　B．指导和管理项目工作
  C．规划采购管理　　　　　　　D．实施采购

135. A project manager is asked to estimate an activity's duration. Using historical information, the project manager learns that this activity has routinely taken 12 days to complete. The project manager's colleague works on a similar project and performed the activity in 10 days. However, the functional area expert states that, due to challenges on the project, it will take 18 days to complete. If the project manager uses PERT estimation, what would be the activity's duration? （   ）

  A．12days　　　B．12.7days　　　C．15.7days　　　D．18days

135. 项目经理在估算一个活动的持续时间。通过历史信息，项目经理了解到完成这项活动一般需要 12 天，项目经理的同事在一个类似的项目完成这个活动用时 10 天，然而行业领域专家说，基于该项目面临的挑战，完成该项目需要 18 天。如果使用 PERT 评估，该活动的持续时间是多少？（   ）

  A．12 天　　　B．12.7 天　　　C．15.7 天　　　D．18 天

136. After a project review, the project manager asks a technical leader to conduct a causal analysis of all the incidents and then prioritize the incidents. Which of the following tools and techniques should be used? （   ）

  A．PERT analysis　　B．Monte Carlo　　C．Pareto chart　　D．Scatter diagram

136. 项目评审结束后，项目经理要求技术负责人对所有事件进行因果分析，然后对事件进行优先级排序。应该使用下列哪种工具和技术？（   ）

  A．PERT 分析　　　B．蒙特卡罗　　　C．帕累托图　　　D．散点图

137. Due to an interpersonal conflict between two team members, team morale and productivity are negatively affected. What conflict management technique should the project manager use to resolve the conflict immediately? （   ）

  A．Smooth/Accommodate　　　　　B．Withdraw/Avoid
  C．Compromise/Reconcile　　　　　D．Force/Direct

137. 由于团队两个成员之间的冲突，团队士气和生产力受到负面影响。项目经理应立即使用什么样的冲突管理技术来解决冲突？（   ）

  A．缓和/包容　　　B．撤退/规避　　　C．妥协/协调　　　D．强迫/命令

138. Each time a project component is tested, the component passes user acceptance testing and fulfills all requirements. What process did the project manager implement and execute repeatedly? （   ）

  A．Control Quality　　　　　　　　B．Perform Quality Assurance
  C．Configuration Analysis　　　　　D．Sponsor Reviews

138. 一个项目部件每次被测试时，都会通过用户验收测试并满足所有需求。项目经理反复执行的是什么过程？（   ）

A．质量控制　　　B．执行质量保证　　　C．配置分析　　　D．发起人审查

139．A project change is identified. However, due to a high risk to the overall project, the change request board projects the change. What should the project manager do next?（　　）

　　A．Communicate this to the project management office

　　B．Schedule a corrective action

　　C．Record rejected change request in the change log

　　D．Update the project scope statement

139．一个项目变更已被确定，然而，由于其对整个项目风险较高，变更请求委员会拒绝变更。项目经理接下来应该做什么？（　　）

　　A．和项目管理办公室交流　　　　　B．安排纠正措施

　　C．在变更日志中记录拒绝的变更请求　D．更新项目范围说明书

140．A project manager schedules weekly team meetings according to the communications management plan. Some team members report conflicts with the time and miss some of the meetings. What should the project manager do next?

　　A．Provide minutes for all meetings

　　B．Reschedule a compatible time for all team members

　　C．Apologize and explain difficulty in aligning all team members

　　D．Meet with each team member separately

140．项目经理根据沟通管理计划安排周团队会议。一些团队成员提出时间冲突，缺席了一些会议。项目经理接下来应该做什么？（　　）

　　A．为所有会议提供会议记录　　　　B．为所有团队成员重新安排一个合适的时间

　　C．道歉并解释协调团队成员的困难　D．分别和每个团队成员开会

141．During project execution, the project manager learns that the project sponsor will send a team of external consultants to review whether the project activities are on track to meet the project requirements and timeline. This is an example of which of the following types of action?（　　）

　　A．Corrective　　B．Reactive　　C．Preventive　　D．Proactive

141．在项目执行期间，项目经理了解到项目发起人将派遣一个外部顾问团队来审查项目活动是否符合项目要求和时间表。这是下列哪一种措施的示例？（　　）

　　A．纠正措施　　B．反应措施　　C．预防措施　　D．主动措施

142．Midway through a project, a stakeholder complains about the project scope and requests new deliverables. What should the project manager do next?（　　）

　　A．Request additional funds from the sponsor

　　B．Perform a variance analysis and update the work breakdown structure

　　C．Clarify the stakeholder's new expectations and negotiate modification requests

　　D．Perform integrated change control

142．在项目的中途，一个利益相关方对项目范围提出抱怨并要求新的可交付成果。项目经理应该怎么做？（　　）

  A．要求额外的资金　　　　　　　　B．进行差异分析并更新工作分解结构

  C．澄清干系人的新期望并协商修改请求　D．执行整体变更控制

143．A project team is developing the work breakdown structure (WBS) for a project. Completion of the project is contingent upon delivery of multiple subprojects. To move forward with the WBS, what should the project team do?（　　）

  A．Generate a decomposition of the subproject

  B．Use a rolling wave planning technique until all deliverables are clear and agreed upon

  C．Divide the deliverable of the subproject into work packages

  D．List missing deliverables as a risk to the risk register

143．项目团队正在为项目开发工作分解结构（WBS），该项目的完成取决于多个子项目交付。为了推进 WBS，项目团队应该怎么做？（　　）

  A．生成子项目分解

  B．使用滚动规划技术，直至所有可交付成果都清楚并完成

  C．把子项目可交付成果划分为工作包

  D．将缺失的可交付成果列为风险登记册的风险

144．A project exceeds the budgeted cost because external consultants cannot complete their work until they receive input from a company's internal expert. However, this internal expert is assigned to other projects. To prevent these incremental costs, what technique should have been used in the planning phase?（　　）

  A．Resource leveling to manage the resource constraints

  B．Crashing schedule to bring additional resources to the project

  C．Fast tracking technique to schedule tasks in para and decrease time

  D．Cost reserve analysis to fund the unplanned costs

144．一个项目超出预算成本，因为外部顾问在收到公司内部专家的输入之前，不能完成他们的工作。然而，这个内部专家被分配到其他项目中。为了防止这些增量成本，应该在计划阶段使用什么技术？（　　）

  A．管理资源约束，资源均衡

  B．赶工，为项目增加额外资源

  C．快速跟踪，安排并行任务以减少时间

  D．通过成本储备金分析为非计划成本提供资金

145．A project manager has 10 people on the project team, including the project team, there are 25 stakeholders that could communicate with each other. How many potential lines of communication are there?（　　）

A．55 B．300 C．500 D．2450

145．项目团队共有 10 个成员，包括项目团队成员在内，共有 25 个可以相互沟通的干系人。总共有多少潜在的沟通渠道？（ ）

A．55 B．300 C．500 D．2450

146．During a construction project, the project manager wants to outsource the building of a boundary wall at the construction site. Prospective vendors are invited to a conference. The architect of the procuring company prepares a cost estimate to construct the boundary wall which is not shared with the prospective vendors. What technique should be used to conduct procurements？（ ）

A．Independent estimates   B．Proposal evaluation techniques
C．Expert judgment   D．Screening system

146．在一个建设项目中，项目经理想把施工现场边界墙的建设进行外包。潜在的供应商被邀请参加一个会议，采购公司的建筑师准备了一份成本估算，但未与潜在供应商分享。本次采购使用了什么技术？（ ）

A．独立估算 B．提案评价技术 C．专家判断 D．筛选系统

147．After reviewing the task list, the project manager notices that fewer resources are required at the beginning of the project than during the middle of the project. The project manager wants to balance demand for resources with the available supply. This activity is an example of which of the following？（ ）

A．Resource leveling   B．What-if scenario analysis
C．Critical path method   D．Schedule compression

147．在检查任务列表之后，项目经理注意到项目开始时资源需求比项目中期时的资源需求少。项目经理希望平衡资源的需求和供给。这项活动使用了下列哪项技术？（ ）

A．资源均衡 B．假设情景分析 C．关键路径法 D．进度压缩

148．A project management office (PMO) manager is appointed within a global company. This company claims that although projects are delivered on time and with budget, the results do not meet the company's business needs and are no aligned with the strategic plans. Which of the following should the PMO manager propose to correct this situation？（ ）

A．Identify the risk of not meeting expectations and present it at the next weekly project meeting

B．Perform quality audits on an ongoing basis to ensure that project results meet the expectations

C．Review the communications management process to ensure performance reporting is efficient and effective

D．Review the inputs of the organization project charters to ensure statements of work and business cases are considered

148．一个全球化公司任命了一位项目管理办公室（PMO）经理。该公司声称，虽然项目按照进度和预算交付，但是结果不符合公司的业务需求并与公司战略规划不符。为纠正这种情况，下列

哪项是 PMO 经理应该做的？（　　）

    A．识别不符合预期的风险，并在下一个周会议上提出

    B．进行持续的质量审计，确保项目结果符合预期

    C．审查沟通管理过程，确保绩效报告是高效的

    D．审查项目章程的输入，确保工作说明书和商业论证已被纳入考虑

149. While working with the project team to prepare a network diagram, the project manager notices a series of activities can be performed in parallel, but must be finished in a specific sequence. What activity sequencing method is required? （　　）

    A．Operational diagramming method   B．Precedence diagramming method

    C．Critical path method   D．Arrow diagramming method

149．在与项目团队合作制作一份网络图时，项目经理注意到一系列活动可以并行，但必须按特定顺序完成。这需要使用什么样的活动排序方法？（　　）

    A．操作图解法   B．前导图法   C．关键路径法   D．箭线图法

150. Activity 1 of project A has an external dependency (finish-to-start) from activity 2 of project B. The external dependency was identified as a schedule delay risk for project A. However, the project manager accepts the risk, which causes a delay. After accepting this risk, what should the project manager have done to minimize the impact? （　　）

    A．Communicated the existence of the risk to the sponsor

    B．Coordinated both projects within a program

    C．Determined a contingency reserve

    D．Established a management reserve

150．项目 A 的活动 1 对来自项目 B 活动 2 存在外部依赖（完成-开始）。外部依赖被识别为项目 A 的进度延迟风险。然而，项目经理选择接受该可能会导致进度延迟的风险。在接受这个风险后，项目经理应该做些什么来减少影响？（　　）

    A．就该风险与项目发起人沟通   B．在项目群中协调两个项目

    C．确定应急储备金   D．设立管理储备金

151. During project planning, the project team identifies a new technical risk. Since the project team is uncertain they can identify an appropriate solution to meet a deadline, the schedule is extended with the customer's approval. What type of risk response strategy does the project manager use? （　　）

    A．Share   B．Avoid   C．Accept   D．Transfer

151．在项目计划期间，项目团队识别出新的技术风险。由于项目团队不确定他们是否可以找出一个合适的解决方案来满足最后期限，所以，项目团队在获得客户批准的前提下延长了项目工期。项目经理使用了什么样的风险应对策略？（　　）

    A．分享   B．规避   C．接受   D．转移

152. A project manager resigns from a project that is on schedule and on budget. After a replacement

is hired, team members oppose the ideas presented by the new project manager. The team is in which of the following stages of development? (　　)

A．Forming　　　B．Norming　　　C．Performing　　　D．Storming

152．一个项目经理从一个符合进度和预算的项目中辞职。在替代的新项目经理上任后，团队成员反对新项目经理的想法。这个团队处于以下哪个阶段？(　　)

A．形成　　　B．规范　　　C．成熟　　　D．震荡

153．At the quarterly status review with stakeholders, a construction company's project manager reports a negative cost variance, which is due to an unplanned transportation strike. What should the project manager do to address the issue? (　　)

A．Adjust the cost performance baseline

B．Allocate the funds from the contingency reserve

C．Allocate the funds from the management reserve

D．Measure the impact of the event to the project

153．在与利益相关方的项目状态季度评审中，建筑公司的项目经理报告了一个负成本差异，这是由于计划外的运输罢工造成的。项目经理如何处理这个问题？(　　)

A．调整绩效基线　　　　　　　　B．从应急储备金中拨出资金

C．从管理储备金中分配资金　　　D．测量事件对项目的影响

154．A project team was initially confrontational within their subgroups. Now, the project team has become a well-organized and is making significant progress. What stage of development has the team reached? (　　)

A．Norming　　　B．Performing　　　C．Progressing　　　D．Storming

154．一个项目团队最初在他们的小组中是冲突的。现在，项目团队已经组织得很好，取得了重大进展，团队达到了什么发展阶段？(　　)

A．规范阶段　　　B．成熟阶段　　　C．进步阶段　　　D．震荡阶段

155．At the closing phase of a software development project that is under budget, the customer completes user acceptance testing. All issues in the test log are resolved. However, the customer will not accept delivery, as more time is required to establish a training plan. What should the project manager have done to ensure transfer of the deliverable's ownership? (　　)

A．Allocated budget reserves to accomplish incomplete customer tasks

B．Assigned a higher probability and impact to the risk that customer training responsibility may not be met in a timely manner

C．Created a checklist for the closure process

D．Actively involved the customer in documenting the conditions for completing and transferring the project

155．在超出预算的软件开发项目的收尾阶段，客户完成了用户验收测试。测试日志中的所有

问题都已得到解决，但客户由于需要更多的时间来制定培训计划而将不接受交付。项目经理本应做些什么来确保可交付成果的所有权移交？（　　）

A．动用储备金来完成未完成的客户任务

B．对不能按时完成客户培训的风险赋予较高的概率和影响

C．为关闭过程创建一个检查表

D．主动让客户参与项目完成及项目移交条件的文件编制

156．After the project team identifies multiple risks, the project manager wants to analyze the possible impacts these risks would have on the project outcome. Which of the following tools should be used? （　　）

A．Qualitative risk analysis　　　　B．Monte Carlo simulation

C．Decision tree　　　　　　　　　D．Ishikawa diagram

156．在项目团队识别多个风险之后，项目经理希望分析这些风险对项目结果可能产生的影响。此时应该使用下列哪种工具？（　　）

A．定性风险分析　B．蒙特卡罗模拟　C．决策树　　D．石川图

157．Concerned about the quantity of irrelevant project-related emails, a team member believes that a deliverable will be delayed, because of the time spent reading and replying to emails. What should the project manager do? （　　）

A．Ask the team member to work overtime to complete the work

B．Ask the project team to change the communications management plan

C．Reinforce the time management plan guidelines with the project team

D．Reinforce the communications management plan guidelines with the project team

157．出于对与项目无关的电子邮件数量的担心，一个团队成员认为，由于阅读和回复电子邮件需花费大量时间，这可能会导致一个可交付成果的交付被延迟。对此，项目经理应该怎么做？（　　）

A．要求团队成员加班完成工作　　　B．要求项目组改变沟通管理计划

C．加强项目团队的时间管理计划准则　D．加强项目团队的沟通管理计划准则

158．Which of the following tools or techniques is used to identify internal and external risks for a project?

A．Delphi technique　　　　　　　B．Ishikawa diagram

C．Influence diagram　　　　　　　D．SWOT analysis

158．下列哪种工具或技术用于识别项目的内部和外部风险？（　　）

A．Delphi 技术　　B．石川图　　C．影响图　　D．SWOT 分析

159．A project manager prepares to present the project management plan for approval. What tool should the project manager use to identify attendees at the next meeting? （　　）

A．Project charter　　　　　　　　B．Stakeholder register

C. Communications management plan D. Project management plan

159. 项目经理准备让项目管理计划获得批准，应该用什么工具来识别下次会议的参会人？（ ）

A. 项目章程　　B. 干系人登记　　C. 沟通管理计划　D. 项目管理计划

160. During a software development project, a developer discovers a new tool that could increase development speed. The project manager's analysis finds that implementing the new tool could crash the current development phase by 20% and save 10% of the project's cost. After approved from the change control board, the project manager revises the project schedule. What is the type of risk response?（ ）

A. Accept　　B. Enhance　　C. Exploit　　D. Transfer

160. 在一个软件开发项目中，开发人员发现了一种可以提高开发速度的新工具。项目经理分析后发现，实施新的工具能让当前的开发阶段加速 20%并节省 10%的成本。在获得变更控制委员会的变更批准后，项目经理修改了项目进度表。该风险应对的类型是什么？（ ）

A. 接受　　B. 提高　　C. 开拓　　D. 转移

161. A company initiates an information technology service development project. During the risk assessment, the project team identifies that hardware group does not have sufficient resources to complete one of the deliverables on time. To complete the deliverable according to the schedule, the project manager plans to use the services of a supplier. What type of risk response strategy dose the project manager plan to use?（ ）

A. Transfer　　B. Avoid　　C. Exploit　　D. Mitigate

161. 一家公司启动了一个信息技术服务开发项目。在风险评估过程中，项目团队确认硬件组没有足够的资源按时完成一项可交付成果。为了实现按计划交付，项目经理计划使用一个供应商的服务。这是采用了什么样的风险应对策略？（ ）

A. 转让　　B. 避免　　C. 利用　　D. 减轻

162. A company plans to upgrade its point-of-sales system with new technology to improve productivity and competitiveness. To minimize the technology risk, the company conducts a proof-of-concept and builds a prototype. This risk response strategy is an example of which of the following?（ ）

A. Accept　　B. Avoid　　C. Mitigate　　D. Transfer

162. 一家公司计划用新技术升级其销售终端系统，以提高生产力和竞争力。为了减少技术风险，公司进行了概念验证并建立了原型。这是以下哪种风险应对策略的例子？（ ）

A. 接受　　B. 避免　　C. 减轻　　D. 转移

163. A project's progress is slower than planned and threatens the delivery date. The project manager determines that a key reason for this issue is an unexpected high number of defects found during functional testing that will require rework. What should the project manager have done to prevent this issue?（ ）

A. Used statistical tools to compare the amount of rework in this project with other projects and adjust project deadlines appropriately

B. Ensured requirements are reviewed and approved by the testing team prior to the start of development

C. Arranged a meeting with the project sponsor to consider reducing the project scope

D. Mitigated the project deadline risk by outsourcing the development team

163．项目的进度比计划的慢，并威胁到交付日期。项目经理确定了这个问题的一个关键原因是在功能测试中发现了大量需要返工的缺陷。若要防止这个问题，项目经理应该事先做些什么？（　　）

A. 使用统计工具比较这个项目与其他项目的返工数量，并适当调整项目期限

B. 确保需求在开发开始之前由测试团队审查和批准

C. 安排与项目发起人的会议，考虑减少项目范围

D. 通过外包开发团队减轻项目期限风险

164．A company assigns a project manager to a high-priority project with a budget of $20 million and a duration of 36 months. Upon evaluation, the project manager realizes that one or both of these constraints may not be realistic. What should the project manager do first? （　　）

A. Analyze the requirements to create the project scope statement

B. Follow the process outlined in the risk management plan and the change management process

C. Perform a cost-benefit analysis to keep the project on time and on budget

D. Analyze the requirements to create the project scope statement in alignment with the risk management plan

164．公司为一个预算 2000 万美元、期限 36 个月的高优先级项目指派了一名项目经理。通过评估，项目经理意识到这些约束中的一个或两个可能不现实。项目经理首先应该做什么？（　　）

A. 分析需求以创建项目范围说明书

B. 按风险管理计划和变更管理过程的规定进行处理

C. 执行成本效益分析以保证项目在预算内按时完成

D. 根据项目风险管理计划分析需求，以创建项目范围说明书

165．A project involves business users from an organization and a third-party company. There are high expectations, industry dynamics, and demanding business users on this project. During the planning phase, which of the following should the project manager consider? （　　）

A. Organization and third-party company's policies and culture

B. Organization's risks, as well as the third-party company's related risks

C. Obtain insurance to eliminate the organization's risks

D. Transfer all risks to the third-party company with a new contract clause

165. 一个项目涉及一个组织的商业用户和一个第三方公司。这个项目涉及高期望值、行业动态以及苛刻的商业用户。在规划阶段，下列哪一项应该是项目经理要考虑的？（　　）

A．组织和第三方公司的政策和文化

B．组织的风险以及第三方公司的相关风险

C．获得保险以消除组织的风险

D．用新的合同条款向第三方公司转让一切风险

166. A project manager leads a quickly-formed and inexperienced team. Which of the following techniques should be used to improve team performance? （　　）

A．Staffing management plan and training update

B．Training, co-location, recognition, and rewards

C．Issue log preparation and performance review

D．Conflict resolution, training, and ground rules

166. 项目经理领导一个快速组建并缺乏经验的团队，应使用下列哪项技术提高团队绩效？（　　）

A．人员配备管理计划和培训更新　　B．培训、集中办公、认可和奖励

C．问题日志准备和绩效审查　　　　D．冲突解决、培训和基本规则

167. Budgets are being reduced by company management, therefore a decision must be made on how to reduce the budget of a critical, ongoing project. The project manager should do which of the following first？（　　）

A．Use a sensitivity analysis to evaluate the various risks

B．Dismiss some of the assigned resources and lengthen the project timeline

C．Eliminate the management reserve to keep the project

D．Submit an updated schedule that reduces cost, and reduces the scope of final deliverables

167. 公司管理层正在减少预算，因此必须决定如何减少一个关键的、正在进行的项目的预算。项目经理应该首先怎么做？（　　）

A．使用敏感性分析来评估各种风险

B．解雇一些分配的资源，延长项目时间

C．减少管理储备金以保持项目进行

D．提交能够减少成本的进度更新计划，并减少最终可交付成果范围

168. When closing the project, which of the following documents is the most critical for the project manager to archive? （　　）

A．Supplier contracts　　　　　　　B．Project schedule

C．Resource plan　　　　　　　　　D．Project charter

168. 在关闭项目时，下列文档中哪一个是项目经理最重要的归档文件？（　　）

A．供应商的合同　　B．项目进度计划　　C．资源计划　　D．项目章程

169. Local experts warn that weather condition may impact the project schedule. What should the project manager do next?（　）

A．Priority the identified risks associated with weather conditions on the impacted areas

B．Continue to monitor the local experts' warnings

C．Request schedule flexibility from the customer to complete the project

D．Minigate the potential impacted areas from the project scope

169. 当地专家警告天气状态可能会影响该项目的进度。项目经理下一步应该怎么做？（　）

A．把已识别的与会受天气条件影响的领域有关的风险排列优先顺序

B．继续监测当地的专家警告

C．向客户请求进度的灵活性来完成项目

D．从项目的范围中减少潜在受影响领域

170. Two coworkers are developing a project task together. Coworker 1 prefers to write down ideas and thoughts before doing the actual work. Coworker 2 has a direct work style. The difference in their personal work styles creates a conflict between them and affects their performance on project activities. Who is responsible for resolving this issue?（　）

A．Project manager　　　　　　　B．Human resource manager

C．Project sponsor　　　　　　　D．Functional manager

170. 两个同事正在一起开发一个项目任务。同事1喜欢三思而后行，同事2喜欢上来就干。不同的工作风格导致了他们之间的冲突，并影响了他们的绩效。这个问题应该由谁来负责解决？（　）

A．项目经理　　B．人力资源经理　　C．项目发起人　　D．职能经理

171. The project manager determines that there is a lack of understanding of the project and the overall expectations. What should the project manager have done differently during the initiated and planning phases?（　）

A．Obtained approval from the functional managers for resource assignment

B．Established and published the project schedule and the work breakdown structure

C．Developed a human resource management plan with the director of human resource

D．Communicated the project management plan in the project kick-off meeting

171. 项目经理发现，团队对项目的理解以及对项目的总体期望了解不足。这表明，在项目启动阶段和规划阶段，下列哪项工作没做到位？（　）

A．获得职能经理的资源分配的批准

B．制定并发布项目进度表工作分解结构

C．与人力资源总监一起制定人力资源管理计划

D．在项目启动会议沟通项目管理计划

172. In the middle of a critical project, two team members are reassigned to another project. They are not replaced, which impacts the project schedule. Which of the following should the project manager

review?（   ）

  A．Resource histogram   B．Responsibility assignment matrix

  C．Work breakdown structure   D．Staffing management plan

172．在关键的项目中，两位团队成员被派往另一个项目。由于他们是不可替代的，所以影响了项目的进度。项目经理应该审查以下哪一项？（   ）

  A．资源直方图 B．职责分配矩阵 C．工作分解结构 D．人员管理计划

173．During the annual performance review for each team member, the project manager provides feedback on project quality, schedule and performance. The project manager observes that some team members did not meet the expected performance level due to their limited skill. Which of the following processes should the project manager focus on next?（   ）

  A．Develop Human Resource Management Plan

  B．Develop Project Team

  C．Manage Project Team

  D．Review Employee Performance

173．在对每个团队成员的年度绩效考核中，项目经理提供了项目质量、进度和绩效的反馈。项目经理指出，一些团队成员由于技能有限而达不到预期的绩效水平。接下来，项目经理应该关注以下哪一个过程？（   ）

  A．制定人力资源管理计划   B．建设项目团队

  C．管理项目团队   D．审查员工绩效

174．With only 30 days remaining to complete the assigned tasks, a project team member leaves the company. Unfortunately, there are no replacements available. The project manager included a contingency in the project schedule. To calculate the remaining contingency, what technique should the project manager use?（   ）

  A．Risk audits   B．Trend analysis

  C．Reserve analysis   D．Technical performance measurement

174．一个项目团队成员，在还有 30 天的工作任务没有完成的时候要离开公司，不幸的是，没有可用的替代资源，但项目经理在项目进度计划中包含了应急储备。要计算剩余的应急储备金，项目经理应该使用什么技术？（   ）

  A．风险审计 B．趋势分析 C．储备分析 D．技术绩效测量

175．The project team is distributed across multiple countries. Which of the following aspects should be considered when scheduling team meetings?

  A．Recognizing the cultural diversities   B．Understanding the language differences

  C．Recognizing the time zone differences   D．Understanding the country-specific customs

175．项目团队分布在多个国家，在安排团队会议时，应该考虑下列哪个方面？（   ）

  A．认识到文化的多样性   B．理解语言差异

C．认识时区差异 D．理解特定国家的风俗习惯

176．Team members A and B experience communication issues, possibly due to time zone, location and cultural differences. The project manager examines solutions to resolve this conflict and discusses it with both parties. This technique is called（　　）.

A．Smooth/Accommodate B．Compromise
C．Force/Direct D．Collaborate/Problem Solve

176．团队成员 A 和 B 之间出现了沟通问题，可能是由于时区、地点和文化差异。项目经理检查冲突的解决方案，并与双方讨论。这种技术叫做（　　）。

A．缓解/包容 B．妥协 C．强迫/命令 D．合作/问题解决

177．Which of the following is an example of prevention costs?（　　）

A．Cost of scrap during manufacturing
B．Using a checklist to verify the quality of outgoing goods
C．Planning and executing an audit to review a supplier's quality management system
D．Cost of repairing an incorrect part

177．以下哪一项是预防成本的一个例子？（　　）

A．制造过程中的废料成本
B．使用核对表检验出货货物的质量
C．对供应商的质量管理体系规划和执行审计
D．修理不正确零件的费用

178．Two options are available to address a risk. According to expert opinion, option one is a low-cost approach, but has a medium to low probability of success. Option two is a high-cost approach, but has a good chance of success. To decide which option to select, which of the following should be performed?（　　）

A．Quantitative risk analysis B．Risk data quality assessment
C．Reserve analysis D．Qualitative risk analysis

178．有两种方案可以解决风险。根据专家的意见，方案一是低成本的方案，但成功率为中低等。方案二是高成本的方案，但成功率高。要决定选择哪个方案，应该执行以下哪项活动？（　　）

A．定量风险分析 B．风险数据质量评估
C．储备分析 D．定性风险分析

179．A contractor is appointed to construct a hospital using a firm fixed price (FFP) contract. Due to financial constraints, the client chooses to reduce the scope of the project. This change is approved through the Perform Integrated Change Control process. What should the project manager do next?（　　）

A．Pay the contractor only for actual work done and formally close the project
B．Proceed with the outstanding scope and pay the contractor only for actual work done

  C．Formally close the project and pay the contractor for actual work done and the profit on the reduced scope

  D．Pay the contractor for actual work done and the profit on the reduced scope

179．一家承包商指定使用一个固定总价（FFP）合同来为一家医院施工。由于财务上的限制，客户选择减少项目的范围。通过执行整体变更控制过程批准此变更。项目经理接下来应该做什么？（　　）

  A．向承包商支付实际工作费用，并正式结束项目

  B．继续未完成的范围，只支付承包商实际完成的工作

  C．正式关闭项目，并支付承包商实际完成的工作和缩小范围的利润

  D．向承包商支付实际完成的工作和在缩减范围内的利润

180．A buyer and a seller entered into a cost-plus-percentage-of-cost contract. Based on the project's defined scope, the contract had an estimated cost of \$14,000 and an agreed-to profit of 10 percent of the cost. However, the project was not a success, and the project's actual cost was \$150,000. What is the total reimbursement to the seller? （　　）

  A．\$165,000 B．\$150,000 C．\$154,000 D．\$140,000

180．买方和卖方签订了一份成本加成本百分比合同。根据该项目定义的范围，合同估计费用为1.4万美元，双方同意利润占成本的10%。然而，该项目并未成功，实际成本为15万美元。这种情况下，卖方的全部补偿是多少？（　　）

  A．16.5万美元 B．15万美元 C．15.4万美元 D．14万美元

181．If the contracted work costs more than the estimated amount, both the project manager's company and the vendor must share these costs based on a predetermined sharing formula. This type of contract is known as （　　）.

  A．Cost-plus-fixed-fee   B．Cost-plus-incentive-fee

  C．Cost-plus-award-fee   D．Time and material

181．如果承包工作的成本超过预估金额，项目经理所在的公司和供应商必须根据预先确定的分摊公式分摊这些成本。这种合同称为（　　）。

  A．成本加固定费用合同   B．成本加激励费用合同

  C．成本加奖励费用合同   D．工料合同

182．A project manager discovers that a safety incident occurred at their main supplier's plant. As a result, the plant may be shut down for an indefinite length of time. The project manager notifies the project sponsor. Which of the following describes this action? （　　）

  A．Procurement management   B．Risk mitigation

  C．Stakeholder engagement management D．Procurements closing

182．项目经理发现他们的主要供应商的工厂发生了一起安全事故。因此，工厂可能会被无限期关闭，于是项目经理通知了项目发起人。此行为属于下列哪项活动？（　　）

A．采购管理　　　B．风险缓解　　　C．利益相关者参与管理　D．采购收尾

183．A company develops a new telecommunications product that uses several externally sourced components and will integrate with internet-based social media applications. This initiative is expected to expand the company's market share and customer base. What techniques should the project manager use to conduct procurements for a key product component?（　　）

A．Advertising, bidder conferences, and procurement negotiations

B．Proposal evaluation, benchmarking, and negotiated settlements

C．Procurement negotiations, inspections and audits, and expert judgment

D．Source selection criteria, Internet searches, and independent estimates

183．一家公司要开发一种新的电信产品，它会使用几个外部组件，并将与基于互联网的社交媒体应用集成。这项计划预计将扩大公司的市场份额和客户群。项目经理应该使用什么技术对产品的关键部件进行采购？（　　）

A．广告、投标人会议和采购谈判　　　B．提案评价、标杆对照和谈判解决

C．采购谈判、检查与审计以及专家判断　D．供方选择标准、因特网搜索和独立估算

184．A project sponsor asks the project manager to provide updates on Tuesdays and Fridays. The project manager provides weekly updates to the entire team, including the project sponsor. Within the power/interest gird, where does the project sponsor fall?（　　）

A．Monitor　　　B．Keep satisfied　　　C．Manage closely　D．Keep informed

184．项目发起人要求项目经理在星期二和星期五提供更新。项目经理每周向整个团队提供更新，包括项目发起人。在权力/利益方格中，项目发起人位于哪里？（　　）

A．监督　　　B．令其满意　　　C．重点管理　　　D．随时告知

185．A project manager is concerned that the customer misunderstands the complex and is making inaccurate decisions as a result. During a project status meeting, a new customer engineering manager is invited. The project manager realizes that the new engineering manager has a deep understanding of the project. Which of the following should the project manager do next?（　　）

A．Ask the project sponsor to name the engineering manager as the project focal point

B．Start sending the engineering manager work performance information

C．Register the engineering manager as a stakeholder

D．Influence the engineering manager to support the project

185．一个项目经理担心客户误解项目的复杂性，导致做出不正确的决策。于是在项目状态会议期间，项目经理邀请了一名新的客户工程经理。项目经理意识到新的客户工程经理对这个项目有深刻的理解。项目经理下一步应该做什么？（　　）

A．要求项目发起人将工程经理指定为项目焦点

B．开始向工程经理发送工作绩效信息

C．将该工程经理登记为一名项目干系人

D．影响工程经理支持项目

186．A two-year project is approved and subcontracted for delivery. During the execution phase, there is a conflict with deliverables from the contractor to the customer. What should the project manager do next?（　　）

  A．Meet with the stakeholders B．Verify the procurement agreement
  C．Validate the scope document D．Review the procurement plan

186．一个为期两年的项目获得批准，可交付成本被分包。在执行阶段，承包商与客户之间对可交付成果产生冲突。项目经理接下来应该怎么做？（　　）

  A．与干系人开会 B．核实采购协议 C．验证范围文档 D．审查采购计划

187．A project manager must assign company resources to include key functional subject matter experts (SME). However, the company's director is reluctant to release these resources. What should the project manager do next?（　　）

  A．Update the communications management plan
  B．Update the stakeholder register
  C．Use the stakeholder analysis
  D．Use interpersonal skills to release the resources

187．一名项目经理需要公司资源作为关键功能的领域专家（SME），然而公司主管不愿提供这些资源。项目经理接下来应该做什么？（　　）

  A．更新沟通管理计划 B．更新干系人登记册
  C．使用干系人分析 D．运用人际交往技巧来获得这些资源

188．A sponsor informs the project manager on an office construction project that the CFO has decreased the company's budget for internal projects by 20 percent. The project budget must be revised accordingly. After meeting with the project team, the project manager decides to decrease the budget for internal resources by outsourcing the construction design function to a subcontractor. What technique did the project manager use to make this decision?（　　）

  A．Make-or-buy analysis B．Reserve analysis
  C．Variance analysis D．What-if scenario analysis

188．一名发起人通知办公室建设项目的项目经理，CFO已将公司内部项目的预算减少了20%，所以该项目的预算必须作相应的修改。项目经理在与项目团队开会后，决定本将由内部完成的建筑设计工作外包出去，以减少内部资源预算。该项目经理是用什么技术来做这个决定的？（　　）

  A．制造或购买分析 B．储备分析 C．方差分析 D．假设情景分析

189．A project manager obtains approved of the project charter and identifies the stakeholders. What should the project manager's next step be to communicate this to the team?（　　）

  A．Create a stakeholder register B．Notify the stakeholder
  C．Update the project management plan D．Schedule a kick-off meeting

189．项目经理的项目章程获得了批准，并识别了项目干系人。下一步，项目经理要安排项目团队做什么？（　　）

　　A．建立干系人登记册　　　　　　B．通知干系人
　　C．更新项目管理计划　　　　　　D．安排项目启动大会

190．The chief executive officer (CEO) inquires about how a procurement contract was awarded. To explain this process, the project manager should provide the CEO with which of the following? （　　）

　　A．Make-or-buy decisions　　　　B．Weighting criteria scoring
　　C．Seller proposals　　　　　　　D．Request for proposal

190．首席执行官（CEO）询问采购合同是如何获得的。为了解释这个过程，项目经理应该向CEO提供下列哪一项？（　　）

　　A．制造或购买决定　　　　　　　B．加权标准评分
　　C．卖方建议书　　　　　　　　　D．投标申请书

191．A project manager hires a vendor to develop system components. While monitoring the work, the project manager discovers that the vendor is three week behind schedule and will miss an important milestone. What tool or technique did the project manager use to discover this? （　　）

　　A．Agreement　　　　　　　　　B．Work performance information
　　C．Performance reporting　　　　D．Procurement documents

191．项目经理雇佣一个供应商来开发系统组件。在监控工作时，项目经理发现供应商比计划晚了三周，将错过一个重要的里程碑。项目经理使用什么工具或技术来发现这一点？（　　）

　　A．协议　　　B．工作表现信息　　C．绩效报告　　D．采购文件

192．A project manager completes a large project that requires equipment purchases from a local vendor. Which of the following activities would occur in the Close Procurements process? （　　）

　　A．Updating the procurement management plan
　　B．Updating the terms and conditions of the contract
　　C．Archiving the contract documentation
　　D．Archiving the project management plan

192．项目经理完成了一个需要从当地供应商购买设备的大型项目。下列哪些活动会在结束采购过程中发生？（　　）

　　A．更新采购管理计划　　　　　　B．更新合同的条款和条件
　　C．存档合同文件　　　　　　　　D．归档项目管理计划

193．A critical resource, who has an in-depth understanding of the next product release, resigns from the organization. The project manager learns that the resource will join a competitor and is concerned that competitive advantage will be compromised. What should the project manager have done to prevent this? （　　）

　　A．Engaged the human resources team during project scoping

B. Reviewed the stakeholder management plan

C. Engaged legal and compliance teams during project scoping

D. Removed the resource from the project

193．一名深入了解下一个产品发布的关键人员从组织辞职，并将加入竞争对手，项目经理担心这将会使自身的竞争优势受到损害。项目经理应该怎么做以防止这种情况的发生？（　　）

A．在确定项目范围期间聘用人力资源团队

B．审查干系人管理计划

C．在确定项目范围期间聘用法律和合规团队

D．开除该人员

194．Before the bid or proposal submittals, a company meets with all prospective sellers. The company wants to ensure that all prospective sellers have a clear and common understanding on the procurement process. The company is in which of the following procurement management processes?（　　）

A．Conduct procurements　　B．Plan procurements

C．Control procurements　　D．Close procurements

194．一家公司在提交标书或建议书之前与所有潜在卖方开会。该公司希望确保所有潜在卖方对采购过程有清晰和一致的了解。该公司正处于以下哪个采购管理的过程中？（　　）

A．实施采购　　B．规划采购　　C．控制采购　　D．结束采购

195．A newly hired project manager reviews project documentation and determines that not all stakeholder requirements have been identified. What should the project manager do next?（　　）

A．Update the project charter

B．Develop a new scope management plan

C．Escalate the issue to the project sponsor

D．Review and validate the stakeholder register

195．新聘请的项目经理审查项目文件并判定干系人需求识别不完整。项目经理接下来应该做什么？（　　）

A．更新项目章程　　　　　　B．制定新的范围管理计划

C．将问题升级到项目发起人　　D．审查和核实干系人登记册

196．During a project's execution phase, a key stakeholder expresses concerns that may impact the project. A document is prepared during the stakeholder identification process that outlines strategies to manage this key stakeholder. Which of the following documents did the project team prepare?（　　）

A．Stakeholders engagement assessment matrix

B．Risk register

C．Stakeholders register

D．Communication management plan

196．在项目的执行阶段，一名关键干系人表达了可能影响项目的担忧。在干系人识别过程中制定了一个文件，其中概述了管理该关键干系人的策略。该文件是指下述哪一个？（　　）

A．干系人参与项目程度评估矩阵　　B．干系人登记册

C．风险登记册　　D．沟通管理计划

197．A project manager is assigned to a project in another country. Due to devaluation of the local currency, the project material required cannot be purchased. To resolve this issue, which of the following plans must be addressed?（　　）

A．Procurement management plan　　B．Quality management plan

C．Cost management plan　　D．Scope management plan

197．一个项目经理被分配到另一个国家的一个项目中。由于当地货币贬值，所需的项目材料无法购买。为了解决这个问题，下列哪项计划必须得到解决？（　　）

A．采购管理计划　B．质量管理计划　C．成本管理计划　D．范围管理计划

198．Configuration management describes procedures for applying technical and administrative direction and surveillance. Which one of the following tasks is not performed in configuration management?（　　）

A．Establishes an evolutionary method to request changes to established baselines

B．Provide opportunities for project by considering the impact of each change

C．Establish a mechanism to communicate all approved and rejected change to the stakeholders

D．Allowing automatic approval of changes

198．配置管理描述了如何使用技术或管理指导和监督的过程。下面哪个任务不是在该管理过程中执行的内容？（　　）

A．建立先进的方法以提出对既定基准的变更

B．通过对变更影响的分析来为项目改进创造机会

C．建立与干系人沟通变更审批情况的沟通机制

D．允许对变更的自动许可

199．During project execution, an external stakeholder opposes a significant scope change. Unless this stakeholder's decision is re-evaluated, the project's progress will be impacted. What should the project do next?（　　）

A．Review the stakeholder management plan to assess the impact

B．Request that the project sponsor address the issue with the stakeholder

C．Revise budget to reflect the costs of an alternative solution

D．Investigate the rationale behind the stakeholder's objections

199．在项目执行期间，一名外部利益相关者反对一项重大范围变更。除非对利益相关方的决定进行重新评估，否则项目的进展将会受到影响。项目接下来要做什么？（　　）

A．评估利益相关者的管理计划

B. 请求项目发起人与利益相关者讨论这个问题
C. 修订预算以反映替代解决方案的成本
D. 调查利益相关者反对的理由

200. A company initiates a high-risk project and obtains responses to a request for proposal(RFP) that was sent to all vendors. One vendor indicates that they can complete the defined scope of work for $15,000. What type of contract should the vendor sign with the company?（　　）

  A. Fixed price incentive fee (FPIF)　　B. Cost plus incentive fee (CPIF)
  C. Firm fixed price contract (FFP)　　D. Cost plus fixed fee (CPFF)

200. 公司发起一个高风险的项目，并收到了给供应商的建议邀请书（RFP）的答复。一个供应商表示，他们完成所定义的范围需要 15000 美元。公司应该与该供应商签订什么类型的合同？（　　）

  A. 固定价格加奖励费（FPIF）　　B. 成本加激励费用合同（CPIF）
  C. 固定价格合同（FFP）　　D. 成本加固定费用（CPFF）

模拟试题答案及解析

1. 答案　C
   解析：团队成员要向项目经理汇报，就是项目经理说了算，当然是项目型组织。
2. 答案　B
   解析：在项目或阶段的收尾需要获得客户或发起人的验收。
3. 答案　B
   解析：在启动/概念形成阶段，项目风险最高而影响最小。
4. 答案　C
   解析：矩阵组织中的项目成员来自于各个部门，所以沟通复杂。
5. 答案　D
   解析：根据题意，新雇佣的资源是为了管理软件更新项目，既然是项目，当然是需要项目经理，不管是专职的还是兼职的。
6. 答案　C
   解析：首先，没有什么地方规定项目标的必须得够 10 万美元，所以 D 肯定是错的；题目中并没有订单的处理规定质量、成本等要素，所以这不是项目，而只是一个过程。
7. 答案　A
   解析：如果制定项目管理计划采用了正确的工具方法，成本计算就应该是正确的，而制定项目管理计划和预算成本过程都可以使用专家判断，所以选 A。通俗地说，老板不信咱，怎么办？找专家来说话。
8. 答案　B

解析：项目是由发起人发起的，可以说，发起人是项目经理的"直接老板"。项目发起人在 A、C、D 方面都可以发挥作用，但都不是必须的。为什么要做这个项目？这是自然且必须由项目发起人把握和决定的，所以答案 B 是正确的。从 PMBOK 的角度来说，项目目标是项目章程的必要内容，而项目章程按规定是要由项目发起人批准并发布的，这也说明答案 B 是正确的。

9. 答案　C

   解析："根据每个团队成员的技能分配任务"，这句话说明已知人力资源"能干什么事"，要解决的是 "去干什么事"，当然前提是得知道"需要干什么的"，而"资源分解结构"体现的正是项目对各种资源的需求，所以答案 C 是正确的。给每个团队成员分配任务的结果，即"谁负责干什么"，才是"职责分配矩阵"，所以答案 A 不对。

10. 答案　A

    解析：采购结束，最重要的当然是要把采购相关合同进行归档保存。

11. 答案　B

    解析：项目的任何阶段都可能会发生变更，不能因为后面还可能有变更而停止当前的项目工作，所以 A 肯定是不对的。有些变更并不需要管理层的批准，但只要是被批准的变更项目经理就得实施，所以 C 不对。项目的变更可能引起进度基准的变更，但原有进度基准必须保留，即变更履历必须是完整的。所以 B 是对的。

12. 答案　A

    解析：根据题意，技术规范的规定是缺陷频率，属于质量测量指标，因此选 A。本题重点考察的是质量测量指标和过程测量指标的区别，过程测量指标用于分析过程的效率，显然不符合题意。考点：质量测量指标和过程测量指标的区别。

13. 答案　B

    解析：了解发起人在类似项目中的经验教训，应该在 WBS 创建之前进行，所以 A 不对；选项 C 是定义项目范围中要完成的事情，应该在 WBS 之前进行，所以 C 不对；选项 D 中，如果责任分配矩阵都没完成，即谁负责干什么事还没确定，如何能完成风险管理？所以 D 是错的；只有活动清单（选项 B）需在 WBS 和 WBS 词典后完成。

14. 答案　A

    解析：对于客户提出的新需求，项目经理视而不见肯定是不符合 PMBOK 要求的，也是失职的，所以 B 不对；直接审查范围并修改，这也不符合变更管理规范，所以 D 不对；寻求发起人对变更的批准，貌似没大错，但项目经理通过什么程序来寻求批准？当然得按照变更管理的流程来，即得先对该需求创建一个变更请求，所以答案是 A 而不是 C。考点：变更控制流程。

15. 答案　A

    解析：考查资源平衡的定义。通俗地说，资源平衡就是为了避免"要不用都不用，要用都用"的情况。所以资源平衡不是为了减少资源的负荷，而是减少负荷的变化率，所以选 A。

16. 答案　A

解析：PMO 是负责对所辖的所有项目进行协调管理的部门，PMO 不是只为某种特定项目如成功的项目或不成功的项目提供支持的，所以答案是 A。考点：PMO 的职责。

17. 答案　C

解析：修复产品缺陷的成本属质量成本，很明显不是为了评估，所以 A 不对；对已发生的事情的补救，明显不是预防，所以 B 不对；产品还未交付给客户，所以这个成本只能内部负责，所以 D 不对。

18. 答案　D

解析：里程碑是项目中重要时间点，里程碑清单列出了所有的里程碑以及每个里程碑是强制的还是选择性的，所以选 D。

19. 答案　C

解析：如果在均值的一侧有 7 个数据点成一条直线，那么从统计学上可以判定其是非随机的，即表示过程是有异常的，需要采取措施修正这个问题。

20. 答案　A

解析：QFD（Quality Function Deployment）用来帮助确定新产品的关键特征。参见《PMBOK 指南》。

21. 答案　B

解析：10 年内都不会完成的采购合同，光考虑一个总价是不行的，必须要考虑期间的通货膨胀、人工与材料的价格变化等因素，即必须考虑经济价格的调整。而总价加经济价格调整合同是一种特殊的总价合同，允许根据条件变化（如通货膨胀、某些特殊商品的成本增加或降低），以事先确定的方式对合同价格进行最终调整，所以选 B。可参见《PMBOK 指南》。

22. 答案　D

解析：A、B、C 均不需要使用历史数据。

23. 答案　D

解析：首先题目先点明了该组织是矩阵型组织。项目经理向高级副总裁汇报工作，且高级副总裁对项目提供实际的帮助，由此可见，职能经理的作用相对于项目经理来说是较弱的，所以该组织是典型的强矩阵组织，所以答案是 D。

24. 答案　D

解析：指导与管理项目的所有工作，都位于项目的实施过程中，而 A、B、C 都是项目实施过程中的操作。项目监控系统（选项 D）在项目规划过程组中制定，而不是实施过程，所以选 D。

25. 答案　B

解析：在跨职能的项目中，项目经理对团队成员的选择没有直接控制权是经常的事情，遇见这种情况，最合理的处理方式当然是去找相关的职能经理好好沟通，所以选 B。

26. 答案　A

    解析：会罚你款的人肯定是干系人，这种干系人没有参与到项目中，肯定是识别干系人过程出错了。

27. 答案　D

    解析：对于一个变更请求，不影响进度不一定不影响其他，如成本、质量、范围、风险等。另外，再简单的变更请求，也不能上来就实施，而是要按照变更管理的流程来处理。

28. 答案　B

    解析：风险分解结构的定义是"按风险类别和子类别来排列已识别的项目风险的一种层级结构，用来显示潜在风险的所属领域和产生原因"。

29. 答案　C

    解析：SWOT 分析是识别风险过程的工具与技术，所以选 C。

30. 答案　A

    解析：风险应对计划有没有效，最终是要看这个应对计划是否把风险控制在了风险临界值以内，即是否把风险控制在了可接受的范围，所以选 A。

31. 答案　C

    解析：本题的关键词是"更有效地执行"，常言说，好脑瓜不如烂笔头，这说明了工具的重要性，而 PMIS 正是项目管理的工具。

32. 答案　B

    解析：在项目的启动期就识别干系人，并分析他们的利益、期望、重要性和影响力，对项目成功非常重要，这样就可以通过指定策略来接触每个干系人，确定其参与项目的程度和时机，尽可能提高他们的正面影响，降低负面影响，因此选 B。

33. 答案　A

    解析：项目工作说明书和商业论证是项目章程的输入，没有项目章程，B、C、D 都是不能开始的。所以选 A。

34. 答案　D

    解析："给产品增加了一项功能"，说明变更已经发生了。项目经理是唯一有权确认变更对项目带来影响的人，这种情况下，A、B、C、D 都是项目经理可以做的，但只有 D 是项目经理最先应该做的。

35. 答案　D

    解析：成本加激励费用合同（CPIF），为卖方报销履行合同工作所发生的一切可列支成本，并在卖方达到合同规定的目标时，向卖方支付预先确定的激励费用。在 CPIF 合同中，如果最终成本低于或高于原始估算成本，则买方和卖方需要根据事先商定的成本分摊比例来分享节约部分或分担超出部分。

36. 答案　A

    解析：考查变更控制的流程。

37. 答案　D
    解析：不清楚谁对变更请求做出决定，因此可能会出现新的风险，所以需要风险评估并更新风险登记册，所以选 D。

38. 答案　B
    解析：项目经理直接命令，这是使用了强制的冲突处理方法。

39. 答案　C
    解析：这 4 个选项中只有工作包是 WBS 的直接输出。

40. 答案　B
    解析：面对违法行为应采取最强硬的抵制措施。

41. 答案　D
    解析：工作范围未明确，总价肯定不能确定，所以先把总价合同排除了。题目中指出"只是对于管理工作进行外包"，而管理工作的单价是比较好确定的，所以工料合同要比成本加固定费用合同更加明确，所以选 D。

42. 答案　B
    解析：当项目出现了变更请求，项目经理还要组织团队会议讨论如何做变更，而不是通过变更控制系统来进行变更，说明缺乏变更控制系统。

43. 答案　D
    解析：只要没通过客户验收，项目就不可能算是真正意义上的结束。

44. 答案　B
    解析：压缩工期的办法有赶工和快速跟进。赶工一般不需额外资源投入（还是这些人干）但可能会加大预算（加班费、加急费等），快速跟进则可能同时需要投入资源和预算，而题目只提到了可以增加预算，所以选 B。

45. 答案　A
    解析：采购审计的目的是找出可供其他采购合同或项目借鉴的成功经验与失败教训，所以选 A。

46. 答案　D
    解析：进度落后，应该用挣值分析的进度偏差（SV）指标来分析，而 SV 是挣值(EV)与基准值（即 PV）的差。

47. 答案　B
    解析：考查商业论证的概念。

48. 答案　C
    解析：对于 A，不能确定地说经验教训对范围说明书没影响；对于 B，忽略经验教训，工作说明书的制定也可能会更慢；对于 D，还是说经验教训对范围说明书是可能会有影响的。

49. 答案　B
    解析：

方案 A 的 EMV=40%×1.5+30%×0.6+30%×1=1.08 亿美元
方案 B 的 EMV=50%×1.3+20%×0.8+30%×1=1.11 亿美元

50. 答案　B
    解析：项目即使取消也要进行收尾工作，所以选 B。

51. 答案　D
    解析：对绩效测量结果进行偏差分析，来评估偏离计划的原因和程度，这是绩效测评技术。

52. 答案　B
    解析：考查预期货币价值的概念。

53. 答案　A
    解析：根据变更控制流程，变更被批准后，项目经理应该更新项目管理计划。

54. 答案　A
    解析：考查实施采购的工具。实施采购的工具包含投标人会议，独立估算和采购谈判。

55. 答案　C
    解析：考查自制或外购分析的适用场景。

56. 答案　A
    解析：项目管理计划包含了工作分解结构、范围管理和/或进度管理，所以选 A。

57. 答案　A
    解析：考查滚动式规划。

58. 答案　A
    解析：收到需求清单后开会讨论，是需求分析工作，属项目启动阶段。

59. 答案　C
    解析：根据题意，干系人意见缺失是一种风险，应该加以识别，并记录到风险登记册中，所以选 C。

60. 答案　D
    解析：团队、项目经理、客户都属于干系人，但干系人却不限于是团队、项目经理和客户，而 WBS 可以作为所有干系人沟通的工具，所以选 D。

61. 答案　C
    解析：既然是审计，那就是事后所做的事情，肯定不对事情本身产生影响，所以 A 不对；B 是质量审计的结果不是目的；质量审计的结果可以报告给发起人，这可以是质量审计的一个用途但却不是质量审计的目的，所以 D 不对。

62. 答案　C
    解析：里程碑只标志事件不消耗资源。

63. 答案　A
    解析：WBS 是基于可交付成果来制作的，所以可避免工作疏漏，所以选 A。

64. 答案　D

解析：要避免沟通的问题，当然是要通过精心编制的沟通计划。

65. 答案　A

解析：考查进度绩效指标的概念。

66. 答案　B

解析：人力资源计划是关于如何定义、配备、管理以及最终遣散项目人力资源的指南。

67. 答案　D

解析：甘特图用来表示活动与时间的关系，用以说明活动的进度状态。

68. 答案　A

解析：项目协调员和项目联络员都是弱矩阵的组织中对项目经理的称呼。项目协调员有一定的决策权，项目联络员仅起沟通、联络作用，没有决策权。尽管项目联络员也可向更高级的经理汇报，但这一点与项目协调员是相同之处，而不是不同之处。

69. 答案　A

解析：事前控制最有效（预防），事中控制其次（评估、测量），事后控制最差（返工）。

70. 答案　A

解析：在完成既定工作的情况下花钱少是值得高兴的，在没完成既定工作的情况下花钱少，何乐之有？所以选 A；项目控制系统应该在规划过程组完成，所以 B 错误；休假不一定会给合同带来问题，所以 C 不严谨；团队会议是由项目需求决定的，其频率在规划阶段确定，所以 D 不正确。

71. 答案　A

解析：B、C、D 总是有负面影响。

72. 答案　B

解析：如果项目团队成员缺乏必要的技能，可以把对这种技能的培养作为项目工作的一部分。

73. 答案　B

解析：定义活动过程的目的是对活动（为完成工作包而必须开展的工作）进行定义，项目经理需要确认该活动是必须开展的，因此选 B；活动清单是定义活动过程的输出，排除 A；选项 C 是 WBS 的功能之一，所以排除 C；选项 D 为监控过程组的工作。

74. 答案　B

解析：考查统计抽样的作用。

75. 答案　B

解析：沉没成本（选项 B）是已经花出去的成本，原则上，在决定项目是否可以继续时，考虑已经花出去的成本没有意义，考虑需要继续支出的成本才有意义。

76. 答案　C

解析：衡量费用绩效指数应该用实际成本，所以 A 不对；进度绩效指标是用于衡量进度的，所以 B 不对；D 就是使用历史数据的一种方式，所以 D 不对。估算的最佳方法是自下而上，这种估算能够改进估算的总体质量。

77. 答案　C

    解析：自下而上估算是最准确的估算方法。

78. 答案　C

    解析：如果一个估算是科学的，那么在该估算之下，可以完成的工作范围、所需的成本、可能达到的质量都是一定的，对于上述任何指标的影响，都必须明确得到出资人的同意才可进行。A、B、D 都没有向投资人明确削减估算要付出的代价。

79. 答案　C

    解析：对其他成员不满，且贬低其他成员的地位，即向其他成员发起了"挑衅"。

80. 答案　B

    解析：虽然每个从事项目的人应核实自己的工作，但负责项目整体质量的还是项目经理。

81. 答案　C

    解析：考查组织过程资产中关于质量政策的论述。

82. 答案　B

    解析：常识。

83. 答案　C

    解析：采购审计是指对从规划采购过程到控制采购过程的所有采购过程进行结构化审查。

84. 答案　D

    解析：A、B、C 都是"事后"所做的事情，已经无法影响过程；只有 D 是"事前"所做的事情，可以影响过程。

85. 答案　A

    解析：答案 A，项目经理不说协议不能改变，但对方需要对改变陈述理由，这是各让一步，即妥协，是很好的冲突解决方法。

86. 答案　C

    解析：项目评审的作用，一是评价本项目，二是为未来项目积累组织过程资产。项目评审是在项目结束后进行，所在 A 和 B 都错；下一个项目与本项目很可能是风马牛不相及的，所以 D 错。

87. 答案　B

    解析：人员遣散计划，是指事先确定遣散团队成员的方法与时间，这对项目和团队成员都有好处。首先，一旦把成员遣散，项目就不再负担与这些成员相关的成本，从而节约项目成本，其次，如果已经为员工安排好新项目，则可以提高士气。

88. 答案　C

    解析：考查思维的逻辑性。

89. 答案　B

    解析：考查规划风险过程的输入。

90. 答案　C

解析：项目经理虽然已经将最终产品交付给了客户，但没收到客户的正式验收文件，所以项目还不能算完成，项目经理应该修正客户提出来的缺陷，并努力获得客户的正式验收报告。

91．答案　D

解析：考查蒙特卡罗分析。蒙特卡罗分析（Monte Carlo Analysis）是指从可能的成本或持续时间的概率分布中随机选取数值作为输入，来计算项目成本或工期的一种技术，从而得到项目可能的总成本或完工日期的分布情况。

92．答案　B

解析：考查挣值计算的公式。CPI=EV/AC=40000/60000=0.67，所以选 B。

93．答案　C

解析：考查风险管理的概念。转移风险是把风险管理责任简单地推给另一方，而并非消除风险，对处理风险的财务后果最有效。

94．答案　A

解析：考查管理项目团队的工具与技术。

95．答案　B

解析：潜在沟通渠道的总量=$n(n-1)/2$。其中，n 代表干系人的数量。$14\times13/2=91$。

96．答案　B

解析：质量管理是对产品、服务及可交付成果的质量持续改进的过程，以不断提高客户满意度，最终达到客户百分之百满意。

97．答案　B

解析："两项风险已被识别，并被评估为发生的可能性高"，说明风险识别和定性分析已完成，接下来应该进行定量分析。

98．答案　A

解析：定量风险分析中的预期货币价值（Expected Monetary Value，EMV）技术。

99．答案　C

解析：专家判断经常用于对制定项目章程的输入的评估，借助专家判断和专业知识，可以处理各种技术和管理问题。

100．答案　D

解析：考查计划价值（PV）的概念。PV 是指为完成某活动而分配的、经批准的预算。这实际上就是该活动的成本估算。

101．答案　C

解析：题干提示"项目完工部分超前于进度且符合预算"，所以成本偏差 CV=0。

102．答案　C

解析：建议做此题时画一个草图。

103．答案　C

解析：项目终止时需要进行必要的收尾。

104. 答案 C

解析：CV=EV-AC=-$20；SV=EV-PV=-$20。

105. 答案 D

解析：加权系统是指把定性数据加以量化，以减少个人偏见对供方选择影响的方法。

106. 答案 B

解析：可能的损失等于资产数值乘以可能发生的概率，300×2.5%=7.5万元，比保险金额4万元多3.5万元，因此值得购买保险。

107. 答案 D

解析：最好是避免发生变更，但选择中没有。要变更则需遵循变更流程。

108. 答案 A

解析：CV=EV-AC，SV=EV-PV，SV=200000-300000=-100000，CV=200000-210000=-10000。由于SV和CV都小于0，所以项目状态为进度落后且超过预算。

109. 答案 C

解析：变更请求已经获得批准，但在执行时发现变更请求本身存在问题。因此必须在执行变更请求以前重新寻找替代方案。

110. 答案 A

解析：对机会应该是积极的态度。

111. 答案 C

解析：检查是指检验工作成果，以确定其是否符合相关的书面标准。检查的结果通常包括相关的测量数据。检查可在任何层次上进行，例如可以检查单项活动的成果，或者项目的最终产品。检查也可称为审查、同行审查、审计或巡检等。在某些应用领域，这些术语的含义比较狭窄和具体。检查也可用于确认缺陷补救。

112. 答案 A

解析：在确定可用资源之后，需要跟职能经理协商谈判，以便获得该资源。

113. 答案 D

解析：快速跟进是指把正常情况下按顺序执行的活动并行执行，快速跟进可能造成返工风险提高，它只适用于能够通过并行活动来缩短工期的情况。

114. 答案 D

解析：边际利润属于企业一般管理费用，是间接成本。间接成本是指不能直接追溯至某个具体项目的成本，因此只能按某种规定的会计程序进行累计并合理分摊到多个项目中。

115. 答案 D

解析：考查年数总和法的计算公式。

116. 答案 D

解析：没有给出所增加的额外活动与预算间的关系，所以无法判断。

117. 答案 C

解析：画图解决。

118. 答案　C

    解析：责任分配矩阵是一种将项目组织分解结构与工作分解结构联系起来的结构，有助于确保项目工作范围的每一个组成部分都被分到了某个人或者某个团体。

119. 答案　A

    解析：按一系列时间段显示某种资源的计划工作时间的图形，是直方图。为便于对照，可画一条横线表示资源可用时间。随着项目进展，还可画出代表资源实际工作时间的对比条形。

120. 答案　B

    解析：在规范阶段，团队成员开始协同工作，并按团队的需要调整各自的工作习惯和行为，团队成员开始相互信任。该题的情况中团队成员已经开始协同工作了，说明进入了规范阶段，但因为成员之间还没有达成相互信任，因此该过程并不稳定，很可能会退回到前一个震荡阶段。

121. 答案　D

    解析：考查规划采购管理的输入。

122. 答案　A

    解析：有了冲突，最好的解决方法就是直接面对问题并解决问题。

123. 答案　B

    解析：进度网络图，就是表示活动之间的依赖关系。

124. 答案　C

    解析：考查预期货币价值的计算方法。0.35×(-20000)+0.65×500000=318000 美元。

125. 答案　D

    解析：识别出一个新风险，要采取风险应对措施，控制好风险。选项 D 包含了选项 A、B、C 的内容。

126. 答案　D

    解析：考查实施质量保证的工作内容。

127. 答案　B

    解析：项目是动态的，就要求采用的管理方法具备快速响应的能力，快速响应是敏捷方法的特点。

128. 答案　A

    解析：可交付成果与需求规格说明书不一致，需要变更，遵循变更管理流程。

129. 答案　C

    解析：题干中提到一位关键用户在抱怨，说明干系人分析没有做好，没有识别出这名关键干系人的利益，要重新分析并更新干系人登记册。

130. 答案　C

    解析：问题产生的根源是由于没有对团队成员所取得的成就给予鼓励，若要避免这个问题，在团队建设阶段就要对一些好的行为给予认可和奖励。

131. 答案 A

    解析：识别风险之后，首先要进行定性风险分析。

132. 答案 C

    解析：考查结束项目过程的输入。

133. 答案 A

    解析：考查干系人分析的技术——权力/利益方格。

134. 答案 D

    解析：应标、定标属于实施采购过程的内容。

135. 答案 B

    解析：考查 PERT 计算，$(10+4\times12+18)/6=12.7$。

136. 答案 C

    解析：将问题按照发生的概率大小进行排序，然后有针对性地解决重点问题，用的是帕累托图。

137. 答案 D

    解析：强迫/命令，是指利用权力来强行解决紧急问题。

138. 答案 A

    解析：针对具体的可交付成果的是质量控制。

139. 答案 C

    解析：变更请求无论是否批准，都要在变更日志中进行更新。

140. 答案 B

    解析：时间上有冲突，那就安排一个大家都合适的时间，尽量让大家都参与。

141. 答案 C

    解析：提前做好准备属于预防措施。

142. 答案 D

    解析：在项目中途干系人请求新的可交付成果，属于变更，需遵循变更管理流程。

143. 答案 B

    解析：要在未来远期才完成的可交付成果或组件，若目前无法分解，可采用滚动式规划技术。

144. 答案 D

    解析：为应对成本的不确定性，要做好储备分析来应对风险发生。

145. 答案 B

    解析：考查沟通渠道的计算，$25\times(25-1)/2=300$。

146. 答案 A

    解析：采用独立估算技术估算出自己的心底价位。

147. 答案 A

解析：在资源不足的情况下，可使用资源平衡技术对资源进行合理分配。

148．答案　D

解析：考查看项目章程的内容以及制定项目章程的依据。

149．答案　B

解析：紧前关系绘图法（单代号网络图）包括 4 种依赖关系或逻辑关系。选项 D 是双代号网络图，只有完成-开始的逻辑关系。

150．答案　C

解析：建立应急储备，安排一定的时间、资金或资源来应对风险。

151．答案　B

解析：在获得客户批准的情况下延长了项目工期，规避了风险。

152．答案　D

解析："反对"说明相互排斥，不能合作，是处于震荡阶段。

153．答案　C

解析：计划外的运输罢工，这是未知风险，可动用管理储备。

154．答案　B

解析：在成熟阶段，成员有序工作，相互依靠，高效解决问题。

155．答案　D

解析：此题中，并非可交付成果没有完成，而是客户方不具备交付条件，所以，不是项目执行有问题，而是项目管理计划中对可交付成果交付条件约束不到位。

156．答案　B

解析：选项 A 是过程；选项 C 是做决策；选项 D 是识别风险的工具。

157．答案　D

解析：题干中说，时间都花在阅读大量与项目无关的邮件和回复邮件上了，说明沟通管理工作没有做好。沟通管理计划里包含了什么人需要什么样的信息、什么时候提供以及通过什么样的手段或方式由谁提供等信息。

158．答案　D

解析：SWOT 分析又叫环境分析法。可分析内部存在的优势和劣势，以及外部存在的机会或威胁。

159．答案　C

解析：沟通管理计划中包含负责沟通相关信息的人员。

160．答案　C

解析：采用全新或改进的技术来节约成本，缩短实现项目目标的持续时间，这是开拓。

161．答案　A

解析：自己做不了转包给供应商，属于风险应对策略中的转移。

162．答案　C

解析：开发原型，可降低或减轻从实验台模型放大至实际工艺或产品过程中的风险。

163. 答案 B

    解析："发现意料之外需要返工的高缺陷量"，说明未知的消极风险发生了，要规避就要尽早地明确需求。

164. 答案 B

    解析："一个或两个可能"，这是风险；"不现实"，说明需要调整，这是变更。

165. 答案 B

    解析：排除法。

166. 答案 B

    解析：考查建设项目团队的工具。

167. 答案 A

    解析：不知如何削减，可用敏感性分析，即分析所有可能的风险受预算减少的影响的大小。

168. 答案 A

    解析：项目收尾的依据是合同文件。

169. 答案 A

    解析："可能会影响"，这是不确定性，即风险。识别出一个风险，接下来就是要进行定性、定量分析。

170. 答案 A

    解析：项目经理解决冲突的能力，往往在很大程度上决定其管理项目团队的成败。

171. 答案 D

    解析：启动会是在项目管理计划制定好之后、执行之前召开，是个务虚会。

172. 答案 D

    解析：人员遣散计划（人员配备管理计划中的内容）有助于减轻项目过程中或项目结束时可能发生的人力资源风险。

173. 答案 B

    解析：建设项目团队过程包含了提高团队成员技能的工作。

174. 答案 C

    解析：确定剩余储备是否合理当然是用储备分析技术。

175. 答案 A

    解析：项目团队分散在多个国家中，就要承认文化的差异性。

176. 答案 D

    解析：缓解/包容，求同存异，但没解决"异"的问题；妥协，各退一步，问题不是不存在了；强迫/命令，以牺牲一方为代价，适用于紧急且重要问题的解决；合作/解决问题，以合作面对问题，找出双方都满意的方案，最适合本题所述的场景。

177. 答案 C

解析：A、D 是缺陷成本，B 是评价成本。

178．答案　A

解析：风险的低、中、高是风险的定性分析，对定性分析的结果进行定量分析，才可作为决策的依据。

179．答案　B

解析：总价合同中的采购价格一般不允许改变，除非工作范围变更。

180．答案　A

解析：考查成本加百分比总价合同的计算公式，150000+150000×10%=165000 美元。

181．答案　B

解析：成本加固定费用合同中的成本是不分摊的，所以 A 不对；"激励"是一种机制，干得好按规定奖，干得不好按规定罚，而不能按买方意愿想奖就奖想罚就罚，而"奖励"则更多地体现了买方的意愿。题中提到了"成本的分摊"，这明显是一种机制，所以是"激励"，选 B。

182．答案　A

解析：管理采购关系，监督合同执行情况，是控制采购过程的工作内容。

183．答案　A

解析：考查实施采购的工具。

184．答案　C

解析：发起人属于职权（权力）高且关注度（利益）也高的"双高"干系人，需要重点管理。

185．答案　C

解析：干系人发生变化或识别出新的干系人，首先要做的是更新干系人登记册。

186．答案　B

解析：采购协议中有可交付成果的描述和验收标准。

187．答案　C

解析：干系人分析有助于了解干系人之间的关系，利用这些关系来建立联盟和合作伙伴，从而提升项目成功的可能性。

188．答案　A

解析：考查规划采购管理过程的工具——自制或外购分析，帮助确定某项工作是由项目团队自行完成还是从外部采购，预算制约因素可能会影响自制或外购决策。

189．答案　A

解析：考查识别干系人过程的输出——干系人登记册。

190．答案　B

解析：合同的中标，一般是根据投标方各方面因素的加权得分来确定的。

191．答案　C

解析：考查控制采购过程的工具——报告绩效。

192. 答案　C

　　　解析：考查结束采购过程的输出——组织过程资产（更新），这其中就包含了采购文档的存档。

193. 答案　B

　　　解析：干系人管理计划中包含了干系人变更的影响范围。

194. 答案　A

　　　解析：提交标书或建议书之前与所有潜在卖方开会，即召开投标人会议，属于实施采购过程的工具。

195. 答案　D

　　　解析：应定期查看并更新干系人登记册，因为在整个项目生命周期中干系人可能发生变化，也可能识别出新的干系人。

196. 答案　C

　　　解析：考识别干系人过程的输出——干系人登记册。

197. 答案　A

　　　解析：采购管理计划中包含了风险管理事项，以及可能影响采购工作的制约因素和假设条件等内容。

198. 答案　D

　　　解析：为了便于开展配置和变更管理，可以使用一些手动或自动化的工具，但这里的"自动化工具"，并非指变更的自动许可。

199. 答案　A

　　　解析：要重新评估干系人的决定，肯定是需要一个评估的基准（即关系人本来的需求是什么样的），这个基准，是存在于干系人管理计划中的。

200. 答案　C

　　　解析：一口价合同是固定总价合同。